차이나 핸드북

차이나 핸드북 _ 개정증보판

엮은이_ 성균중국연구소

1판 1쇄 발행_ 2014. 2. 28.
1판 3쇄 발행_ 2014. 5. 27.

개정증보판 1쇄 인쇄_ 2018. 8. 3.
개정증보판 1쇄 발행_ 2018. 8. 10.

발행인_ 고세규
편집_ 이한경 | **디자인**_ 유상현
발행처_ 김영사
등록_ 1979년 5월 17일(제406-2003-036호)
주소_ 경기도 파주시 문발로 197(문발동) 우편번호 10881
전화_ 마케팅부 031) 955-3100, 편집부 031) 955-3200, 팩스 031) 955-3111

저작권자 ⓒ 성균중국연구소, 2018
이 책은 저작권법에 의해 보호를 받는 저작물이므로 저자와 출판사의 허락 없이
내용의 일부를 인용하거나 발췌하는 것을 금합니다.

값은 뒤표지에 있습니다.
ISBN 978-89-349-8230-2 13320

홈페이지_ www.gimmyoung.com   **블로그**_ blog.naver.com/gybook
페이스북_ facebook.com/gybooks   **이메일**_ bestbook@gimmyoung.com

좋은 독자가 좋은 책을 만듭니다. 김영사는 독자 여러분의 의견에 항상 귀 기울이고 있습니다.

이 도서의 국립중앙도서관 출판예정도서목록(CIP)은 서지정보유통지원시스템 홈페이지(http://seoji.nl.go.kr)와
국가자료공동목록시스템(http://www.nl.go.kr/kolisnet)에서 이용하실 수 있습니다.(CIP제어번호: 2018022423)

늘 곁에 두는 단 한 권의 중국

차이나 핸드북

성균관대학교 **성균중국연구소** 엮음

김영사

　　우리 중국학계의 역량으로《차이나 핸드북》개정증보판이 출판되었다. 2014년 이 책이 출판되자 국내외에서 많은 화제를 뿌리며 독자들의 호평과 사랑을 받았다. 중국에서도 한국판《중국수책中國手冊》발간의 의의를 크게 소개했다. 우리는 중국을 공부하는 학생, 중국에 부임하는 중국지역 전문가, 그리고 정책당국자들이 늘 책상에 놓아둘 수 있는 권위 있는 공구서工具書를 한 권 만들겠다는 목표를 세웠고, 이것은 중국연구에 관한 한국의 자존심이기도 했다.

　　중국이 지정학적·지경학적으로 한국에 가장 중요한 국가라는 사실은 따로 설명이 필요 없다. 그럼에도 한국에서의 '중국의 이해'는 일천할 뿐 아니라 믿고 싶은 것만을 믿는 경향이 있었다. 특히 인터넷을 통해 쏟아져 나오는 정보를 여과 없이 수용하는 과정에서 중국에 대한 편견과 오독이 나타나기도 했다. 우리 중국학계는 이러한 대중들의 질문과 갈증에 대답할 의무가 있었다. 성균중국연구소는 연구소 출범과 동시에 이러한 문제의식을 포착하여 가장 먼저 이 작업에 착수했고, 독자들의 호평 속에서 변화된 중국의 현실을 반영한 개정증보판을 선보이게 되었다.

중국이 이른바 '죽의 장막bamboo curtain'을 걷고 개혁개방정책을 본격화한 이후에는 학문적 문호가 크게 열리면서 많은 사람들이 중국대륙으로 직접 유학할 수 있었고, 현지조사를 통해 그 사회의 '결'과 '떨림'을 포착하는 데까지 나아갈 수 있었다. 더욱이 획기적인 정보통신의 발전으로 인해 중국의 소식이 실시간으로 휴대폰과 인터넷을 통해 공유되고 있으며, 수많은 전략대화와 학문대화를 통해 비공식적인 정보를 충분히 획득할 수 있는 통로도 다양해졌다. 그러나 너무나 많은 정보가 오히려 중국의 객관적 이해를 방해하는 현상이 나타나기도 했다. 이런 점에서 《차이나 핸드북》은 한국 중국학계의 연구역량을 통해 중국 이해의 갈래와 방향을 제시해줄 것이다.

이번 개정증보판 작업에는 87명의 중국연구자들이 참여하고 항목도 116개로 조정했다. 당초 매 2년마다 자료를 업데이트하려고 했으나 중국의 상황이 시시각각으로 변하고 중국 공구서를 내기 어려운 출판환경도 고려해야 했기 때문에 상당 기간 늦어졌다. 다만 위안으로 삼는 것은 새로운 중국의 분수령이 된 중국공산당 제19차 전국대표대회(당대회)와 전국인민대표대회(전국인대) 13기 1차 대회를 온전하게 반영할 수 있게 되었다는 점이다.

좋은 공구서는 좋은 가이드 역할을 한다. 이 책은 중국을 이해하려는 독자들로 하여금 땅이 크고 물산이 풍부한地大物博 중국이라는 나라를 이해할 수 있도록 안내할 것이다. 이 개정증보판을 출판하는 과정에서 의외의 소득도 있었다. 우리 중국학계의 강점과 단점이 무엇인가를 확인한 점이다. 실제로 특정 영역에서는 전문 연구자들이 넘쳤지만, 일부 영역에서는 필자를 찾지 못하는 학문적 불균형과 편식현상도 확인했다. 이것은 향후 우리 중국학계의 연구영역을 어떻게 확장하고 심화시켜야 할 것인가에 대한 과제와 방향을 제시해주었다고 생각한다. 특히 이번 개정판에는 '중국의 법'이라는 별도의 영역을 선보였다. 중국이 법치를 강화하고 국가 거버넌스를 강조하는 최근의 흐름을 반영한 것이다. 여기에는 한중법학회 회원들의 도움을 크게 받았다.

성균중국연구소는 국내를 대표하는 연구소로 자리매김했다. 2018년 《한경 Business》에서 발표한 한국의 100대 싱크탱크 조사에서 중국전문 연구소로는 유일하게 학문적 영향력, 연구의 질, 연구력에서 높은 평가를 받았다. 여기까지 도달한 데는 다른 중국연구기관들에서 찾아보기 힘든 대학당국과 학교법인의 전폭적 지원이 있었고, 중앙정부와 지방자치단체 그리고 국책연구기관과 중국에 관심을 가진 기업의 애정 어린 후원이 있었다. 앞으로도 이 개정증보판 출간을 계기로 대학 연구소 본연의 기능인 데이터베이스의 구축, 신新학문의 선도, 연구의제 발굴을 위해 배전의 노력을 기울일 것을 다짐한다.

이번 개정증보판 작업을 전개하는 과정에서 약 20여 명의 교수와 전문가들이 출판방향에 대한 자문과 의견을 제시했다. 이러한 집단적 지혜를 편집방향에 포함시켜 반영했다. 특히 성균중국연구소의 양철 교수의 노력과 헌신이 컸으며, 초판의 내용을 바로잡고 개정 작업을 주도한 김영사 여러분께도 감사의 인사를 드린다. 어려운 여건 속에서도 대학 본연의 중국연구소가 담당해야 할 역할을 피하지 않으면서 좋은 공공재를 지속적으로 생산해나갈 것임을 다짐한다. 독자 여러분의 관심과 아낌없는 질정을 바란다.

2018년 여름
성균관대 성균중국연구소 소장
이희옥

차례

경제

6부

중국공산당
제19차 전국대표대회와
시진핑 집권 2기 전망

특집

이희옥, 양갑용, 서정경, 최필수, 천천(陳晨), 양철

집중통일영도를 강화하는 중국정치

새로운 시대와 사회주의 현대화

시진핑 주석은 〈제19차 당대회 보고〉(이하 〈보고〉)에서 지난 5년을 '극히 평범하지 않은極不平凡' 시기로 규정했다. 그리고 5년 동안의 노력으로 중국특색의 사회주의有中國特色的社會主義(Socialism with Chinese Characteristics)가 신시대에 진입했다고 선언했다. 이는 중국이 역사적 변혁의 시기에 들어섰다는 것을 의미한다. 또한 신시대 진입은 변화된 사회모순을 반영한다. 덩샤오핑 시기와 달리 이제 인민의 수요와 수요에 부응하지 못하는 불균형적이고 불충분한 발전 사이의 모순이 주요하게 되었다.

〈보고〉는 중국이 이미 신시대에 진입한 이상 현 실정에 부합하는 선진적인 사회제도가 필요하고, 마르크스주의라는 사회주의 기본원리에 충실해야 한다는 점을 강조한다. 이를 충실히 체현하고 있는 집단으로서 중국공산당은 앞으로도 계속해서 사회주의를 잘 발전시켜야 하는 역사적 책무가 있다는 점을 〈보고〉는 강조하고 있다.

시대가 변했고 정세도 변했으며 모순도 변했다. 중국공산당의 총체적 임무는 바로 이러한 변화된 상황을 이론적으로 뒷받침하고 논리적으로 설명할 새로운 사상을 정립할 책무라고 〈보고〉는 언급한다. 즉 사회주의 법치체계, 국가관리체계와 국가관리 능력의 현대화, 인민군대의 건설, 중국 특색의 대국외교, 인류운명공동체 구축 등 사회주의 현대화 국가를 건설하는 길에서 당의 영도를 한층 강화할 필요가 있다는 것이다.

중국공산당은 2020년까지 소강사회 건설에 결정적인 성과를 기대하고 있다. 이를 기반으로 건국 100년 즈음에 사회주의 현대화 강국을 건설하려고 한다. 중국공산당은 〈보고〉에서 강국 건설 기간을 두 단계로 나눠 접근한다. 1단계는 2020~2035년으로 사회주의 현대화 건설을 위한 토대를 다지는 기간이며, 2단계는 2036~2050년으로 사회주의 현대화 강국을 건설하는 기간이다. 1단계에서 어느 정도 현대화 국가 건설을 위한 토대가 마련되면 2단계에서는 이 기초 위에서 '부강'하고, '민주'적이고, '문명'적이며, '조화'롭고, '아름다운' 사회주의 현대화 강국을 건설할 것이라는 전망을 내놓고 있다.

중국공산당은 이를 위해서는 반드시 당과 당 중앙의 권위가 제대로 서야 한다고 주장한다. 예컨대 전면적인 '엄격한 당 통치從嚴治黨'가 있었기 때문에 당 중앙의 권위가 있었다는 논리이다. 따라서 향후 5년 동안에도 당 중앙의 권위를 강화하는 방향으로 모든 정책을 펼칠 것을 천명하고 있다.

이와 함께 반부패 활동도 계속 강화될 것으로 예상된다. 간부와 정부의 청렴결백과 투명성을 강화하기 위하여 당 중앙은 순시제도巡視制度를 적극적으로 도입했다. 2018년 3월 전국인대에서 감찰법이 통과되었고, 국가감찰위원회가 여덟 번째 국가기구가 되었다. 당 조직과 당원뿐만 아니라 국가 공직인원 전체에 대한 감찰활동을 담당함으로써 당의 집중통일영도는 한층 심화될 것으로 예상된다. 〈보고〉에서 중앙전면의법치국영도소조中央全面依法治國領導小組를 설립하겠다고 공언한 것도 이와 같은 맥락이다. 2018년 3월 〈당과 국가기구 개혁 심화 방안〉에 따라 당과 국가기구를 개편하여 당의 일원적인 집중통일영도 의지를 반영했다.

새로운 사상과 당의 집권능력 강화

〈보고〉는 중국이 처한 정세와 상황이 변했다고 천명했다. 이미 시대가 변했기 때문에 새로운 현실인식에 기초한 새로운 사상과 이론이 만들어져야 한다고 강조했다. 기존 사상과 이론에 조응하던 관습 및 행태와도 전면적인 단절이 필요함을 역설했다. 시대가 변하고 조건이 달라졌기 때문이다. 따라서 기존 관성에 입각하여 새로운 시기에 적응한다는 것은 불가능하다고 본다. 기존 사상과 인식의 지평을 뛰어넘는 패러다임적 인식의 변화가 필요하다. 이를 〈보고〉는 '새로운 사고' 혹은 '새로운 사상'으로 명명했다.

그동안 중국은 사회주의 현대화 실현을 위해 양적 성장에 집중했다. 덩샤오핑 시기나 장쩌민 시기, 그리고 후진타오 시기도 총량의 규모를 확대하는 방향성에서는 별 차이가 없었다. 즉 총량 지표의 성장이라는 규모의 시각에서 중국 사회주의를 사고했다. 그러나 19대 이후 중국공산당이 천명한 '새로운 시기', '새로운 사상'은 중국이 이제 더 이상 총량 수치에 연연하지 않겠다는 선언이다. 건설의 시기에서나 통용되는 사회주의 노선을 가지 않겠다는 의미로 읽힌다. 이 새로운 길이 바로 〈보고〉에서 언급하는 '신시대 중국 특색 사회주의'이다.

중국은 경제성장 속도와 성과에서 세계를 놀라게 했다. 그러나 여전히 모순이 줄어들지 않고 갈등과 격차도 점차 심화되고 있다. 중국공산당은 이러한 의도하지 않은 결과들에 대해 새롭게 인식하기 시작했다. 문제를 알고 해결할 의지를 갖고 있다는 점을 누차 강조했다. 해결 의지뿐 아니라 해결 능력을 자신 있게 보여준 것이 바로 제19차 당대회였다고 평가할 수 있다. 당의 집권능력 강화를 분명하고 단호하게 강조했기 때문이다. 중국은 문제 해결의 의지와 능력에서 당의 강화가 필요조건이며 충분조건이라는 것을 당대회와 전국인대를 거치면서 보여주었다. 국가기구에 당의 영도를 관철하기 위한 당 위원회 등 당조黨組 역할을 강화하고 국가 부문과 사회 부문, 심지어 기업 부문에 대한 당의 영도를 강화하는 추세가 이를 반영한다.

당의 집권능력 강화를 위해 중국공산당은 정치건설을 가장 우선순위에 두고 접근한다. 특히 '신시대 중국 특색 사회주의 사상'을 제시하고, 우수한 자질과 전문성을 갖춘 간부대오를 건설하며, 기층조직 건설을 강화하고, 업무와 사업의 기풍을 시정하여 기강을 바로잡으며, 부패척결을 지속하고, 당과 국가의 감독체계를 강화하는 등 당의 집권능력 제고를 위해 바짝 고삐를 당기고 있다. 이러한 당의 집권능력 강화는 '새로운 사상'의 확립으로 구체화되었고, '당장黨章'에 삽입되었다.

'새로운 사상'은 18대 이래 시진핑을 핵심으로 하는 당 중앙이 제출한 치국이정治国理政의 신이념新理念, 신사상新思想, 신전략新战略을 체현하고, 당 영도와 전면적이고 엄격한 당 통치의 경험을 충분히 체현·견지 및 강화하며, 당 사업과 당 건설의 새로운 정세와 새로운 임무에 적응하기 위함이라고 선전되었다. 새로운 사상의 등장은 마르크스주의를 계승하고 체현하는 차원에서도 중국 특색 사회주의가 사회주의의 본류이며 원형에 부합한다는 사상의 완성을 내포하는 것이기도 하다. 여기에는 마르크스주의의 중국화·시대화·대중화 과정에서 중국공산당이 선봉대임을 보여주는 이정표로 기억되길 바라는 기대가 스며들어 있다.

관행의 수용과 변용

제19차 당대회에서는 중앙위원 204명, 중앙후보위원 172명, 중앙기율검사위원회 위원 133명을 선출했다. 그리고 2017년 10월 25일 19기 중앙위원회 1차 전체회의(이하 19기 1중 전회)에서 25명의 정치국 위원을 선출했고, 이 가운데 7명의 정치국 상무위원을 선발함으로써 인선을 마무리했다. 2012년 11월 개최된 제18차 당대회에서 정치국 위원 25명 중 10명은 17대에 이어 연임(7명은 정치국 상무위원, 3명은 정치국 위원)된 사람들이다. 17대에 이어 18대에서 연임한 정치국 위원은 류옌둥劉延東, 리위안차오李源潮, 왕양汪洋 등 3명이었고, 18대에 이어 19대에 연임된 정치국 위원은 쉬치량許其亮, 순춘란孫春蘭, 후춘화胡春華 등 3명이다. 동일 직무에서 정치국 위원을 3연임할 수 없다는 관행에 따라 류옌둥, 리위안차오는 은퇴했고, 왕양은 19대에 정치국 상무위원으로 승진하여 은퇴하지 않았다. 일종의 관행이 그대로 적용된 결과이다. 제19차 당대회에서 왕치산이 은퇴한 것도 같은 맥락이다. 정치국 상무위원의 '7상 8하七上八下'

중국공산당 제19기 정치국 상무위원 명단

	출생 연월	당 가입	원적	학력(학사)	18대	경력	19대 직위
시진핑 (習近平)	1953. 6.	1974	산시 富平	청화대학 인문사회학부 법학 박사	정치국 상무위원	국가주석 총서기 중앙 군사위주석	국가주석 총서기 중앙군사위주석
리커창 (李克强)	1955. 7.	1976	안후이 定遠	북경대학 경제학원 경제학 박사	정치국 상무위원	국무원 총리	국무원 총리
리잔수 (栗戰書)	1950. 8.	1975	허베이 平山	하얼빈공업대학 경제관리학원 공상관리학 석사	정치국 위원	중앙판공청 주임	전국인대 상무위원장
왕양 (汪洋)	1955. 3.	1975	안후이 宿州	중국과학기술대학 관리학원 공학 석사	정치국 위원	국무원 부총리	전국정협 주석
왕후닝 (王滬寧)	1955. 10.	1984	산둥 萊州	푸단대학 국제정치학과 국제정치학 석사	정치국 위원	중앙정책 연구실 주임	중앙서기처 서기
자오러지 (趙樂際)	1957. 3.	1975	산시 西安	중앙당교 연구생원 정치학 석사	정치국 위원	중앙조직부 부장	중앙기율검사 위원회 서기
한정 (韓正)	1954. 4.	1979	저장 慈溪	화동사범대학 국제문제연구소 경제학 석사	정치국 위원	상하이시 서기	국무원 상무부총리

자료: 필자 작성

관행에 따라 정치국 상무위원에 오르지 못했다.

시진핑 주석의 측근들이 정치 전면에 나선 것도 당의 영도를 강화하는 차원에서는 주목할 만한 사건이다. 18대에서 19대로 중앙위원을 연임한 사람은 대략 205명 가운데 78명이다. 18대 중앙후보위원 가운데 중앙위원으로 승진한 사람은 30여 명에 이른다. 중앙위원을 뛰어넘어 바로 정치국 위원으로 진입한 딩쉐샹丁薛祥, 리시李希, 황쿤밍黃坤明 등도 있다. 이들은 모두 시진핑 주석과 직간접적으로 인연이 있는 사람들이다.

제19차 당대회에서 정치국 위원에 탈락한 사람도 있다. 류치바오劉奇葆, 장춘셴張春賢 등이 여기에 해당한다. 18대 정치국 위원으로 선임되었으나 19대에서는 중앙위원에만 선임되고 정치국 위원으로는 선출되지 못했다. 사실상 강등이다. 이들은 13기 전국인대에서 전국정협 부주석이나 전국인대 부위원장 등 국가급 간부로 예우를 받았다. 그러나 정치국 위원에서 중앙위원으로 등급이 내려간 것은 흔한 일이 아니다. 그리고 저우창周强 중국최고인민법원 원장도 제19대에서 정치국 위원에 진입하지 못했다. 저우창은 1960년생으로 16~19대 연속 4회 중앙위원에만 선출되었다. 다시 말해 2002년 42세에 중앙위원이 된 이후 4회 연속 중앙위원으로만 머물러 있다.

양제츠楊潔篪 외교담당 국무위원의 정치국 위원 선임은 대미관계 중시 기조를 반영한다고 하지만, 지난 1992년 제14차 당대회에서 첸치천錢其琛이 정치국 위원으로 선출된 이후 처음이라는 점에서 의미 있는 인사로 볼 수 있다. 특히 당대회와 전국인대 인사를 통해 왕치산이 국가부주석으로 귀환했다. 양제츠가 국무위원에서 정치국 위원이 되었고 왕이 외교부장이 외교부장 겸 국무위원으로 승진했다는 점은 향후 시진핑 정부가 대미외교를 한층 중시하겠다는 것을 보여주는 신호이다. 기존 외교에서 큰 변화를 주지 않으면서도 인사교체를 통해 대미외교 강화 메시지를 전달한 점은 이채롭다.

관행의 수용과 변용 차원에서 고민해봐야 하는 인사가 있다. 바로 왕치산의 귀환이다. 왕치산의 귀환과 시진핑 측근 세력들의 전면 배치가 2018년 3월 전국인대를 기점으로 추진되었다. 왕치산의 귀환은 정치국 상무위원을 은퇴한 사람이 다시 정계에 복귀한다는 점에서 매우 이례적이다. 물론 관련 제도에서 정치국 상무위원을 은퇴했다고 해서 국가기구 수장을 맡을 수 없다는 규정은 없다. 그럼에도 왕치산의 귀환은 변화된 상황, 즉 대미외교를 강화하고 국내의 시급한 여러 문제를 거시적인 차원에서 해결해야 한다는 명분으로 포장되고 있다. 국가부주석으로 국가주석을 보좌하면서 다양한 영역에서 자신의 역할을 수행할 것으로 보인다. 제도적으로 문제가 없다고 하더라도 사회적 명분 차원에서는 과연 은퇴자의 귀환을 수용할 것인지 여전히 논란이다. 논란을 잠재우기 위해서는 당내 동의와 대중의 지지 및 성원을 받아낼 수 있는 사회적 명분이 필요하다. 시진핑 주석이 2018년 봄, '인민'을 소환하는 이유이기도 하다.

사회적 명분과 '인민'의 소환

제19차 당대회의 핵심적인 키워드는 바로 '새로운 시대' 혹은 '새로운 사람'으로 표현되는 '새로움'의 등장이다. 사실 시진핑 주석의 권력 강화나 당과 국가기구의 개편 모두 이 '새로운' 것에 대한 반응이다. 즉 시대가 바뀌었으니 이에 맞는 새로운 지도사상, 새로운 지도체제, 새로운 영도 방식 등이 필요하다는 논리이다. 이러한 논리가 새로운 관행으로 정착되기 위해서는 반드시 사회적 명분을 획득해야 한다. 이 과정에서 '인민의 소환'이 이루어지고 있다. 2018년 3월 13기 전국인대 1차 회의 폐막식에서 시진핑 주석은 무려 84번에 걸쳐 '인민'이라는 용어를 언급했다.

시진핑 주석은 '인민'의 지위와 역할, '인민'을 대하는 자세 등 많은 부분에서 지나칠 정도로 '인민'을 강조했다. 그는 "시종일관 겸허하게 인민에게 배우고 인민의 목소리를 경청하며, 반드시 인민의 입장을 견지하고 인민 주체 지위를 견지하며, 인민의 지혜를 흡수하고, 인민이 지지하는지 지지하지 않는지, 찬성하는지 찬성하지 않는지, 기쁜지 기쁘지 않는지, 응답하는지 응답하지 않는지를 모든 업무의 득실을 평가하는 근본 표준으로 삼아야 하고, 인민이 가장 관심을 가지는 가장 직접적이고 현실적인 이익 문제를 힘써 해결해야 한다"고 강조했다.

시진핑 주석에게 인민은 "중국 특색의 사회주의를 만들어가기 위한 근본 역량"이다. 즉 '인민'은 위대한 인민이며, 인민의 총화로서 민족은 위대한 민족이자 위대한 정신의 소유자들이다. 따라서 중국 특색 사회주의를 건설하기 위해서는 인민의 위대한 분투정신, 위대한 단결정신, 위대한 꿈夢想을 잘 발현시켜야 한다. 시진핑 주석의 입장에서 보면, 새로운 사회주의를 건설하는 데 '인민의 역량'이 필요하고, 특히 당의 집중통일영도를 강화함에 있어 인민의 동의를 얻어내야 국면 전환이나 돌파의 동력을 만들어낼 수 있다. 시진핑 개인의 의지보다는 소환된 '인민의 의지'가 한층 명분을 가지기 때문이다.

예측 가능한 정치를 다시 생각

당대회와 양회를 거치면서 시진핑 주석의 권한은 한층 강화되고 있으며 당의 집중통일영도는 매우 빠르게 사회 전반으로 확산되고 있다. 당장과 헌법을 통해 시진핑 사상은 헌법적 가치를 부여받게 되었으며 헌법 수정과 왕치산의 귀환, '인민의 소환' 등 새로운 정치가 만들어지고 있다. 당과 국가기구는 기구 개편을 통해 당의 직접영도가 가능하도록 변화에 속도를 내고 있다. 시진핑 주석의 경제 책사로 알려진 류허가 국무원 부총리로 영전하면서 실세 부총리의 출현은 총리책임제를 다시 돌아보게 하고 있다. 박수를 받고 떠났던 왕치산의 귀환은 제도와 예측 가능한 정치를 재차 생각해보게 했다.

왕치산이 국가부주석으로 돌아온 것이 관례에 어긋나는 것은 분명 아니다. 그럼에도 비판적인 시각을 거두기 어려운 점은 관행의 수용을 통해 정치 민주화를 거치지 않은 제도로도 예측 가능한 정치를 할 수 있다는 점을 그동안 중국이 보여주려고 노력해왔기 때문이다. 당대회와 양회를 통해 나타난 일련의 변화를 보면 중국정치가 기존에 걸어왔던 관행의 준수와 부분적 수용 그리고 변용에 관련된 패턴이 일정 부분 변경되고 있다는 사실이 분명해 보인다. 관행의 수용과 변용 모두 그에 합당하는 명분이 있어야 한다. 시진핑 주석 개인의 의지가 아니라 인민의 의지가 중요하다. 사회적 명분의 축적은 개인 역량이 아니라 인민의 역량을 필요로 하기 때문이다.

강대국을 향한 집념과 꿈

시진핑 집권 2기 중국공산당의 대외인식: 지속성과 변화

향후 중국외교의 향방을 파악하기 위해서는 지속성과 변화의 측면에서 접근해야 하며, 시진핑 집권 2기의 출범을 알리는 제19차 당대회에서 나타난 국제정세에 대한 인식과 태도를 우선적으로 살피는 것이 중요하다. 〈보고〉에 나타난 중국의 시대인식은 1980년대부터 줄곧 이어져온 "평화와 발전의 시대"라는 기본입장을 여전히 유지하고 있다. 제18차 당대회는 국제 세력 구도상 신흥시장국과 개도국의 종합실력이 증가되어 국제적 세력균형에 변화가 발생했고, 따라서 국제정세가 전반적으로 안정되는 데 더욱 유리한 시기라고 판단했다. 이러한 인식도 기본적으로 크게 변화하지 않았다. 다만 시대적 문제와 당면 과제에 대한 판단은 5년 전 제18차 당대회 시기의 그것과 대동소이하면서도 미묘한 차이를 보였다. 제18차 당대회 때는 전 세계 금융위기, 강대국의 패권주의, 강권정치, 신간섭주의, 국제적인 혼란 그리고 지구적인 비전통 안보문제가 제시되었다. 여기서 강대국이란 결국 미국을 뜻하는 것으로 2008년 미국발 국제금융위기 이후 한계가 드러난 미국 중심적 국제질서에 대한 중국의 비판적 인식을 노출한 것이었다. 이에 비해 이번 제19차 당대회에서는 전 세계적 불안정성과 불확실성, 경제성장 동력 부족, 비전통 안보 위협이 제시되었다. 강대국(즉 미국)에 대한 비판이 빠지고 전 세계적 저성장 시기에 대한 언급이 추가된 것이다. 시진핑 정부는 전 세계적 저성장 시기를 맞이하며 중국의 경제성장률도 중저속으로 조정했다. 그간 성장신화 속에서 인위적으로 억압됐던 다양한 사회적 욕구와 불만, 심각한 문제들을 적절히 처리하면서, 또한 그 어느 때보다도 높아진 인민들의 기대에 부응하면서 공산당의 집권 정당성을 새롭게 확보해야 한다는 만만치 않은 과제에 직면해 있다는 판단에서 기인한다.

외교적으로 일정한 성과와 함께 적잖은 한계도 노출했다. 우선 성과라고 한다면 시진핑 정부 1기 동안 중국은 '일대일로一帶一路', 아시아인프라투자은행AIIB, 항저우 G20 회의, APEC 정상회의 등 굵직굵직한 국제회의를 성공적으로 개최한 홈그라운드 외교主場外交를 통해 국제사회에서의 위상을 높였다. 이는 자국의 이익을 최우선시하며 신고립주의를 표방하는 미국이나, 유럽연맹에서 탈퇴한 영국 등 다른 강대국과 대비되는 모습으로 비춰졌다. 환태평양경제동반자협정TPP과 기후변화 협약에서 탈퇴하고 보호무역주의로 기우는 미국과 달리, 중국은 자유무역의 제창자이자 선도자로, 그리고 글로벌 저성장 시기에 전 세계 GDP 성장에 실제 기여하는 국가로서의 이미지와 영향력을 일정하게 강화시켰다. 하지만 중국이 의욕적으로 추진한 주변외교는 한계에 부딪혔고, 중국이 처한 대외환경은 전보다 악화된 것으로 나타났다. 시진핑 집권기는 중국이 장기적으로 2050년까지 글로벌 강대국으로 부상하기 위하여 우선 주변 지역에 대한 영향력을 늘리고 전략적 교두보로 만들어 나아가려는 시기다. 따라서 중국 역사상 가장 큰 규모의 주변외교 업무회의工作會議를 개최했고 주변외교의 위상을 강대국외교의 수준으로까지 격상시켰다. 일대일로를 지속 확대시켰고 참여국의 수도 증가했다. 하지만 남중국해 분쟁을 둘러싸고 중국은 상설중재재판소PCA로부터 자국의 주장이 전면 부인되는 굴욕적 판결을 받았을 뿐 아니라, 주변국들의 대중 경계심이 오히려 전반적으로 높아졌다. '일대일로'는 일본과 인도의 반중反中 연합을 초래하며 역내 경쟁구도를 뚜렷하게 했다. 지정학적으로 중요한 한반도에서도 북중 관계 악화에 따라 대북 영향력을 다수 상실했을 뿐 아니라, 한국과도 사드THAAD 이슈로 관계가 급격히 악화되면서 한반도 전체에 대한 영향력이 취약해졌다. 중국과 인도 간 일촉즉발의 국경분쟁도 수십 년 만에 재발했다.

　시진핑 집권 2기 통치의 중심은 여전히 외교보다 국내에 있을 것으로 전망된다. 공산당이 중국은 강대국으로 성장하는 과정에 있다고 주장하면서도, 여전히 사회주의 초급단계에 처해 있으며 세계에서 가장 큰 개발도상국이라고 규정했다는 점도 이를 뒷받침한다. 다만 시진핑 집권 1기의 외교가 장쩌민이나 후진타오 시기에 비해 적극적이고 공세적이었으며 이것이 중국 인민들의 대대적인 지지를 받았음을 감안하면, 집권 2기에도 강대국 지위를 추구하려는 기본자세와 노선은 지속될 것이며, 아울러 이상과 현실의 차이를 관리하려는 노력이 이어질 것이다. 따라서 시진핑 집권 2기의 외교는 여전히 개도국과 강대국의 이중적 정체성을 가지면서도 기존의 강대국화를 계속 추진해나갈 것으로 전망된다. 즉 집권 1기 외교정책의 큰 틀을 유지하며, 한계를 드러낸 서구중심적 국제질서의 틈새를 비집고 자신의 규범과 가치를 확대해 나아가려는 중국특색의 강대국외교는 계속 추진될 것이다. 아울러 대외적 리스크 최소화에 주력하고 외부환경을 안정시키려는 복합적이고 다차원적인 외교가 전개될 전망이다.

제19차 당대회에서 제시되고 헌법 개정에서 추가된 '시진핑 신시대 중국 특색 사회주의 사상'은 이에 부합하는 중국의 외교로서 '신형국제관계新型國際關係' 및 '인류운명공동체人類命運共同體'라는 보다 확대되고 전 세계를 향한 개념들로 특별히 강조되었다. 이 두 가지 개념은 2014년 말 시 주석에 의해 처음 제시된 것으로서 서로 짝을 이루는 개념이다. '신형국제관계'는 원래 협력원윈合作共贏을 핵심으로 하는 이념이며, '인류운명공동체'를 만드는 구체적인 길로 소개된 바 있다. 이것이 제19차 당대회에서 상호존중, 공평정의, 협력원윈이라는 보다 확대된 내용을 담은 '신형국제관계'로 새롭게 정의되었다.

제18차 당대회에서 강조되었던 '신형대국관계' 개념이 〈보고〉에서 사라지고 '신형국제관계'가 추가됐다는 사실이 흥미롭다. 이는 기존 미국 및 서구 중심적 리더십이 한계를 보이는 가운데 중국이 강대국 입지를 더욱 넓히기 위해 자국의 이미지를 제고하고 자국의 가치관, 규범 및 담론권을 강화하려는 움직임과 무관하지 않다. 따라서 '신형국제관계'의 범주에는 기존의 강대국외교뿐 아니라 주변외교, 개도국외교, 다자외교, 공공외교 등이 모두 포함된다. 이는 향후 중국의 외교에서 '신형국제관계'가 '신형대국관계'보다 상위의 개념으로서 더욱 보편적으로 활용될 것이며, 중국이 미국 등 강대국과의 세력 경쟁이나 갈등에 쉽게 휘말리지 않겠다는 신중함을 드러낸 것이라 볼 수 있다. 이는 〈보고〉에 5년 전과 달리 강대국의 패권주의, 강권정치, 신간섭주의 등 부정적 뉘앙스의 언급이 빠졌다는 사실과도 연관된다.

한편 시 주석이 '신시대 중국 특색 사회주의 사상과 기본 방략'을 설명하는 내용에서 강하게 호소한 '인류운명공동체'는 언뜻 보기에는 기존에 중국이 제시했던 담론들 즉 의리관, 신안보관, 발전전망, 문명교류, 친환경생태 등을 한곳에 모아놓은 것에 불과하며 구체적인 내용과 의미가 대동소이하다. 그러나 중국이 그동안 주변국을 대상으로 사용했던 '운명공동체' 용어를 전 인류를 대상으로 확대시켰다는 점을 유의미하게 볼 필요가 있다. 강대국을 대상으로 한 '신형대국관계'를 전 세계 국가들을 대상으로 한 '신형국제관계'로 확대시킨 것과 같은 맥락이다. 미국의 고립주의, 영국의 브렉시트 등 국제사회의 기존 리더십이 한계를 보이는 가운데, 보다 확대된 시야를 가지고 국제무대의 리더급 국가로 나아가겠다는 시진핑 집권 2기의 대외정책적 의지의 천명이자 글로벌 거버넌스에 대한 집념의 표출이라 할 수 있다.

'일대일로'의 당장黨章 삽입

제19차 당대회에서 눈길을 끄는 새로운 사실 한 가지는 '일대일로'가 당장黨章에 삽입되었다는 것이다. 2013년 9월과 10월 중앙아시아와 동남아 순방 기간에 제시되었던 '일대일로'는 '위대한 중화민족의 부흥'이라는 '중국의 꿈中國夢'을 실현하기 위한 시진핑 시기의 구체적 전략구상으로서, 2017년 5월 '일대일로 정상포럼'의 성공적 개최 이후 2050년을 내다보는 장기적 국가발전전략으로 부상했다. '일대일로'는 단순히 중국 국내 개혁 심화 및 개방 확대 전략에 불과한 것이 아니다. 세계경제의 구조적 조정, 기존의 미국과 서구 중심의 글로벌 거버넌스 체제의 개혁, 국제사회에 비친 중국 이미지 제고 등을 중국이 모두 '일대일로'와 연관시켜 생각하고 있다는 뜻이다. 즉 '일대일로'는 중국의 강대국화와 매우 밀접하게 연관된 장기적 발전구상인 셈이다. 따라서 '일대일로'를 통한 중국지도부의 강대국화 추진은 시진핑 집권 2기에도 지속될 것으로 전망된다.

중국은 이미 미국 및 서구의 가치관과 규범에 맞서는 경쟁에 뛰어들었다. 그리고 '일대일로'는 중국이 자신의 가치관을 세상에 전파하고 담론력을 강화하려는 주요한 수단으로 활용되고 있다. 중국은 '일대일로'를 통해 저개발국들에게 자금을 투자하고 인프라를 구축해 함께 부유해지자고 주장해왔다. 이는 과거 미국이 19세기 말 개입주의로 나갔을 때 세계의 저개발 국가들을 식민지화하며 이익을 창출했던 것과 대비되는 모습이다. '일대일로'를 통해 중국은 자신의 가치관 및 중국식 담론을 서구의 민주, 자유 등 보편적 가치와의 경쟁구도에 올려놓았다. 즉 그간 쏟아져 나온 친·성·혜·용, 운명공동체, 이익공동체, 의리관 등 다양한 담론에 더해 이번 제19차 당대회를 통해서 인류운명공동체를 추가하였다. 중국은 '일대일로'를 통해 이미 미국 등 서방국가들과의 가치관, 규범, 담론경쟁에 나섰으며, 경쟁구도는 향후 더욱 치열해질 전망이다.

대미외교: 미중 간 직접 충돌 적극 우회

　2017년 12월 발표된 신국가안보전략NSS 보고서를 통해 트럼프 행정부는 대중정책의 강경화를 예고했다. 중국을 러시아와 함께 국제질서 재편을 추진하는 수정주의revisionist라 칭했고, 미국의 전략적 경쟁자로 규정했다. 하지만 이러한 미국의 신국가안보전략이 제19차 당대회를 통해 표명된 중국의 대미정책의 큰 틀을 동요시키지는 못할 전망이다. 미중 관계가 복잡해진 상황에서 중국이 대미관계의 거시적 안정화에 주력하는 것은 자국의 일정표대로 2050년까지 강대국의 반열에 들어가는 '중국의 꿈'의 실현 여부가 무엇보다 미국과의 관계 여하에 크게 영향을 받는다고 생각하기 때문이다. 오늘날 중국의 국력 성장을 이끈 개혁개방은 미국과의 관계 정상화와 함께 시작된 것이었고, 개혁개방의 찬란한 성과는 미국 중심적 국제질서로의 안착이 있었기에 가능한 것이었음을 중국은 잘 알고 있다. 따라서 중국은 오늘날에 이르기까지 줄곧 미국과의 직접적 충돌이나 대항을 가능한 우회해왔고, 미국을 위시한 서구 중심적 국제사회 속에서 국력을 증대해왔다. 결국 중국이 원하는 것은 한계를 드러낸 미국식 경제 및 정치질서 체제의 빈틈을 자기 식으로 메꾸고 미국의 예봉을 피하며 자신의 지분과 지위를 상승시키려는 것에 있다고 할 수 있다.

물론 오늘날 중국이 '중화민족의 위대한 부흥'을 향해 나아가는 과정에 있고, 미국도 '미국 우선America First'과 '위대한 미국 재건Make America Great Again'에 나선 상황이므로 양국 간 갈등과 마찰의 여지가 상존하고 있다. 즉 상호 신뢰가 증진되지 않은 상황에서 각자 국력 강화에 주력하는 양국 간 관계는 취약성을 노정하고 있으며, '뉴노멀New Normal'의 불안정 속에서 과거 그랬던 것처럼 강대국 간 무력분쟁이 촉발될 가능성을 전면 배제할 수 없는 상황이다.

또한 국제경제 질서의 주도권 및 거버넌스를 둘러싼 미중 간 경쟁은 더욱 치열해질 전망이다. 비록 미중 양국 고위층 간에는 소통이 이뤄져 왔고 대화 메커니즘도 활발하지만, 양국의 여론은 자국정부에 더욱 강경하게 대처할 것을 지속적으로 요구하는 상황이다. 양국 사회에서 민족주의 정서가 고양되고 상대에 대한 불신이 심화되는 추세이며, 따라서 국내정치와 여론이 양국 협력의 공간과 가능성을 상쇄시키고 있다. 바로 이러한 점에서 〈보고〉는 강대국에 대한 비판적 시각을 의도적으로 배제했으며, '신형국제관계'라는 상위의 개념으로 기존의 '신형대국관계'를 포괄했다. 따라서 시진핑 집권 2기의 외교는 강대국화를 지속 추진하고 국제 거버넌스를 둘러싼 미국과의 기 싸움을 벌이는 동시에, 불필요한 마찰공간은 최대한 줄이고, 종국적으로 안정된 대미관계를 유지하는 데 주력할 것이라 전망된다.

시진핑의 권력 강화와 중국 경제정책의 방향

권위주의적 관리 강화의 필요성

2017년 10월 제19차 당대회 때까지만 해도 잠재돼 있던 여러 가능성들이 2018년 3월 전국인대를 거치면서 낱낱이 드러났다. 이제는 더 강한 시진핑이 더 오래 집권한다는 것이 분명해졌다. 시진핑은 높은 경제수준에 도달한 중국이 자연스럽게 민주화의 길로 갈 것이라는 막연했던 전망을 정면으로 부정했다. 소득증가와 민주화, 경제고도화를 달성한 한국과 대만의 모델이 아니라 지속적인 발전을 도모하며 권위주의적 관리를 강화하는, 싱가포르의 모델을 따르려는 것이다.

시진핑 지도부는 암묵적·명시적으로 권력 강화의 필요성을 제시했다. 먼저 공급측 개혁이다. 공급측 개혁의 핵심 목표는 하루바삐 정리해버려야 할 지방 국유기업인데 이들은 중앙에서 아무리 제초제를 뿌려도 되살아나는 잡초 같은 존재였다. 지방정부가 이권과 경기景氣를 위해 생명줄을 연장해주고 있기 때문이다. 더 강한 시진핑을 '핵심'으로 하는 중앙은 지방정부를 더 강하게 통제할 수 있을 것이며 지방 국유기업의 생명줄도 더 모질게 잘라낼 수 있을 것이다.

반부패와 통계조작 엄단과 같은 규율 확립도 또 하나의 이유다. 이번에 신설된 국가감찰위원회는 당을 넘어서 국가 전체를 감찰하는데, 이는 구조조정과 합리화를 위한 강력한 칼날이 될 것이다. 또한 지방정부의 통계조작과 같은 구조적 규율 해이도 상당 부분 사라질 것이다. 통계조작은 동북 3성과 네이멍구, 톈진 등 경제 실적이 기대에 못 미치는 지역에서 시진핑 집권 전반 3년 동안 집중적으로 발생했다. 랴오닝성의 경우 GDP의 20%가량이 부풀려졌다고 하니 사소한 문제가 아니다. 이러한 일을 벌인 관료들에 대한 엄벌이 필요한데 더 강한 중앙은 보다 효과적으로 이들을 솎아낼 수 있을 것이다.

이른바 "3대 공견전三大攻堅戰"도 강력한 정부의 필요성을 말하고 있다. 제19차 당대회 무렵부터 회자되던 이 표현은 전국인대 〈정부업무보고〉에 자세히 소개됐다. 먼저 "중대 리스크 방지"인데 이는 주로 금융 관련 리스크를 지칭한다. 불법자금 모집과 금융사기 행위 엄단, 인수합병의 효과적 법제화, 금융감독 효율화, 그림자은행·인터넷금융·금융지주

회사 관리강화, 지방정부 채무 리스크 관리 등이 그 세부 항목이다.

중국의 금융 시스템은 2012년 이후 질적인 변화를 겪고 있다. 비효율적인 관치금융을 타파하고 효율적인 자본 재분배 시스템을 구축하는 과정에서 감독과 통제를 벗어난 자생적 금융 기제들이 싹트기 시작한 것이다. 또한 저성장 기조에서 고수익을 노리는 금융 투자자들이 생겨난 모순적인 상황이기도 하다. 인프라 투자의 주체인 지방정부들은 재원부족에 시달리며 유일한 가처분 자원인 토지에 의존해 과도한 부채를 지고 있다. 아직까지 이 위험하고도 복잡한 상태는 통제 가능한 것으로 보이지만 자칫 어느 한 부분에서라도 방심하는 순간 중국경제는 괴멸적인 타격을 입게 된다.

3대 공견전의 나머지 2개는 민생개선과 환경개선이다. 민생개선은 농촌의 빈곤 인구 감소, 빈민 이주, 교육·보건 등 공공서비스 개선, 빈곤 지역 재정 지원, 노인·장애인·환자 등 특수 빈곤층 지원 등을 그 내용으로 한다. 이는 인도주의적 측면에서는 물론이고 정권의 안정성을 다진다는 측면에서도 반드시 필요한 정책이며, 정권의 성과로 포장하기도 좋다. 환경개선은 이산화황 및 질소산화물 배출 감소, 미세먼지 감소, 철강업 감독, 오염감소의 시간표 제시, 디젤차 감독강화, 수질·토양오염 방지, 중점 유역流域·해역海域 관리, 오염처리 강화, 해외 쓰레기 수입 금지, 생태 레드라인 설정, 조림사업 추진, 휴경지 도입, 습지 보호, 국립공원 보호, 간척 금지 등을 내용으로 한다. 시진핑 정부 들어 도시 중산층의 가장 큰 불만으로 대두된 것이 대기오염으로 대표되는 환경 이슈인데 이를 정면으로 다루겠다는 것이다.

"공攻세적인 견堅지"를 선택한 중국

이 세 가지가 중요한 문제임에는 틀림없으나 이를 해결하기 위해 꼭 더 강한 리더십이 필요한 것은 아니다. 금융리스크의 경우 정부의 간섭을 줄이고 민간의 자율적인 구조조정에 맡기는 방향으로 갈 수도 있다. 민생개선은 성장이 곧 복지라는 이념으로 정부의 간섭을 줄일 수 있으며, 환경개선도 지방정부에 더 큰 권한을 주고 해결을 맡기는 것이 가능하다. 그러나 중국은 정부가 해결방안을 주도하여 "공攻세적으로 견堅지"하기로 했다. 불확실하고 장기적인 자유방임보다 확실하고 즉각적인 통제를 택한 것이다.

중국이 이러한 방향으로 기운 데에는 2015년 여름의 위기가 큰 자극을 주었다. 증시폭락과 외화유출로 이어진 당시는 시진핑 집권 전반 5년 중 가장 큰 위기였다. 2015년 6월 15일부터 8월 말까지 상하이종합지수 SSEC가 무려 42.6% 하락하여 2015년 한 해 동안 주식시장에서 22조 위안이 증발했다. 잠시 안정되는가 싶던 증시는 2016년 1월 4일 새해 증시가 개장하자마자 서킷브레이커를 발동하는 수모를 겪으며 다시 한동안 하락세를 보였다.

한창 주가폭락으로 어지럽던 2016년 8월 11일, 인민은행은 환율제도 개혁을 단행했다. 기준환율을 전일 외환시장의 종가를 참고하여 결정한

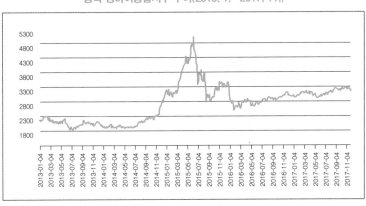

중국 상하이종합지수 추이(2013. 1.~2017. 11.)

자료: 야후 파이낸스(https://sg.finance.yahoo.com/)

다는 내용이었다. 이는 불투명하던 기준환율 결정 방식이 투명화된 것이고, 또 전날 시장상황을 반영한다고 하니 시장화된 것이다. 그러나 공교롭게도 이와 함께 위안화 가치가 절하되기 시작했고 곧 거대한 외화유출로 이어졌다. 4조 달러에 가까웠던 외환보유고가 2017년 1월 3조 달러까지 떨어졌다. 특히 2015년 8월부터 2016년 1월까지 6개월 동안 4,200억 달러가 유출됐다.

이상을 환산하면 2015년 여름에서 2016년 초까지 증시에서 약 30조 위안, 외환보유고에서 약 2조 7,000억 위안이 사라진 셈이다. 다행히 풍부한 저축과 외환보유고가 이러한 충격의 쿠션 역할을 하였으나, 이때 크게 긴장한 중국지도부는 금융개방 논의를 중단시켰다. 자본계정이 닫힌 상태에서도 기업들의 무역금융과 해외직접투자 형식으로 외환보유고의 4분의 1이 감소했는데, 만약 자본계정이 열려 있었다면 외환위기를 겪을 수준의 유출이 일어났을 수 있었기 때문이다.

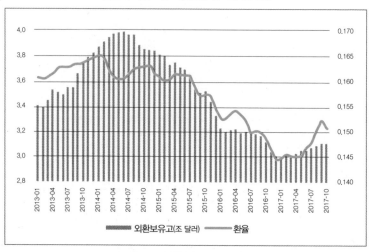

환율과 외환보유고(2013. 1.~2017. 10.)

자료: 國家外滙管理局(외환보유고), http://www.x-rates.com(환율)

실제로 2013년 10월 3중 전회에서 "위안화 자본항목 태환을 신속히 실현한다"고 했었으나, 〈보고〉에서는 "금융감독 체제를 완비하고 제도적 금융리스크의 마지노선을 굳게 지킨다"고 논조가 바뀌었다. 자유무역시 범구에서 자본계정 개방을 주장했고, 거시관리에 실패한 리커창의 권위도 덩달아 추락했다.

이상이 시진핑 권력 강화의 필요성이라고 할 수 있다. 개혁을 밀어붙이려면 더 강하게 지속적으로 해야 하는데 시진핑이 그 역할을 하는 것에 대해 당의 공감대가 형성된 것이다. 또한 자본계정 개방이라는 전면적 자유화의 길로 나가자는 리커창 진영의 주장은 매우 위험하다는 것이 판명됐다.

권력 강화의 위험성과 부작용

하지만 시진핑의 권력 강화와 강력한 정부의 재등장은 위험성과 부작용을 내포한다. 먼저 투자 효율화와 민간경제 활성화의 진척이 느려질 수 있다. 시진핑 정부에 들어 금리를 자유화한 큰 진전이 있었지만 여전히 중국은 생산의 40%를 차지하는 국유 부문에 은행대출의 60%가 투입되는 준*관치금융 상태이다. 국유 부문의 자산수익률이 민간 부문보다 5% 이상 낮다는 것을 고려하면 이는 심각한 금융왜곡 상태이다. 이와 함께 자본수익률은 하락하고 한계고정자본계수는 올라가는 등 전체적으로 투자의 효율이 악화되고 있다. 만약 시진핑의 통제 강화가 '일대일로'로 대표되는 인프라 투자 증가로 귀결될 경우 전체적인 효율성 증가는 도모하기 어렵고 특히 민간 부문의 활성화에 부정적인 영향을 미칠 수 있다.

또한 자본계정 미개방과 함께 위안화 국제화라는 목표도 요원해졌다. 국제화된 통화는 기존 통화 및 금융 체제로의 깊숙한 편입 없이는 불가능하다. 결국 위안화의 무역결제 증가와 국제통화기금IMF의 특별인출권 SDR 편입은 후진타오 정부의 성과로 남고, 시진핑은 위안화 국제화에 기여하는 바가 없을 것이다. 이것이 위험한 상황은 아니지만, 중국의 발전을 제약하는 요인이 될 수 있고 적어도 국제금융 영역에서 중국이 미국을 위협하는 패권국이 될 수는 없을 것이다.

도시조사실업률의 도입과 국가발전개혁위원회의 구조조정

시진핑의 권력 강화 외에도 〈보고〉에서 제기된 내용들에 기반을 둔 몇 가지 주목할 만한 조치들이 2018년 전국인대에 반영되어 결과로 나타났다. 먼저 '도시조사실업률'의 도입이다. 과거에 사용하던 '도시등기실업률'에는 3억에 가까운 농민공이 빠져 있었다. 경기부침에 따른 영향을 가장 직접적으로 받는 이들은 대부분 비정규직인 농민공들인데 이들이 제외된 것이다. 글로벌 금융위기 당시인 2009년 '도시등기실업률'은 평소 4.1%에서 소폭 악화된 4.3%에 불과했으나, 당시 2,300만 명으로 추산된 농민공 실직자를 반영한 전체 실업률은 7%였다. 2018년 전국인대에서 중국정부가 농민공까지 포함한 '도시조사실업률'을 5.5%로 관리하겠다고 공언한 것은 "진짜 목표"를 다루겠다는 포부이다. 그동안 실업률 통계가 정치적으로 민감하다며 꼭꼭 숨겨놓고 관리하던 관행을 타파하겠다는 의지를 표명한 것이기도 하다.

국무원기구개혁방안國務院機構改革方案에 등장한 국가발전개혁위원회 NDRC의 구조조정 방안도 주목된다. NDRC는 '소小국무원'이란 별칭에 걸맞게 중국경제의 종합 컨트롤 타워였는데 구조조정으로 잡다한 미시적 기능을 거의 내려놓게 됐다. 지역특색개발계획主體功能區은 자연자원부로, 기후변화와 오염감소는 생태환경부로, 농업투자관리는 농업농촌부로, 주요 프로젝트 심사는 심계서審計署로, 가격 및 반독점 관리는 국가시장감독관리총국으로, 약품 및 의료서비스 가격 관리는 국가의료보장국으로, 국가전략물자 관리는 국가양식및물자비축국으로 이관되었다. NDRC에는 본연의 임무인 거시경제 조절과 에너지와 교통계획, 그리고

'일대일로'만이 남았다. 이는 여전히 중앙 차원의 강력한 통제를 구사할 것임을 말해준다.

대외개방의 마지노선

2018년 들어 중국정부가 대외개방을 확대하는 것처럼 보인다. 그러나 이에 대해 과도한 기대를 걸어서는 안 된다. 2018년 3월 전국인대와 4월 보아오포럼 즈음하여 연이어 터져 나온 개방 이슈는 금융업, 금융시장, 자동차산업 등이다. 먼저 금융업에서 은행·보험·증권사에 대한 외자 지분 비율 상한선을 51%까지 확대했다. 원래 각 업종의 상한선은 은행 20%(외국 지분 총합산 25%), 보험·증권은 49%였다. 증권사와 생명보험사는 상한선 자체를 3년 내에 철폐할 것이다. 이와 함께 금융시장도 이른바 후룬퉁(상하이-런던 증시투자 개통)의 신설과 기존 후강퉁·선강퉁(각각 상하이-홍콩, 선전-홍콩)의 쿼터 확대가 예고되었다. 2017년에는 이미 본토와 홍콩의 채권시장을 개통했다. 자동차산업의 개방은 외국인의 지분 제한을 축소한다는 것인데 2018년 내에 신에너지·특수목적 차량을, 2020년에는 상용차(트럭)를, 2022년에는 승용차에 대한 제한을 철폐한다.

매우 인상적인 분야별 개방 정책들은 각각의 영역에서 외국 기업에 상당히 의미 있는 비즈니스 기회를 창출할 것이다. 그러나 이러한 조치들에도 불구하고 여전히 남아 있는 마지노선을 생각해볼 필요가 있다. 위안화의 자유태환은 허용되지 않으며, 환율제도는 자유변동이 아니라 관리변동이다. 홍콩과 런던을 통한 통로는 일정 쿼터 범위에서 개방했지만 기존 외국인적격기관투자자QFII 제도까지 감안해 생각해도 여전히 중국 증시에 대한 자유로운 투자는 실행하기 어렵다. 중국 증시 자체가 매력이 떨어진다는 점도 고려할 만한 사실이다. 또한 자동차산업은 개방하는데 철강업은 개방하지 않았고, 통신업이나 정유업을 개방한다는 것은 상상조차 하기 어렵다. 외국의 문화콘텐츠 유입은 당국의 강력한 통제하에 있고, 구글·페이스북·유튜브는 막혀 있다.

결국 최근 일련의 개방 조치들은 충격이 적은 안전한 분야에서, 중국의 경쟁력 강화와 증시 부양에 도움이 되는 범위 내에서, 미국의 무역 보호주의 도발에 생색내기 좋은 이슈들을 골라 진행된 것이다. 우리는 이러한 조치가 가져올 비즈니스 기회를 포착해야 하지만 시진핑 임기 내에 중국이 거시적으로 환골탈태할 것이라고 기대해서는 안 된다.

전체 인민의 아름다운 생활 구축

사회 공평·공정의 강조

제19차 당대회 이전까지 인식되어 오던 "대중들의 날로 증가하는 물질문화에 대한 수요와 낙후한 사회생산 사이의 모순"은 신시대의 도래와 함께 새롭게 정의되었다. 공식적으로 〈보고〉는 중국사회의 주요 모순에 대해 "대중들의 아름다운 생활에 대한 날로 증가하는 욕구와 불균형적이며 불충분한 발전 간의 모순"이라고 평가했다. 이에 따라 사회발전 방향역시 생산의 증가에서 발전과 분배의 공평공정 추구로 전환되었다. 나아가 개혁개방 초기에 강조되었던 "일부 대중이 먼저 부유해지고 그들을 통해 전체 국민의 부유를 이끌어낸다"는 노선 역시 "전체 인민의 아름다운 생활에 대한 추구를 위하여"라는 표현에서 알 수 있듯이 평등을 강조하는 노선으로 바뀌었다.

제19차 당대회 이후 중국공산당은 당의 절대적인 영도 지위를 보다 확고하게 유지하기 위해 인민의 이익을 대표함을 더욱 부각시킬 필요가 있었다. 뿐만 아니라 이번 양회에서 수정된 헌법에 대한 국내외의 압력을 완화하는 차원에서도 대중으로부터의 지지는 필수불가결한 것이었다.

이에 당은 친민親民과 위민爲民의 이미지를 강화하고 '인민이 만족하는 서비스형 정부人民滿意的服務型政府 건설'을 목표로 내세웠다. 더불어 "말한 것은 반드시 실천한다言出必行"는 것을 약속하는 동시에 "최선을 다하고 자신의 능력을 헤아려서 행한다盡力而爲, 量力而行"는 표현을 〈보고〉와 〈양회 업무보고〉에 삽입함으로써 '2개의 100년'과 '중국몽中國夢'을 실현할 능력을 부각했다. 이는 당의 능력을 정확하게 인지하고 목표한 것을 확실하게 실천하겠다는 의지를 표명한 것이라 할 수 있다.

실속형 민생복지의 실천

제19차 당대회에서 주목할 만한 점은 민생복지의 중요성이 과거 어느 때보다 부각되었고 사회의 발전 방향 또한 수혜의 보편화 및 실질적인 획득을 강조하는 것에 초점을 맞췄다는 것이다. 대표적으로 2017년 양회에서 발표된 '국내 장거리 통화 추가요금 전면적 폐지'(2017. 9. 1.)가 큰 인기를 얻었다는 점에 착안하여 2018년 양회에서는 7월 1일부터 국내 데이터 로밍 비용의 전면적 폐지와 국내 데이터 요금의 최소 30% 인하 정책을 공포했다. 뿐만 아니라 국가급 관광지 입장료 인하, 고속도로 통행료 인하, 신에너지 차량에 대한 세금 우대, 의약품을 포함하는 일용소비재 수입관세 인하 등의 방안을 확정하는 등 국민이 직접 체감할 수 있는 정책을 다수 제시하기도 했다. 경제적 혜택 이외에도 삼농三農(농촌·농업·농민), 교육, 양로·의료, 부동산, 공공서비스 등의 분야에서 국민들이 실질적으로 체감할 수 있는 정책을 선보였다.

농업·농촌 및 빈곤

매년 농촌의 탈빈곤 인구는 1,000만 명 정도로 추산된다. 그럼에도 중국정부가 규정한 절대빈곤(2016년 기준 연간 소득 3,000위안)을 기준으로 봤을 때, 2017년 농촌의 절대빈곤 인구는 약 5,000만 명으로 집계되었다.

빈곤은 상대성이 강한 개념이기 때문에 절대적 기준으로 이를 구분하는 것은 한계가 있다. 이에 최근 중국의 빈곤구제 정책이 양적 목표가 아니라 과정에 집중하고 있다는 점에 주목할 만하다. 즉 중국정부는 절대빈곤 인구에 단순히 돈만 지원하는 것이 아닌 농촌진흥사업과 연계하여 농촌 인프라 건설과 농촌 생활환경 개선에 집중하는 동시에 농민의 권리보장을 강화하는 방향으로 탈빈곤 정책을 설계하고 있다.

대표적으로 토지도급관계의 안정성을 강조하면서 '2차 토지도급 기간이 만료된 후 30년을 추가로 연장한다'는 정책을 발표했다. 토지도급관계의 안정성 강화는 농민의 노동 적극성 및 농업 발전의 지속성과 효율성 확보, 그리고 전반적인 농촌경제 성장의 전제로 볼 수 있기 때문에 인구의 절반을 차지하는 농민과 농촌사회의 장기적인 안정에 긍정적인 영향을 미칠 것으로 예상된다.

뿐만 아니라 농업인구의 농촌주택기지農村宅基地 사용 규제를 완화하고 농촌 창업과 농촌 관광업의 발전을 위한 농촌 산업의 융합을 추진할 것을 발표했다. 또한 토지투기를 예방하고자 도시인구의 농촌주택기지 매매를 금지함으로써 농민에게 주택기지의 사용권을 보장하고자 했다. 이외에도 2019년까지 20만km의 농촌 도로를 정비하고 2020년까지 모든 행정촌村에 버스를 개통하며, 나아가 3년 단위로 농촌의 화장실개혁厠所革命을 추진하는 등 농촌 인프라 및 환경개선에 대한 구체적인 계획을 제시했다.

교육 분야

교육 분야에서는 사회의 요구를 반영하여 각 교육단계에 맞는 맞춤형 개혁방안이 제시되었다. 대표적으로 2017년 유치원 아동학대 사건을 계기로 유치원 CCTV설치 등 취학 전 교육과 관련하여 시설환경의 개선과 유아교사의 전문성 보장 등의 정책을 제시했다. 뿐만 아니라 공립유치원의 증설과 유아교사의 대우 개선 등 문제의 본질을 해결하고자 하는 방안이 함께 발표되었다. 의무교육 단계에서는 빈곤지역에 확산된 학습무용론學習無用論에 따른 미성년자 불법취업 등과 같은 문제 해결에 집중하고자 하는 모습을 보이기도 했다.

한편 교육과 취업 간 연계와 관련하여 〈보고〉에서 '산업과 교육의 융합', '학교와 기업의 협력'이 강조된 만큼 향후 중국은 대규모의 적극적인 직업기술훈련 추진과 전문기술인력 양성에 주력할 것으로 보인다. 이는 현재 중국이 마주하고 있는 구직난과 구인난 간의 구조적 갈등을 해결하는 데 도움이 될 것이다. 또한 제4차 산업혁명을 앞둔 시점에서 고급기술노동자와 전문인력의 양성을 통해 산업구조의 전환이 가속화될 것으로 보인다.

양로·의료 복지

중국이 급속하게 고령사회로 진입하고 있다는 점을 고려했을 때 중국의 양로 및 의료 문제는 민생보장의 핵심이라 볼 수 있다. 특히 연금조달 및 정년 연장의 추진을 둘러싼 논쟁은 매번 대두되는 대표적인 사회문제들이다. 이와 관련하여 이번 제19차 당대회에서 양로보험 전국통일조달 운영방안에 대한 구체적인 실천 계획이 발표되었다. 이에 2018년부터 양로보험의 전국통일조달이 중앙으로부터 이뤄질 것이며, 지역 간 양로보험 부담의 불균형 또한 개선될 것으로 보인다. 뿐만 아니라 '양로보험금 주식운영'의 단계별 추진의 지속과 함께 2018년부터 국유자산으로부터 양로보험 기금을 조달한다는 계획을 발표했다. 향후 연금의 안정성이 차츰 강화될 것으로 예상된다.

의료 분야에서는 의료보험의 전국 정보망을 구축해 의료보험의 타지 결산을 가능하게 한다는 목표를 수립했다. 또한 폐암, 유방암, 자궁경부암 등 그간 의료보험 혜택에서 제외되었던 중대질병을 2018년부터 보험에 포함하는 한편 의료보험에 대한 정부 지원금 인상계획을 발표했다.

부동산

제19차 당대회에서 시진핑 주석은 "주택은 사람이 살기 위한 것이지, 투기를 위한 것이 아니다"라고 강조하며 부동산 시장의 문제점을 지적했다. 중국정부가 그동안 부동산 투기를 억제하기 위해 다양한 조치를 취해왔음에도 효과가 매우 미미했다. 이에 정부는 임대와 구매를 병행하는 주택제도를 수립하여 다양한 주체가 공급하고 다양한 경로로 주택을 보장하겠다는 방침을 발표했다. 지난해에는 베이징의 '9·30 정책'을 비롯하여 '매각제한, 구입제한, 대출제한, 가격제한, 용도제한'이라는 '5한五限 시대'의 진입, 그리고 100여 개 이상의 도시에서 다양한 부동산 거래 규제 방안을 시행했다. 그러나 여전히 일부 1선 및 2선 도시의 주택 가격은 상승 추세를 보이고 있다. 한편 지난 2013년에는 부동산 시장의 투기와 거품을 제거하고자 부동산세 징수에 관한 논의가 제기되었으나 아직까지도 답보상태에 머물러 있다. 이러한 상황 속에서 2017년 12월 샤오제肖捷 재정부장은 중앙경제회의에서 "개인 주택 평가가치에 따라 부동산세를 징수할 것"이라고 언급했으며 나아가 "2019년 연내에 법의 제정을 완료하고 2020년 세무징수 법정 원칙을 확실히 실천할 것"이라고 밝히기도 했다.

사회집단 배려의 세분화

계층 및 지역 그리고 도농 격차가 심각하다는 것은 한편으로 국민 전체가 상당히 복잡한 집단으로 구성되어 있다는 것을 의미한다. 국가가 주목해온 사회 소외계층인 농촌 빈곤인구와 노령인구 이외에도 보다 다양한 층위의 사회집단들이 존재한다. 사회에는 집단별·계층별 차이에 따라 서로 다른 물질적·정신적 요구가 존재한다. 이를 일원화하는 정책은 실질적으로 계층 갈등 완화에 도움이 되기 어려우며 오히려 이질감을 키울 가능성이 높다. 따라서 "전체 인민의 아름다운 생활"을 위한 조화로운 사회를 건설하기 위해서는 보다 세분화된 사회집단에 대한 배려가 필요하다.

이와 관련하여 국무원은 2018년 양회를 통해 퇴역군인사무부를 설립하고 기존의 민정부와 인력자원및사회보장부, 중앙군사위원회 등 부서 간 직능을 병합함으로써 퇴역군인의 직업전환과 교육훈련 그리고 생활보장 등을 전면적으로 지원할 것을 발표했다. 이에 올해 군비예산을 8% 증액했다. 한편으로 이는 중국의 강군몽强軍夢이라는 군사대국 노선과도 부합하는 것으로써, 실질적인 개선이 이뤄질 것으로 보인다.

이와 함께 기술노동자들과 관련하여 중앙전면심화개혁영도소조中央全面深化改革領导小组는 '기술노동자 대우 개선에 관한 의견'을 통과시킴으로써 유연급여제와 인센티브 제도를 본격적으로 도입하고, 기술노동자의 경제적 대우를 향상시킬 것을 발표했다. 이를 통해 직업기술양성과 관련하여 학교 교육과 기업 및 사회실천의 융합을 강조하는 한편, 시험 등 기술능력 평가시스템을 도입하여 실질적인 대우 개선에 보다 집중할 것으로 보인다. 현재 약 8억 명의 취업인구 중 기술노동자는 20% 미만이며, 고급기술노동자는 4,700만 명으로 전체 6%에 불과하다. 인재 부족은 이미 중국의 산업 전환 및 첨단산업의 발전과 기술혁신에 걸림돌이 되고 있다. 따라서 이와 같은 조치들은 향후 중국의 발전에 있어 많은 도움이 될 것으로 보인다.

생태문명 건설을 꿈꾸는 중국

환경 거버넌스의 등장

〈제18차 당대회 보고〉와 달리 〈제19차 당대회 보고〉에서는 환경 거버넌스環境治理라는 표현이 최초로 등장했다. 이는 전 세계 최대 이산화탄소 배출국, 에어포칼립스airpocalypse, 미세먼지 등으로 대변되는 중국의 이미지를 녹색발전 추진, 돌발적 환경문제 해결, 생태체계 보호 역량 확대, 생태환경 관리감독 체제 개혁을 통해 복원하겠다는 의미이다. 이와 함께 글로벌 환경 거버넌스에 적극 참여하여 온실가스 배출 감축 공약을 이행하겠다는 의지를 표명했다. 미국이 파리기후협정 탈퇴를 공식화한 상황에서 중국이 미국의 빈자리를 대신하여 전 세계 기후변화 대응을 주도하겠다는 의지를 엿볼 수 있다. 많은 해외 언론에서 중국이 미국을 대체할 수 있을 것인가에 대한 논란이 진행되고 있는 가운데, 중국은 자연과 사람이 조화롭게 공생하는 현대화를 추진하고 대기오염 방지행동을 지속적으로 실시해 푸른 하늘을 보호하며 환경개선, 금융산업의 발전, 경제성장을 동시에 추구하는 녹색금융을 발전시킴으로써 자국의 생태환경 개선과 전 세계 환경 거버넌스의 주도권 확보를 병행할 것으로 예상된다.

환경 거버넌스에 대한 언급은 생태문명 건설과 맥을 같이한다. 생태문명 건설의 핵심은 "인간과 자연의 조화로운 공생"으로, 중국은 생태문명 건설을 중화민족의 영원한 발전을 위한 천년대계로 규정했다. "새로운 발전이념(혁신, 조화, 녹색, 개방, 공유)"과 "오위일체五位一體(경제, 사회, 정치, 문화, 생태문명의 건설)"를 통해서도 중국이 자연과 생태환경 관리를 매우 중시하고 있음을 확인할 수 있다. 특히 '천년대계'라는 표현은 1958년 싼샤댐 건설 계획 당시 마오쩌둥이 처음 사용한 이후 등장하지 않았으나 시진핑 시대에 들어서며 슝안신구 조성 계획과 함께 생태문명 건설을 천년대계라고 표현했다. 균형적인 발전을 통한 성장과 환경보호를 동시에 실현할 수 있다는 시진핑의 자신감이 반영된 것이다. 앞서 언급한 녹색금융의 발전이 주목되는 이유이다.

생태환경부와 자연자원부의 신설은 〈보고〉와 〈생태문명체제개혁총체방안〉에서 강조된 환경 거버넌스 구축과 생태문명 건설 기조가 반영된 결과라 할 수 있다. 중국정부는 조직 개편을 통해 자연자원부와 생태환경부가 각각 1차 환경과 2차 환경을 담당하게 함으로써 자연자원과 생태환경을 통합적으로 보호하고 관리할 수 있는 체계를 확립했다.

"아름다운 생활", "아름다운 중국"을 표방하는 중국은 기존 환경보호부의 기능을 그대로 유지하되, 기후변화 대응과 배출가스 감축, 수질 오염 방지 및 관리감독, 수자원종합이용계획 편제, 수질환경보호, 농지 오염 방지 및 관리감독, 해양환경보호, 남수북조南水北調 사업지역의 환경보호 등의 기능을 추가한 생태환경부를 신설했다. 생태환경부는 생태환경과 관련된 정책·규범·표준 제정, 생태환경에 대한 모니터링 및 법 집행, 오염 방지에 대한 관리감독, 원전 및 방사능 안전 등을 담당할 방침이다. 이는 관리감독권과 소유권의 분리, 정책 결정과정의 제약요인 해소, 단순한 오염관리의 차원이 아닌 자연자원에 대한 통합적 관리 차원에서의 환경 거버넌스 구축 등을 의미한다. 특히 중국의 생태보호 체제는 국토자원부, 수리부, 농업국, 국가해양국 등이 각 자원에 대한 소유 및 관리 권한을 동시에 가지고 있는, 즉 경기에 뛰는 선수가 심판이 되는 아이러니한 구조가 지속되었기 때문에 생태환경부의 신설을 통해 관리

분류	의미 및 중점사안
1차 환경	• 의미: 천연적으로 형성된, 인류의 영향을 받지 않은 자연환경 • 중점사안: 자연자원의 재산권, 자연환경의 보호, 생태계 복원 등
2차 환경	• 의미: 인류가 사회경제 활동을 통해 자연환경을 파괴함으로써 원시 생태환경에 물리적·화학적 혹은 생물적 변화를 초래한 상태의 환경 • 중점사안: 기(旣)오염된 환경에 대한 관리감독

자료: 필자 작성

감독 권한을 대폭 강화한 것이다. 생태환경부의 신설은 환경보호뿐만 아니라 중국의 안정과 발전, 국제사회에서의 역할(기후변화 대응)까지 연계된 포괄적인 대안으로 평가되고 있다.

한편, 자연자원부는 소유 권한이 강화된 것이 특징이다. 중국은 자연자원 자산에 대한 불분명한 소유권으로 인해 국유자원이 무분별하게 파괴되고, 국가가 받아야 할 세금을 징수하지 못했으며, 공간 활용 계획이 중첩되는 문제들이 꾸준히 제기되어 왔다. 이에 기존 국토자원부의 기능을 그대로 유지하되, 주체공능구 발전계획 편제, 도농규획 관리 등 개발 관리 기능과 수자원, 초원, 산림, 습지 등에 대한 조사 및 권리확인 등록 기능을 추가한 자연자원부를 신설함으로써 국토 공간에 대한 규획 제정, 용도 제한, 직권 관리를 통일했다. 이를 통해 중국은 자연자원 자산의 가치를 극대화하고자 한다.

주목할 만한 사실은 자연자원의 범위이다. 중국정부는 자연자원부의 신설을 밝히며 일반적인 자연자원만을 언급했지만 여기에는 전 세계에서 매장량이 가장 많은 셰일가스나 가스하이드레이트 등 에너지원은 물론, 희토류, 코발트, 리튬 등 제4차 산업혁명의 핵심 원자재인 희소금속도 포함된다. 중국의 공세적인 희소자원 투자로 인해 새로운 자원민족주의가 대두되는 상황에서 중국은 자연자원부를 신설하여 이들 자원의 개발을 통해 정확한 물량 및 품질을 확보하고, 이를 기반으로 국제광물시장에서의 영향력을 확보하고자 할 것으로 전망된다.

시행부처의 한계를 극복하지 못한 에너지국

한편, 〈제18차 당대회 보고〉와 달리 〈제19차 당대회 보고〉에서는 에너지 부문에 대한 내용이 현저히 감소했다. 에너지구조의 최적화, 청정에너지의 소비율 제고, 신에너지차량의 발전은 지난 수년 동안 언급된 내용으로, 에너지 부문의 정책 기조(4개 혁명, 1개 협력)에는 큰 변화가 나타나지 않았다. 다만 청정에너지의 전력망 연계, 전력 누수 해소, 원전 발전 등에 관한 내용이 제외되었다는 점에서 이러한 문제들이 정부가 예상한 수준까지 해소되고 있음을 알 수 있다. (물론 완전히 해결된 것이 아니기 때문에 향후에도 개선을 위한 정책들이 지속될 것으로 전망된다.)

금번 국무원 조직 개편에서 생태환경부와 자연자원부가 신설되며 역할이 증대된 것은, 에너지국의 역할이 상대적으로 축소됐다는 사실을 방증한다. 원유, 천연가스, 광물자원 등에 대한 개발 및 소유권은 자연자원부(기존 국토자원부)로, 에너지절약 및 오염물 배출 등과 관련된 기능은 생태환경부(기존 환경보호부)로 이양되었을 뿐만 아니라 이들의 관리감독 범위와 역량이 더욱 확대됨에 따라 에너지국의 역할은 오히려 축소된 것으로 평가할 수 있다. 즉 소유권과 관리감독 권한이 모두 축소되었다는 의미이다. 더욱이 가격 및 체제의 개혁은 국가발전개혁위원회가, 에너지상품 유통 및 수출입은 상무부가, 기술 연구개발 및 보급은 과학기술부가, 에너지국유기업에 대한 관리감독은 국무원(국유자산관리감독위원회)이 담당하는 현 체제가 유지됨에 따라 에너지발전계획 제정을 둘러싼 각 부처의 이해관계에서 자유롭지 못한, (관리부처가 아닌) 시행부처가 가진 한계에서 벗어나지 못했다.

생태환경보호를 위한 "삼개삼三個三"

생태환경부의 신설로 환경 부문의 관리감독 역할이 증대되었다. 2017년도 양회에서 대기오염 해결에 집중한 것과 달리, 2018년도 양회에서는 〈보고〉에서 강조한 바와 같이 대기, 수질, 토양 등 3대 영역이 광범위하게 다뤄진 것이 특징이다. 이는 국내외 차이나 리스크 연구에서 중국의 지속가능성을 저해하는 주요 위협요인이 대기오염뿐만 아니라 다른 생태영역까지 확대되었다는 분석의 타당성을 방증한다.

생태환경부의 리간제李干杰 부장은 생태환경보호를 위해 "삼개삼三個

생태환경보호 정책기조

3대 목표	생태환경 개선	대기질량이 양호한 일수(日數)의 증가 미세먼지 농도 감축, 3급 이상 수질 증대
	오염물질 총량 감축	SO_2, NO_x, COD, 암모니아질소 등
	환경 리스크 통제 관리	농지 및 도시의 건축부지
3대 분야	대기	"대기10조(대기오염방지 행동계획)" 후속조치 제정
	수질	"수자원10조(수자원오염방지 행동계획)"의 심도 있는 추진
	토양	"토지10조(토지자원오염방지 행동계획)" 전면 시행
3대 기반	녹색발전 방식과 생활방식의 적극 추진	
	생태계통 보호와 복원 역량 확대	
	생태환경 거버넌스 체계의 현대화 가속화	

자료: 2018년 양회 리간제 부장의 언론사 인터뷰 내용 종합

三", 즉 3대 목표를 중심으로 3대 분야에서 두드러진 성과를 창출하며 3대 기반을 강화하겠다는 의지를 표명했다. 3대 목표로는 생태환경 개선, 오염물질 총량 감축, 환경 리스크 통제 관리를 제시했다. 3대 분야는 대기와 수질, 토양으로 기존 각 영역의 오염방지계획을 철저히 전개함으로써 맑은 하늘과 푸른 물, 깨끗한 땅을 수호할 방침이다. 3대 기반은 녹색발전방식과 생활방식의 적극 추진, 생태계통 보호와 복원 역량 확대, 생태환경 거버넌스 체계의 현대화 가속화로, 이를 중점적으로 강화함으로써 생태환경 관리체계를 완비하고 개혁을 통해 더 많은 발전 동력과 이윤을 창출하며 오염방지 전쟁에서 더욱 큰 성과를 얻을 수 있는 기반을 마련할 계획이다.

대기오염 해결을 위한 4대 중점과 구조 최적화
생태환경의 관리대상이 확대되었다고는 하나, 지난 수년 동안 중국 대

대기오염 해결을 위한 정책기조

4대 중점 사안	개선요인	스모그와 초미세먼지(PM 2.5)
	지역	징진지(京津冀)와 주변지역, 창장(長江) 삼각주, 펀허(汾河)-웨이허(渭河) 평원, 기타 중점지역
	업종/분야	철강, 화력발전, 시멘트, 유리, 코크스, 석유화학 등
	시간	오염이 비교적 심각한 가을과 겨울
4대 구조 최적화	산업구조	·과잉생산 해소, "산란우(散亂汚)" 기업 퇴출 ·공업기업의 오염물질 배출 기준 확립 ·철강·화력발전 등 업종의 배출저감 개선
	에너지구조	·기준에 부합하지 않는 소형 화력발전설비의 운영 중단·퇴출 ·소형 석탄보일러의 퇴출·개선 ·농촌의 (석탄) 가스 사용 전환 추진 ·청정에너지의 이용·발전
	운송구조	·도로운송에서 철로운송으로 전환 ·디젤화물차량에 대한 배출기준 정비 ·황표차(黃標車)와 낡은 차 퇴출 ·신에너지차량의 대대적 발전
	부지(用地) 구조	·인공림과 녹지 조성 전개를 통한 임업지와 녹지 비율 증대 ·노천광산의 광물 채굴 정비 ·도로와 공업용지의 먼지 제거 ·농작물폐기물 연소 행위 관리사업

주 1 | 산란우(散亂汚) 기업에서 "산(散)"은 도시종합계획, 토지이용계획, 산업구도계획 등에 부합하지 않는 공업기업, "란(亂)"은 건설, 생산경영 관련 법규를 위반하거나 유휴지에 비공업용 시설물을 건설하여 비합법적인 생산을 진행한 공업기업, "우(汚)"는 폐수, 오염물질, 폐기물찌꺼기 등과 관련된 배출 규범을 위반하거나 배출한도를 초과한 공업기업을 각각 의미하며, 이들 기업을 산란우 기업으로 통칭

주 2 | 황표차(黃標車)는 배기가스 배출 기준이 국 I*에 부합하지 않는 휘발유차량과 국 III에 부합하지 않는 디젤차량의 총칭으로, 통상적으로 배기가스 배출량과 배출농도, 배출안정성에 문제가 있는 차량을 지칭

* 유럽의 배기가스 배출 기준인 '유로V'에 해당하는 것으로, 중국은 배출 기준을 '국(國)V'로 정했다.

자료: 2018년 양회 리간제 부장의 언론사 인터뷰 내용 종합

중들이 정부에 가장 강력히 요구하는, 가장 시급히 해결해야 할 민생 문제는 여전히 대기오염이다. 대기오염 문제 해결은 아름다운 생활, 아름다운 중국이라는 목표의 실현뿐만 아니라 중국공산당의 집권 정당성에

도 영향을 미치기 때문에 간과할 수 없는 문제로 인식되고 있다. 이에 2018년도 양회에서 리간제 부장은 〈맑은 하늘 수호를 위한 3년 계획〉을 제정할 계획이라고 밝히며 4대 중점사안과 구조 최적화를 제시했다. 4대 중점사안으로 중점개선요인, 중점지역, 중점업종 및 분야, 중점시간이 거론되었으며, 4대 구조 최적화로 산업구조, 에너지구조, 운송구조, 부지 구조의 최적화가 제시되었으며 이를 위해 법규 시행 모니터링, 지역 연계 관리, 기술 혁신, 홍보 등의 강화를 추진할 방침이다.

생태환경 거버넌스 차원에서의 원전 관리

주목할 만한 사실은 리간제 부장의 취임이다. 리간제 부장의 취임으로 중국은 생태환경 거버넌스 차원에서 원전을 관리할 것으로 예상된다. 리간제 부장은 역대 환경보호총국과 환경보호부의 국장 및 부장과 달리 원전 분야의 전문가로, 칭화대학에서 원자로공정학으로 학사 및 석사학위를 취득했다. 이후 국가핵안전국에서 공직생활을 시작했고, 국가핵안전국이 환경보호총국으로 편입된 이후에도 환경보호총국 핵안전사司 사장과 핵안전센터 주임 등을 역임하며 원전 관련 직무를 지속적으로 담당해 왔다.

중국이 현재 가동 중인 원전과 건설 중인 원전은 각각 37기와 20기이며, 2020년까지 연간 6~8기를 신설하여 2030년에는 전 세계 최대 원전 대국(110기 이상 건설 예정)으로 부상하겠다는 계획을 수립했다. 문제는 원전의 안전성과 환경오염이다. 전문가들은 다야완大亞灣 원전, 양장陽江 원전 등에서 크고 작은 사고가 발생했음에도 중국이 이를 은폐하거나 관련 자료를 공개하지 않았기 때문에 알려지지 않은 사고가 더욱 많을 것으로 추산하고 있다. 이러한 상황에서 생태환경부를 신설하고 원전 전문가를 부장으로 임명해 핵안전총국의 기능을 생태환경부가 그대로 이양한 점은 원전에 대한 관리감독 강화는 물론 방사능폐기물, 수자원오염 등 원전으로 야기되는 환경문제를 생태환경 거버넌스 차원에서 관리하겠다는 의지의 표명이다.

에너지 수급 전략의 변화

중국은 생태문명 건설을 위해 에너지 절약형 사회로의 전환을 모색하고자 한다. 에너지 생산과 소비 혁명을 추진하고 청정, 저탄소, 안전, 고효율의 에너지 체계를 확립하여 에너지 절약형 사회로 나아가겠다는 구상의 핵심은 청정에너지이다. 〈제18차 당대회 보고〉에서는 에너지 절약 및 저탄소 산업과 신에너지 및 재생에너지의 발전을 지원한다고 명시된 반면, 〈제19차 당대회 보고〉에서는 에너지 절약 및 환경보호 산업, 청정 생산 산업, 청정에너지 산업을 발전시키겠다고 명시했다. 청정에너지는 오염물질을 배출하지 않는 깨끗한 에너지로, 중국에서는 신재생에너지 뿐만 아니라 천연가스, 원자력 등까지 포함한다.

중국은 전 세계 최대의 신재생에너지 투자국이자 수력, 태양광, 풍력, 태양열 발전설비 총량에서도 1위를 차지하고 있다. 그럼에도 만성적인 에너지 부족에 시달리고 있는 현상을 타개하는 동시에, 환경오염을 악화시키지 않기 위해 천연가스와 원자력 분야의 발전을 적극 지원할 것으로 전망된다. 이는 중국의 에너지 수급 전략이 전환되었다는 사실을 의미한다. 과도한 석탄 사용으로 환경오염이 더욱 심각해진 중국은 에너지믹스에서 천연가스의 점유율을 제고하기 위해 난방용 석탄의 사용을 제한했고, 이로 인해 동절기 천연가스 수급이 부족한 상황에 직면했다. 그럼에도 미세먼지 감축과 대기환경 개선을 위해 천연가스 점유율 제고 방침은 지속될 전망이다. 특히 중국은 농촌지역을 중심으로 석탄에서 천연가스로 사용 전환과 전력 난방의 사용 전환을 추진할 방침이다. 농촌에서 가정용으로 사용되는 석탄은 정제·가공되지 않은 석탄untreated coal(중국에서는 "散媒")으로, 중국에서 이러한 석탄 1톤이 배출하는 오염물질은 발전용 석탄 15톤이 배출하는 양과 비슷하다. 이로 인해 농촌에서 심각한 대기오염 유발물질이 생성되는바, 천연가스의 사용을 확대媒改氣하고 석탄을 이용한 난방 대신 전력을 이용한 난방으로 전환媒改電하겠다는 방침을 지속적으로 추진할 계획이다. 중국정부는 이러한 정책조치가 제대로 시행될 경우 초미세먼지 농도가 3분의 1 이상 저감될 것으로 전망했다.

에너지 분야에서 주목할 만한 또 다른 사실을 에너지안보에 대한 언급이 없어졌다는 점이다. 이는 중국이 에너지가 부족한 상황에서도 일대일로를 통한 에너지 수입과 청정에너지 분야의 발전을 통해 수급 안정성을 일정 부분 확보하면서 에너지안보보다 근본적인 문제인 에너지 질서 재편을 더욱 중점적으로 추진하겠다는 의미로 해석할 수 있다. 글로벌 에너지시장이 공급자 주도에서 수요자 중심으로 전환되는 세계적인 추세에 주목한 중국은 화석에너지 수입 확대와 상하이 국제에너지거래소INE를 통한 원유선물거래 개시를 발판으로 새로운 스윙 프로듀서swing

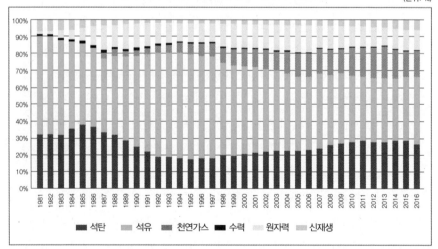

중국 에너지별 소비비중 변화 추이(1981~2016)

(단위: %)

석탄　석유　천연가스　수력　원자력　신재생

자료: 《2017 中國能源統計年鑑》

producer가 되고자 한다. 이를 위해 중국은 역할 전환을 이뤄 기존의 에너지 질서를 개편하고 에너지 담론과 에너지 패러다임을 주도하기 위한 방안을 모색할 것으로 예상된다.

개황

1부

상징물

이영학

01

오성홍기

오성홍기五星紅旗의 붉은색과 노란색은 각각 혁명과 광명을 상징한다. 다섯 개의 별 중에서 큰 별은 중국공산당을, 그 옆의 작은 네 개의 별은 노동자, 농민, 도시 소자산, 민족자산 계급을 나타낸다. 공산당의 지도 아래 전 인민의 대단결을 의미하고 있다. 설계자는 상하이의 중국공산당 지하당 비밀신문단위에서 일하던 쩡롄숭曾聯松으로서, 신문에 난 공모를 보고 응모했다. 3,000여 편의 경쟁 도안 중 1949년 9월 27일 중국인민정치협상회의 전국위원회 제1차 전체회의에서 채택되었다.

오성홍기는 1949년 10월 1일 중화인민공화국 건국일에 마오쩌둥毛澤東 주석에 의해 톈안먼天安門 광장에서 최초로 게양되었다. 1983년부터는 톈안먼 광장에서 인민무장경찰武警 부대가 국기 게양 및 하강 의식을 진행하면서, 국내외 관광객들의 관광 명소가 되었다.

한편, 1992년 한중 수교 당시 대만과의 단교로 인해 한국에서 대만 대사관이 철수하고 중화인민공화국 대사관이 입주하였다. 이때 대만의 청

천백일기青天白日旗가 내려지고 중화인민공화국의 오성홍기가 게양되었다. 이를 대만과 중화인민공화국의 명운을 빗대어 '지는 해, 뜨는 별'로 표현하기도 했다.

휘장

톈안먼 도안은 중국 인민의 혁명전통과 민족정신 및 수도 베이징을, 톱니바퀴와 벼·보리 이삭은 각각 노동자와 농민 계급 (또는 노동자 계급 지도하의 노농연맹)을 상징한다. 중앙에 위치한 다섯 개의 별은 중국공산당 지도하 전 인민의 대단결을 의미한다.

청화清華대학 건축학과 교수팀이 설계했고, 1950년 6월 23일 정협 제1기 전국위원회 제2차 회의에서 통과되어 마오쩌둥 주석이 9월 20일 공포했다.

오성홍기

휘장

국가〈의용군 행진곡〉

〈의용군 행진곡義勇軍進行曲〉은 1935년에 극작가인 톈한田漢이 작사하고 녜얼聶耳이 작곡한 곡으로 항일영화였던 〈풍운아녀風雲兒女〉의 주제곡이었다. 1949년 국가國歌를 공모했으나 마땅한 곡이 없자, 저우언라이周恩來의 제안으로 1949년 9월 27일 정협 전국위원회 제1차 전체회의에서 채택되었다.

저우언라이가 〈의용군 행진곡〉을 국가로 지정하자고 제안했을 때, 가사 중 '중화민족에 닥친 가장 위험한 시기' 부분을 수정하자는 의견이 제기되었다. 신新중국 건국 후 제국주의 반동세력들을 모두 물리쳤으니 가사 내용이 적절치 않다는 것이었다. 그러나 저우언라이는 유비무환의 필요성을 강조하면서 원 가사를 고집했고, 마오쩌둥 역시 이에 동의하면서 원 가사가 유지되었다. 한편 1978년 3월 5일에 개최된 5기 전국인대 1차 회의에서는 문화대혁명 좌경사상의 영향으로 〈의용군 행진곡〉의 가사 수정에 관한 결의가 통과되었으나, 1982년 12월 4일 5기 전국인대 5차 회의에서 원래의 가사를 복구했다.

의용군 행진곡

起來 일어나라
不願做奴隷的人們! 노예 되기 싫은 사람들아!
把我們的血肉, 우리의 피와 살로,
築成我們新的長城! 우리의 새 장성을 쌓자!
中華民族到了最危險的時侯, 중화민족에 닥친 가장 위험한 시기,
每個人被迫着發出最后的吼聲, 억압에 못 견딘 사람들의 마지막 외침,
起來! 起來! 起來! 일어나라! 일어나라! 일어나라!
我們萬衆一心, 우리 모두 일치단결하여,
冒着敵人的砲火, 적의 포화를 뚫고,
前進! 전진!
冒着敵人的砲火, 적의 포화를 뚫고,
前進! 前進! 前進! 進! 전진! 전진! 전진! 전진하자!

02

지형과 기후

이강원

경도와 위도

중국은 러시아, 캐나다, 미국 다음으로 면적이 넓으며, 알래스카를 제외한다면 미국 본토보다도 넓다. 넓은 면적은 폭이 큰 경·위도와 연결된다. 신장웨이우얼자치구 서쪽에 위치한 파미르 고원의 동단이 동경 73도, 헤이룽장성 동쪽의 우쑤리烏蘇里 강과 헤이룽 강이 만나는 지점이 동경 135도로서, 약 62도의 경도 폭이 있다. 이론적으로는 4개의 시간대가 가능하지만 중국은 동경 120도를 기준으로 하는 '베이징 시간'을 전국 표준시로 사용한다. 위도는 헤이룽장성 북단의 모허漠河가 북위 53.5도이며, 중국정부의 주장에 따른다면 하이난성 난사南沙군도 남단의 쩡무안사曾母暗沙 남쪽 해역이 북위 3.9도로서, 약 50도의 위도 폭이 있다. 따라서 열대에서 한·온대까지 다양한 기후대가 존재한다. 육지의 98%가 북위 20~50도 사이에 위치하며, 아열대 면적이 26.1%, 온대 면적이 45.1%를 차지한다. 친링秦嶺 산맥과 화이허淮河 강이 온대와 아열대를 구분하는 자연지리학적 표지로 인식된다.

산맥과 지세

중국의 산맥은 동-서, 남-북, 동북-서남, 서북-동남 등 네 개 방향을 갖는다. 동-서 방향의 산맥으로는 북부에 톈산天山-인산陰山-옌산燕山 산맥, 중부에 쿤룬崑崙-친링秦嶺 산맥, 남부에 난링南嶺 산맥이 있다. 남-북 방향의 산맥으로는 헝돤橫斷, 허란賀蘭 산맥이 있다. 동북-서남 방향의 산맥으로는 다싱안링大興安嶺-타이항太行-우산巫山-우링武陵-쉐펑雪峰 산맥과 창바이長白 산맥, 우이武夷 산맥 등이 있다.

주요 산맥 분포 개관

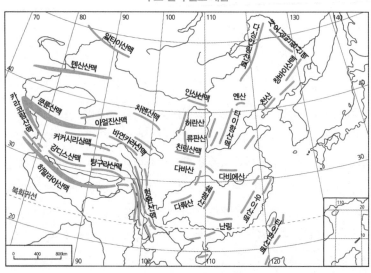

자료:《中國自然地理綱要》

중국의 지세는 대체로 서고동저西高東低이면서 3단계의 계단식 형태를 보인다. 칭짱靑藏 고원이 가장 높은 계단에 해당한다. 다싱안링 산맥에서 쉐펑산에 이르는 산계의 서쪽 지역에서 칭짱 고원을 제외한 부분이 두번째 계단에 해당하며, 타림塔里木 분지, 네이멍구內蒙古 고원, 쓰촨四川 분

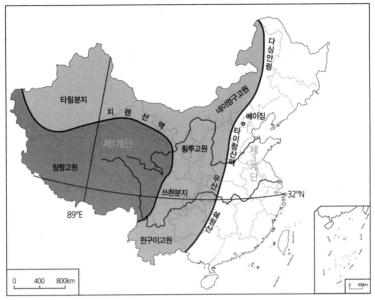

자료: 《中國自然地理綱要》

지, 윈구이雲貴 고원이 여기에 위치한다. 다싱안링 산맥에서 쉐펑산에 이르는 산계의 동쪽 지역이 세 번째 계단에 해당한다. 이 지역에는 둥베이東北 평야, 화베이華北 평야, 창장長江 중하류 평야, 주장珠江 삼각주 평야가 위치한다.

하천

중국의 하천은 수가 많고 길이가 길다는 특징이 있다. 유역면적이 1만km² 이상인 하천 숫자만 79개에 이른다. 창장(양쯔강)은 길이가 약 6,300km로서 세계에서 세 번째이며, 황허黃河는 약 5,464km로서 세계에서 다섯 번째, 헤이룽 강은 약 4,370km로 세계에서 아홉 번째로 길다. 황허는 중국 문명을 상징하는 강이지만, 과거 잦은 홍수와 유로변동으로 인해 재해의 상징이기도 했다. 현재 산둥성 둥잉東營 시에서 바다로 들어가지만, 허난성 싼먼샤三門峽를 꼭짓점으로 북으로는 톈진天津의 하이허海河 강을 유로로 삼아 흐르기도 했고, 남으로는 화이허 강을 유로로 삼아 흐르기도 했다. 때문에 황허의 유로변동 범위에 있는 지역을 '황화이하이黃淮海평원'이라고도 부른다. 황허는 최근 단류斷流 현상을 겪었으며, 이에 따라 중국정부는 창장의 물을 인공 도수로를 통하여 황허로 옮기는 '남수북조南水北調' 사업을 진행했다.

창장은 이름 그대로 중국에서 가장 긴 강이며, 다양한 기후와 지형을 통과하고, 유량도 가장 많다. 유역에 습지와 평야가 발달되어 있고, 일찍부터 수운으로 활용되었다. 그러나 홍수로 인해 많은 피해를 입히기도 한다. 창장 유역의 홍수는 6월 이후 본류에 걸쳐 배회하는 메이위梅雨(장마) 전선과 본류를 중심으로 해 남북으로 뻗어 있는 지류 유역의 강우량과 강우시기, 쓰촨 분지 및 칭짱 고원 동사면의 융설 및 강우 등이 복합적으로 얽혀서 발생한다. 따라서 중하류 지역의 경우, 비는 어제 그쳤는데 오늘 홍수가 일어나는 현상이 발생하기도 한다. 1994년 착공하여 2008년 완공된 싼샤三峽댐은 홍수조절과 발전 및 수운의 촉진을 위해 건설되었다.

타림 분지의 타림 강, 허시저우랑河西走廊의 스양허石羊河, 헤이허黑河, 쑤러허疎勒河, 차이담柴達木 분지의 여러 하천은 바다에 이르지 않는 내륙하천이다. 최근 이 하천들은 상류의 관개농업 개발로 인해 과다하게 이용되었고, 이에 하천의 길이가 짧아져 하류 지역에서 사막화 현상이 나타나고 있다.

중국이 여러 나라와 국경을 마주하고 있기 때문에 국제하천 역시 여러 개이다. 동북 지역의 헤이룽 강은 몽골공화국 및 러시아, 두만(투먼)강은 북한 및 러시아, 압록(야루)강은 북한과 관계된다. 서북 지역의 어얼치스額爾齊斯 강과 이리伊犁 강은 카자흐스탄과 관계되며, 서남 지역의 야루장부雅魯藏布 강은 인도 및 방글라데시, 누장怒江 강은 미얀마 및 태국, 그리고 란창瀾滄 강은 태국, 라오스, 캄보디아, 베트남과 관계된다.

기후

중국의 기후를 형성하는 주된 요소로는 먼저 큰 위도 차로 인해 발생하는 태양 복사의 차이를 들 수 있다. 이로 인해 지역별로 연평균 온도차이가 크며, 다양한 기후대가 나타난다. 그다음은 유라시아 대륙의 동쪽에 위치하면서 동쪽과 남쪽이 바다에 접한다는 점인데, 이는 계절풍 및 태풍과 연결되어 있다. 마지막으로 칭짱 고원이라는 크고 높은 지형이 존재한다는 점으로, 바람의 방향, 대기의 환류, 습도 등 대기 전반에 영향을 준다. 이 중에서도 계절풍은 중국의 기후지역을 구분하는 중요한 변수이다. 우선 겨울 계절풍의 서한계선은 시닝西寧, 쿤밍昆明에 이르

계절풍의 영향 범위

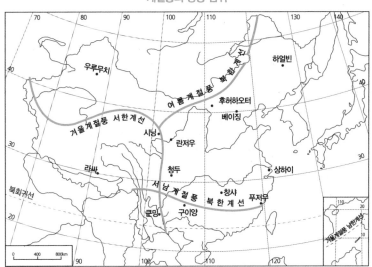

자료: 《中國自然地理綱要》

며, 남한계선은 난하이南海 중부에 이른다. 여름 계절풍의 북한계선은 란저우蘭州와 후허하오터呼和浩特에서 가까운 이북 지역에 위치한다. 이밖에 4~10월 사이에 주로 난링 산맥 이남에 영향을 미치고, 구이양貴陽-푸저우福州를 북한계선으로 하는 서남 계절풍이 있다.

한차오寒潮(한파)와 메이위는 중국의 기후에 영향을 주는 중요한 날씨 체계이고 미치는 범위 또한 매우 크다. 여기에 동남 연해지방은 타이펑颱風(태풍)이라는 날씨체계의 영향 또한 받는다. 한차오는 10월에서 이듬해 4월 사이 북쪽 한랭고기압의 영향으로 매우 찬 공기가 빠르게 남하해 기온이 48시간 이내 섭씨 10도 이상 급강하고 서리나 결빙 현상이 나타나면서 센 바람이나 눈비가 내리는 날씨과정을 말한다. 메이위는 창장 중하류와 화이허 강 유역에서 매년 6월 중순~7월 상순 사이에 큰 범위에 걸쳐 비가 내리는 날씨과정이다. 한국의 장마와 비슷하여 대부분 이

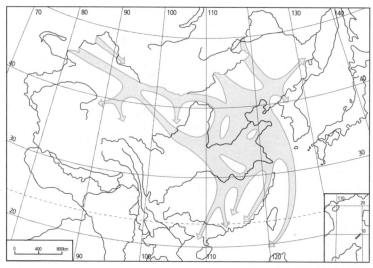

한차오의 경로와 영향 범위

자료: 《中國自然地理綱要》

기간 동안 연속적인 강우패턴을 보이지만, 드물게 7월에 폭우가 내리는 경우도 있다.

타이펑은 서태평양 및 난하이에서 발생한다. 강풍과 강우를 동반하면서 남부 및 동부 연해지역에 여름과 가을에 걸쳐 큰 영향을 준다. 타이펑의 경로는 서태평양이나 난하이에서 발생하여 중국의 하이난·광둥·광시 및 베트남으로 향하는 경로, 서태평양에서 발생하여 필리핀 동부와 타이완을 거쳐 중국 본토 중심부로 향하거나 동부 연해지

타이펑의 이동 경로

자료:《中國自然地理綱要》

역을 지나는 경로, 서태평양에서 발생하여 필리핀 동쪽 해상에서 방향을 틀어 일본으로 향하는 경로로 나뉜다. 통상 5～10월 사이에 발생하며, 6월 이전과 9월 이후 타이펑은 그림의 첫 번째(Ⅰ)와 세 번째(Ⅲ) 경로를, 7월과 8월의 타이펑은 두 번째(Ⅱ) 경로를 취한다. 메이위와 타이펑은 중국 동남부 지역에 대규모 홍수를 야기하기도 한다.

육지와 바다의 위치, 계절풍, 메이위 및 타이펑 등의 영향으로 중국의 연강수량은 동남에서 서북으로 갈수록 감소한다. 동남 연해지역 일부에서 2,000mm에 달하는 강수량이 타클라마칸 사막에서는 25mm로 감소한다.

자연재해

중국은 넓은 면적만큼 다양한 자연재해를 겪어왔다. 그 피해규모 또한 커서 역사와 정치의 전환점을 이룬 경우가 적지 않다. 대표적인 자연재해로는 가뭄·태풍·홍수·우박·이상저온·폭설·모래폭풍·건조열풍 등

(단위: mm)

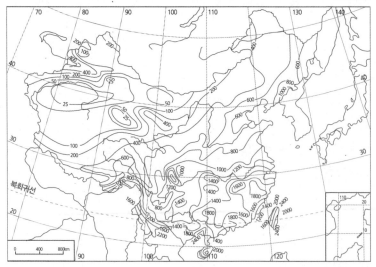

자료: 《中國自然地理綱要》

의 기상·수문재해, 지진·해일·산사태·싱크홀 등의 지질재해, 병충해 및 쥐·메뚜기가 창궐하는 등의 생물재해, 사막화·토양유실·염류화 등의 토지퇴화재해 등이 있으며, 사스SARS 등의 전염병도 자연재해의 범주로 분류된다. 1949년 이후 대규모 인명 피해를 초래한 자연재해는 주로 지진·홍수·가뭄이었는데, 그 피해 규모에서 여타 국가와 단위가 다르다는 것을 알 수 있다.

중국정부는 자연재해의 예방을 도모하고 피해를 낮추기 위해 국무위원급을 위원장으로 하는 국가감재위원회國家減災委員會를 두고 있으나, 이 조직은 어디까지나 평상시의 연구와 예방을 위한 조직이며, 일단 특대형 자연재해가 발생할 경우에는 정치국 상무위원급이 지휘하는, 민·관·군을 망라한 범국가적 임시대응기구가 가동된다.

시기	자연재해 명칭	인명피해 규모
1950. 7.	화이허 홍수	1,930명 사망, 약 1,300만 명 이재민 발생
1954. 7.	창장·화이허 홍수	약 1,888만 명 이재민 발생. 홍수 후 전염병으로 둥팅호(洞庭湖) 지역에서만 약 3만 명 사망
1959~1961	'3년 재해'	봄·여름 가뭄 위주, 약 3,000만 명 아사 추정
1966. 3. 8.	3·8 싱타이 지진	허베이성 싱타이(邢臺)현에서 진도 6.8~7.2 지진 발생. 8,064명 사망, 3만 8,000명 상해
1970. 1. 5.	1·5 퉁하이 지진	윈난성 위시(玉溪) 퉁하이(通海)현에서 진도 7.7 지진 발생. 1만 5,621명 사망, 약 3만 2,000명 상해
1975. 8.	허난 주마뎬 특대형 폭우	허난성 주마뎬(駐馬店) 지구에서 특급 폭우 발생. 2만 6,000명 이상 사망, 이재민 1,015만 명 발생
1976. 7. 28.	7·28 탕산 대지진	허베이성 탕산(唐山)시에서 진도 7.8 지진 발생. 24만 2,769명 사망, 16만 4,000명 중상
1978~1983	'북방대한(北方大旱)' 또는 '6년 대한(六年大旱)'	장기간 심각한 가뭄으로 농업생산 차질
1991. 5.~ 1991. 6.	'화동수재(華東水災)' 또는 '안후이 창장·화이허 수재(安徽江淮水災)'	안후이성·장쑤성 일대에서 홍수 발생. 431명 사망, 9,000만 명 이재민 발생. 중국이 최초로 국제사회에 원조 요청
1998. 7.~ 1998. 8.	1998 창장 특대 홍수	남쪽의 창장과 동북의 쑹화강 유역에서 특대형 홍수 발생. 4,150명 사망, 2억 2,300만 명 이재민 발생
2003. 1.~ 2003. 7.	SARS (중증 급성호흡기증후군)	2002년 말 광둥성 순더(順德)현에서 시작되어, 중국 및 동남아로 확산됨. 중국 본토에서 348명, 홍콩에서 299명 사망. 전염의 불특정성과 유행의 장기성으로 인한 불안과 공포 확산
2008. 5. 12.	5·12 원촨 대지진	쓰촨성 아바 장족·창족자치주 원촨(汶川)현에서 진도 8.3 지진 발생. 6만 7,551명 사망, 9,148명 실종, 28만 1,367명 상해.
2010. 4. 14.	4·14 칭하이 위수 지진	칭하이성 장족자치주 위수(玉樹)시에서 진도 7.1 지진 발생. 2,698명 사망, 270명 실종, 1만 2,000여 명 상해, 약 20만 명 이재민 발생.

자료:《中國氣象災害大典》및 언론 보도

인구와 민족

03

천천陳晨

인구

인구 변화를 종합적으로 확인할 수 있는 중국의 인구조사는 중국국가
통계국에 의해 집계된다. 31개의 성과 직할시 자치구를 포함하는 전국
단위 인구조사(홍콩·마카오·대만 제외)는 1953년, 1964년, 1982년, 1990
년, 2000년, 2010년 총 6회가 진행되었다. 1990년부터는 끝자리가 '0'인
해에 인구조사가 한 차례씩 진행되고 있으며, 끝자리가 '5'인 해에 1%
인구표본조사가 실시된다. 중국국가통계국에서 실시간으로 공개하는
중국대륙인구종에 의하면 2018년 6월을 기준으로 중국 인구는 약 13억
9,050만 명으로, 홍콩(734만 7,000명, 2016)과 마카오(61만 2,000명, 2016),
대만(2,355만 명, 2017)의 인구를 합치면 14억 1,900만 명을 초과한다. 이
는 세계 인구의 약 19%에 해당하는 수치로, 전 세계 최대 인구 규모라
할 수 있다.

(단위: 만 명)

연도	총인구	호적별		성별		민족	
		도시	농촌	남	여	한족	소수민족
1953	59,435	7,726	50,534	30,799	28,636	54,278	4,707
1964	69,458	12,710	56,748	35,652	33,806	65,456	4,002
1982	101,654	21,480	80,174	52,352	49,302	94,088	6,730
1990	114,333	30,195	84,138	58,904	55,429	104,248	9,120
1995	121,121	35,174	85,947	61,808	59,313	109,932	10,846
2000	126,743	45,906	80,837	65,437	61,306	115,940	10,643
2005	130,756	56,212	74,544	67,375	63,381	118,295	12,333
2010	134,091	66,978	67,113	68,748	65,343	122,593	11,379
2015	137,462	77,116	60,346	70,414	67,048	125,614	11,735
2016	138,271	79,298	58,973	70,815	67,456	–	–

자료:중국국가통계국

　중국의 인구 분포는 대체로 동남쪽에 집중되어 있다. 헤이룽장성 헤이허시와 윈난성 텅충시 간의 '헤이허-텅충선黑河-騰衝線'을 기준으로 중국 영토의 43%에 해당하는 동남부에 전체 인구의 94%가 집중되어 있으며, 그 외의 지역에는 6%의 인구만이 거주한다. 그리고 이와 같은 인구 분포의 불균형성은 중국의 호적제도와 연관된다. 1950년대부터 시작된 호적제도는 농촌인구의 도시이주를 제한해왔고, 중국사회의 도농이원구조 형성에 상당한 영향을 미치게 되었다.

　한편 급속하게 진행된 도시화에 따라 인구 유동성이 점차 활발해짐으로써, 2011년의 상주인구 도시화율은 처음으로 50%를 초과했고 2016년에는 57.4%를 기록했다. 그러나 호적제도의 영향으로 인해 호적의 도시화율은 2016년 기준 41.2%밖에 되지 않았으며, 심지어 1선도시의 경우에는 보다 엄격한 인구유입정책을 실시하고 있는바, 농촌 인구의 도시 유입이 쉽지 않은 상황이다.

중국은 1970년대 말부터 '계획생육정책計劃生育政策'이라는 엄격한 인구조절정책을 통해 출산 제한을 추진해왔다. 민족 및 호적제도와 깊은 관계가 있는 '계획생육정책'은 도시 가정에 한정하여 '한 자녀獨生子女 정책'을 적용했다. 이에 중국의 출산율은 급격하게 하락했고, 2000년 이후에는 결국 노령화와 저출산이라는 두 가지 문제에 직면했다. 이에 2016년 1월 1일, 36년 동안 지속해온 '한 자녀 정책'이 폐기되는 대신, '전면 두 자녀全面二孩 정책'이 추진되었다. 하지만 '전면 두 자녀 정책' 또한 완전한 출산의 자유화가 아닌, 단지 출산 제한의 완화일 뿐 실질적인 기본 국책인 '계획생육'은 여전히 현재진행형이다.

중국의 인구 분포

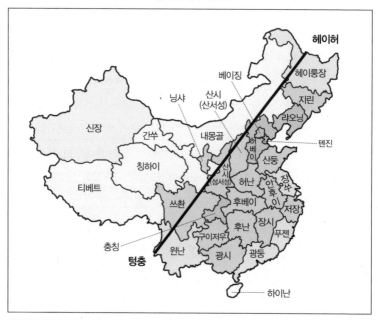

주│색이 짙을수록 인구 밀집도가 높음 　　　　　　자료:《2010 中國人口普查》

민족

중국은 한漢족, 장壯족, 만주滿족, 회回족, 티베트藏족, 몽골蒙古족, 조선朝鮮족 등 56개 민족으로 구성되어 있으며, 한족 이외의 민족은 소수민족으로 분류된다. 출산 및 교육 등 소수민족에 대한 정책적 지원으로 소수민족이 전체 인구에서 차지하는 비율이 점차 증가하는 추세를 보이고 있지만, 중국 전체 인구의 90% 이상을 차지하는 한족과 비교했을 때 매우 적은 수치에 불과하다. 2015년에 실시된 1% 인구표본조사에 따르면 소수민족은 전체 인구의 8.53%인 약 1억 1,735만 명으로 집계되었다.

중국 지역별 소수민족 분포 현황

자료: 《中國民族統計年鑑 2016》

인구 분포를 봤을 때, 전국 30개 소수민족 자치주 중 한족 인구가 50% 이상인 지역과 30% 이상인 지역은 각각 9개 지역으로 나타났으며, 대체적으로 중서부 지역에 집중적으로 거주하고 있다. 이 중 소수민족 자치 행정구역이 없는 지역은 산둥, 산시山西, 산시陝西, 허난, 장쑤, 안후이, 장시, 푸젠 등 8개 지역일 뿐이다.

04

행정구역

양갑용

현 중화인민공화국 헌법에 따르면, 중국의 행정구역은 성급省級, 현급 縣級, 향급鄕級의 3급 체제로 구성되어 있다. 헌법 30조는 "(1)전국을 성 省, 자치구自治區, 직할시直轄市로 나눈다, (2)성, 자치구를 자치주自治州, 현縣, 자치현自治縣, 시市로 나눈다, (3)현, 자치현을 향鄕, 민족향民族鄕, 진鎭으로 나눈다"고 명시하고 있다. 직할시와 비교적 규모가 큰 시의 경 우에는 다시 구區와 현縣으로 나뉘며, 자치주는 현과 자치현, 시로 재분 류된다. 자치구, 자치주, 자치현은 모두 민족자치의 형태를 취하고 있다.

중국의 3급 행정체제

층차		행정단위
제1급	성급(省級)	성(省), 자치구(自治區), 직할시(直轄市), 특별행정구(特別行政區)
제2급	현급(縣級)	현(縣), 현급시(縣級市), 자치현(自治縣), 시할구(市轄區) 등
제3급	향급(鄕級)	향(鄕), 진(鎭)

자료: 중국국가통계국

경제가 비교적 발달한 지역의 경우에는 도시와 농촌, 공업과 농업의 상호 촉진을 위해서 수직·수평적 분할을 제거하여 시가 현을 지도하는 시관현市管縣체제를 실행하고 있다.

이는 헌법상의 구분일 뿐 현실에서는 성급과 현급 사이에 지급이 존재하는 지방 4급 행정체제를 운영하고 있다. 즉 지방 행정구획은 성급省級–지급地級–현급縣級–향급鄕級의 4급 체제가 유지되고 있다. 그러나 아직 헌법에는 반영되지 않았다. 따라서 현행 중국의 행정구역은 3급 체제와 4급 체제가 병존한다고 할 수 있다. 지린성 연변조선족자치주가 대표적

중국 지방 행정구역 현황(2016년 말 기준)

층차	행정 단위	수량	
성급(省級)	성(省)	22	33
	자치구(自治區)	5	
	직할시(直轄市)	4	
	특별행정구(特別行政區)	2	
지급(地級)	지급시(地級市)	293	334
	기타 지급 행정 단위	41	
현급(縣級)	시할구(市轄區)	954	2,851
	현급시(縣級市)	360	
	현(縣)	1,366	
	자치현(自治縣)	117	
	기타 현급 행정 단위	54	
향진급(鄕鎭級)	진(鎭)	20,883	39,862
	향(鄕)	10,872	
	가도(街道)	8,105	
	기타 향진급 행정 단위	2	

자료: 중국국가통계국

인 지급 행정구역이다.

　자치구, 자치주, 자치현은 모두 민족자치구역으로서 국가기구로 편재되어 있다. 국가는 필요한 경우 특별행정구를 설립할 수 있는데, 중국에는 현재 홍콩특별행정구와 마카오특별행정구 등 2개의 특별행정구가 있다. 특별행정구의 지위는 지방 행정등급에서 최고위층에 속하는 성급 행정단위에 속한다. 홍콩특별행정구는 1997년 7월 1일 중국에 반환되었으며, 마카오특별행정구는 1999년 12월 20일 중국에 귀속되었다. 특별행정구는 대만과의 통일에 대비하여 사회주의와 자본주의가 병존하는 일국양제一國兩制 정책을 시험적으로 실시하는 곳이기도 하다.

중국 성급 행정단위 구성 현황(2017년 12월 기준)

행정단위	수량	현황
직할시(直轄市)	4	베이징(北京), 톈진(天津), 상하이(上海), 충칭(重慶)
성(省)	22	허베이성(河北省), 산시성(山西省), 랴오닝성(遼寧省), 지린성(吉林省), 헤이룽장성(黑龍江省), 장쑤성(江蘇省), 저장성(浙江省), 안후이성(安徽省), 푸젠성(福建省), 장시성(江西省), 산둥성(山東省), 허난성(河南省), 후베이성(湖北省), 후난성(湖南省), 광둥성(廣東省), 하이난성(海南省), 쓰촨성(四川省), 구이저우성(貴州省), 윈난성(雲南省), 산시성(陝西省), 간쑤성(甘肅省), 칭하이성(青海省)
자치구(自治區)	5	닝샤후이족자치구(寧夏回族自治區), 신장웨이우얼자치구(新疆維吾爾自治區), 네이멍구자치구(內蒙古自治區), 시짱자치구(西藏自治區), 광시장족자치구(廣西壯族自治區)
특별행정구 (特別行政區)	2	홍콩(香港特別行政區), 마카오(澳門特別行政區)

자료: 중국국가통계국

언어[*]

05

중국은 56개의 민족으로 구성된 국가이다. 한족이 전체 인구의 가장 많은 비중을 차지하기 때문에 한어가 표준어로 지정되어 있지만, 여러 종류의 언어가 중국 경내에서 사용된다. 이 언어들을 언어 계보로 분류해 보면, 한장漢藏(Sino-Tibetan)어계, 알타이阿爾泰(Altaic)어계, 남아南亞(Austro-Asiatic)어계, 남도南島(Austronesian)어계, 인구印歐(Indo-European)어계의 다섯 어계에 속한다. 다섯 어계 가운데 가장 많은 인구가 사용하는 것은 한장어계 언어이고, 그다음이 알타이어계의 언어들이다.

한장언어 계보

한장어계의 언어는 중국 경내에서 가장 많이 분포되어 있으며 사용 인구도 가장 많다. 한장어계 언어의 분류에 관해서는 아직도 이견이 많지만, 중국학자의 분류에 따르면 한어漢語 이외에 장면藏緬, 묘요苗瑤, 장동

---

* 언어자료의 수치는 中國社會科學院語言硏究所等, 《中國語言地圖集》(第2版), 商務印書館(2007)에 근거하였음.

壯侗의 세 어족으로 세분된다. 이 가운데 한어의 사용 인구가 가장 많다. 한편《중국언어지도집中國言語地圖集》에서는 한어를 전통적으로 일곱 가지 대방언大方言으로 세분했는데, 현재는 언어적 특성을 감안해 진어晉語를 관화官話에서 분리해 8대 방언으로 거론한다.

관화방언官話方言으로도 불리는 북방北方 방언은 중국의 북방, 동북 지역, 서북 지역, 서남 지역 등 가장 넓은 범위에 분포하며, 전체 인구의 66.2% 정도가 사용하고 있다. 관화에서 분리된 진어는 산시성山西省과 산시성陝西省 북부 네이멍구자치구 중서부 지역에 분포하는데 타이위안어太原語가 대표 언어이고 전체 인구의 5.2%가 사용한다. 오어吳語로도 불리는 오吳방언은 장쑤성 남부 지역과 저장성 북부 지역 및 태호太湖 유역에 분포하는데 상하이어上海語, 쑤저우어蘇州語, 항저우어杭州語가 대표적이고 전체 인구의 6.1%가 사용한다. 광둥어廣東語로도 불리는 월粵방언은 광둥성과 광시성 그리고 주장珠江 삼각주 지역에 분포하며, 전체 인구의 4.9%가 사용한다. 민어閩語로도 불리는 민閩방언은 푸젠성과 대만 그리고 저장성과 하이난성의 일부 지역에 분포하는데, 아모이어廈門語가 대표 언어이며 전체 인구의 6.2%가 사용한다. 객가어客家語로도 불리는 객가客家방언은 광둥성 동부 지역과 북부 지역, 푸젠성 서부 지역, 그리고 장시성 서부 지역에 분포하고, 전체 인구의 3.5%가 사용한다. 장시어江西語로도 불리는 감贛방언은 장시성과 후베이성 일부 지역에 분포하고, 남창南昌어가 대표 언어이며, 전체 인구의 4%가 사용한다. 후난어湖南語로도 불리는 상湘방언은 후난성과 광시성 일부 지역에 분포하며, 창사長沙어가 대표 언어이고, 전체 인구의 3%가 사용한다.

이 8대 방언은 2개 북방방언과 그 밖의 6개 동남방언군으로 나뉘는데, 이들 방언 간에는 발음의 차이가 아주 크고, 어휘 차이 또한 적지 않은데다 문법에서도 엄연한 차이가 존재하기 때문에 의사소통에 어려움이 존재한다. 따라서 내부 통일성이 강한 북방방언을 기반으로 하여 현대 중국어의 공용표준어인 보통화普通話가 제정되었다. 1955년에 내린 보통화에 대한 정의는 "북방어를 기초 방언으로 하고, 북경어 발음을 표준음으로 하며, 모범적인 현대백화문 저작을 문법규범으로 하는 한족 공통어"이다.

사실 로망스어Romace Languages에서 분리된 프랑스어, 이탈리아어, 스페인어, 포르투갈어, 루마니아어 등을 각기 다른 언어로 분류하는 것을 생각해보면, 한어를 8대 방언이라 운운하는 것이 모순일 수 있지만, 중국인에게는 이들 방언에 기반한 있는 보통화라는 공용어가 있고, 서면어로서 '백화문白話文'이 통용되고 있기 때문에 일반적으로 하나의 언어로 간주한다.

한어 이외에 장면, 묘요, 장동의 세 어족은 주로 중국의 남서부에 분포하며, 사용 인구가 각각 1,200만 명, 500만 명, 1,600만 명 정도이다.

기타 언어 계보

알타이어계의 언어들은 중국의 북방 지역인 신장웨이우얼자치구, 네이멍구자치구와 간쑤성, 칭하이성, 헤이룽장성, 지린성, 랴오닝성에 분포하며, 다시 돌궐突厥과 몽고蒙古, 만주-퉁구스滿洲-通古斯 세 어족으로 나눌 수 있고, 사용 인구는 1,000만 명 정도이다. 남아어계의 언어들은 아시아 남부 지역과 동남 지역에 주로 분포하는데, 중국 경내에는 몽-크메르Mon-Khmer어족에 속하는 여섯 종의 언어를 대략 37만 명 정도가 사용하고 있다. 남도어계의 언어들은 주로 남태평양 도서에 분포하며, 중국 경내에는 하이난성과 타이완성에서만 인도네시아어족에 속하는 20여 종의 언어를 27만여 명이 사용하고 있다. 인구어계는 전 세계적으로 가장 넓은 지역에 분포하고, 사용 인구도 가장 많다. 고대 중국에서는 비단길 언저리에 많은 인구어계 언어들이 있었던 것으로 보이는데 지금은 거의 사라졌다. 현재 중국 경내에는 신장웨이우얼자치구에 단 두 종류만 남아 있고 사용 인구는 3만여 명 정도이다.

위 다섯 어계의 언어 이외에 지린성, 헤이룽장성, 랴오닝성에서 176만 명이 사용하고 있는 언어가 하나 더 있다. 바로 조선족이 사용하는 한국어인데, 이전에는 알타이어계로 분류했지만, 지금은 한국어와 만주-퉁구스 어족과의 공통점이 많지 않기 때문에, 일본어와 함께 다른 어계로 분류해야 한다는 견해가 지배적이다.

현대사

2부

5·4 운동

조경란

발단과 시작

제1차 세계대전의 전후 처리를 위한 파리강화회의의 결과가 중국에 알려진 후 베이징의 학생운동이 발단이 되어 일어난 전국적 규모의 민족주의 운동이다. 1918년 11월 11일 제1차 대전이 연합국의 승리로 끝나자 중국에서는 임시휴교를 할 정도로 연합국의 승리를 축하했다. 제1차 대전은 단순히 열강 사이의 싸움이 아니라 제국주의와 강권주의에 대한 민주주의와 평화주의의 승리였다. 동년 1월에 발표된 윌슨 미국 대통령의 민족자결 원칙 중 '식민지 문제는 공정히 처리하되 관련된 민족의 이해관계를 고려한다'는 내용은 민주주의와 민족자결이 실현될 것이라는 기대를 갖게 했다. 이에 따라 중국은 독일이 점유하고 있던 산둥성의 제반이권도 참전국인 중국에 돌려줄 것이라 기대했다. 1919년 1월에 시작된 강화회의에 중국은 베이징정부와 광둥정부로 구성된 거국적 대표단을 파견했다.

그러나 1919년 4월 29일 파리강화회의에서 4대국(미·영·불·일)은 연합국의 일원으로 산둥성에서 독일군 수비대와 맞서 싸웠던 일본에 독일이 점유한 산둥의 이권을 양도한다는 결정을 내렸다. 일본은 산둥문제에 대해 이미 1917년 영국 및 프랑스와 밀약을 했고 1918년 9월 베이징정부와도 사전교섭을 하였다. 이 소식이 1919년 4월 30일 중국에 알려졌고 5월 3일 신문에 보도되자 격앙된 베이징의 대학생들이 5월 4일 톈안먼 앞에 모여 시위를 벌였다. 시위대는 '산둥반도의 주권을 반환하라', '파리강화조약 조인을 거부하라'는 구호를 외치면서 재정총장 겸 교통총장인 차오루린曹汝霖의 집을 포위했고, 그의 집에 불을 질렀다. 이로 인해 학생 32명이 체포되었다. 이것이 5·4 운동의 발단으로, 학생 체포는 5·4 운동을 전국화하는 기폭제가 되었다.

국면 전개

이 운동이 대규모로 확대되고 민족주의적 형태를 띠게 된 것은 영토 상실이라는 문제가 논점화된 데에 있다. 이로 인해 5월 19일부터는 베이징 소재 각 학교의 학생들이 동맹휴학에 들어갔고 곧바로 전국적으로 퍼져나갔다. 일정 기간 관망하던 정부는 6월 3일 1,000여 명의 학생을 체포했다. 베이징정부가 일본정부의 압력에 굴복하여 대량체포를 감행한 것이다. 6월 3일의 체포 소식은 상하이로 전달되어 6월 5일 상점 동맹휴업, 학생 동맹휴학, 노동자 파업이 전개되었다. 6·3 사건으로 5·4 운동은 전환점을 맞이했고 6월 10일 승리로 끝났다. 이날 베이징정부는 산둥 이권의 일본 양도를 주도한 차오루린, 장종샹章宗祥(주일공사), 루종위陸宗輿를 파면했고, 28일 중국대표단은 파리(베르사유)조약의 조인을 거부했다. 1921년 1월 27일 중일 군사비밀협정은 취소되었고, 1922년 2월에는 일본군의 철퇴를 규정한 산둥 현안이 조인되었다. 그해 10월 일본군이 시베리아에서 최종 철수하며 일본의 침략정책은 실패로 끝났다.

좁은 의미의 5·4 운동은 5월 4일에서 6월 말까지로 봐야 하지만, 넓은 의미의 5·4 운동은 독일이 점유했던 산둥이권의 중국 반환, 21개조 요구, 중일 군사비밀협정 파기 등의 문제가 일단의 해결을 보게 되는 1922년 2월까지로 확대된다.

결과와 평가

1919년의 5·4 운동은 사상적으로 1915년 신문화운동의 연장선상에 있다. 신문화운동은 천두슈陳獨秀의《신청년新靑年》간행으로 시작되어, 예교禮敎에 반대하여 덕선생德先生(데모크라시)을, 구舊종교에 반대하여 새선생賽先生(사이언스)을 옹호했다. 또 문학혁명을 통해 백화문으로 글을 쓰기 시작하면서 5·4 운동 당시 배포된 학생들의 선언문도 구어문으로 쓰였다. 이웃나라 조선에서의 3·1 운동 역시 베이징 대학생들이 5월 3일 학생대회를 개최하는 데 중요한 영향을 미쳤다.

신문화운동은 반反봉건주의에 초점이 맞추어져 있었으나 파리강화회의의 결정으로 일어난 5·4 운동은 중국인에게 서구와 자본주의에 대한 비판의식을 갖게 했다. 중국의 젊은 지식인들에게 대외적 모순이 국내의 모순과 연결되어 있음을 확인시켜 주기도 했다. 따라서 중국의 젊은 지식인들은 중국이 당면한 위기를 신문화운동이 애초에 내걸었던 반反봉건주의만으로는 해결할 수 없음을 깨달았다. 5·4 운동은 신문화운동이 제창한 반봉건의 기치를 반제국주의와 결합하도록 만들었다. 이에 따라 신문화운동 반봉건의 계몽연대가 후스胡適를 중심으로 한 자유주의 지식인과 리다자오李大釗를 중심으로 한 사회주의 지식인으로 분화했다.

이들 사이에서 '문제와 주의 논쟁'이 일어났다. 이 논쟁은 마르크스주의가 중국에 들어오는 계기가 되었고, 이를 바탕으로 1921년 중국공산당이 창당되었다. 군벌과 대립하면서 실의에 빠져 있던 쑨원孫文은 5·4 운동을 통해 대중조직과 사상의 힘을 실감하면서 삼민주의를 체계화하고 국공합작의 기반을 만들었다. 5·4 운동은 중국 역사상 최초로 대중의 힘과 조직의 힘을 보여줬다는 점에서 근대적 성격을 띤 운동으로 평가받는다.

최근 유학전통과 신문화운동 및 5·4 운동, 마르크스주의와의 관계를 어떻게 설정할 것인가에 대해 중국사상계는 고심하고 있다. 전통과 근대의 연속적 시각에서 5·4 운동의 재평가가 이루어져야 한다.

중국혁명

07

김수영

　1921년 7월, 상하이의 박문여고에서 중국공산당 제1차 전국대표대회가 열렸다. 당시 중국공산당원은 전국을 통틀어 50명 내외에 불과했으며 게다가 대부분이 지식인들로 구성되어 있었다. 이 미미한 지식인 조직이 거대한 농민유격대를 이끌며 중국의 지배자로 성장하기까지는 채 30년이 걸리지 않았다. 1949년 10월, 톈안먼 광장에서 중화인민공화국이 선포될 때 중국공산당의 나이는 겨우 29세에 불과했다. 그러나 당시 중국공산당 지도자들의 나이는 이미 50대를 훌쩍 넘어 있었다. 즉 30년도 채 안 걸린 중국혁명의 경이로운 승리는 사실상 19세기 말부터 진행된 지도자들의 역사적 경험을 바탕으로 하고 있었던 것이다.

공산당 창당의 배경
　중국공산당을 창당한 천두슈陳獨秀와 리다자오李大釗는 19세기 말에 청 제국이 주도했던 근대화 개혁이 실패하는 것을 목격했을 뿐만 아니라 20세기 초에 일어난 신해혁명의 좌절을 몸소 경험한 지식인들이었다.

1911년에 일어난 신해혁명은 청淸 왕조를 무너뜨리고 공화정을 탄생시켰다. 그러나 서구의 부르주아 혁명과 달리 중국의 공화혁명은 자본주의적 시장과 민주적 정체를 만들어내지 못했다. 초대 총통인 위안스카이袁世凱는 국회를 해산하고 헌정질서를 붕괴시켰으며, 이후 중국 전역은 군벌의 할거시대로 접어들었다. 군벌들은 열강과 결탁하여 각종 경제적 이권을 팔아넘기며 중국을 반식민지로 전락시켰다. 이에 중국 지식인들은 문화혁명을 수반하지 않는 정치혁명은 성공할 수 없다는 사실을 깨달았다. 1915년에 천두슈는 《신청년新靑年》 잡지를 창간하면서 중국의 봉건적 전통문화를 철저히 파괴하고 서구의 자유주의를 전격 수용할 것을 주장했다. 중국의 청년들은 《신청년》의 주장에 뜨겁게 반응하면서 신문화운동을 전국적으로 확산시켜 나갔다. 마오쩌둥과 같이 향후 중국 공산주의 운동을 이끌어갈 청년 지도자들은 이렇게 신문화운동과 함께 탄생되었다.

중국의 전통적 가치를 철저하게 거부했던 신문화운동의 지도자들은 1919년 5·4 운동을 겪으면서 자신들이 신봉하던 서구의 자유주의적 가치와 체제 역시 비판해나갔다. 1919년에 제1차 세계대전이 종결되면서 개최된 파리강화회의에서 서구의 자유주의국가들은 독일이 산둥반도에 가지고 있던 권익을 중국에 돌려주지 않고 일본에 양도하기로 결정했다. 이에 분노한 중국인의 항의 시위가 1919년 5월 4일에 학생들로부터 시작되어 상인과 노동자의 파업으로 확산되었다. 폭발적인 민중의 요구 앞에서 중국정부는 마침내 무릎을 꿇고 베르사유조약의 조인을 거부했다. 한편 같은 해인 1919년 7월, 소련정부는 과거 차르제국이 중국과 맺었던 불평등 조약을 폐기한다는 카라한선언을 발표했다. 이는 베르사유조약에서 보았던 서구 자유주의국가들의 위선적인 모습과 대조적인 것이었다. 서구 자유주의의 위선과 소련의 카라한선언, 그리고 5·4 운동이 보여준 민중의 힘은 신문화운동의 지도자들을 공산당 창당으로 이끌었다.

중국 공산주의 운동

1921년부터 1949년에 이르는 중국 공산주의 운동의 역사는 크게 세 시기로 나눌 수 있다. 먼저 1921~1927년의 시기로, 공산당이 쑨원孫文의 국민당과 협력하여 반反군벌과 반反제국주의의 기치 아래 중국의 통일과 독립을 목표로 군벌들과 전쟁을 벌인 시기이다. 그러나 국공합작 군대가 양쯔강 이남의 성들을 거의 통일했을 즈음 국민당의 장제스蔣介石가 쿠데타를 일으켜 공산당 조직은 지하로 숨어 들어가야만 했다. 도시 지역의 노동자 계급을 중심으로 한 중국 공산주의 운동은 이때를 기점으로 역사 속에서 사라졌다.

둘째, 1927~1935년은 중국공산당이 도시를 떠나 농촌에 소비에트를 건설하는 시기이다. 1930년 무렵에 중국공산당은 전국 13개 성에 모두 15개에 달하는 농촌 소비에트를 건설했다. 그중 가장 큰 세력은 마오쩌둥이 장시성 루이진瑞金에 설립한 장시 소비에트였다. 1931년부터 일본의 만주 침략이 가속화되었음에도 불구하고 장제스는 공산당의 장시 소비에트를 공격하는 데 모든 군사력을 쏟아부었다. 결국 국민당 군대의 경제봉쇄를 버티지 못한 장시 소비에트가 서북의 변방지역인 옌안延安으로 2만 5,000리의 대장정을 떠나면서 중국 공산주의 운동의 소비에트 시기는 막을 내렸다.

셋째, 1935~1949년은 마오쩌둥이 중국 공산주의 운동의 최고지도자로서 농민혁명을 완수하는 시기이다. 마오쩌둥은 대장정의 도정道程에서 소련파 당 지도부를 누르고 당권과 군권을 모두 장악했다. 옌안을 혁명의 근거지로 삼은 마오쩌둥은 토지개혁을 실시하는 등 농촌혁명을 효과적으로 실시했다. 그러나 서북 변방에 근거지를 둔 국지적 세력이었던 공산당이 전국적인 농민혁명 세력으로 빠르게 성장할 수 있었던 것은 사실상 중일전쟁의 덕이 컸다. 공산당은 유격전으로 일본군의 후방을 공격하면서 화북 지방에서 세력을 급속히 확대해나갔다. 그리하여 1936년 초에 1만 명이었던 병력이 1945년에 이르면 100만 명에 달했고, 당원의 숫자도 4만 명에서 120만 명으로 증가했다. 이때 중국공산당은 농촌 근거지에 거주하던 1억 이상의 인구를 통치했다.

1945년에 태평양전쟁에서 패배한 일본군이 중국에서 철수하면서 국

역대 중국공산당 전국대표대회

차수	시기	개최지	대표 (명)	당원 (명)	차수	시기	개최지	대표 (명)	당원 (명)
제1차	1921. 7. 23.~31.	상하이	12	53	제11차	1977. 8. 12.~18.	베이징	1,510	3,500만
제2차	1922. 7. 16.~23.	상하이	12	195	제12차	1982. 9. 1.~11.	베이징	1,600	3,965만
제3차	1923. 6. 12.~20.	광저우	30	420	제13차	1987. 10. 25.~11. 1.	베이징	1,936	4,600만
제4차	1925. 1. 11.~22.	상하이	20	994	제14차	1992. 10. 12.~18.	베이징	1,989	5,100만
제5차	1927. 4. 27.~5. 9.	우한	82	57,967	제15차	1997. 9. 12.~18.	베이징	2,048	5,800만
제6차	1928. 6. 18.~7. 11.	모스크바	142	40,000	제16차	2002. 11. 8.~14.	베이징	2,114	6,600만
제7차	1945. 4. 23.~6. 11.	옌안	547	121만	제17차	2007. 10. 15.~21.	베이징	2,237	7,336만
제8차	1956. 9. 15.~27.	베이징	1,026	1,073만	제18차	2012. 11. 8.~14.	베이징	2,270	8,260만
제9차	1969. 4. 1.~24.	베이징	1,512	2,200만	제19차	2017. 10. 18.~24.	베이징	2,338	8,944만
제10차	1973. 8. 24.~28.	베이징	1,249	2,800만					

자료: 필자 작성

민당과 공산당은 내전에 돌입했다. 국민당 군대가 미국의 지원하에 월등히 많은 병력을 소유했음에도 공산당은 빠른 속도로 승리를 이어갔다. 이는 공산당의 사회경제정책이 광범위한 농민의 적극적인 지지를 얻어낼 수 있었기 때문이었다. 1949년 10월 10일에 마침내 중국공산당은 톈안먼 광장에서 중화인민공화국의 탄생을 선포했다.

08

쌍백과 반우파

성근제

동유럽의 이른바 해빙 무드가 한창 무르익던 1956년, 중국에도 의미심장한 변화가 일어나기 시작했다. 마오쩌둥이 '백화제방, 백가쟁명百花齊放, 百家爭鳴'(이하 '쌍백')의 정책 방침을 제시한 것이다. 이른바 '쌍백雙百'은 말 그대로 모든 꽃들이 저마다의 꽃을 피우고, 서로 다른 생각을 자유롭게 논쟁하도록 함으로써, 과학과 예술, 그리고 당 내외의 민주주의가 꽃피게 하자는 것이었다.

1차 5개년 계획이 진행 중이던 1956년 중국사회 내부에서는, 강력하지만 아직 세련되게 발전하지 못한 관료기구와 관행들이 '학문'과 '예술'이라는 전문적이고 미묘한 영역에 정치적 잣대를 들이대는 일이 빈발했고, 이러한 태도와 관행은 학자와 예술가들을 적잖이 위축시켰다. 마오쩌둥은 과학과 예술의 영역에서 교조적이고 관료적인 획일성과 간섭을 제거함으로써, 다양하고 생산적인 견해들이 발전하기를 기대하고 있었다. 이것이 쌍백의 중요한 한 측면이며, 일반적으로 널리 알려진 쌍백의 핵심 아이디어이다.

백화제방, 백가쟁명

그러나 마오쩌둥이 제기한 쌍백 방침의 핵심 아이디어는 학술과 예술 영역에서의 다양성을 보장한다는 순수한 '자유주의'적 발상에 머물러 있는 것이 아니었다. 쌍백 방침이 제출되는 과정에서 핵심 아이디어가 공식적으로 대중에게 알려진 것은 당시 중국공산당의 선전부장이었던 루딩이陸定一가 발표한 "백화제방, 백가쟁명"이라는 글을 통해서였다. 이 글은 1956년 6월 13일 〈인민일보〉에 보고의 형식으로 게재되었는데, 그 저본은 5월 26일 회인당懷仁堂에서 과학계와 문예계 대표들에게 진행한 정책 보고 연설문이었다. 때문에 이 글은 거의 전적으로 쌍백 방침과 과학·문예 사업 사이의 관계, 즉 학술과 예술 영역에서의 규제 완화와 관련된 측면에 초점이 맞추어져 있었다. 이 글의 영향으로 대중적 영역에서는 쌍백 방침이 지식인의 언론 자유와 관련된 정책으로 널리 알려지게 되었다.

그러나 쌍백 방침의 정치적 의미는 '국가와 지식인'이라는 프레임만으로는 온전히 설명될 수 없는 것이었다. 우선 마오쩌둥이 우려한 것이 학술과 예술의 침체 그 자체만이 아니라는 점에 주목할 필요가 있다. 그는 점차 심화되고 있던 교조주의와 관료주의, 그리고 엘리트주의 등과 같은 문제들을 더 우려하고 있었다. 당시에 마오는 이미 이러한 문제들을 사회주의체제를 내부에서부터 좀먹어가는 악성 요소로 인식하였다. 쌍백 방침이 칼끝을 겨누고 있던 곳은 바로 이 지점이었다. 쌍백은 과학과 예술 영역의 지식인들에 대한 소극적인 '발언 허용'에 그치는 것이 아니라, 지식인을 포함한 대중의 자유로운 의견 개진과 비판을 통해 당과 정부 내부의 관료주의 및 획일주의, 종파주의를 견제하는 데 중요한 목적을 둔 정치적 판단의 산물이었다. 이것이 바로 쌍백 방침의 두 번째 측면이며, 정치적으로 더 핵심적인 부분이다. 때문에 쌍백 방침의 핵심 아이디어 속에는 국가적(관료적) 획일성과 전문가적 다양성이라는 대립 구도

외에 분명한 '계급적' 문제의식이 포함되어 있었다. 이른바 '당(국가) vs. 지식인'이라는 대립은 엘리트 내부 갈등에 해당하는 것이며, 원칙적으로 계급 모순과는 성격을 달리하는 것이었다. 그러나 '쌍백'의 아이디어는 명백한 계급적 문제의식, 즉 과학과 예술을 포함한 모든 당 내외의 정치적 생활 영역에서 발언과 해석, 통제의 권한을 독점하고 있는 엘리트 집단과 그렇지 못한 인민(대중) 사이의 권력적 불균형에 관한 문제의식을 전면화하였다. 이때 독점의 주체가 관료냐 지식인이냐 하는 것은 부차적인 문제이다. 이때의 전선은 관료와 지식인 사이에 있었던 것이 아니라, 엘리트(관료와 지식인을 포함하는)와 대중 사이에 그어져 있는 것이었기 때문이다.

이 정책은 결과적으로 상당한 사회적 반응을 불러일으켰다. 운동 과정 속에서 문예와 학술에 대한 관료적 통제 장치와 관행들이 상당 부분 비판되거나 해체되었고, 지식인 사회에는 전례 없는 생기가 넘쳐나 그야말로 백화百花가 만발하기 시작했다. 그리고 그와 동시에 수많은 '들꽃'들 역시 함께 피어났다. 지식인들은 관료적 통제를 공격했지만, 인민 대중들은 도리어 지식인(혹은 관료)들로부터 문화적 패권을 빼앗아오려 했다. 때문에 이 운동 과정 속에서 지식인들은 매우 애매한 위치에 놓여 있었다. 그들은 (당과 관료들에게) 도전하는 자이기도 했지만 동시에 (인민들로부터) 도전받는 자이기도 했다.

반우파 투쟁

쌍백의 궁극적 목적은 지식인(만)이 아니라 인민 대중의 적극성을 이끌어내고자 하는 데 있었다. 따라서 지식인들에게 주어졌던 발언의 자유라는 '관용'은 정치적 상황에 따라서 얼마든지 철회될 수도 있었다. 그러한 상황은 예상보다 훨씬 빨리 다가왔다. 1957년 5월 당내 관료들에 의해 반격이 시작되었다. 공산당에 대한 공개적인 비판을 허용한 것에 상당한 불만을 지니고 있던 (덩샤오핑을 필두로 하는) 당내 핵심 관료들은 운동 속에서 제출된 의견들 가운데 관료주의 비판의 수준을 넘어 당과 사회주의를 반대하는 '우파'의 목소리가 존재함을 주장하며 반우파 투쟁을 개시했다. 비판의 초점은 주로 당과 관료체제의 경직성을 비판했던 지식인과 청년들에게 맞춰졌다. 이로 인해 당에 대한 비판과 발언을 권장받던 지식인들은 하루아침에 우파의 낙인이 찍힌 채 비판대 위에 오르는 신세가 되었다.

하지만 반우파 투쟁의 개시가 쌍백의 전면적 철폐를 의미하는 것은 아니었다. 확실히 지식인을 제외한 인민 대중의 혁명적 발언과 행동은 반우파 투쟁의 열기를 배경으로 더욱 적극적으로 권장되었으며, 이는 1958년 이후 대약진 운동의 대중 동원을 위한 정치적 동력 가운데 하나로 자리 잡았다. 때문에 일반적으로 '반우파 투쟁'의 개시와 함께 '쌍백'은 종료된 것으로 이해되는 경우가 많지만, 실제로는 '반우파 투쟁' 시기와 대약진 시기에도 '쌍백', 혹은 '명방鳴放'의 구호는 상당 부분 그대로 유지되었다. 다만, '쌍백'의 정치적 초점은 '지식인 동원'에서 '인민 동원'으로 분명히 이동했다. 그것은 혁명적 대중이 관료와 지식인의 근대주의적 권력 독점을 전면적으로 비판하고, 이들에 대한 체제적 의존을 벗어나 스스로 혁명적 건설의 주체로 거듭남으로써 새로운 사회주의를 열어나갈 수 있다는 유토피아적인 마오주의 전망과 맥을 같이하고 있는 것이었다.

09

문화대혁명

백승욱

1960년대 중반 사회주의 건설 시기 중국에서는 사회주의 역사상 전례 없는 대사건이 벌어졌다. '두 가지 노선'이란 이름하에 당이 분열되었고, 당시 최고지도자인 마오쩌둥은 이 분열을 더욱 촉진하고 대중운동을 대대적으로 지지하여 대중운동이 당의 분열을 관통하게 했다. 사태는 여기서 더 심화되어 대중조직들이 서로 적대적으로 대립하는 데까지 나아갔다. 문화대혁명이라는 이름으로 지칭된 이 사건은 좁게 '문화'에만 영향을 준 것이 아니라 당시 중국사회 모든 곳에 엄청난 충격을 끼쳤으며 많은 상처를 남겼다. 개혁개방은 '문화대혁명의 철저부정'이라는 구호로 시작되었을 만큼 그 부정적 측면이 개혁개방 시기에 많이 부각되었다. 그렇지만 새롭게 발굴되는 자료가 늘어나면서 문화대혁명이 안고 있는 복잡성에 대한 새로운 연구의 필요성도 늘어나고 있다.

배경과 시작

문화대혁명이 개시되던 시기 중국에는 사회주의의 전망을 둘러싸고 당내에 서로 다른 의견들이 존재했다. 당의 권력구도를 둘러싼 대립 또한 증폭되었으며, 1950년대부터 누적된 심각한 관료제 병폐와 그에 대한 대중의 불만도 고조되고 있었다. 사회주의하에서 계급을 점차 출신성분에 따른 신분제로 만들어가는 데 대한 불만도 누적되었고, 엘리트주의 교육제도, 공장 관리 체제 등 다양한 문제들이 산재했다. 1957년 반우파 투쟁 이후 이어진 다양한 정풍整風 캠페인은 대중 사이에 갈등의 씨앗을 상당히 많이 뿌려놓은 상태였다.

문화대혁명은 1965년 말부터 문예계와 학술계에 제한된 정풍운동으로 시작되었지만, 1966년에 들어서는 당 관료제에 대한 대중 도전으로 확대되기 시작했다. 문화대혁명이 새로운 양상을 띠게 된 계기는 1966년 6월부터 각급 기관과 학교에 파견된 공작조를 둘러싼 대립이었고, 이어 전개된 혈통론 논쟁이 갈등과 대립에 기름을 부었다. 투쟁의 주된 대상이 '네 가지 낡은 것의 타파'인지 관료적 당 조직인지를 놓고 대중조직 사이에 분열이 시작되었다. 마오쩌둥을 비롯한 문화대혁명 추동세력은 '자본주의의 길을 걷는 당내 실권파(주자파)'를 타깃으로 삼아 운동을 확대하려 했고, 대중들 사이로 운동이 확대되자 쟁점은 관료주의적 작풍에 대한 문제와 사회주의하에서 계급이 출신성분에 의해 결정되는지를 둘러싸고 확산되었다.

이 과정에서 공작조 및 기존 당 위원회를 옹호하며 구성된 홍위병 조직과 이들에 맞선 새로운 저항조직인 조반파造反派 사이의 분열과 대립이 커졌고, 마오는 조반파를 옹호하면서 '사령부를 포격하라'는 자신의 대자보를 공표하기도 했다. 문화대혁명의 주장을 집약하는 문건은 1966년 8월 8일 공포된 〈문혁 16조〉로, 여기서 문화대혁명의 성격은 '대중이 스스로를 교육해야 하고 대신 될 수 없는 혁명'이자 '파리코뮌 정신을 계승하는 혁명'으로 규정되어 있다.

국면 전환

문화대혁명이 가장 고조된 시기는 1966년 6월부터 1968년 여름, 조금 더 길게 보아 1969년 4월까지로, 당의 통제를 벗어나 대중운동이 고양된 시기였다. 대중운동의 시기에 한정해보더라도 1967년 공장으로 확산되면서 노동자 내부의 분열이 심해졌고, 1967년 2월부터는 문화대혁명에 대한 군의 개입이 새로운 쟁점이 되었으며, 이를 계기로 대립의 구도 또한 전환되었다. 앞서 (당 조직을 옹호하는) 보수파와 대립하던 조반파가 이제는 급진 조반파와 온건 조반파로 분열되어 서로 간에 심각한 무장투쟁을 지속하는 국면이 전개되었다. 1968년 문화대혁명은 군조직과 결합한 당이 자신에 대한 도전을 반사회주의적 반혁명 범죄로 처리하면서 대대적인 개입을 위주로 하는 억압적 국면으로 전환되었다.

그 이후 대중운동이 소강기에 들어선 후부터 1971년 린뱌오林彪 실각까지는 당의 관료기구가 복원되고 당내 권력 갈등의 구도가 심화된 시기로 볼 수 있으며, 린뱌오 실각 이후 마오쩌둥이 사망한 1976년까지는 사인방을 중심으로 한 문화대혁명이 새로운 캠페인으로서 외양상 지속된 시기라 볼 수 있다. 1969년 이후 문화대혁명의 주요 특징은 홍위병이나 조반파 같은 대중조직이 해체되고, 지식인을 주요 숙정 대상으로 삼은 당 주도의 캠페인성 운동이 전개되었다는 점이며, 문화대혁명의 장소는 농촌으로 광범하게 확산되었다. 문화대혁명은 대중 자신의 개입에 의해 사회변화가 가능한가에 대한 질문과 모든 권위에 대한 도전이라는 유산을 남겼지만, 사회 전반에 걸쳐 오랫동안 지속된 정신적 상처 또한 남겼다.

사인방四人幫과 천보다陳伯達

중국에서 문화대혁명은 '사인방四人幫'의 잘못으로 묘사되는 경우가 많다. 왕홍원王洪文, 장춘차오張春橋, 장칭江靑, 야오원위안姚文元 등이 그들인데, 실제로 문화대혁명의 전체 과정에서 그들이 끼친 영향은 비교적 명확한 편이다. 야오원위안의 《해서파관海瑞罷官》 비판은 문화대혁명의 도화선으로 자주 언급되는 사건이며, 공장으로의 문화대혁명 확산도 장춘차오 등의 역할을 빼놓고서 설명하기는 어렵다. 따라서 사인방은 문화대혁명 기간 동안 가장 승승장구한 인물로 자주 거론되었고, 그들에 대한 체포가 문화대혁명의 공식적인 종료로 해석되곤 한다. 그런데 문화대혁명 초기에 '사인방'만큼이나 중요했던 인물이 천보다陳伯達이다. 중앙문화혁명소조의 조장이었던 그는 〈문혁 16조〉와 같은 중요 문건의 초안을 작성한 것으로 알려져 있다. 흥미로운 사실은 천보다가 당내에서는 장칭을 비롯한 사인방과 대립관계에 있었지만, 문화대혁명이 종료되었을 때에는 그들과 함께 재판을 받았다는 점이다. 그만큼 문화대혁명은 다양한 층위가 개재되어 있어서 어느 하나의 관점으로 파악하기가 쉽지 않다.

10

개혁개방

안치영

중국의 개혁개방은 1949년 이후 전통적 사회주의 발전방식에서 벗어나 새로운 발전모델을 모색하는 과정의 일환이었으며, 현재 중국이 G2로 부상할 수 있었던 중요한 계기였다. 일반적으로 개혁개방은 1978년 중국 공산당의 제11대 중앙위원회 제3차 전체회의(이하 11기 3중 전회)에서 결정되었다고 알려져 있다. 11기 3중 전회에서는 경제건설로의 당 사업 중심 전환이 결정되었으며, 이후 덩샤오핑을 중심으로 하는 개혁세력이 정치적 주도권을 장악하기 시작했다. 개혁개방은 바로 경제건설로의 당 사업 중심 전환에 있어서 주요한 방향이었다고 할 수 있다.

새로운 경제발전 방식의 모색

개혁개방을 통한 새로운 발전모델의 추구는 직접적으로는 문화대혁명에 대한 반성의 결과라고 할 수 있으며 장기적으로는 1949년 이후, 특히 1956년 사회주의 개조 완성 이후의 사회주의 건설 과정에 대한 반성이라고 할 수 있다. 마오쩌둥은 1949년 '중국 인민이 일어섰다'고 선언했고, 문혁이 끝날 무렵에 중국은 핵무기와 수소폭탄을 가졌으며, 인공위성을 쏘아 올리는 등 부강해진 것처럼 보였다. 그러나 1952년 도시 노동자의 실질임금을 100으로 했을 때 1977년의 실질임금이 92.7로 감소했고, 농민의 경우 1957년부터 1976년까지 인구가 1.41배 증가한데 비하여 농업총생산은 1.48배밖에 증가하지 않는 등 주민들의 실제 생활은 거의 나아지지 않았다. 그러한 상황에서 마오쩌둥의 사망과 문혁 종결 이후 새롭게 등장한 화궈펑華國鋒 체제는 주민들의 생활 향상을 통한 체제의 정당성 강화를 위하여 새로운 경제발전 방식을 모색하지 않을 수 없었다.

화궈펑 체제의 새로운 경제발전 방식에 대한 모색을 상징적으로 보여주는 것이 1978년에 이루어졌던 고위 경제사절단의 대규모 해외방문이었다. 중국은 1978년 유고슬라비아 등 종래에 수정주의라고 비판했던 동유럽 국가들을 방문했을 뿐만 아니라 홍콩과 마카오 및 서유럽 5개국 등 서방 자본주의 국가에 고위 경제 사절단을 파견하였다. 이를 통하여 사회주의 발전의 다양한 모델에 대하여 연구했을 뿐만 아니라 자본주의 국가를 포함하는 다양한 국가의 경제발전 방식을 연구했고, 서방 자본주의 국가들과 외자 및 기술도입을 포함하는 다양한 협력 방안을 모색했다. 그런데 서방 자본주의 국가와의 경제협력 강화는 1972년 닉슨의 중국 방문 이후 미중 관계가 개선되고 1973년 1월 '4·3 방안'을 통해 서방으로부터 43억 달러의 설비와 기계 도입 계획이 확정되면서 시작된 것이다. 나아가 '4·3 방안'의 실현 결과가 1980년대 중국 경제성장의 중요한 기초가 되었다. 따라서 중국의 대외개방은 문혁 후반기 미중 관계의 개선으로부터 그 단초가 형성되기 시작했고, 화궈펑 체제의 등장과 더불어 본격적으로 제기되었다고 할 수 있다. 1978년 11기 3중 전회가 이를 공식적으로 확인시켜준 것이다.

문혁을 둘러싼 갈등

이상의 사실은 개혁개방이 화궈펑 체제의 의제였으며, 개혁개방의 결정을 둘러싼 정치세력 내부의 명시적인 대립은 존재하지 않았다는 것을 의미한다. 그럼에도 11기 3중 전회에서 덩샤오핑을 중심으로 하는 개혁 세력이 정치적 주도권을 장악하기 시작했던 것은 개혁개방 문제가 아니라 문혁 문제를 둘러싼 갈등이 있었기 때문이었다. 마오쩌둥의 지명을 통하여 등장한 화궈펑 체제는 자신의 정당성을 강화하기 위하여 마오쩌둥의 권위를 절대화하고자 애썼고, 이에 마오쩌둥의 말과 결정을 절대적 진리로 간주하는 '양개범시兩個凡是'를 제시했다. 그런데 '양개범시'가 존재하는 한 문혁 시기의 문제들에 대한 해결이 불가능했기 때문에 문혁에 대한 반대 세력은 양개범시를 반대했고, '실천이 진리 검증의 유일한 기준'이라는 진리표준토론을 전개했다. 진리표준토론의 결과, 양개범시를 주창한 화궈펑 체제의 주류세력이 패배했고, 11기 3중 전회를 기점으로 덩샤오핑을 중심으로 하는 개혁 주도세력이 주도권을 장악하기 시작했다. 개혁개방은 덩샤오핑을 중심으로 하는 개혁 세력에 의해 주도되기 시작했다.

6·4 톈안먼 사건

11

장윤미

'6·4 톈안먼 사건'은 개혁 이후 중국에서 발생한 가장 큰 정치적 사건으로 '톈안먼 민주운동' 혹은 '8·9 운동'이라고도 불린다. 1989년 6월 3일 밤부터 6월 4일까지 중국정부가 군대를 동원해 베이징 학생운동을 진압한 유혈사건을 말하지만, 통상 4월 중순부터 시작된 학생들과 시민들의 민주화 시위를 가리킨다. 이 사건은 처음에 후야오방胡耀邦 전前 총서기에 대한 학생들의 추모열기에서 시작하였고 5월 중순 학생들의 단식투쟁을 지지하는 백만 시민 시위로 확산되면서, 학생운동의 범위를 초월하여 노동자, 시민, 사회 각 계층이 참여하는 대중혁명의 성격을 띠게 되었다.

톈안먼 민주운동의 배경

톈안먼 민주운동의 폭발은 1980년대 개혁에서 그 원인을 찾아볼 수 있다. 1970년대 말에서 1980년대 초까지 덩샤오핑을 중심으로 한 개혁파는 '4개 현대화' 노선을 추진하며 정책의 방향을 전환했다. 이들 개혁파는 새로운 시대에 대한 열망으로 가득 찼던 대중운동의 흐름과 일시적인 연합을 형성하기도 했지만, 대중들의 정치민주화 요구에 대해서는 단호한 입장을 보였다. 개혁 초기 농촌의 생산량이 급증하면서 개혁에 대한 대중들의 기대감이 전반적으로 상승했던 반면에, 1985년 도시와 기업 개혁이 추진되면서 관리자의 권한이 커지고 노동자들의 기업 내 발언권과 사회경제적 권리는 상대적으로 축소되었다. 특히 가격정책의 실패로 인한 물가상승과 함께 도시 노동자 임금이 인플레이션의 속도를 따라가지 못하자 기업 단위에 소속되어 있던 노동자들의 불만이 쌓여갔고, 일자리를 찾아 농촌에서 도시로 유입된 인력들이 도시를 유랑하면서 주요한 사회문제로 대두되었다. 게다가 부분적 시장화를 이용한 관료들의 이익 챙기기와 특권층의 부패 현상은 대중의 분노를 가져왔고, 개혁에 대한 실망으로 이어졌다.

이러한 분위기에서 1986년 말 허페이合肥 중국과학기술대학의 학생들이 반反부패관료라는 기치를 내세워 시위를 벌였고, 이후 상하이나 베이징 등 주요 도시로 학생운동이 확산되었다. 당시 총서기였던 후야오방은 이러한 학생들의 요구에 미온적인 태도를 보였다는 이유로 비판을 받고 총서기직에서 물러났다. 1989년 4월 15일 후야오방이 심장병으로 사망하자 그의 죽음을 애도하는 베이징 학생들의 추모활동이 이어졌다. 학생들은 후야오방에 대한 복권 요구를 비롯하여 민주확대, 언론자유, 학생자치조직 보장, 지식인 처우개선 등을 요구하는 청원서를 제출했다. 총리와의 만남을 요구했지만, 답변이 없자 정부에 항의하는 목소리를 높이며 많은 대학의 학생들이 수업을 거부하기 시작했다. 이러한 현상에 대해 실권자 덩샤오핑은 4월 25일 중요 연설을 발표했는데, 이는 '일반적인 학생운동이 아니라 공산당의 영도와 사회주의를 부정하는 정치 동란'이라는 내용을 담고 있었다. 그다음 날인 26일에는 〈인민일보〉가 학생운동을 동란으로 규정하는 사설을 실었다.

백만 시민의 저항과 6·4 진압

학생들은 '4·26 사설'에서의 '동란' 규정에 대해 철회를 요구하였고 정부가 강경하게 나오자 시위 규모는 점차 커졌다. 학생들은 5·4 운동 70주년을 기념하며 이를 민주와 사회개혁을 위한 자신들의 행동으로 계승하고자 했다. 5월 13일부터 시작된 학생들의 단식투쟁으로 운동의 국면이 바뀌었고, 5월 15일에서 18일까지 베이징 각계각층의 인사들이 거리로 나와 학생들을 지원하면서 정부당국을 압박했다. 시위 기간 자오쯔양趙紫陽 총서기가 단식투쟁을 벌이던 학생들을 방문하여 위로했지만, 당 지도부 내의 분열을 노출시켰다는 죄명으로 덩샤오핑과 원로들에 의해 해임되었다. 5월 20일, 리펑李鵬 총리가 베이징시에 계엄령을 선포하자 시민들의 분노가 격화되었고, 5월 23일 백만여 명의 시민들이 광장에 모여 대규모 집회를 열었다. 5월 30일 중앙미술학원의 학생들이 만든 '민주 여신상'이 인민영웅기념비 앞에 등장하면서 시위는 절정에 이르렀다. 전국 주요 도시의 학생과 노동자, 시민 들이 수업거부, 파업 등의 활동을 벌이면서 톈안먼 광장의 시위를 지원했다. 그러나 5월 말에 이르러 지도부의 분열과 전략 부재로 운동의 동력이 크게 약화되었고, 6월 3일 밤 중국공산당이 군대를 동원해 시위 군중을 진압하기로 결정하면서 톈안먼 광장과 주변 지역 곳곳에서 유혈 충돌이 발생했다. 이로써 계몽과 민주, 개혁에 대한 학생과 시민들의 열망은 6·4 진압과 함께 무참히 좌절되었다.

민주운동의 좌절과 중국식 자본주의의 등장

톈안먼 사건은 그 과정에서 애초 학생들의 의도와 목표대로 진행되지 않았고 또한 운동에 참여했던 주체들의 목소리는 제각기 달랐지만, 기존 사회주의체제 내에서의 비민주적이고 불공정한 현상에 저항했다는 점에서 분명 민주적인 성격을 지닌 사회운동이라 평가할 수 있다. 그러나 사상적으로 중국의 1980년대를 지배했던 것은 자유민주주의가 아니라 계몽주의였던바, '민주주의 이행론'에서 말하는 자유민주주의체제를 향한 민주화 운동은 아니었다. 톈안먼 사건은 1980년대라는 탈냉전 시기 사회주의체제 내에서의 정치적 변화, 그리고 시장체제로의 전환에 따른 불평등의 확대라는 시대적 배경에서 폭발되었지만, 학생과 노동자 대중 간의 연대 실패로 좌절되었다. 1990년대로 접어들면서 중국은 지식인을 체제 내로 포섭하는 동시에 사회통제를 강화하고 정치적으로 보수화하였다. 한편 1991년 덩샤오핑의 '남순강화南巡講話'를 계기로 개혁을 본격화하고 경제성장을 가속화하면서 자본주의 세계경제와의 통합을 빠르게 추진

톈안먼 민주운동을 이끈 대표적인 학생 지도부

이름	출신	학교	주요 활동	시위 진압 이후
차이링 (柴玲)	산둥	베이징 사범대학	• 단식 투쟁 주도 • 학생들 사이에서 '총사령관'으로 불림 • 수배자 명단 21인 중 1인	미국 망명 후 프린스턴과 하버드에서 수학, 현재 미국 체류
왕단 (王丹)	베이징	베이징 대학	• 재학 시절 '민주 살롱' 조직, 학생운동 조직 당시 베이징 대학 대표로 참여 • 수배자 명단 21인 중 1인	체포 후 1993년 출감, 폭넓은 대외 활동으로 1995년 다시 수감, 형기를 마치기 전 '의학적 이유'로 미국으로 인도, 현재 대만에서 활동
저우융쥔 (周勇軍)	쓰촨	베이징 정법대학	• 베이징 대학 학생 자치 연합회의 초대 대표 • 인민대회당 앞에서 무릎 꿇고 일곱 가지 건의서를 청원했던 3인 중 1인	체포 후 1991년 출감, 1992년 홍콩을 거쳐 미국으로 이주, 1998년 중국 입국 시도 후 재차 수감, 2001년 석방 후 현재 미국 체류
우얼카이시 (吾爾開希)	베이징	베이징 사범대학	• 중국 국영 TV 방송에 출연하여 리펑(李鵬) 총리와 논쟁 • 베이징 대학 학생 자치 연합회의 2대 대표	홍콩을 거쳐 프랑스로 탈출, 미국 망명 후 하버드에서 수학, 현재 대만에서 활동

자료: 필자 작성

해나갔다. 1980년대 사회주의권 국가들은 개혁과 개방, 그리고 체제 전환을 통해 신자유주의 세계화의 공간에 편입되었지만, 톈안먼 사건으로 중국은 기존 사회주의권 국가와는 다른 방식으로 개혁을 이어나간 것이다. 이러한 측면에서 톈안먼 사건은 강력한 당 통치와 경제적 시장화·세계화가 결합되어 오늘날 중국이 걷고 있는 '중국적 길'을 가능하게 만든, 역설적이지만 매우 중요한 사건으로 볼 수 있다.

12

남순강화

양갑용

우창 역에서의 덩샤오핑

1992년 1월 17일 베이징 역, 기차 시간표에는 나와 있지 않은 특별편성열차 한 대가 남방을 향해 출발했다. 당시 88세의 고령이었던 덩샤오핑은 전 가족을 대동하고 남방행 열차에 몸을 실었다. 덩샤오핑 일행을 실은 특별열차는 화북華北평원과 중원中原 대지를 지나고 황허黃河 와 창장長江을 건너 18일 아침 10시 31분 후베이성湖北省 우창武昌 역에 도착했다. 우창 역 1번 플랫폼에서 특별열차의 문이 열리자, 회색빛 라샤羅絲 외투에 사냥 모자와 스카프를 착용한 덩샤오핑이 나타났다. 기차에서 내린 그는 마중 나온 후베이성의 몇몇 지도자들과 인사를 나누었다. 열차가 29분 정도 머무는 동안 덩샤오핑은 500여 미터에 이르는 플랫폼을 네 차례 오가면서 후베이성 간부들에게 짧지만 강렬한 메시지를 전달했다.

발전은 거스를 수 없는 진리이다. 빨리는 가능해도 늦어서는 안 된다. 사회주의를 견지하지 않고, 개혁개방을 하지 않고, 경제를 발전시키지 않고, 인민생활을 개선하지 않으면 오직 죽음의 길이 있을 뿐이다. 일을 처리하는 데 있어서 정확한지 여부는 사회주의 사회의 생산력 발전에 유리한지, 사회주의 국가의 종합국력을 증강하는 데 유리한지, 인민의 생활수준을 높이는 데 유리한지를 주로 봐야 한다.

열차는 오전 11시 2분 남방을 향해서 다시 출발했다. 당시 덩샤오핑을 만났던 후베이성의 관광푸關廣富, 궈수신郭樹言, 첸윈루錢運錄 등은 덩샤오핑과 나눈 대화 내용을 정리하여 그날 밤 후베이성 당 위원회에 보고했고, 후베이성 당 위원회는 다시 중국공산당 중앙판공청에 전달했다.

덩샤오핑은 이후 우창을 시작으로 후난성湖南省 창사長沙, 광둥성廣東省 선전深川, 주하이珠海, 광저우廣州, 장시성江西省을 거쳐 1992년 1월 31일 상하이에 도착했다. 상하이에 20일 정도 체류한 후, 1992년 2월 20일 장쑤성江蘇省 난징南京, 안후이성安徽省을 지나 베이징으로 돌아왔다. 이 여정 동안 덩샤오핑은 남방에 건설된 개혁개방 거점을 시찰했고, 중국의 개혁에 대한 자신의 정책 구상과 방향을 설파했다. 중국공산당 중앙은 덩샤오핑이 한 달여 동안 남방 지역을 시찰하면서 발언한 일련의 담화와 대화를 정리하여 발표했는데, 이것이 바로 '남순강화南巡講話'이다.

사회주의 시장경제 이론의 기초

남순강화는 중국이 11기 3중 전회 이후 추진했던 개혁개방의 실천과 경험을 총괄하고 한 단계 업그레이드된 발전 방향과 체제 전환을 모색하는 과정에서 이뤄졌다. 1990년대 초반 중국은 물가상승 압력, 톈안먼 사건으로 촉발된 사회불안 증가, 사회 각 영역에서 여전히 작동하고 있는 계획경제의 낡은 유산 등 많은 문제에 직면해 있었다. 이를 극복하고 국가발전을 지속하기 위해서는 대외개방의 문을 닫지 않고 개혁개방을 지속적으로 추진할 것이라는 중국의 의지를 대내외에 상징적으로 보여줄 필요가 있었다. 덩샤오핑은 88세라는 노구를 이끌고 자신이 설계하고 추진한 남방의 주요 개혁개방 실험 도시를 방문함으로써 국내외에 중국이 중단 없이 개혁과 개방을 계속 추진할 것임을 공표한 것이다.

중국공산당 중앙은 덩샤오핑이 남방 지역을 시찰하면서 발언한 주요 내용을 1992년 제2호 문건으로 제작하여 전체 당원 간부들에게 배포하고 학습하도록 했다. 당시 덩샤오핑은 사회주의 본질은 생산력 해방이라는 것과 중국은 생산력을 높이기 위해 경제건설에 더욱 매진할 것임을 분명히 했다. 덩샤오핑의 남순강화는 1992년 〈제14차 당대회 보고〉에서 '사회주의 시장경제'라는 이름으로서 중국공산당의 주요 이론으로 체계화되었다. 당시 덩샤오핑이 주창했던 주요 내용은 덩샤오핑 이론이라는 이름으로 1997년 제15차 당대회에서 중국공산당 강령인 당장에 삽입되었고, 마르크스레닌주의, 마오쩌둥 사상과 함께 중국공산당의 주요 지도 사상 반열에 오르게 되었다. 시진핑 주석은 2012년 남순강화 20주년을 기념하여 제18차 당대회 이후 첫 지방 시찰 지역으로 덩샤오핑이 시찰한 남방 지역을 방문했다. 현재 남순강화의 정신은 〈제19차 당대회 보고〉에서도 중국 특색의 사회주의라는 이름으로 계승되고 있다.

소련과 동유럽의 해체, 6·4 톈안먼 사건으로 인한 사회불안, 사회주의와 자본주의 사이의 소모적 논쟁, 계획경제의 유산 등으로 위축되어 있던 중국은 남순강화를 통해서 다시 새로운 경제 건설의 고조기에 접어들었다.

WTO 가입

13

김시중

중국의 '개혁개방'은 대내개혁과 대외개방을 결합한 것으로, 이 둘은 긍정적으로 상호작용하면서 효과를 나타냈다. 중국의 대외개방은 기존 국제경제 질서에 참여하는 것을 포함했는데, 이 맥락에서 1980년에 국제통화기금IMF과 세계은행WB에 가입했고, 1986년에는 아시아개발은행 ADB 가입과 더불어 당시 국제무역 질서를 관장하던 '관세 및 무역에 관한 일반협정GATT'에 복귀 신청을 했다. 이후 우여곡절 끝에 15년 후인 2001년 12월 중국은 마침내 GATT를 계승한 세계무역기구WTO에 가입했다. 중국의 WTO 가입은 고속성장을 달성하는 통로이자 세계경제에 깊이 편입되는 통로가 되었고 나아가 세계경제 판도에 변화를 초래하는 계기가 되었다.

배경

GATT는 제2차 세계대전 이후 세계적 자유무역을 목표로 형성된 협정 형식의 국제질서로서, 다자간협상인 케네디라운드(1964~1967), 도쿄

110 차이나 핸드북

라운드(1973~1979)를 통해 관세장벽을 크게 낮춤으로써 국제무역 급증에 기여했다. 한국 등 동아시아 신흥공업국들은 이 GATT 체제를 활용하여 1960년대 이후 제조업 수출이 주도하는 고속 경제성장을 달성했다. 중국도 주변국의 경험을 참고하여 외국인투자 유치와 수출 증대를 위해 GATT 복귀를 신청했던 것으로 보인다. 그러나 1989년 톈안먼 사건으로 서방의 경제제재가 시작되면서 타결에 접근했던 중국의 GATT 복귀 협상은 중단되었다. 이후 GATT는 우루과이라운드(1987~1993)를 통해 1995년 농산물 및 서비스무역을 포함하는 보다 광범위한 규범을 갖춘 국제기구인 WTO로 계승되었다.

1992년 덩사오핑의 남순강화 이후 중국의 시장화 진전과 개방 확대에 따라 서방의 경제제재는 점차 해제되었지만, 중국의 수출이 급증함에 따라 수출 경쟁력에 대한 WTO 회원국들의 경계심이 커지면서 WTO 가입 협상은 쉽게 진전되지 못했다. 반면 1990년대 후반에 접어들면서 개혁개방의 새로운 동력을 필요로 하던 중국지도부는 WTO 가입이 수출 시장의 안정적 확보를 넘어 내부 개혁을 추동하는 기제로 작용할 것으로 기대하며 이를 적극 추진했다.

과정

중국의 WTO 가입은 당시 경제정책을 총괄하던 주룽지朱鎔基의 주도로 진행되었다. 다만 WTO가 출범하면서 원체약국original contracting party 지위로 GATT 복귀를 추구하던 입장을 수정하여 신규 가입 방식을 수용했다. 중국은 관세를 인하하고 외국인투자 관련 규제를 완화하면서 WTO 가입을 꾀했지만, 미국 등 기존 회원국들이 광범위하고 높은 수준의 시장개방을 요구하면서 가입 협상 진전이 늦어졌다. 특히 미국은 WTO 회원국에게 자동 제공되는 최혜국대우(혹은 정상무역관계)를 중국에 대해 매년 갱신하는 절차를 거치면서 협상의 지렛대로 사용했다. 중국 내부에서도 시장개방에 따른 산업 피해를 우려한 저항이 나타났는데, 대표적 사례로 통신 부문 개방에 대한 우지추안吳基傳 정보산업부 장관의 공공연한 반대를 들 수 있다. 그러나 주룽지 등은 이러한 반대를 국유기업 등 산업 부문의 기득권 보호를 위한 행위로 간주하면서 보다 적극적인 개방을 약속하며 WTO 가입을 추진했다. 그 결과 1999년 11월에 미국과의 양자 협상이 타결됨으로써 WTO 가입을 위한 핵심 장애물이 해소되었고, 이어 유사한 조건으로 EU 등과의 양자 협상 및 가입 절차를 마무리하고 2001년 12월에 WTO에 공식 가입했다.

가입 조건

중국의 WTO 가입에 수반된 시장개방의 범위와 정도는 WTO 설립에 참여했던 개도국이나 이후 새로 가입한 개도국에 비해 뚜렷하게 높은 수준이다. 이는 중국의 경제규모 및 성장 속도에 비춰볼 때 다른 개도국과 같이 다룰 수 없다는 미국 등의 입장이 반영된 것이자 이 정도 개방은 수용 가능할 뿐 아니라 필요하다는 중국의 판단도 작용한 결과로 보인다. 다만 충격 완화 차원에서 5년에 걸쳐 점진적으로 개방을 이행하도록 했다. 특기할 점은 중국이 비시장경제 지위로 가입한 것인데, 이는 다른 회원국들이 제3국 가격을 기준으로 덤핑 판정을 하도록 함으로써 중국 수출품에 대해 반덤핑 조치를 보다 쉽게 할 수 있도록 한 것이다. 중국의 WTO 가입 의정서에는 이 방식이 15년 후에 종료된다고 되어 있어 중국은 2016년 12월에 자동적으로 시장경제 지위를 갖게 된다고 해석했다. 그러나 미국과 EU는 중국에 시장경제 원칙에 위배되는 행위가 만연하다는 이유로 시장경제 지위 부여를 거부했고, 중국은 이를 WTO 분쟁해결기구에 제소한 상태다.

결과

WTO 가입 이후 중국의 대외 경제교류는 예상을 뛰어넘는 빠른 속도로 증가했다. 2002년부터 외국인투자 유입이 급증했고 수출은 세계금융위기가 발발한 2008년까지 연평균 25% 이상 증가했다. 이 시기 중국경제는 매년 10% 이상 성장했는데, 수출은 투자와 더불어 이 고속성장을 견인한 쌍두마차 역할을 했다. 중국은 2009년 이후 세계 1위 수출국이자 세계 2위의 수입국이 되었고, 매년 큰 규모의 무역수지 흑자를 거두면서 막대한 외환보유고를 축적했다. 또한 이 외환보유고의 상당 부분을 미국 정부 채권 구입에 사용함으로써 양국 경제의 상호 의존성을 심화시켰다. 다만 2010년 이후 중국이 내수 주도의 경제성장 방식으로 전환을 꾀하면서 수출 등 대외 부문의 비중은 점차 하락하는 추세이다.

정치

3부

정치개관 : 당-국가 체제

14

양갑용

중국은 당이 국가와 사회를 압도하는 지배체제, 즉 당-국가 체제party-state system를 유지하고 있다. 당원과 당 조직黨組을 통해 국가와 사회의 인사, 조직, 선전을 장악한다. 이러한 원칙은 1949년 중화인민공화국 건국 이후 현재까지 일관되게 유지되고 있다. 중국은 헌법에서 노동자·농민의 프롤레타리아 공산주의 국가 실현을 장기 목표로 설정하였다. 그러나 중국이 온전한 의미의 레닌주의체제라고 볼 수는 없다. 개혁개방 이후 전체주의적 모습은 많이 퇴색되었다. 오히려 개인의 리더십에 기초한 권위주의체제가 통치의 근간을 이루고 있다.

물론 중국은 완전한 의미의 민주적인 체제도 아니다. 민주주의체제는 정당 활동이 자유롭게 보장되고 언론·출판의 자유가 제약받지 않으며, 완전한 결사의 자유가 허용되고 헌법을 통해 정부행위가 제한된다. 이런 의미에서 보면 중국은 전형적인 전체주의체제도 아니지만 그렇다고 민주주의체제라고도 볼 수 없다. 중국은 언론의 자유와 결사를 부분적으로 허용하고 있다. 간부 충원과 임용에 있어서도 참여와 경쟁을 제한적으로 허용한다. 그리고 법에 기초한 통치를 구현하고자 애쓰고 있다.

중국의 정치체제는 권위주의와 전체주의가 결합된 독특한 형식이다. 우리는 이러한 중국 특유의 정치체제를 '분절된 권위주의체제fragmented authoritarianism'라고 부를 수 있을 것이다. 권위주의체제의 핵심은 바로 강력한 리더십을 필요로 한다는 점이다. 제19차 당대회 이후 시진핑 주석으로의 권력 집중이 바로 이러한 변화된 당-국가 체제의 한 단면일 수 있다.

당 우위의 정치체제

중국정치의 핵심주체는 분절된 권위주의체제를 이끌고 있는 중국공산당이다. 물론 중국 내에는 9개의 정당이 존재한다. 1개의 집권당과 8개의 참여당으로 불린다. 그러나 8개의 이른바 민주당파民主黨派는 위성정당의 역할만 수행할 뿐이다. 중국공산당을 대체할 만한 능력도 없고 특히 의사도 갖고 있지 않다. 즉 중국에서는 권력 획득을 목적으로 하는 공산당을 대체할 대안 정당이 존재하지 않는다. 오로지 중국공산당만이 집권당으로서 중국 내 유일 권력을 행사한다.

중국공산당은 국가와 사회단체, 민간기업 등에 이르기까지 사회 모든 영역에서 인사와 조직제도를 활용하여 소위 지도사상을 관철하고 중국공산당의 지배를 공고히 하고 있다. 2017년 말 8,950여만 명을 돌파한 중국공산당 당원이 사회 곳곳에 침투하여 당의 노선과 정책을 전달한다. 이들은 당위 세포로서 국가와 사회 각 조직에 포진하여 중국공산당의 지도를 관철한다.

중국은 당원과 당 조직을 활용하여 사회 각 영역에 당 조직을 건설하고 당의 지배가 중앙에서 기층까지 일관되고 철저하게 추진될 수 있도록 당을 운용하고 있다. 현재 중국공산당은 중앙 조직과 지방 조직뿐만 아니라 457만여 개에 이르는 기층 조직을 설치·운영한다. 이들은 중국공산당의 실질 지배를 가능하게 하는 세포 역할을 한다.

이처럼 중국공산당은 중앙에서 기층에 이르기까지 당원과 당 조직을 잘 갖췄기 때문에, 중국은 당의 지배가 효율적으로 관철되는 당 우위의 정치체제를 유지하고 있다. 이를 우리는 당-국가 체제라 부른다. 당-국가 체제의 핵심은 당이 곧 국가이고, 국가가 곧 당이라는 신념으로 당과 국가의 일치성을 강조한다. 당원과 당 조직을 통해 국가와 사회에 대한 당의 절대적 우위를 사회 각 영역으로 관철시킨다.

중국공산당에 의해 중화인민공화국이 만들어지고 당에 의해 개혁개방이 추동되고 있다. 따라서 당의 절대성은 역사적 합법성을 가진 것으로 평가된다. 중국공산당은 반제·반봉건 운동을 이끌면서 중화인민공화국이라는 주권국가를 건설했다. 또한 개혁개방을 통해 가시적인 경제성과도 이뤄냈다. 따라서 중국정치의 역사적 굴곡은 중국공산당의 부침과 그 궤를 같이한다 해도 과언이 아니다.

중국정치의 내구성

중국에는 현재 공산당을 대체할 만한 대안정당이 부재하다. 중국공산당의 일방적 독주를 효과적으로 제어할 경쟁정당과 대체정당이 존재하지 않는다. 그러나 다른 한편으로 공산당 일당독재가 실제 정치에서 중국정치의 역동성과 효율성을 강화한다는 점 또한 부정하기 어렵다. 중국은 당-국가 체제를 근간으로 정치과정이 이루어지고 있으며 중국공산당은 늘 그 중심에 있으므로, 대안정당이 존재하지 않는 중국정치의 특성상 중국공산당이 집권당과 대안정당의 기능까지 함께 맡는다.

이는 여타 국가의 정치체제와 구별되는 지점이다. 중국공산당은 여전히 중국 내에서 일당 우위의 절대 권력을 행사한다. 다른 측면에서는 중국공산당 스스로 지배 합법성을 강화·발전시키기 위하여 늘 대안을 모색하고 있다는 점도 평가해야 한다. 중국정치는 외부의 압력과 내부의 압력이라는 도전에 노출되어 있지만, 이러한 도전이 오히려 중국정치의 내구성을 강화하는 방향으로 기능하는 측면도 있다는 것이다.

신중국 성립 이후 중국은 국내외 환경 변화에 적극적으로 대응하면서 새로운 국면을 창출해왔다. 특히 중국은 중장기 전략 수립에 있어서 중국전통에 바탕한 철학적·사상적 기반을 다지는 노력을 중시했다. 중국정치의 내적 논리성과 사상적 합법성, 그리고 이를 추동하는 이론이 정치 변화와 함께 연동되어 왔던 것이다. 예컨대, 1978년 11기 3중 전회에서 중국공산당은 '국가의 주요 임무를 사회주의 현대화 건설'로 결정하고 개혁개방을 대내외에 천명했다. 이는 개혁개방과 현대화에 대한 중국 나름의 사상적·이론적 탐색의 결과이다. 이른바 사상해방이라는 틀을 차용하여 새로운 시대를 열기 위한 정치적 노력을 선행했다. 중국정치가 사상과 이론의 역할을 중시해왔기 때문이다. 제19차 당대회 이후 중국이 이른바 신시대로 진입했다는 점은 바로 사상과 이론 측면에서 내부 논쟁이 있을 것임을 보여준다. 중국정치 경험을 보면 이러한 논쟁이 늘 퇴행적인 것은 아니다.

중국은 극심한 정치적 혼란 속에서도 그에 부합하는 변화를 놀랍도록 거듭해오며, 적응의 역동성을 잘 보여주었다. 이 과정에서 중국정치는 점차 제도화 및 다원화되는 추세를 반영하는 데 관심을 가졌으며 어느 정도 예측가능한 정치를 보여주었다. 정치과정에 참여하는 많은 행위자들이 전문적 지식을 축적하면서 관료의 직업화, 위계질서의 고착화, 계급과 계층의 분화와 세속화 등 여러 문제가 노출되고 있지만, 중국정치는 전체주의체제에서 권위주의체제로 천천히 이동하고 있다.

특히 사상적·철학적 논의를 통해 국면 전환을 이뤘던 장면들은 중국 정치의 역동성을 보여준다. 물론 여전히 중국정치는 소위 글로벌 보편성과 중국적 특수성 간의 긴장관계에 놓여 있다. 이 국면을 타개해야 할 주체가 대안정당을 용인하지 않는 중국공산당이라는 점에서 정치의 퇴행

가능성을 완전히 배제할 수는 없을 것이다. 특히 이러한 퇴행의 모습은 집단지도체제의 변용의 폭과 깊이, 그리고 속도에 대한 당원과 민심의 이반으로 더욱 가속화될 수도 있다. 최근 시진핑 주석의 헌법 수정과 개인 권력 강화를 통해서 빚어지고 있는 집단권력과 개인권력에 대한 논쟁이 이를 잘 웅변해주고 있다.

15

정치 지도자와 세대정치

이문기

일당제 국가인 중국에서 정치 지도자의 교체는 '정권 교체'라기보다는 중국공산당 내부의 '인물 교체'라 할 수 있다. 중국에서는 이러한 인물 교체를 일반적으로 정치 세대의 교체로 일컫는다. 물론 '정치 세대political generation'라는 용어는 중국정부에서 공식적으로 사용하는 개념이 아니고, 학술적으로 엄밀하게 정의하기도 쉽지 않다. 일반적으로 정치적 의미의 세대는 생물학적 세대와 달리, 주로 젊은 시기에 겪은 공통의 정치적 경험을 통해 유사한 사회정치적 태도를 보이는 집단을 의미한다.

중국의 경우 최근 10년 단위의 지도부 교체가 정착되면서, 10년 주기의 새로운 지도부를 '제O세대 지도부'로 명명한다. 제1세대 지도부는 마오쩌둥이 중심이 된 혁명과 건국 세대를 일컫는다. 덩샤오핑으로 대표되는 제2세대 지도부는 마오쩌둥 사후에 개혁개방 시대로의 거대한 전환을 이룬 세대이다. 장쩌민, 주룽지로 대표되는 제3세대 지도부는 1990년대에 집권하여 시장경제체제로의 전면적 전환과 고도 경제성장을 이끌었다. 후진타오, 원자바오가 중심이 된 제4세대 지도부는 2002년부터 10년간 중국을 이끌면서 부강한 중국의 기틀을 확립했다. 시진핑, 리커창이 중심인 현 제5세대 지도부는 2012년 11월 중국공산당 제18차 당대회 이후 중국을 이끌고 있다.

비공개 인선과정

일반적으로 중국정치에서 최고지도부는 당 중앙정치국원 25명을 지칭하며, 이 중에서 선출된 정치국 상무위원 7명은 각각이 분장된 업무에 따라 최고권한을 행사하는 집단지도체제를 형성하고 있다. 이들은 당과 국가기관의 요직을 겸직하는 방식으로 국가권력 전반을 장악한다. 중요한 정책과 인사는 이들 최고지도부 간에 충분한 협의를 거쳐 결정되며, 이 과정에서의 내부 이견은 드러내지 않는다는 철칙이 작동된다. 최고지도부의 인선은 5년마다 당 전국대표대회에서 결정된다. 이 대회에서 약 370여 명의 중앙위원(후보위원 포함)을 선출하고, 당대회 폐막 직후에 열리는 제1차 중앙위원회 전체회의(1중 전회)에서 최고지도부인 정치국원과 상무위원을 선출한다. 하지만 공식 대회에서의 선출은 사전에 막후조정을 거쳐 내정된 후보자를 형식적으로 추인하는 과정에 불과하다.

사전 인선과정은 철저하게 비공개로 진행되는데, 이 과정에서 당내 여러 파벌 간에 치열한 경쟁과 막후 협상이 진행된다. 이러한 지도부 선출과정은 종종 노선과 파벌에 따른 심각한 내부 갈등을 야기하는 정치적 불안요인이 되기도 한다. 따라서 중국정치에서는 지도부의 승계과정에서 엘리트정치 내부의 합의를 얼마나 이루었는지가 정치안정의 중요한 변수라 할 수 있다. 과거 마오쩌둥, 덩샤오핑 시대의 정치적 혼란은 예외 없이 당내 노선투쟁과 권력투쟁을 동반한 것이며, 이는 결국 지도부 승계 문제와 밀접히 연관된 것이었다.

지도부 승계정치의 동학

하지만 1990년대 이후 지도부 인선과 승계절차에서 규범화가 크게 진전되면서, 엘리트정치를 포함한 중국정치 전반에서도 안정화 추세가 강화되고 있다. 1997년 제15차 당대회부터 시작된 지도부 승계정치의 규범화는 다음 몇 가지로 정리할 수 있다. 첫째, 집단지도체제와 타협의 정치문화가 점차 정착되고 있다. 마오쩌둥이나 덩샤오핑과 같은 강력한 카리스마를 가진 지도자가 퇴진하면서 특정 개인이나 파벌이 권력을 독점하는 시대가 지나고, 파벌 간 권력분점에 의한 집단지도체제가 등장했다. 이로 인해 당내 다양한 정치세력 간에 타협과 합의의 정치문화가 강화되었다. 둘째, 인선 내부규범으로서 '칠상팔하七上八下'의 원칙과 10년 주기 세대교체의 확립이다. 정치국원의 연령은 임명 당시 67세 이하로 제한하고 68세 이상은 자동 은퇴한다. 또한 10년 주기로 전면적 지도부 교체를 실시하여 다음 세대로의 권력교체를 진행한다. 셋째, 차세대 지도자를 미리 발탁하여 공개적인 검증과 훈련을 거치도록 하는 '격대지정隔代指定'의 관행이다. 예컨대 현 5세대 지도부의 핵심인 시진핑과 리커창은 전임 4세대 지도부 시기의 집권 2기(2007~2012)에 정치국 상무위원에 진입하여 차세대 지도자로서의 훈련과 검증을 받았다.

그런데 시진핑 집권 이후 이상의 규범이 계속 지켜질지에 대해 약간의 의문이 제기되고 있다. 2017년 제19차 당대회에서 집권 2기 지도부를 구성하면서, 이상의 세 가지 규범이 부분적으로 파괴되었기 때문이다. 차세대 최고지도자 후보였던 순정차이孫政材 충칭시 서기는 당대회를 몇 달 앞두고 부패혐의로 낙마했고, 또 다른 후보였던 후춘화胡春華 광둥성 서기 역시 상무위원 진입에 실패하고 정치국원으로 남게 되었다. 이런 변화는 고강도 반부패 운동과 시진핑 사상 학습운동 등 총서기 1인 권력 강화 요인과 결합되면서, 지난 20여 년 동안 유지되어오던 집단지도체제의 근간이 흔들리는 것 아닌가라는 의문을 키우고 있다. 이는 중국공산당의 권력구조 및 정치안정과 관련된 매우 중요한 문제인바, 전문가들 사이에서도 의견이 엇갈리는 주제이다. 기존의 권력승계 규범에 따른 안정적인 세대교체가 진행될지 아니면 집단지도체제가 파괴되고 시진핑 1인 권력이 더욱 강화될지 여부가 쟁점이다. 2022년 개최될 제20차 당대회를 관찰하는 가장 중요한 포인트라 할 수 있다.

정치 세대별 중국지도부

세대	집권기간	역사적 경험	핵심인물	지도이념
1세대	1949~1976	대장정 (1934~1935)	마오쩌둥(毛澤東), 저우언라이(周恩來)	마르크스-레닌주의, 마오쩌둥 사상
2세대	1977~1992	항일전쟁 (1937~1945)	덩샤오핑(鄧小平), 자오쯔양(趙紫陽)	덩샤오핑 이론
3세대	1992~2002	사회주의 개조 (1949~1958)	장쩌민(江澤民), 주룽지(朱鎔基)	삼개대표 중요사상
4세대	2002~2012	문화대혁명 (1966~1976)	후진타오(胡錦濤), 원자바오(溫家寶)	과학발전관, 조화사회론
5세대	2012~2022?	개혁개방 (1978년 이후)	시진핑(習近平), 리커창(李克强)	'중국의 꿈' 실현, 시진핑 신시대 사상

＊1989년 장쩌민 총서기 취임

자료: 필자 작성

16

체제 이데올로기

이희옥

현대 중국은 더 이상 엄격한 사회주의 이데올로기를 통해 현실을 지배할 수 없게 되었다. '사회주의' 이데올로기는 사안별로 제한적인 역할을 수행하고 있고, 정책 결정에 미치는 영향력도 상당히 약화되었다. 그럼에도 2017년 제19차 당대회에서 확인된 중국공산당의 강령과 헌법에는 마르크스-레닌주의, 마오쩌둥 사상, 덩샤오핑 이론, 삼개대표三個代表 중요사상, 과학발전관, 시진핑 신시대 중국 특색 사회주의 사상이 명시되어 있다.

건국 이후 중국의 체제 이데올로기 성격 변화는 1978년 개혁개방이 거대한 분수령이었다. 그 이전에는 주로 마오쩌둥 사상에 기초해 중국공산당의 독점적 권력을 정당화하고 '사회주의 건설'의 역사적 사명을 합법화하는 데 초점을 두었다. 그러나 그 이후에는 체제의 안정과 함께 이데올로기에 대한 유연하고 새로운 재해석을 시도했다. 즉 발전과 성장을 강조하던 시기와 그 후유증이 발견되는 시기에 이데올로기의 역할이 서로 달랐다. 특히 2017년 중국공산당 창당 100주년을 계기로 시진핑이 기존의 이데올로기를 종합적으로 해석하며 '신시대' 이데올로기의 대강 大綱을 제시했다.

마오쩌둥 사상과 덩샤오핑 이론

제1세대인 마오쩌둥 시기 이데올로기의 특징은 다음과 같다. 첫째, 마르크스주의의 중국화 특징이다. 이 원형은 '모순론'과 '실천론' 등에서 발견된다. '실천론'에서는 진리가 실천을 통해 검증된다는 기초 위에서 '중국적' 혁명의 가능성을 설명하고자 했다. 한편 '모순론'은 객관적 모순, 복잡한 모순, 구체적인 모순을 중심개념으로 논리체계를 구축하면서 마르크스주의를 중국화하는 데 기여했다. 이러한 마르크스주의의 중국화 Sinification of Marxism는 1943년 7월 이후 '마오쩌둥 사상'이라고 불렸다. 둘째, 계급투쟁과 계속혁명이다. 마오쩌둥 사상은 생산력과 생산관계의 모순, 토대와 상부구조의 모순을 계급투쟁으로 규정하는 것을 주요한 내용으로 한다. 특히 프롤레타리아 혁명을 완수한 중국 사회주의의 모순은 비적대적 모순이지만 사회주의 전 과정을 통해 끊임없이 해결되어가는 모순으로 보았다. 특히 생산력과 생산관계의 모순을 잘못 처리할 경우 자본주의로의 복귀 가능성이 있다고 주장하여 중국사회에서 요구되는 것은 계급투쟁이라는 것을 분명히 했다. 이것은 문화대혁명의 이데올로기적 기초였다.

제2세대인 덩샤오핑 시기의 이데올로기 핵심은 사회주의 초급단계론이었다. 이것은 중국이 이미 사회주의 제도를 건립하고 사회주의로 진입했으며, 따라서 더 이상 해방 과도기나 자본주의가 아님을 뜻한다. 사회주의 전체 시기에서 볼 때 현재의 중국은 낙후된 생산력에 기반한 초급단계에 처해 있다는 것이다. 이후 이러한 개혁개방 이데올로기는 중국 특색 사회주의론을 거쳐 덩샤오핑 이론으로 당 강령에 반영되었다.

'삼개대표' 중요사상과 과학발전관

제3세대 지도부인 장쩌민 시기 이데올로기의 핵심은 '삼개대표' 중요사상으로, 중국공산당이 '중국의 선진생산력의 발전요구, 중국의 선진문화의 전진방향, 중국의 광대한 인민의 근본이익'이라는 세 가지를 대표한다는 의미이다. 이러한 새로운 이데올로기를 만들게 된 배경은 중국경제가 사실상 완전한 시장경제를 구축하면서 상부구조를 경제적 토대에 조응시키는 과제만이 남았기 때문이다. '삼개대표' 중요사상은 이후 공산당에 붉은 자본가 계급을 입당시키는 근거가 되었고, 중국공산당이 혁명정당이 아니라 집권당 또는 대중정당으로 나아가는 단초를 제공하였다.

제4세대 지도부인 후진타오는 사회주의 조화사회론과 과학발전관을 제시했다. 과학발전관은 좁은 의미에서는 발전에 관한 '관觀'의 문제로서 사물의 총체적인 관점과 근본적인 인식을 의미한다. 특히 인본주의는 과학발전관의 본질, 핵심, 목적을 구성하고 있고, 구체적으로는 전면적이고 협력적이며 지속가능한 발전을 촉진하는 것이다. 인본주의를 강조한 것은 '누구를 위한 발전인가'의 문제와 관련되어 있다. 즉 발전의 성과를 전 인민이 향유하는 것을 목적으로 보았다. 한편 구체적인 내용 중 하나인 '전면적 발전'은 경제발전과 사회발전, 그리고 사람의 발전을 통일적으로 추구하는 발전관을 의미한다. '협력적 발전'이란 사회주의 물질문명과 정신문명, 그리고 정치문명의 상호보완적이고 협력적인 균형발전을 의미하며, '지속가능한 발전'이란 사람과 자연 간의 친화성을 중시하는 발전전략의 추구를 의미한다. 과학발전관과 함께 제기된 이데올로기는 사회주의 조화사회론이다. 후진타오는 이러한 사회주의 조화사회 개념을 민주정치, 공평정의, 성신우애誠信友愛, 충만한 활력, 안정적인 질서, 인간과 자연의 조화라는 여섯 가지로 설명했다. 사회주의 조화사회론과 과학발전론의 핵심은 '발전'에 있고 그 목표는 집정흥국執政興國에 있다. 다만 사회주의 조화사회론이 포괄하는 담론의 크기가 넓기 때문에, 과학발전관이 당 강령과 헌법에 삽입되어 지금에 이르고 있다.

시진핑 신시대 중국 특색 사회주의 사상

제5세대 지도부인 시진핑이 과거의 이데올로기 유산을 계승하면서 새로운 방향을 제시한 것이 시진핑 신시대 중국 특색 사회주의 사상이다. 이것은 기본적으로 덩샤오핑의 개혁개방 노선인 '중국 특색 사회주의'를 근간으로 하며 새로운 100년을 준비하는 시대정신을 반영한다는 점에서 사상의 반열에 올랐다. 그러나 이는 마오쩌둥 사상에 버금가는 시진핑 사상의 대두라기보다는 전통적인 사회주의와 개혁개방을 동시에 강조하는 종합적이고 과도기적 성격을 가진다.

17

중국공산당

양갑용

중화인민공화국 헌법은 서문에서 '중국공산당 영도'를 강조하고 있다. 특히 시진핑 집권 이후 당의 영도를 특별히 강조하면서 중국공산당에 대한 국내의 관심이 더욱 높아졌다. 급기야 2018년 3월 개최된 13기 전국인대 1차 회의는 헌법 제1조 2항 "사회주의제도는 중화인민공화국의 근본 제도이다"라는 규정을 "중국공산당 영도는 중국 특색 사회주의의 가장 본질적인 특징이다"라는 내용을 추가하는 방향으로 수정했다. 이처럼 중국에서 중국공산당은 사실상 헌법 위에 존재하는 가장 강력한 권력을 가진 조직이다.

중국공산당은 피라미드 구조로 조직되어 있다. 기층 당원으로부터 당 중앙위원회 총서기에 이르기까지 위계적인 권력구조를 유지하고 있다. 1921년 7월 1일 상하이시 프랑스 조계지에서 불과 50여 명의 당원으로 출발했던 중국공산당은, 2018년 6월 30일 중국공산당 창당 97주년을 기념하여 발표된 공보에 따르면, 8,950여만 명의 당원과 457만여 개의 기층 조직을 거느린 거대 조직이다. 중국 인구 13억 명 가운데 6.4% 정도가 중국공산당 당원이다. 전체 인구 16명 가운데 한 명이 중국공산당 당원일 정도로 중국 내 독보적인 절대 권력을 갖춘 집권당이 바로 중국 공산당인 것이다.

당원 수량이 독일 인구를 능가할 정도로 많다. 따라서 중국공산당 당원 전체가 모두 모여 정책 결정에 참여하는 것은 규모 측면에서 불가능하다. 이에 중국공산당은 5년에 한 번씩 중국공산당 전국대표대회를 개최하여 중요사항을 결정한다. 지난 2012년, 2017년 각각 제18차, 제19차 중국공산당 전국대표대회가 개최되었다.

전국대표대회와 정치국

중국공산당의 최고의사결정기구는 중국공산당 전국대표대회이다. 전국 지역과 부문의 457만여 개 기층조직에서 정해진 절차와 방식에 따라 중국공산당 전국대표대회에 참가할 대표를 선출한다. 중국공산당 전국대표회의는 1977년 이후 5년에 한 번씩 정기적으로 열리고 있다. 지난 2017년 10월에 개최된 중국공산당 전국대표대회가 1921년 중국공산당 창당 이후 열아홉 번째로 개최된 전국대표대회이다. 당시 대회에는 전국 대표 2,354명 가운데 2,336명이 참석했다. 중국공산당 전국대표대회는 대체로 중국공산당의 정치보고, 당 규약의 개정, 인사 선출 등 세 가지 업무를 주로 처리한다. 인사는 당 중앙위원회 위원(정위원과 후보위원)과 당 감찰업무를 담당하는 당 중앙기율검사위원회 위원을 선출한다.

인사에서 가장 중요한 부분은 중앙위원회 위원의 선출이다. 중앙위원회는 정위원과 후보위원으로 구성되어 있으며, 제19기 중국공산당 중앙위원에는 각각 204명과 172명이 선출되었다. 중앙위원회는 중국공산당 전국대표대회 폐회 기간 전국대표대회를 대신하여 공산당의 권력을 행사한다. 중앙위원회의 정위원과 후보위원은 모두 중앙위원회에 참석하여 중요 의제에 대한 발언권을 가지나 결정권은 정위원에게만 있다. 중국공산당 중앙위원회 정위원은 한국의 중앙부처 장관급에 해당하는 고위직이다. 중앙위원들이 주목받는 이유는 이들이 최고 권력기구인 중앙정치국 위원과 정치국 상무위원의 선출 권한을 갖기 때문이다. 또한 군사 권력을 대표하는 당 중앙군사위원회 주석과 부주석 선임 권한도 중앙위원회 위원 손에 쥐어져 있다. 따라서 중국공산당 중앙위원들을 일반적으로 중국의 파워엘리트로 부른다.

중국공산당 당 규약에 의하면 중국공산당 최고 권력은 중국공산당 전국대표대회가 가진다. 그러나 실제 권력은 중국공산당 중앙정치국에 있다. 중앙정치국은 현재 25명으로 구성되어 있다. 당·정·군의 고위 책임자들이 분공分工 시스템에 따라 중국의 국가 주요 직책을 겸직한다. 중앙정치국 25명 가운데 호선에 따라 7명의 정치국 상무위원회가 구성되는데, 이들이 실질적으로 최고 권력을 행사한다. 정치국원은 한국의 부총리급에 해당한다. 이들 가운데 7명의 정치국 상무위원은 총리나 국가원수급에 해당한다고 볼 수 있다. 중국공산당의 당원 지위 및 위계구조, 그리고 그 권력관계를 도식화시키면, 오른쪽과 같은 상향식 피라미드가 된다.

중국공산당의 위계구조(19대)

총서기
(1명)

상무위원
(7명)

정치국 위원
(25명, 상무위원 7명 포함)

중앙위원회 위원
(정: 204명, 후보: 172명)

전국대표대회 대표
(2,354명)

공산당원
(8,950여만 명)

중앙과 지방, 기층의 공산당 조직

중국공산당은 중앙, 지방, 기층의 3층 구조로 조직되어 있다. 중국공산당 중앙 당 조직은 5년마다 열리는 전국대표대회, 1년에 한 차례 이상 열리는 중앙위원회 전체회의, 당내 기율과 사정을 담당하는 중앙기율검사위원회, 중국공산당 최고 권력기구인 중앙정치국, 최고의사결정기관

기관	지위	인원수	성원
정치국	총서기	1명	시진핑(習近平)
	상무위원	7명	시진핑(習近平), 리커창(李克強), 리잔수(栗戰書), 왕양(汪洋), 왕후닝(王滬寧), 자오러지(趙樂際), 한정(韓正)
	위원	25명	딩쉐샹(丁薛祥), 시진핑(習近平), 왕천(王晨), 왕후닝(王滬寧), 류허(劉鶴), 쉬치량(許其亮), 순춘란(孫春蘭, 여), 리시(李希), 리창(李強), 리커창(李克強), 리훙중(李鴻忠), 양제츠(楊潔篪), 양샤오두(楊曉渡), 왕양(汪洋), 장여우샤(張又俠), 천시(陳希), 천취안궈(陳全國), 천민얼(陳敏爾), 자오러지(趙樂際), 후춘화(胡春華), 리잔수(栗戰書), 궈성쿤(郭聲琨), 황쿤밍(黃坤明), 한정(韓正), 차이치(蔡奇)
중앙서기처	서기	7명	왕후닝(王滬寧), 딩쉐샹(丁薛祥), 양샤오두(楊曉渡), 천시(陳希), 궈성쿤(郭聲琨), 황쿤밍(黃坤明), 여우취안(尤權)
중앙군사위원회	주석	1명	시진핑(習近平)
	부주석	2명	쉬치량(許其亮), 장여우샤(張又俠)
	위원	4명	웨이펑허(魏鳳和), 리줘청(李作成), 먀오화(苗華), 장성민(張升民)
중앙기율검사위원회	서기	1명	자오러지(趙樂際)
	부서기	8명	양샤오두(楊曉渡), 장성민(張升民), 류진궈(劉金國), 양샤오차오(楊曉超), 리수레이(李書磊), 쉬링이(徐令義), 샤오페이(肖培), 천샤오장(陳小江)
	상무위원	19명	왕훙진(王鴻津), 바이샤오캉(白少康), 류진궈(劉金國), 리수레이(李書磊), 양샤오차오(楊曉超), 양샤오두(楊曉渡), 샤오베이(肖培), 저우자이(鄒加怡, 여), 장성민(張升民), 장춘성(張春生), 천샤오장(陳小江), 천차오잉(陳超英), 자오러지(趙樂際), 허우카이(侯凱), 장신즈(薑信治), 뤄위안(駱源), 쉬링이(徐令義), 링지(淩激), 추이펑(崔鵬)

자료: 필자 작성

인 중앙정치국 상무위원회, 정치국 사무업무를 담당하는 중앙서기처, 군사와 국방업무를 총괄하는 당 중앙군사위원회 등으로 구성되어 있다.

중국공산당 지방 조직은 성省, 자치구自治區, 직할시直轄市 등 성급행정구, 구區가 설치되어 있는 시市, 자치주自治州 등 지구급 행정구, 현縣, 기

旗, 자치현自治縣, 구區가 설치되어 있지 않은 시市, 시할구市轄區 등 현급 행정구에 설치되어 있는 당 위원회와 당 대표대회를 말한다.

중국공산당 기층조직은 기업, 농촌, 공적기관, 학교, 연구기관, 가도판사처街道辦事處, 사구社區, 사회조직, 인민해방군 연대連隊 및 기타 기층단위에서 정식 당원이 3명 이상인 조직을 가리킨다. 중국공산당 규정에 의하면, 중국공산당 기층 당 조직은 다음과 같다. 당원 수 3~6명의 기층조직에는 당 위원회를 설치할 수 없다. 당원 수 7~49명의 기층 당 조직에는 당 지부위원회, 당원 수가 50~99명인 경우에는 당 총지부위원회, 당원 수가 100명 이상인 경우에는 당 기층위원회를 설치할 수 있다. 기층위원회가 있는 기층 당 조직(위원회 설립에는 상급 당 조직의 비준이 필요)의 경우, 그 위원회는 산하에 약간의 총지부 혹은 지부를 설치할 수 있다.

후계구도와 집단지도체제

중국공산당은 창당 초기부터 집단지도체제를 통치 근간으로 유지하고 있다. 당내 모든 중요 사안을 결정하는 데 있어서 최고지도자 간 합의에 기초하여 결정한다. 중국은 이를 민주집중제의 한 표현으로 받아들이고 있다. 이러한 정치 전통은 창당 이후 97년이 지난 2018년 현재까지 유지되고 있다. 그러나 최근 시진핑 주석 집권 이후 2016년 18기 6중 전회에서 시진핑 주석을 당내 '핵심'으로 격상시킨 이후 집단지도체제보다는 개인 권력을 강화하는 방향으로 변화하고 있다. 심지어 제19차 당대회 이후 당의 영도를 강화하면서 13기 전국인대에서는 국가주석의 2연임 초과 연속 재임 제한 규정을 폐지하는 방향으로 헌법을 수정했다. 이러한 움직임은 향후 중국정치의 오랜 관행인 전통에 기반을 둔 관행의 준수와 부분적 조정이라는 정치의 운용 틀을 바꾸는 시도라는 점에서 집단지도체제의 역사적 전통을 훼손할 수도 있다는 우려를 낳고 있다.

　이러한 우려는 관행으로 정착되어온 이른바 '격대지정隔代指定'의 후
계구도 관행을 제19차 당대회에서 부분적으로 받아들이지 않았다는 점
에서도 확인할 수 있다. 당내 합의에 기초한 후계구도의 그림이 부분적
으로 수정될 가능성을 노정하면서 중국정치의 안정된 후계구도의 제도
화 역시 흔들리고 있다는 우려의 시각이 존재한다. 이러한 관행의 준수
와 파괴 사이에서 중국정치가 노정해온 제도화의 수순은 일정 부분 새로
운 도전을 받기 시작했다. 이 과정에서 새로운 제도를 정착시켜 나가기
위한 충분하고 확실한 명분을 획득하기 위한 정치투쟁이 당내에서 벌어
질 수도 있다는 리스크적 요인도 배제할 수 없다. 이 역시 중국공산당이
절대 권력을 갖고 있는 현실에 따른 결과에서 파생된다는 점에 주목해야
한다.

18

의회제도: 인민대표대회

조영남

중국의 의회는 인민대표대회 人民代表大會(人大)라고 불리며, 전국인민대표대회(전국인대)와 지방인민대표대회(지방인대)로 구성된다. 2017년을 기준으로 지방인대는 다시 행정 단위별로 성급省級(성·직할시·자치구, 31개), 지급地級(시·구·주·맹, 334개), 현급縣級(현·시·구·기, 2,856개), 향급鄉級(향·진, 39,862개)으로 나뉜다. 이처럼 중국의 의회제도는 기본적으로 4급 체제(중앙-성급-현급-향급)이고, 일부 지방은 5급 체제(중앙-성급-지급-현급-향급)로 구성되어 있다.

달라진 위상

중국의 의회는 1980년대 중반까지 공산당과 정부가 결정한 사항을 추인하는 '고무도장橡皮圖章', 혹은 퇴임 직전의 고위 당정간부가 잠시 머무르는 '정거장火車站'이나 '후방부대第二線' 정도로 불렸다. 그러나 현재는 그렇지 않다. 의회의 고유 기능인 입법과 감독 기능이 크게 강화되어, 이제는 중국정치에서 공산당·정부와 함께 매우 중요한 역할을 수행하는 국가기구가 되었다.

우선 입법 자율성이 크게 신장되었다. 1991년 공산당의 결정(소위 '중앙 9호 문건') 이후 전국인대는 헌법, 정치 법률, 매우 중요한 경제 및 행정 법률을 제외한 나머지 법률에 대해서는 공산당의 사전 승인 없이 독자적으로 법안을 기초하고 심의할 수 있게 되었다. 또한 입법 산출이 급격히 증가했다. 예를 들어, 문화대혁명 10년 동안 전국인대가 제정한 법률은 단 한 건에 불과했는데 1979년부터 2005년까지 전국인대는 805건의 법률(법률과 같은 효력을 갖는 결정 및 결의 포함), 지방인대는 11만 5,369건의 조례를 제정 및 수정했다.

지방인대의 정부 감독 또한 매우 강화되었다. 지방인대는 1980년대 초부터 법률 규정과는 상관없이 독자적으로 다양한 감독 방식을 개발했다. 정부의 법률 집행을 감독하고 문제점을 시정하도록 하는 법률 집행 감독執法檢查, 정부 및 고위 공직자의 업무를 평가하고 감독하는 직무평가評議가 가장 대표적이다. 이 외에도 각 기관과 부서가 해당 법률의 집행을 책임지도록 강제하는 법률 집행 책임제도部門執法責任制와 오심책임 추궁제錯案責任追究制가 있으며, 법원 판결을 감독하는 개별안건 감독個案監督도 있다.

이중구조와 선택적 역할 강화

그런데 전국인대와 지방인대의 구조 및 기능과 관련해서는 상무위원회가 본회의를 대체하는 '이중구조dual structures 현상'을 이해하는 것이 중요하다. 전국인대와 지방인대는 매년 한 차례, 2월에서 5월 사이에 일주일(지방인대)에서 보름(전국인대) 정도의 회기로 우리의 정기국회에 해당하는 연례회의例會를 개최한다. 그런데 연례회의가 1년에 한 번, 그것도 매우 짧은 회기로 개최되기 때문에 본회의는 사실상 큰 의미가 없다. 또한 전국인대와 지방인대의 본회의를 구성하는 대표는 기본적으로 각자의 본업을 하면서 대표 업무를 수행하는 겸직대표이기 때문에 의회 활동에 필요한 전문능력과 시간이 부족하다.

그래서 전국인대와 현급 이상의 지방인대에는 상무위원회가 설치되어 있고, 이 상무위원회가 본회의를 대신해서 의회 활동을 주도한다. 예를 들어, 전국인대 상무위원회는 약 3,000명의 전국인대 대표 중에서 선출된 약 150명의 위원(이들 중에서 3분의 2는 베이징에 머물면서 의회 업무만을 수행하는 전업위원이다)으로 구성되는데, 이들은 모두 실무능력과 전문지식을 갖추고 있다. 특히 전국인대 대표와는 달리 상무위원회 위원은 정부나 법원 등의 직무를 겸직할 수 없다. 또한 전국인대 산하에는 민족위원회, 헌법과 법률위원회, 감찰과 사무위원회 등 모두 10개의 전문위원회(한국 국회의 상임위원회에 해당)가 조직되어 일상 활동을 전개한다. 마지막으로 전국인대 상무위원회의 권한(직권)은 전국인대의 권한과 비교할 때 일상적이고 실제적인 특징이 있다. 예를 들어, 정부 및 기타 국가기관에 대한 감독권은 전국인대가 아니라 전국인대 상무위원회가 행사한다. 성급 지방인대와 현급 지방인대의 구성과 기능도 이것과 큰 차이가 없다.

개혁기 중국 의회의 역할 강화와 관련해 '선택적 역할 강화selectively strengthened functions 현상'을 이해하는 것이 중요하다. 중국 헌법에 의하면 전국인대와 성급 지방인대는 입법권, 정책 결정권, 인사 임면권, 감독권 등 모두 네 가지 권한을 행사하는 '국가 권력기관'으로, 중국의 의회는 단순한 입법 기관이 아니다. 현급 및 향급 지방인대는 이 중에서 입법권을 제외한 나머지 세 권한을 갖고 있다. 그런데 중국의 의회는 행정 단위별로 수행하는 역할이 비교적 분명하게 차이가 난다. 즉 전국인대는 입법을 중심으로, 현급 지방인대는 감독을 중심으로 일상 활동을 전개하며, 그래서 각각 입법과 감독을 중심으로 역할이 강화되었다. 성급 지방인대는 입법에 집중한다는 점에서는 전국인대와 유사하다. 그렇지만 이들은 전국인대와는 달리 감독도 비교적 활발히 전개하고 있으며, 동시에 각 관할구역 내에 있는 하급 의회의 활동 강화를 위해 정책을 마련하고 후원하는 역할을 수행한다. 이런 면에서 성급 지방인대는 전국인대와 현급 지방인대의 중간에 위치한다고 할 수 있다.

전국인민대표대회 조직도 및 각 위원회 위원 명단

전국인민대표대회

상무위원회

대표자격심사위원회
주임: 우위량(吳玉良)

전문위원회

사무기구

민족위원회
주임: 바이춘리(白春禮)

판공청

비서국

연구실

헌법과 법률위원회
주임: 리페이(李飛)

법제공작위원회
주임: 선춘야오(沈春耀)

연락국

외사국

감찰과 사법위원회
주임: 우위량(吳玉良)

예산공작위원회
주임: 스야오빈(史耀斌)

신문국

민원국

재정경제위원회
주임: 쉬샤오스(徐紹史)

홍콩특별행정구기본법위원회
주임: 선춘야오(沈春耀)

인사국

퇴직간부국

교육과학문화위생위원회
주임: 리쉐융(李學勇)

마카오특별행정구기본법위원회
주임: 선춘야오(沈春耀)

기관사무관리국

기관당위원회

외사위원회
주임: 장예수이(張業遂)

기관기율위원회

기관공회

화교위원회
주임: 왕광야(王光亞)

상무위원회 명단

위원장_ 리잔수(栗戰書)

기관서비스센터

전국인대양성센터

환경과 자원보호위원회
주임: 가오후청(高虎城)

부위원장_ 왕천(王晨) | 왕동밍(王東明)
차오젠밍(曹建明) | 바이마츠린(白瑪赤林)
장춘셴(張春賢) | 딩종리(丁仲禮)
선웨웨이(沈躍躍) | 하오밍진(郝明金)
지빙쉬엔(吉炳軒) | 차이다펑(蔡達峰)
완어샹(萬鄂湘) | 천주(陳竺)
아이리겅 이밍바하이(艾力更 依明巴海)

비서장_ 양전우(楊振武)

전국인대정보센터

중국인대잡지사

전국인대도서관

전국인대회의센터

인민대회당관리국

농업과 농촌위원회
주임: 천시원(陳錫文)

사회건설위원회
주임: 허이팅(何毅亭)

자료: 中國人大網

19

중국인민정치협상회의

김영진

배경

정치협상회의의 공식 명칭은 중국인민정치협상회의이며, 영어로는 CPPCC Chinese People's Political Consultative Conference 이다. 정치협상회의는 축약하여 정협政協이라고 부른다. 이 조직은 이념적으로는 1917년 러시아 혁명 이후 국제공산주의 운동에서 등장한 소위 통일전선전술 the united front tactic에 입각하고 있다. 그것은 사회주의 혁명에 공산당이 대표하는 노동자계급뿐만 아니라 다른 여러 사회계급들을 정치과정에 동참하게 하는 전술이다.

중국에서도 혁명의 성공이 가시화된 시점인 1949년 9월 정치협상회의가 개최되었고, 여기에는 공산당을 중심으로 다른 민주당파, 인민단체, 인민해방군 등 42개 조직의 662명이 대표로 참여했다. 여기서 통과된 〈중국정치협상회의 공동강령〉은 일종의 임시헌법으로서 국민의 권리와 의무 이외에도 행정기구와 입법기구 등 국가건설의 기본원리를 포함했다. 그에 따라 1954년 전국인민대표대회가 개최되어 정식으로 중화인민공화국 헌법이 제정되었다.

그럼에도 정치협상회의는 존속하였고, 여러 정치적 변화에도 그 명맥을 유지하여 오늘에 이르고 있다. 뿐만 아니라 개혁 이후 다른 당 및 국가조직과 마찬가지로 전국적 조직망을 갖추면서 중국정치 체제 내에서 일정한 기능을 담당하고 있다. 즉, 오늘날 정치협상회의에는 명목상으로나마 정치협상政治協商, 민주감독民主監督, 참정의정參政議政의 기능이 주어진다.(《중국정치협상회의 장정章程》). 이것은 정책에 대한 논의와 감독을 의미하지만, 사실 그 기능은 여전히 제한적이다.

조직과 기능

정치협상회의는 전국인민대표대회나 국무원과 같은 헌법에 명시된 국가기구는 아니다. 다만 중화인민공화국 헌법 서문에 규정된 "중국공산당의 다당제 협조와 정치협상 제도" 원칙에 의거하고 있다. 조직과 활동은 〈중국정치협상회의 장정章程〉에 규정되어 있다. 이 규정은 중국헌법과 마찬가지로 개혁 초기인 1982년에 전면적으로 수정되었고, 가장 최근에는 2004년에 부분 수정되었다. 정치협상회의 구성은 중국공산당과 8개의 민주당파(국민당혁명위원회, 중국민주동맹 등)와 8개의 인민단체(공청단, 총공회 등), 그리고 소수민족과 각계 대표들, 홍콩과 마카오 초청인사 등으로 되어 있다. 그중 약 40%가 공산당원인 것으로 추정된다. 중앙과 지방에 정치협상회의 전국위원회(전국정협)와 각급 지방위원회(지방정협)가 있다.

전국인민대표대회와 마찬가지로 정협 전국위원회는 임기가 5년이며, 매년 한 차례 소집된다. 전국위원회 전체회의는 매년 봄 전국인민대표대회와 거의 같은 기간에 소집되기 때문에 양회兩會로 불린다. 이때 정협 대표들도 전국인민대표대회(전국인대)에 참여하여 국무원 총리의 〈정부공작보고〉를 듣는다. 반대로 전국인대에 참여하는 당과 국가의 주요 지도자들이 전국위원회 전체회의에 참여하기도 한다. 2017년 정협 전국위원회 전체회의(12기 5차 전체회의)에는 2,134명의 대표가 참석, 3월 3일부터 13일까지 개최되었다. 각급 지방위원회는 성급, 지급 그리고 현급에 설치된다. 마찬가지로 임기는 5년이며, 매년 개최된다. 전국적으로 약 65만 명이 활동하고 있는 것으로 알려져 있다. 정협 지방위원회와 그 전체회의도 해당 지방수준에서 상응하여 조직되고 기능한다.

정협 전국위원회는 주석 1명과 부주석 20여 명을 두는데, 주석은 중국공산당 정치국 상무위원이며, 통상적으로 총서기, 총리, 전국인민대표대회 상무위원장 다음의 서열 4위가 당연직으로 담당한다. 정협 전국위원회는 정책의 논의와 감독을 위해서 세분화된 위원회를 두고 있다. 이를테면 제안提案위원회, 경제위원회, 인구자원환경위원회, 교과문위체教科文衛體위원회, 사회법제위원회, 민족종교위원회, 홍콩마카오대만화교위원회, 외사위원회, 문사文史학습위원회 등이다.

공산당 일당체제에서 각급 정치협상회의의 기능은 제한적일 수밖에 없다. 다만 사회가 다변화되면서 정치협상회의 활동도 부분적으로 활발해지고 있다. 다수의 비非공산당원, 사회 명망가 및 활동가들의 체제 내 포섭은 각종 현안문제들에 대한 최소한의 정책적 자문은 물론 당의 정책선전이나 체제정당성의 제고에 기여할 것이 분명하다.

국무원

20

정해용

위상과 구성

관료의 나라 중국에서 당과 정부는 합일화된 관료체제를 형성하고 있다. 그중 당 관료의 역할이 정치적으로 우위에 있지만, 개혁개방 이후의 현대화 과정에서 정부 관료의 역할 역시 무시할 수 없는 수준으로 커졌다. 이러한 정부 관료체제의 중심에 국무원이 있으며, 국무원은 중국의 최고 집행기관이자 행정기관이라 할 수 있다. 현재 중국 국무원은 총리 책임제를 시행하고 있다. 총리 산하에 부총리, 국무위원, 각 부 부장, 각 위원회 주임, 회계감사장審計長, 비서장 등을 두고 있으며, 중앙정부로서 하급 지방 인민정부를 관리한다. 헌법상 국무원은 중국공산당의 노선·방침·정책 등을 집행하고 전국인민대표대회와 그 상무위원회가 제정하는 법률·법규·결의를 집행하며 행정법규·결정·명령 등을 제정·반포하고 전국의 경제건설, 사회관리, 행정사무를 영도한다.

현재 중국의 행정부 수장인 국무원 총리는 전국인민대표대회에서 국가주석의 제청을 거쳐 선출된다. 실질적으로 공산당의 안배를 통해 총리 후보자가 결정되면 전국인민대표대회에서 토론을 거쳐 표결을 진행하고, 대표 과반수의 동의를 얻어 당선된다. 총리는 부총리와 국무위원 등의 보좌를 통해 국무원 업무를 총괄하며, 국무원 상무회의와 전체회의를 주재하고 헌법과 법률에 의거하여 행정법규·결정·명령을 공포하며 전국인민대표대회와 그 상무위원회에 의안을 제출하거나 국무원의 주요 구성원의 임면을 제청한다. 국무원 지도자의 임기는 전국인민대표의 임기와 동일하며 한 차례 연임이 가능하도록 규정되어 있다.

국무원의 구성은 크게 국무원 판공실, 부部 및 위원회, 직속기구, 사무기구, 직속사업단위 등의 상설기구와 각종 임시위원회 및 영도소조의 비상설기구로 이루어진다. 현재 국무원에는 25개의 부와 위원회, 16개의 직속기구, 4개의 사무기구, 13개의 직속사업단위 등이 존재한다. 그중 각 부는 최고위 상설 기능 부문으로 외교부, 국방부, 공안부 등이 있고, 위원회는 비교적 종합성을 띠고 상대적으로 복잡한 업무내용을 가진 국가발전계획위원회, 국가민족사무위원회 등이 있다. 직속기구는 국가통계국, 국가세무총국 등 국무원이 지방정부의 관여 없이 직접 전체 국가사무를 관할하기 위한 조직이며 사무기구로는 화교업무판공실, 법제판공실 등이 있다. 직속사업단위로는 신화통신사, 중국과학원, 중국사회과학원 등이 있다.

변화와 과제

중국의 개혁개방 과정에서 가장 많은 변화를 경험한 조직은 바로 국무원이다. 이는 중국의 체제 개혁이 주로 경제체제의 시장화를 통해 이루어지면서 과거 계획경제체제와는 전혀 다른 정부기능을 필요로 했기 때문이다. 이러한 국무원 개혁은 기구축소와 당정분리, 공무원제도 도입, 새로운 예산제도 확립 등 조직, 인사, 예산 등 다양한 측면에서 전개되었다. 가령 조직적 측면에서 과거 계획경제체제하의 정부기구는 국민경제의 모든 영역을 관리하는 방대한 관료체제였으나 지속적인 기구감축을 통해 지금은 시장체제에 부합하는 조직체계를 갖출 수 있게 되었다. 공산당과의 권력관계에서도 정부기구의 전문성과 자율성이 강화되었고 당이 정부를 직접 통제하거나 정부의 업무를 직접 수행하기보다 정부를 통해 국가정책을 구체화하고 실현하게 되었다. 공무원제도의 도입을 통해서는 전통적인 간부제도의 폐단을 없애고 정부의 독자적인 인사관리 권한을 통해 행정의 책임성을 확보할 수 있었다.

그동안 다양한 개혁조치에도 불구하고 국무원이 중심이 된 중국 행정체제는 여전히 많은 한계를 내포하고 있다. 현재 중국의 행정체제는 민주적 선거과정을 거친 지도부가 국민 개개인의 주관적 선호를 파악하여 정책을 결정하고 집행하는 통치방식이 아니라, 지도층이 자신들의 객관적 합리성에 근거해 사회 전체의 이익을 결정하고 조직하는 관료정치 방식을 유지하고 있다. 또한 당과 정부가 여전히 엄격히 분리되지 않은 채 당의 간섭이 상존하고, 정부 공무원의 정치적 중립성도 보장되지 않는다. 관료정치는 필연적으로 권위주의에 의존하게 된다. 과거 중국정치의 권위주의가 혁명가들의 개인적 카리스마에 의존했다면 지금은 관료집단에서 출발하는 합리적·합법적인 권위에 의존할 수밖에 없는 상황이다. 그래서 중국지도부는 개인에 의존하는 인치가 아니라 합리성과 합법성에 의존하는 법치를 실현하고자 노력한다. 나아가 관료집단이 자신들의 권위를 배타적으로 행사하는 것이 아니라 다양한 사회집단과의 협상을 중시하며, 협의민주주의 제도화도 강조한다. 즉 중국의 관료 정치가들이 권력 자체는 경쟁이나 협상의 대상으로 간주하지 않지만, 정책과정에서는 다른 집단의 참여를 허용하는 것이다. 그러나 근본적인 정치체제의 변화 없이는 이러한 관료정치가 중국 민주주의 실현의 최대치가 될 수밖에 없을 것이다.

21

사법제도

조영남

사법제도는 광의(즉 법원·검찰·변호사)와 협의(즉 법원)로 나뉘며, 중국에서는 광의의 개념이 사용된다. 그래서 중국의 사법제도를 검토할 때에는 법원, 검찰, 변호사 제도를 모두 봐야 하는데, 여기서는 법원을 중심으로 살펴보고자 한다.

법원과 검찰 그리고 공안

중국의 법원은 전국인대와 지방인대에 의해 선출되며, 동시에 전국인대 및 지방인대에 업무를 보고하고 직무에 책임져야 한다. 즉 법원은 정부와 동급이지만 의회보다는 한 등급 아래인 국가기구이다. 또한 법원은 4급 체계로 구성된다(이는 검찰에도 해당된다). 최고最高인민법원은 '최고 재판기구'로서 매우 중요한 사건에 대한 1심 재판을 맡거나, 하급법원에서 올라온 2심 재판을 맡는다. 또한 사법 해석권, 즉 재판 과정에서 의문이 제기되는 법률을 해석하는 권한을 행사한다. 지방에는 모두 3급의 지방법원이 있다. 성급 행정단위(31개)에는 고급高級인민법원이 관할

지역의 중요한 사건의 1심 재판을 맡거나, 하급법원에서 올라온 2심 재판을 맡는다. 지급 행정단위(334개)에는 중급인민법원, 현급 행정단위(2,851개)에는 기층基層인민법원이 있다. 중급법원은 비교적 중요한 사건의 1심 재판과 기층법원에서 올라온 2심 재판을 맡는다. 기층법원은 일반적인 사건의 1심 재판을 전담한다. 한편 향급 행정단위(39,862개)에는 기층법원의 파출기관인 인민법정人民法庭이 설치되어 있는데, 사실관계가 분명하고 경미한 민사 약식재판을 담당하고 있다.

중국의 법원은 일반법원과 전문법원으로 구분된다. 위에서 살펴본 것이 일반법원이고, 전문법원은 특정 분야의 재판을 위해 설치된다. 군사법원, 해사海事법원, 철도운송법원이 가장 오래된 전문법원이고, 특정 분야의 재판을 담당하는 산림법원, 농지간척법원, 석유법원 등이 있다.

중국에서 법원과 검찰은 양면관계에 있다. 양 기관은 같은 행정직급에서 각각 재판과 공소公訴를 담당하는 동등한 사법기구이다. 그러나 한편으로는 검찰이 법원의 판결을 감독하는 '감독-피감독 관계'에 있다. 헌법에 의하면, 검찰은 '국가의 법률 감독기관'이다. 이에 따라 검찰은 정부뿐만 아니라 법원에 대해서도 '법률 감독'을 실시한다. 이는 두 가지 형태로 나타난다. 첫째, 검찰은 법원 판결에 불복할 경우 상급법원에 항소할 수 있다. 둘째, 검찰은 법원의 모든 판결 활동이 적법한지를 감독할 수 있다. 이에 따라 검찰은 자신이 기소하거나 재판에 참여하지 않았더라도 만약 법원 판결에 문제가 있다고 생각하면 특정 민사사건이나 경제사건 소송에 대하여 재심을 요구할 수 있다. 그래서 실제 관계에서는 검찰이 법원보다 우위에 있게 된다.

법원과 검찰은 공산당 정법위원회政法委員會의 지도하에 활동한다. 그런데 전에는 공안국(한국의 경찰) 국장이 각 지방의 정법위원회 서기를 맡는 경우가 많아 법원과 검찰이 공안국보다 낮은 정치적 지위에 놓인다. 즉 법원과 검찰이 사실상 공안국의 지휘를 받게 되는 것이다. 최근에는 이런 문제를 해결하기 위해 별도의 정법위원회 서기를 임명한다.

개혁과 한계

한편 중국의 법원은 세 가지 심각한 문제를 안고 있다. 첫째는 '사법권의 지방화地方化'이다. 이는 각 지방의 공산당과 정부가 법원을 대신하여 인사권, 재정권, 재판권의 일부 또는 전부를 행사하면서 사법독립을 심각하게 침해하는 현상을 말한다. 대개 공산당과 정부는 자신에게 유리하도록 재판에 영향을 미치며, 그 결과 법원은 '지방'의 법원으로 전락한다. 둘째는 '법원 운영의 행정화行政化'이다. 이는 법원이 마치 행정기구처럼 상명하달의 관료기구로 운영되면서 발생하는 문제이다. 부실한 재판제도, 법관 간의 엄격한 위계질서, 상하 법원 간의 종속관계가 이에 해당한다. 셋째는 '법관의 비非전문화'이다. 이는 법관 임용제도가 잘못되었을 뿐만 아니라 법관에 대한 처우가 좋지 않아 낮은 소질의 법관이 임용되면서 발생하는 문제이다.

이런 문제를 해결하기 위해 최고법원은 1997년 제15차 당대회에서 의법치국依法治國(법에 근거한 국가통치) 방침이 결정된 이후 본격적으로 법원 개혁을 추진하기 시작했다. 1999년에 제1차 5개년(1999~2003), 2005년에 제2차 5개년(2004~2008), 2009년에 제3차 5개년(2009~2013), 2014년 제4차 5개년(2014~2018) 법원개혁 방안이 발표되었고 실제로 법원개혁이 지속적으로 추진되었다. 결과를 보면, 법원 운영의 행정화와 법관의 비전문화는 어느 정도 개선되었지만, 사법권의 지방화는 해결되지 않고 있다. 이 문제를 해결하기 위해서는 공산당이 사법독립을 보장해야 하는데, 이럴 경우 일당통치에 악영향을 줄 수 있기 때문에 현재까지 반대하고 있다. 결국 이 문제의 해결은 사법개혁이 아닌 정치개혁을 필요로 한다.

최고인민법원				최고인민검찰원			
직책	성명	생년	출신	직책	성명	생년	출신
원장	저우창 (周強)	1960	후베이 (湖北)	검찰장	장쥔 (張軍)	1956	산둥 (山東)
부원장	선더융 (沈德詠)	1954	장시 (江西)	부검찰장	치우쉐창 (邱學強)	1957	산둥 (山東)
	장비신 (江必新)	1956	후베이 (湖北)		쑨첸 (孫謙)	1959	지린 (吉林)
	리샤오핑 (李少平)	1956	산시 (山西)		리루린 (李如林)	1955	허난 (河南)
	장웨이 (姜偉)	1957	산둥 (山東)		장쉐차오 (張雪樵)	1966	저장 (浙江)
	장수위안 (張述元)	1956	산둥 (山東)	감찰 실장	왕싱닝 (王興寧)	1964	후난 (湖南)
	타오카이위안 (陶凱元)	1964	후난 (湖南)	차관급 검찰 위원회 위원	장더리 (張德利)	1954	베이징 (北京)
감찰실장	류하이촨 (劉海泉)	1964	산둥 (山東)		천궈칭 (陳國慶)	1963	산시 (山西)
정치부 주임	쉬자신 (徐家新)	1964	장쑤 (江蘇)				
차관급 심판 위원회 위원	후윈텅 (胡云騰)	1955	안후이 (安徽)				
	류구이샹 (劉貴祥)	1963	허난 (河南)				
	페이셴딩 (裴顯鼎)	1957	산시 (山西)				

자료: 각 기관 홈페이지 내용 정리

22

중국인민해방군

김태호

중국인민해방군: 당黨의 군대

중국의 군은 '국군'이 아니라 '당군'이다. 이는 현재의 중국이 당의 무장혁명을 통해 세워진 국가라는 사실에 기인한다. 중국공산당은 1921년, 중국인민해방군은 1927년, 그리고 국가인 중화인민공화국은 1949년에 성립되었다. 이외에도 중국군은 다른 나라의 군과 구별되는 많은 전통을 갖고 있다.

예를 들어, 중국의 '최고지도자'는 당권과 군권을 한 몸에 갖고 있어야 한다. 마오쩌둥이나 덩샤오핑과 같은 혁명세대 지도자는 당과 군에서 오래 근무한 원로였기 때문에 당과 군에서 개인적 위상과 권위를 누릴 수 있었다. 이후 장쩌민, 후진타오 그리고 시진핑과 같은 후後혁명 지도자는 혁명 경력이나 개인적 권위가 없기 때문에 당권(당 총서기)과 군권(중앙군사위원회, 이하 '중앙군위' 주석)을 가져야 하며, 경제발전과 같은 업적 정통성을 쌓아야 한다.

이는 톈안먼 사건과 같은 대규모 소요가 발생할 경우 당의 대응이 한

가지여야 하기 때문이다. 당 최고지도부 내에서 분열이 발생할 경우도 마찬가지다. 최고지도부의 입장이 분열되면 전소 체제가 마비되고 혼란에 빠지기 때문에, 중국지도부는 항상 단결을 중시한다.

'강군몽强軍夢'을 위한 개혁

중국군은 1985년에서 2015년까지 약 30년 동안 군 현대화를 실시하였으나 현대전에 부응하는 전투력을 갖추지 못했다. 이후 중국군은 유례가 없는 전면적인 개혁을 실시하고 있는데, 여기에는 30만 병력 감군(2015년 9월), 육군지휘기구, 로켓군火箭軍, 전략지원부대 신설(2015년 12월), 4총부(총참모부, 총정치부, 총후근부, 총장비부) 폐지 및 중앙군위 내 15개 기능부서職能部門 설치(2016년 1월), 7개 군구MR를 5개 전구TC로 개편(2016년 2월), 18개 집단군GA을 13개로 축소하고 부대 번호를 71-83으로 일괄 개편(2017년 4월)과 같은 주요 변화가 포함되어 있다.

'싸워서 이기는 군대' 건설, 즉 '강군몽强軍夢'은 강대국이 되기 위한 필요조건이나 많은 도전이 남아 있다. 중국군의 목표를 "현대화, 정보화, 합동화"로 요약할 경우 '현대화'에는 기존의 노후화·구형화된 무기·장비의 개량 및 장교들에 대한 전문군사교육PME이 필요하다. '정보화'의 본질은 네트워크화 혹은 '티시體系'인데 중국군의 전력 발전은 무기·장비와 같은 하드웨어에 치중하고 있다. 특히, '합동화'는 가장 어려운 목표로, 이는 사회·문화적 요인이 결부되어 있기 때문이다. '한 가정한 자녀 정책'으로 인해 개인적 성향이 강한 세대가 협동심 혹은 이타심을 갖고 있느냐의 문제다. 중국이 세계 대회에서 최고로 인정받는 구기 종목이 무엇인지를 생각해보면 쉽게 답이 나온다. 정답은 "없다"이다.

중국군은 국가발전에 맞추어 2020년까지 기계화·정보화의 기본 달성, 2035년까지 현대화 기본 실현, 그리고 2050년까지 '세계 일류군대'로 거듭나겠다는 계획을 갖고 있다. 문제는 중국군의 목표 달성 여부가 아니라 이 과정이 주변국과 주변 해역에 대한 지속적인 도전과 위협이 될 수 있다는 점이다. 우리로서는 분명 중국군의 전면적인 개혁의 내용을 지속적으로 추적해야 하는데, 특히 한반도 유사시에 대비한 북부전구, 서해에서의 중국 해군 활동(잠수함 및 항공모함), 그리고 미국과 대만에서의 중국군 연구 동향에 많은 관심을 가질 필요가 있다.

23

소수정당과 사회단체

김도희

소수정당-민주당파

중국은 일당체제 국가이다. 다른 국가들처럼 여당·야당이 존재하지 않고 공산당이 집권당이자 유일한 정당이다. 그럼 중국에 다른 정당은 없는 걸까? 중국에도 형식적이지만 소수정당이라고 말할 수 있는 8개의 정당이 있으며, 보통 이를 민주당파라고 부른다. 중국국민당혁명위원회 中國國民黨革命委員會, 중국민주동맹中國民主同盟, 중국민주건국회中國民主建國會, 중국민주촉진회中國民主促進會, 중국농공민주당中國農工民主黨, 중국치공당中國致公黨, 구삼학사九三學社, 대만민주자치동맹臺灣民主自治同盟 등이 여기에 속한다.

민주당파의 역사적 맥락을 살펴보면 중국 혁명사의 일부를 관찰할 수 있다. 공산당은 북벌과 항일투쟁을 위해 국공합작을 한 바 있고, 소비에트를 만들면서 통일전선을 형성했다. 그리고 제2차 세계대전이 끝나고 내전을 치르면서 국민당과 공산당에도 속하지 않는 민족자산계급, 도시 소자산계급, 지식인 등이 제3세력으로서 다양한 정치세력을 만들어 연합했다. 이들은 내전기간 공산당을 지지했고, 1949년 신중국이 건립되면서 국가건설에 동참했다. 중국공산당은 민주당파의 존재를 인정했고 사회주의 정당제도로서 다당합작제多黨合作制를 채택했다. 다당합작제란 공산당이 통치의 중심이지만 민주당파가 당 밖의 정치세력으로 공산당의 정책을 감독하는 역할을 하는 것이다. 그러나 1950년대 반우파 투쟁과 1960년대 문화대혁명을 거치면서 민주당파는 비판의 대상이 되었고, 그들의 실제 역할도 축소되었다.

개혁개방 이후 민주당파는 조직을 재정비하며 인민정치협상회의를 통해 일정 정도의 목소리를 내는 당파가 되었다. 비非공산당원으로서 민주당파 인사들은 인민대표회의나 각급정부에서 일정한 직책을 맡고 있으며 각종 협상회의, 좌담회를 통해 정치적 의견을 내고 있다. 현재 중국에 민주담론이 성행하고 있고, 사회주의 민주의 실현을 위해 민주당파의 역할이 주목받고 있다. 하지만 야당의 존재를 불허하는 사회주의 중국정치체제에서 아직까지 민주당파의 독자적인 정치력은 미약한 수준이다.

사회단체

중국에서 사회단체는 비영리 사회조직으로 정의되며 관련 정부 부처나 업무를 주관하는 단위의 승인을 받은 후 민정부에 등록을 신청해 심사받도록 되어 있다. 사회단체를 구분하는 기준은 다양한데, 중국정부의 〈사회단체등기조례社會團體登記條例〉에 따르면 활동 성격에 의해 학술단체, 업종단체, 직종단체, 연합단체로 나눠진다. 사회단체를 정부가 어느 정도 주도하는가에 초점을 맞추어 정부주도형, 혼합형, 민간형NGO(비정부조직)으로 분류하기도 한다. 민간형 사회단체는 다시 등록된 단체와 다수의 등록하지 않은 조직으로 구분된다. 풀뿌리 조직이라고도 불리는 등록되지 않은 사회단체의 수는 파악하기 어렵지만, 대략 수백만 개에 달할 것으로 예상된다. 가령 중국의 사회단체 중 가장 활발한 활동을 하는 단체가 환경단체인데 '지구촌地球村', '자연의 벗自然之友' 등은 정부에 등록된 조직이고, '녹색지음綠色之音'은 등록하지 않은 채 활동하고 있다.

1995년 중국에서 개최된 '세계여성대회' 이후 중국 사회단체는 양적으로 괄목할 성장을 했고 초기에는 연평균 약 30%의 성장세를 보인 적도 있다. 2011년 말까지 중국의 사회단체는 25만 5,000여 개에 달했는데, 2018년 2월 중국사회조직 정보 사이트 통계에 의하면 37만 6,900여 개로 증가했음을 알 수 있다. 이러한 사회단체의 숫자는 중국 사회조직 중 46.76%를 차지한다. 사회단체에서 가장 큰 비중을 차지하는 반관반민 단체는 대부분 공익적 성격을 가지지만 정부의 영향을 받고 정부와 제휴한다. 이들은 국가로부터 전부 혹은 일부의 재정지원을 받고 있고 주요간부들은 다수가 정부기관에서 충원된다. 국가 조합주의라고 불리는 이러한 반관반민 사회단체는 국가와 사회의 자원교환에서 제도화된 권력의 분할이 보장되어 있지 않다.

물론 중국의 사회단체가 국가에 포섭된 조합주의적 성격만 가진 것은 아니다. 특히 등록하지 않은 사회단체들의 자발성은 중국 사회단체가 단지 국가 통제를 받는 조직만은 아니라는 걸 보여준다. 이들은 민간에서 재정을 충당하거나 해외 시민단체와 연합해 활동을 하기도 하고, 해외의 재정적 지원을 받는 경우도 있다. 이를 우려한 중국정부는 2014년 12월 전국인대 상임위원회를 통해 해외 비정부조직 관리법 초안을 내놓았는데, 해외 비정부조직이 중국 내에 대표기구를 설립하고 일회성 활동을 할 경우 등록허가를 신청하도록 규정하고 있다.

중국에서는 국가권력이 사회에서 철수한 후 사회적 서비스의 부재와 지방 공무원들의 부패 등 적절하지 못한 행동으로 곳곳에서 다양한 사회문제가 발생했다. 이를 해결하는 가장 주된 주체가 풀뿌리 단체이다. 이러한 사회단체들은 국가의 재정지원이나 행정통제에서 비교적 자유로우며, 자주적인 사회단체로 발전해갈 가능성이 크다. 이들은 민간이나 해외의 지원을 받지만 집단의 이익에 도움이 되는 경우 역으로 정부 조직 체계를 활용하기도 한다. 상대적으로 해방된 사회공간을 점유하고 있는 풀뿌리 사회단체는 진정한 의미의 시민성을 가진 사회단체로 발전할 가능성이 크다.

대중조직

중국에는 공산당이나 국무원의 산하로 편제되어 있지 않지만 민간 사회단체라고 보기 어려운 사회조직들이 존재한다. 대표적인 예가 전국 노조로 간주되는 중화전국총공회中華全國總工會인데, 이러한 성격의 단체들은 스스로를 자발적으로 결성된 조직이라고 규정하지만, 이들을 정부와 무관한 사회단체라고 보기는 어렵다. 중국에서 사회단체들은 민정부에 등록을 하지만, 이러한 '대중조직'들은 그러한 등록 절차를 생략하는 경우가 많다. 그중, 위의 중화전국총공회를 비롯하여 비교적 정치적 성격이 뚜렷한 중국공산주의청년단中國共産主義青年團, 중화전국부녀연합회中華全國婦女聯合會, 중국과학기술협회中國科學技術協會, 중화전국귀국화교연합회中華全國歸國華僑聯合會, 중화전국대만동포연의회中華全國臺灣同胞聯誼會, 중화전국청년연합회中華全國青年聯合會, 중화전국공상업연합회中華全國工商業聯合會 등의 8개 단체는 전국정치협상회의에 참여하고 있다. 그 외에도 중국문화예술계연합회中國文化藝術界聯合會, 중국작가협회中國作家協會, 중화전국신문공작자협회中華全國新聞工作者協會, 중국인민대회우호협회中國人民大會友好協會, 중국인민외교학회中國人民外交學會, 중국국제무역촉진위원회中國國際貿易促進委員會, 중국장애인연합회中國殘疾人聯合會, 송경령기금회宋慶齡基金會, 중국법학회中國法學會, 중국적십자회中國紅十字會, 중국직공사상정치업무연구회中國職工思想政治工作研究會, 구미동창회歐美同學會, 황포군관학교동창회黃埔軍敎同學會, 중화직업교육사中華職業敎育社 등의 사회단체도 비슷한 성격을 갖는 대중조직이라고 할 수 있다.

중앙과 지방

24

조형진

중국의 헌법은 지방에 대한 '중앙의 통일된 영도'를 규정하고 있다. 즉 지방의 자치가 보장되는 연방제가 아닌 단방제單邦制 국가라는 의미이다. 공산당이 국가를 영도하는 당−국가 체제라는 점도 중요하다. 따라서 국무원 총리보다 공산당 총서기의 서열이 높듯이 지방정부의 수장보다 지방 공산당 위원회의 수장이 더 높은 지위를 가지고 있다. 또한 공산당의 중앙집권적 운영 방식이 중앙−지방 관계에도 반영될 수밖에 없다.

중국공산당은 건국 이후 관료에 대한 인사권, 조세를 징수하고 분배하는 재정권, 그리고 최종적으로 군대와 경찰로 구성된 무력 등을 통해 지방을 관리·통제했다. 하지만 중앙의 획일화一刀切된 방침은 현지 사정에 맞지 않는 정책을 초래하고 지방의 효율적인 경제활동을 가로막았다. 개혁개방과 함께 중국은 공산당의 통치를 유지하면서도 가장 중요한 목표인 경제성장을 달성하기 위해 중앙과 지방의 균형을 찾아야만 했다.

혁명 시기의 전통: 인지제의因地制宜와 실험

중국공산당은 흔히 옌안시기(1935~1948)로 통칭되는 기간 동안 일본 군대와 국민당 정부에 대항하면서 지역적으로 분산된 혁명근거지를 통해 명맥을 유지했다. 따라서 통일된 방침으로 운영될 수 없었으며 권력 기반이 약해 현지의 조건과 타협해야 했다. 이 기간 동안 공산당은 지방에서 다양한 정책 실험을 실시하여 추후 결과에 따라 이를 확산시키는 방식과 현지 상황에 따라 정책을 수립·시행한다는 '인지제의因地制宜'의 전통을 확립했다.

마오쩌둥 시기(1949~1976)의 중앙집권적 통치

건국 이후 중국은 집권화와 분권화를 주기적으로 반복했다. 마오쩌둥은 각 지방의 구체적인 실정에 부합하는 적합한 대책을 수립해야 한다는 '인지제의'를 수시로 강조하고 지방의 모범적인 실험을 전국적으로 확산시키기도 했다. 실제로 대약진 운동(1958~1960), 문화대혁명(1966~1976) 시기에는 분권화가 강조되었다. 중앙정부에 소속된 기업을 지방정부로 이관하고 지방의 재정 비율과 정책 권한을 확대하기도 했다. 그러나 이조차도 마오쩌둥과 중앙이 결정했다는 점에서 분권화는 표면적인 언사에 가까웠다.

무엇보다도 생산, 유통, 분배 등 거의 모든 영역에 대해 중앙으로부터 지표가 하달되는 중앙집권적 사회주의 계획경제가 지속되었다. 또한 지역별, 시기별로 변화가 있기는 했지만 기본적으로 지방의 세금이 중앙에 모두 상납되고 다시 지방별로 분배되는 '통수통지統收統支'의 재정체제가 유지되었다. 하달된 지표를 준수해야만 했고 잉여가 발생하더라도 중앙으로 이전됐기 때문에 지방이 경제성장이나 혁신에 나설 유인이 없었다.

개혁개방과 분권화

덩샤오핑과 개혁 세력이 권력을 공고화하기 위해서는 기존의 중앙집권적 정책과 차별화를 해야 했으며 지방의 지지가 필요했다. 또한 최우선 과제인 경제성장을 위해서 계획을 축소하고 시장을 확대해야만 했다. 이로 인해 분권화가 핵심 정책이 되었다. 또한 개혁개방의 돌파구가 된 농촌개혁은 안후이성, 쓰촨성 등 지방에서 시작된 실험을 중앙이 용인하고 사후에 이를 공식화했기 때문에 가능했다. 역설적으로 개혁개방이 '인지제의'와 '실험'을 통한 확산이라는 혁명의 전통을 실현시켰다.

개혁개방을 통해 위로부터 하달되는 지표가 줄고 기업이 이윤을 남길 수 있게 되었다. 지방이 관리하는 기업이 늘어나고 징수한 조세를 재투자할 수 있게 되자 지방정부는 경제성장에 적극적으로 나서게 되었다. 정치적·행정적으로도 분권화가 진행되었다. 공산당 조직부가 관리하던 중앙의 인사권이 일부 지방으로 이전되었다. 농촌의 촌장을 촌민이 직접 뽑게 되었고 지방인민대표대회의 입법 권한도 확대되었다.

분세제 개혁과 재집중화

분권화는 폭발적인 경제성장을 이끈 요인이었지만 차차 문제점을 드러냈다. 재정적으로 중앙정부가 차지하는 비중이 크게 축소되어 인플레이션 같은 거시경제적 위기에 대응할 수 없었다. 지방정부들은 협소한 지방의 이익과 세수 증대에만 매달렸으며 지나친 상호경쟁으로 오히려 시장질서가 왜곡되고 중복투자가 증가했다.

이를 해결하기 위해 1994년 분세제分稅制 개혁이 단행되었다. 분세제는 글자 그대로 중앙과 지방의 세금을 구분하는 것이다. 중앙세, 지방세, 중앙과 지방이 공유하는 공유세로 조세를 분류하는 동시에 중앙정부의 몫과 재정 권한을 크게 증가시켰다. 분세제뿐만 아니라 중국은 1989년 톈안먼 사건처럼 권력의 분산과 통제의 이완이 체제 유지에 위협이 될 경우에 중앙의 인사권을 확대하거나 지방에 대한 감찰을 강화하여 중앙 집권화와 지방분권화를 조정하고 있다.

권위주의와 분권화

일반적으로 민주주의체제는 분권화와 지방자치를 지향하고 비민주주의체제는 중앙집권화를 지향한다. 개혁개방 과정에서 분권화를 확대하여 놀라운 성공을 성취한 중국은 이런 점에서 예외적이다. 그러나 중국은 경제적 분권화를 확대하면서도 인사, 감찰, 경찰·군대 등에 대한 중앙집권적 통제를 유지하고 필요에 따라 재집중화를 통해 분권과 집권 사이를 조정해왔다. 이런 점에서 경제적 분권화의 확대와 정치적 집권화의 유지·강화는 중앙-지방 관계에서 찾을 수 있는 또 다른 '중국 특색'이라고 할 수 있다.

중국모델

이홍규

'중국모델' 개념의 개요

'중국모델中國模式(The Chinese Model)'이란 1949년 중화인민공화국 수립 이후 중국의 발전경험에서 만들어진 특징과 성과를 총칭하는 개념으로, 중국의 발전경험이 독특할 뿐만 아니라 중국과 유사한 목표를 추구하는 제3국에게 참고할 만한 중요한 사례가 된다는 뜻이 함축되어 있다. '중국모델'이 무엇인지에 대한 완전한 합의는 없지만, 대체로 '중국모델'의 핵심 특징은 1978년 개혁개방 이후 시장경제로 전환하면서도 사회주의적 공유제의 틀을 일정 수준 이상 유지하고 공산당 일당 지배의 강력한 통치체제를 계속해온 양상이라 할 수 있다. 또한 '중국모델'은 공산당의 강력한 지배하에서도 경제적 분권화에 기반하여 각 지역에서 다양한 개혁과 개방이 실험적으로 추진되어 점진적이고 단계적으로 전국에 확대되어온 특징도 갖고 있다. 이러한 측면에서 '중국모델' 개념은 체제 안정과 경제발전의 동시 달성을 위해 사회주의적 틀에서도 자본주의 요소의 도입이 가능하다는 의미였던 '중국 특색의 사회주의' 개념의 새로운 판본

160　차이나 핸드북

이며 이러한 논리가 이제 실천적 설득력을 얻게 되었음을 강조하는 것이기도 하다.

'중국모델'론의 등장과 공고화

정치적 안정과 초고속 경제성장의 성과를 동시에 거두었다는 점에서 중국의 발전전략은 이미 1990년대에도 높게 평가되었다. 특히 중국의 점진적 개혁 방식은 소련이나 동유럽 국가들의 급진적 개혁과 대비하여 중국식 발전전략의 핵심 특징으로 꼽혀 왔다. 그러나 이러한 논의는 사회주의국가 체제전환 과정의 유용성 측면에서 중국의 발전전략을 높게 평가한 것이지, 세계의 여타 국가들이 보편적으로 참고할 만한 국가발전모델로서 평가한 것은 아니었다.

'중국모델'에 대한 논의가 처음으로 촉발된 계기는 2000년대 중반 레이모Joshua Cooper Ramo의 '베이징 컨센서스北京共識(Beijing Consensus)' 개념으로, 이는 중국이 신자유주의화를 요구하는 '워싱턴 컨센서스華盛頓共識(Washington Consensus)'와 다른 발전전략을 추구했다. 국가주도의 점진적이고 단계적인 혁신 기반의 경제개혁, 지속가능성과 평등을 함께 고려하는 발전전략, 타국의 주권을 존중하고 내정불간섭을 원칙으로 하는 대외정책 등이 그 특징으로 제시되었다. 하지만 레이모의 이 개념은 1990년대 중국의 개혁이 권위주의에 입각하여 노동 억압적이고 자본 친화적인 경제정책을 추진해왔다는 측면에서 현실과는 유리된 묘사일 뿐 아니라 매우 자의적인 해석이라고 볼 수 있다.

이후 중국 국내에서 '중국모델'론을 본격적으로 증명하고자 했던 위커핑兪可平은 '중국모델'의 특성으로 점진적인 발전전략, 국내 개혁과 대외개방의 조화, 개발도상국이면서도 세계화를 적극 활용한 전략, 개혁 발전과 사회안정의 연계, 시장화와 정부 역할의 조화 등을 제시한 바 있다. 그러나 이러한 특징들은 기존의 동아시아 개발도상국들의 경험에서도 나타났던 것으로 '중국모델'의 명명에 대한 근본적인 회의도 존재했다.

'중국모델'론이 중국 국내외에서 심화된 계기는 신자유주의 모델의 종언을 의미했던 2008년 미국발 세계경제위기 이후였다. 세계경제위기에도 불구하고 중국경제는 다른 국가들과는 달리 금세 회복세로 돌아섰고 고속성장과 발전을 계속했는데, 이는 곧 중국이 사회주의체제와 자본주의체제의 장점을 유기적으로 잘 결합했다고 해석되었다. 즉 중국은 시장경제와 사유제를 받아들여 경제발전에 기여하도록 하되 공산당의 지도하에 공유제의 기반과 국가 거시계획의 인도를 유지하여 자본주의의 주기적 경제위기라는 함정에 빠지지 않았다는 것이다.

이후 '중국모델'에 대한 평가는 오히려 높아졌고 이에 따라 '중국모델'에 대한 논의가 더욱 다양해지고 더욱 과감해졌다. 이는 경제모델뿐 아니라 정치모델에 대한 논의로 이어지기도 했고 이러한 체제 특성의 배후에 존재하는 문화 혹은 문명적 기반까지 논의되기에 이르렀다. 예컨대 판웨이潘維는 '중국모델'을 개혁개방 30년이 포함된 중화인민공화국 60년 체제로 규정하며, 그 체제가 성공하게 된 특징으로 국가와 인민이 상호 지탱하는 '국민경제', 민심이 집권 세력에게 선순환적으로 전달 실현되는 '민본정치', 가정과 지역공동체의 사회적 네트워크가 정부의 행정 네트워크와 일체화된 '사직社稷체제' 등을 꼽았다. 이는 또한 서구의 이분법적 세계관에 입각한 '시장과 계획', '민주와 독재', '국가와 계획' 등의 경계를 뛰어넘는 중국의 전통적 세계관이 반영된 것이다. 벨Daniel A. Bell은 중국의 정치체제가 지혜롭고 유능한 인재를 지도자로 배양하는 '정치적 현능주의political meritocracy'의 오랜 전통을 갖고 있다고 해석한다. 또한 그는 이 체제가 갈등을 양산하고 많은 비용을 초래하는 선거민주주의 체제보다 오히려 우월하다는 것이 2008년 경제위기 극복 과정에서 나타났다고 평가한다.

'중국모델'론의 평가와 시사점

　시장만능주의가 유효성을 상실해가는 세계사적 전환기에서 '중국모델'의 부상은 미국의 헤게모니를 대체하는 새로운 발전모델 구축에 대한 기대를 심어주기도 한다. 아리기Giovanni Arrighi는 중국 체제의 성격을 국가가 자본가의 지배를 억제하며 경쟁을 활성화한 '비자본주의 시장경제'라고 호칭하고 이런 중국의 부상이 세계적 헤게모니를 쥐고 있는 미국식 자본주의 모델을 대체할 가능성을 기대한다.

　그러나 '중국모델' 개념에는 초고속 경제성장과 G2로의 부상을 통해 얻은 중국의 국가적 자신감이 반영되어 있을 뿐만 아니라 이를 국제사회에서 소프트파워로 활용하려는 중국 당국의 의도도 깔려 있다. 한편에서 '중국모델'의 부상은 중국의 권위주의체제 당국에 의해 국내의 사회적 모순들을 은폐하는 상징조작으로 사용되어 세계적인 민주주의 심화 및 확산의 기회를 무력화시키는 위협으로 비쳐지기도 한다. 그래서 '중국모델'을 독자적 발전모델로 인정하기보다는 권위주의 국가의 국가주도 시장경제 성장모델이었던 '동아시아모델'의 극단적 아류라고 보는 평가도 존재한다. 1990년대 '사회주의 시장경제' 선언 이후 국유기업 구조조정과 WTO 가입 등으로 가속화된 시장화와 사유화 그리고 노동시장의 유연화 등을 근거로 중국이 이미 '신자유주의 모델'로 수렴되었다는 비판도 존재한다.

　'중국모델'론은 오늘날 중국의 발전모델을 과대평가하여 찬양하기 위해 현실을 호도했다는 비판에서 자유로울 수 없다. 오히려 중국식 발전모델의 특징은 존재할 수 있으나 현 수준이 여전히 조악하다. 딩쉐량丁學良에 따르면 '중국모델'은 특권을 가진 관리들이 공산당 일당지배 시스템을 이용해 부를 독점하여 '대중大众은 모두 가난한' 상태에서 소수 특권층이 시장경제를 장악한 '소중小众 시장경제' 체제이다. 따라서 중국모델 자체가 위기를 내포하고 있는 것이다. 결국, 현재 우리가 던져야 하는 질문은 "중국모델의 혁신은 가능한가?"이다.

'중국모델'의 혁신은 가능한가?

이렇게 보면, 2010년 이후 언론의 스포트라이트를 받았던 충칭모델이나 광둥모델의 등장은 '중국모델'의 혁신 가능성을 상징하는 것이었다. 충칭모델은 '큰 정부'의 투자 확대를 통하여 내륙지방의 부품 제조업 발전과 대외개방을 결합하여 내수 확대와 수출을 연계한 지역경제 모델을 구축한 것이다. 나아가 혼합소유제 개혁을 통해 국유기업의 우량화와 국유자산의 증대를 도모하고 늘어난 재정소득을 주민들의 생활수준 향상에 투자하며 호구제 개혁 등 도농 간 불평등 해소에 주력한 발전모델이었다. 이에 반해 광둥모델은 권위주의적 산업화 방식인 노동집약형 수출산업화를 '중국모델'의 문제로 보고 시장과 사회의 자치를 강조하며 '작은 정부'의 민주적 거버넌스에 기초한 발전모델이었다. 즉, 광둥모델은 창의력과 자율적 참여를 통해 지역산업 구조를 첨단산업과 서비스산업을 중심으로 전환하고 성장보다는 분배를 중시하여 사회적 안정을 도모하면서 내수 중심 성장으로 전환하는 발전모델이었다.

그러나 충칭모델과 광둥모델은 지방정부가 지역 상황에 맞게 추진한 지역발전모델인 만큼 전국적 범위의 중국모델로 해석하기는 곤란했다. 더욱이 이른바 보시라이薄熙來의 정치적 스캔들로 충칭모델은 금기어가 되었고 광둥모델을 지휘했던 왕양汪洋은 중국공산당 중앙의 최고지도부에 발탁되며 광둥모델 역시 사람들의 시야에서 사라졌다. 그렇다면 중국공산당은 중국모델의 혁신을 포기한 것일까?

이러한 관점에서 우리는 시진핑 집권 이후 이루어지는 중국공산당의 개혁안과 발전전략을 계속 주목해야 한다. 특히 '중국모델'은 기존의 자본주의와 사회주의의 제도적 이분법을 뛰어넘는 제3의 제도 혹은 하이브리드 형태의 제도 실현에 있는 만큼, 제19차 당대회에서 중국공산당의 지도이념으로 확립된 '시진핑 신시대 중국 특색 사회주의 사상'에 입각한 발전전략이 중국모델의 혁신을 의미하는 것인지, 아니면 중국모델의 포기를 의미하는 것인지 지속적으로 분석할 필요가 있다.

정치개혁

26

이정남

1978년 개혁개방정책이 시작된 이래 중국공산당은 경제성장을 통치 정당성 유지를 위한 중요한 기반으로 하면서, 경제성장에 필요한 정치사회적 안정성을 확보하는 데 중점을 두었다. 따라서 경제개혁에 우선적인 중점을 두면서 정치적 민주화의 추진을 최소화하고 제도개선 중심의 정치개혁을 추진했다. 그 핵심 내용은 경제의 고속성장과 시장경제체제로의 전환에 따른 사회적 이익구조의 다원화에 조응하여 통치방식의 지속적 변화를 이끌어냄으로써 권위주의 정치체제의 '동적 안정성'을 유지하는 것이었다. 이러한 노력은 일정 정도 통치구조의 변화를 이끌어내면서 권위주의 통치를 합리화하는 방향으로 움직이도록 했다.

그동안 중국의 정치개혁과정은 개혁방식이라는 측면에서는 볼 때, 최고지도부가 개혁방향과 전략을 제시하면서 위로부터 개혁을 추진해가기보다는, 미래에 대한 뚜렷한 청사진이 없이 '돌다리를 더듬으면서 다리를 건너듯이' 당면과제를 순차적으로 해결해가는 방식에 기초한 점진적인 개혁을 추진했다. 주변적 문제에서 출발하여 핵심적인 현안에 접근하고, 각종 실험을 통하여 개혁의 방향과 내용을 지속적으로 수정해가는 형태를 취했다. 또한 개혁의 내용이라는 측면에서 볼 때, 다당제와 3권분립, 직접선거를 통한 정치지도자의 선출 등을 핵심 내용으로 한 서구식 자유민주주의에 대한 반대 입장을 분명히 하고, 경제발전을 가로막는 정치체제의 구성요소를 개혁하는 데 초점을 맞추어왔다.

정치개혁의 방향과 문제점

구체적 정치개혁의 추진은 1989년 톈안먼 사건 이전과 이후로 구분하여 그 내용과 특성에서 뚜렷한 차이가 난다. 톈안먼 사건 이전 시기에는 당정분리와 당과 중앙으로의 권력의 과다집중에 따른 폐단의 해결이 정치개혁의 주요 내용이 되었다. 비록 서구식 민주화에 대한 명확한 반대와 선거를 통한 정치지도자의 선출과 지도자에 대한 감독을 강화하는 민주적 개혁이 이루어지지 않았지만, 이 기간 동안에 간부의 임기제와 퇴직제의 도입 등에 기초한 영도간부제도의 개혁과 집단지도체제의 제도화를 위한 조건을 마련했고, 또한 통치에 필요한 국가기구와 제도의 조정과 정비가 이루어졌다. 1987년 10월에 개최된 제13차 당대회는 당과 중앙으로의 권력의 과도한 집중에 따른 폐단의 해소와 정치제도건설을 중심으로 한 이 시기 정치개혁의 방향을 잘 나타내주고 있다.

그러나 1989년 톈안먼 사건을 거치면서, 당정분리를 중심으로 한 정치개혁을 위한 시도들은 중단되고 공산당의 통제가 다시 강조되었다. 개혁의 초점은 시장경제의 형성에 따라 초래된 사회적 변화에 조응할 수 있는 법제의 정비와 법치 및 이것을 가능하게 하는 정치제도의 정비에 두었다. 구체적으로 1992년 10월 제14차 당대회는 사회주의 시장경제건설을 개혁의 목표로 내세우면서 사회주의 민주주의와 법제건설을 정치개혁의 중요한 내용으로 제기했다. 1997년에는 그동안 법제완비에 주력한 정치개혁의 내용을 법에 의한 통치以法治國와 이를 가능하게 하는 정치제도의 완비에 둘 것을 제기하면서, 법치의 구현은 그 이후 정치개혁의 기본방향으로 자리해왔다.

서구식 민주주의에 대한 반대 입장을 분명히 했고, 현급縣級 이하 인민대표대회 선거와 농촌 및 도시의 기층자치단체 선거를 통하여 민주적인 실천을 이끌어내고자 하는 시도가 있었다. 그러나 이는 선거를 통한 정치지도자의 선출 및 감독 등 민주주의의 구현이라는 측면에서 볼 때 극히 제한된 실천에 불과했다. 이 시기에는 구체적으로 첫째, 시장경제체제의 건설에 조응한 행정기구개혁, 재정과 세수체제 개혁의 정비, 중앙과 지방과의 관계 조정, 인민대표대회의 제도적 완비와 기능의 강화, 법치구현을 위한 사법체제정비와 법률정비 등 국가기구에 대한 제도개혁이 단행되었다. 둘째, 간부제도의 개혁 및 절차와 규칙을 강조한 지도체제의 제도화에 초점을 두었다.

2002년 새로운 지도부로 등장한 후진타오 정권 역시 법치국가 건설을 중심으로 한 사회주의 정치제도의 완비와 발전을 정치개혁의 내용으로 제시했다는 점에서 그 이전 시기와 본질적인 차이가 없었다. 후진타오 정권은 등장 초기부터 서구식 정치개혁의 반대, 공산당 영도하의 정치개혁의 추진을 강조하고, 정치개혁을 법에 의한 통치 및 사회주의 정치제도의 완비와 발전임을 강조했다. 다만 정치개혁과 관련하여 후진타오 시기에 주목할 점은 2007년 제17차 당대회에서 당내 민주화를 통해 인민민주주의를 이끌어낸다는 논리에 기초하여 정치개혁의 추진방식을 제기했다는 점이다. 그러나 당내 민주화를 어떻게 추진할 것이며, 당내 민주화를 어떻게 정치민주화로 연결시킬 것인가 등의 문제는 여전히 불명확한 상황이었다. 따라서 비록 후진타오 시기에 당내 민주화와 기층 자치단체의 민주주의를 강조했지만, 정치개혁의 주요 내용은 법치에 기초한 정치제도정비에 초점이 맞추어졌다.

이러한 민주화 없는 제도화 중심의 정치개혁의 추진은 성공적인 개혁개방 정책의 '역설적인' 결과로 출현한 중국사회가 안고 있는 다양한 사회적 문제를 해결할 수 없었고, 그 결과 공산당은 심각한 신뢰와 통치정당성의 위기에 직면하게 되었다. 개혁개방정책 실시 30년 동안 중국은 연평균 9% 이상의 높은 경제성장을 통해 중등소득국가 반열에 진입하기 시작했고, 2022년까지 전면적 소강사회(모든 국민이 편안하고 풍족한 생활을 누림)에 완전히 진입한다는 목표를 세우고 있다. 이러한 시장화를 동반한 빠른 경제성장은 필연적으로 사회적 소득격차의 확대를 초래했고, 사회적 이익의 다원화와 가치의 다원화에 따른 다양한 이익주체 간의 갈등의 심화가 초래되었다. 그러나 중국공산당은 다원적 이익주체들의 정치참여를 통제하면서 정치권력을 독점했고, 권력에 대한 감독이 부재한 상황에서 공산당의 약탈정치가 성행하면서 부패문제가 심각한 사회적인 문제로 부각되었다. 또한 공산당으로 일원화된 중앙집권적인 통치는 대중들에게 적절한 정치참여와 의사표출 기회 및 통로를 제공하지 못해, 매년 수십만 건의 불법시위로 나타나는 '길거리 정치'를 양산했다. 그리하여 과감하게 정치개혁을 추진하지 않으면 각종 모순과 문제가 갈수록 증대되어 집권 비용을 감당하기 어려울 것이고, 정부의 공신력은 빠른 속도로 쇠락할 것이라는 우려가 확산되어왔다.

시진핑 시대, 정치적 민주화의 퇴행

이러한 상황에서 정치개혁 추진에 대한 많은 기대를 안고 시진핑 정권이 등장했다. 그러나 시진핑 정권의 등장 이후 장쩌민과 후진타오 시기에 진행되었던 기층선거와 당내 민주화 등 다양한 정치개혁의 실험이 오히려 후퇴하고, 대대적인 반부패투쟁을 통한 공직기강확립, 사상통제의 강화, 그리고 국가안전법 제정을 통한 전 사회적 통제의 강화 등 시민사회에 대한 통제가 강화되어왔다. 또한 정치개혁의 방향으로 '현대적인 거버넌스 체제'의 건설이 강조되면서, 민주화보다 효율적인 권위주의 통제메커니즘의 확립을 통한 안정적인 통치의 구현에 초점을 맞추었다. 그 결과 후진타오 시기의 각종 민주주의에 관한 담론은 사라지고, 협의민주주의 실현을 통한 이른바 '중국식 민주주의'의 발전을 강조하는 데 그치고 있다.

민주적 정치체제의 본질을 민중에 의한 지도자의 선택 및 감독이라고 볼 때, 현재의 조건에서 이를 가능하게 하는 가장 중요한 정치참여방식은 자유로운 선거이며, 또한 이것이 가능하도록 민주적 권리의 보장이 제도화되어야 한다. 이런 관점에서 볼 때, 현대적 거버넌스 체제 구축을 강조하고, 민주주의 실현의 중요한 형식으로 협의민주주의를 강조하고 있는 시진핑 주석의 정치개혁 방향은 '민주화 없는' 권위주의 통치방식의 제도화에 불과하다. 비록 중국정부가 선거민주주의와 협의민주주의의 병행 발전을 강조하고 있지만, 선거를 통한 지도자의 선출은 기층 수준에 극히 제한된 범위에서 이루어지고 민주적 권리가 보장되지 않아 기층선거마저도 제대로 기능하고 있지 못한 상황이다. 이런 상황에서 민주주의 실현방식으로 협의민주주의를 강조하고 있지만, 협의민주주의는 선거민주주의의 문제점을 보완하기 위해 등장한 것으로 선거민주주의가 실현되었을 때만이 협의민주주의가 실현될 공간과 가치를 지닐 수 있다는 점에서 그 역할에 분명한 한계가 있다.

더구나 시진핑 주석은 자신을 중심으로 보다 강력한 권력을 집중시켜서 중국의 권위주의체제를 '경쟁적인 독재contested autocracy'에서 '확립된 독재established autocracy'로 전환시켜가고 있다. 시진핑은 집권 1기 동안 전례 없는 반부패투쟁의 전개, 원로정치의 영향력 제거, 그리고 당내 각종 소조의 건설에 기초한 이른바 '소조정치'를 통해 권력 집중화를 꾀했다. 그 결과 2016년 10월 공산당 18기 6중 전회에서 당내 지도 '핵심'의 지위를 부여받았고, 2017년 10월 제19차 당대회에서는 시진핑의 이름이 명시된 지도사상의 당장黨章 삽입으로 그의 정치와 사상적 지위가 최고봉에 이르게 되었다. 이런 '상징적' 지위는 집단지도체제의 권력승계의 관행이 되어온 격세지정隔世指定 방식의 후계자 지정의 무산과 더불어, 공산당 최고지도자 집단의 인사 배치에서 시진핑의 사람들이 집중적으로 전진 배치되면서 실질적인 힘을 받게 되었다. 더구나 2018년 3월 개최된 전국인민대표대회에서 헌법 수정을 통해서 국가지도자의 임기를 2회로 제한하는 규정을 삭제함으로써 장기집권의 길을 열었고, 국가감찰위원회 수립을 통해 당과 정부의 모든 관료들에 대한 통제권을 확보할 수 있게 되었다.

중국 권위주의체제 내부의 권력관계 변화

이처럼 시진핑 정권의 등장 이후 중국의 정치개혁은 정치적 민주화라는 측면에서 볼 때 퇴행적 과정을 걷고 있다. 이런 변화는 집단지도체제 내의 파워엘리트 간의 힘의 균형 파괴와 강력한 통제에 따른 시민사회의 침묵으로 일시적으로 안정을 누릴 수는 있겠지만, 또 다른 의미에서 새로운 정치적 불안정과 정치개혁의 시발점이 될 것이다. 특히 2022년 제20차 당대회를 통하여 시진핑의 장기집권이 현실화되고, 시민사회에 대한 억압이 지속될 때, 시민사회의 반발이 폭발적으로 분출되어 오히려 민주화의 길을 재촉할 수도 있다. 그리고 이러한 정치적인 퇴행은 글로벌 강대국으로 세계 문명의 표준이 되고자 하는 중국에 심각한 아킬레스건으로 작용할 것이다.

공무원제도

27

김윤권

간부 및 관료

사회주의 중국에서 공무원civil servants이란 용어의 사용은 시대적 맥락을 갖는다. 개혁개방 이전에는 주로 '국가간부'라는 용어가 광범위하게 사용되었다. 수직적으로는 국가주석부터 일선단위의 사무원까지를, 수평적으로는 당원, 단체, 대중조직, 기술사, 연구원, 교사, 문화·위생·교육 분야의 직원까지를 지칭했다. 당정기관, 인민단체, 사업단위, 국유기업 등의 체제 내에서 일정한 공직을 맡은 사람들을 모두 간부라 칭했다. 반면에 사영기업, 민영기업, 외자기업, 비영리조직과 사회조직 등의 체제 외에서 근무하는 사람들은 간부에 해당되지 않았다.

간부 중에는 특히, 중국 사회주의 초기에는 주로 혁명간부가 주도했다. 이들은 계급배경이나 혁명적 잠재력을 중시하고 분배나 평등을 중시한 간부들이었다. 그러나 개혁개방 시기부터 '혁명'은 '개혁'으로 대체되었으며, 일반적으로 '간부'라고 사용되었다. 일부 법령에서는 '국가공작인원' 혹은 '국가기관공작인원'으로 명시하고 있다.

한편 관료라는 용어도 사용된다. 특히, 혁명간부와 대비되는 기술관료는 전문기술과 문제 해결을 중시하면서 경제성장과 개혁을 중시하는 정치 엘리트들이다. '관官'이란 정책 결정권을 갖고 앞장서는 정치 인물을 의미한다. 예를 들어 시당위원회 서기, 시장 등이다. '료僚'란 사부나 비서와 같은 부하를 의미하며, 일반적으로 관에 부속되어 계획을 수립하고, 정책을 결정하며 배후에서 업무를 수행한다.

막스 베버Max Weber가 말하는 '관료'는 중립적인 용어로서, 직급이 엄격하고 인격화되지 않으며, 연속성과 전문성을 갖춘 행정조직체계에서의 개인을 말한다. 그러나 중국에서의 관료는 부정적인 이미지를 띠며, 보통 조직의 상부에서 군림하고 실제 상황과 동떨어져 있으며, 군중과 멀리하고 관리직에서 자신의 이익을 취하려는 관료주의를 의미한다. 관료(주의)는 착취계급의 사상과 전통사회의 관공서 기풍을 띠고, 사회주의 간부가 갖추어야 할 도덕과 품행에 어긋나는 행태를 보이는 것으로 인식되고 있다.

중국 공무원

공무원이란 용어는 서구에서 주로 사용되지만, 사실 중화민국시대에서도 이미 공무원이 존재했으며, 1920년대부터 많은 행정학 저서에서 외국의 공무원제도에 대한 벤치마킹이 이루어졌다. 그러나 개혁개방 이전까지는 (국가)간부라는 용어가 폭넓게 사용되었다. 사회주의 중국에서 공무원이란 용어가 사용되기 시작한 것은 1980년대부터이다. 개혁개방부터 중국은 행정체제 개혁을 추진했고, 공무원제도를 수립하기 시작하면서 국가인사부와 국가행정학원을 설치했다. 이는 1980년대 말부터 일시 진행되었던 당정분리 개혁의 산물이라 할 수 있다.

2005년 국가공무원법이 제정되고 2006년에 시행되었다. 이는 중국 사회주의 건국 이후 최초로 국가 법률적 차원에서 공무원에 대한 인사관리가 포함된 획기적인 것이었다. 인치人治가 아닌 법치法治행정을 구현할 계기가 된 국가공무원법은 의법치국을 관철하고, 법치국가를 수립할 중요한 토대가 된 것이다. 국가공무원법의 제정은 공무원 관리의 법치화, 규범화, 과학화의 출발을 의미한다. 국가공무원법은 공무원의 범위와 법률지위, 권리와 의무, 직무관계, 채용, 평가, 임명, 승진, 동기부여, 처벌, 교육, 인사교류, 보수와 복지, 퇴직 등의 내용을 담고 있다. 이를 통해 공무원의 역량을 중시하고 상하교류, 진입 및 퇴출이 가능하게 되며, 공무원의 합법적인 권익보장이 가능하고 공무원을 법에 따라 관리 및 감독할 수 있게 된다. 또한 공무원의 직책을 명확히 하고 인민을 위해 봉사할 것을 명확히 규정하고 있다.

우리나라의 공무원이 일반직, 특정직, 정무직, 별정직으로 구분되는 반면, 중국의 공무원은 크게 각급 당정기관의 구성원과 일반공무원으로 구분된다. 이들을 구분하는 기준은 첫째, 선출방식이다. 각급 당정기관 구성원들은 각급 당 대표대회와 각급 인민대표대회에서 선출되거나 혹은 당 위원회와 인민대표대회 및 상무위원회에서 임명을 결정한다. 그러나 일반공무원은 시험을 통하여 채용되거나 혹은 당정기관 외의 기타 부서에서 법적인 절차에 따라서 전직된다. 둘째, 양자가 맡는 직책이 다르다. 각급 당정기관의 구성원들은 정책 결정을 책임지는 반면, 일반공무원은 책임을 집행하거나 혹은 특정 항목의 구체적인 행정업무를 책임진다. 셋째, 양자의 임기가 다르다. 각급 당정기관 구성원은 엄격한 임기제가 적용되지만, 일반공무원들은 상임제가 적용된다. 넷째, 양자에게 적용되는 관리 법규가 다르다. 각급 당정기관 구성원들은 헌법과 관련 당정조직법, 지방 각급 인민대표대회와 지방 각급 인민정부의 구성법에 근거하여 관리된다. 그러나 일반공무원은 주로 국가공무원의 법령에 근거하여 관리된다. 다섯째, 양자의 관리기관이 다르다. 각급 당정기관 공무원은 각급 당 위원회의 조직부서에서 평가와 감독을 책임지고, 각급 당

위원회에서 법적인 절차에 따라 각급 인민대표대회에 각급 정부의 구성원 후보자를 추천한다. 그러나 일반공무원은 각급 당정기관의 수장과 조직인사 부서에서 책임지고 관리한다.

공무원 직급 및 관리기관

우리나라는 계급제로 운영되고 9계급이 있는 반면, 중국은 직위분류제를 기본으로 하면서 직급과 직무등급을 연계시켜 구분한다. 중국 공무원의 직무는 크게 지도領導 직무와 비非지도 직무로 구분된다. 지도 직무는 각급 행정기관에서 조직, 관리, 정책 결정, 지휘 등의 역할을 하며, 향과급 부직에서 국가급 정직까지 10개 등급으로 나뉜다. 이는 다시 각급 기관의 지도 직무(국무원 총리, 부총리, 성장, 부성장, 시장, 부시장, 주장, 부주장, 현장, 부현장, 향장, 부향장 등)와 각급 부처 및 위원회의 지도 직무(국무원의 부장·사장司長·처장, 성정부의 청장·처장, 시정부의 국장·과장, 현정부의 과장 등)로 구분된다. 비지도 직무란 각급 기관에서 독립적으로 특정 분야의 사무를 책임지지만, 지도 직무와 달리 상대적으로 조직, 관리, 정책결정, 지휘 기능을 갖지 못하는 직무를 가리킨다. 국가공무원법 제정으로 비지도 직무에는 부조연원, 조연원, 부순시원, 순시원 직무가 추가되었으며, 직무등급은 아래로부터 사무원, 과원, 부주임과원, 주임과원, 부조연원, 조연원, 부순시원, 순시원으로 분류된다. 이처럼 중국 공무원은 15개 직급을 12개 직무등급에 맞춘 것이다. 하나의 직무등급에는 여러 개의 직급이 존재하며 직무등급이 높을수록 상응하는 직급이 적고, 직무등급이 낮을수록 상응하는 직급이 많다. 공무원의 직급은 직무, 경력과 학력, 승진과 업무성과와 연결된다.

중국은 당정일치, 즉 당-국가 체제로서 당 중앙조직부가 간부인사를 총괄하지만 공무원 등 일반 인사관리업무는 인력자원사회보장부와 국가공무원국이 담당한다. 중앙기관 및 직속기구 공무원 채용공고 알림을 보면, 당 중앙조직부, 인력자원사회부장부, 국가공무원국이 공무원 채용에 관여한다. 당 중앙조직부는 정부, 공기업, 산업 단위를 모두 포함하고, 부부장(부성장)급 이상의 대우를 받는 간부를 관장한다. 그리고 간부의 임용, 인사이동, 교육을 담당하고 간부인사개혁의 방향과 계획을 수립한다. 국무원 인력자원사회보장부는 주로 국가의 인력수급과 발전, 그리고 방대한 사업단위의 인사관리 정책 수립을 담당한다. 국가공무원에 관한 업무는 주로 직속으로 설치된 차관급 기관인 국가공무원국에 위임해 처리하였다. 그러나 2018년 기구개혁을 통해 국무원의 국가공무원국은 당 중앙조직부로 편입되었다. 성급 이하 정부의 간부 관리도 중앙과 비슷하

중국 공무원 직무와 직급

직급	직무등급	
	지도 직무	비지도 직무
1급	국무원 총리	
2~3급	국무원 부총리, 국무위원	
3~4급	부급 정직(장관), 성급 정직(성장)	
4~5급	부급 부직(차관), 성급 부직(부성장)	
5~7급	사급 정직, 청급 정직	순시원
6~8급	사급 부직, 청급 부직	부순시원
7~10급	처급 정직, 현급 정직	조연원
8~11급	처급 부직, 현급 부직	부조연원
9~12급	과급 정직, 향급 정직	주임과원
9~13급	과급 부직, 향급 부직	부주임과원
9~14급		과원
10~15급		사무원

자료: 《중국정부의 공무원 인사제도와 정책에 관한 연구》(2013)

게, 성급 당의 조직부는 부청(국)급 이상, 지구급 당의 조직부는 부처(현) 급 이상, 현급 당의 조직부는 부과(향)급 이상 간부의 인사업무를 관장하고 인사부처(청, 국)는 공무원의 임용, 실적평가, 승진, 복지 등에 관한 업무를 처리한다.

한편, 중국 공무원의 퇴직연령을 보면, 부장(장관)과 성장급은 남녀 65세이며, 부부장(차관) 및 부성장급, 국장급, 처장급 등은 남녀 60세이다. 반면에 처장급 이하 공무원의 퇴직연령은 남성 60세, 여성은 55세로 차별화되어 있어서 개혁의 이슈가 되고 있다.

외교

4부

외교개관: 중국식 대국외교

이동률

중국이 '중화민족의 위대한 부흥'을 기치로 내세우며 '강국화强起來'의 의지를 명확하게 표출하고 있다. 중국의 외교안보 전략도 이러한 부상 의지와 연동되어 진화하고 있다. 중국은 외교 대상과 내용을 기준으로 대국, 주변국, 개도국, 그리고 다자외교로 분류하여 각각의 중요성을 강조해왔다. 즉 "대국은 관건적 대상이고, 주변국은 가장 중요하며, 개도국은 중국외교의 기반이고, 다자외교는 중요한 무대(大國是關鍵, 周邊是首要, 發展中國家是基礎, 多邊外交是中要舞臺)"라고 구분했다. 2002년 중국공산당 제16차 당대회에서 시작하여 2012년 제18차 당대회까지 이러한 분류를 지속해왔다. 그런데 2017년 제19차 당대회에서는 중국이 추구하는 세계와 지역 구상 및 전략을 제시하면서 외교의 주도성을 적극적으로 표출하기 시작했다. 예컨대 '신형국제관계', 인류운명공동체, 글로벌 거버넌스 체제 개혁, 그리고 '일대일로' 등 중국이 지향하는 외교 구상과 방향을 제시했다. 요컨대 중국은 '신형국제관계' 수립, 해양강국 건설, 그리고 글로벌 거버넌스 체제 개혁을 외교의 중점 과제로 설정하고 점진적으로 기존 국제질서의 개혁 또는 재편을 시도하는 이른바 '중국식 대국외교'를 구체화해가고 있다.

신형국제관계

第18차 당대회에서는 '장기적으로 안정되고 건강하게 발전하는 신형대국관계新型大國關係 수립'을 제시한 바 있다. 이른바 '신형대국관계'란 미중 양국이 상대의 핵심이익에 대해서는 상호 존중한다는 전제하에 더욱 적극적인 소통과 협력을 통해 협력의 기반을 확대하면서 새로운 국제질서 형성에 협력하여 윈윈共赢하자는 것이다. 第19차 당대회에서는 '신형대국관계'가 국제사회 전체를 대상으로 하는 '신형국제관계'로 확장되었다. '신형국제관계'는 중국의 부상이 결코 강대국 간 충돌의 비극을 초래하지 않을 것임을 국제사회를 향해 설득하여 부상에 유리한 상황과 조건을 조성하려는 목적을 지닌다. 시진핑 주석은 2015년 9월, 시애틀에서의 연설을 통해 중국의 부상이 결코 '투키디데스의 함정Thucydides Trap'에 빠지지 않을 것임을 강조한 바 있다. 요컨대 중국은 강국화 일정을 진행하는 과정에서 가능한 한 미국과의 직접적인 충돌을 우회하면서 점진적으로 미국과 차별적인 강국으로서의 역할과 글로벌 리더십을 확장해가고자 한다. 향후 중국이 아태 지역 공간에서부터 점진적으로 새로운 국제경제 질서를 구축해가려는 시도를 전개할 가능성을 시사하고 있다. 중국은 미국과의 지정학적 갈등을 우회하면서 점진적으로 지경학적 부상의 길을 모색하고자 하는 것이다.

'해양강국' 구상과 '일대일로—帶—路'

중국은 第18차 당대회에서 '해양강국 건설'을 국가발전전략 목표로 제시했다. 중국은 해양이 지속가능한 발전을 실현하는 중요한 공간이자 자원을 보장하는 곳으로 인민의 복지와 국가의 미래와 관련되어 있기 때문에 해양을 개발, 이용 및 보호하며 해양강국을 건설하는 것이 국가의 중요한 발전전략이라고 밝혔다. 해양 경제가 중국의 GDP에서 차지하는 비중이 급성장하고 있고, 중국의 해외시장 보호를 위해서는 해양강국으로의 전환이 필요하다고 주장하고 있다. 중국은 2013년 '일대일로—帶一路' 구상 발표(9월), 동중국해 방공식별구역 선포(11월), 남중국해에 인공섬 매립 개시(12월) 등 해양 진출 확대를 겨냥한 일련의 구체적인 조치들을 진행했다. 제19차 당대회에서는 '해양강국' 담론이 약화되었으며, 그 자리를 '일대일로'가 대체했다. '일대일로' 구상은 이례적으로 개정된 당장黨章에 포함됨으로써 향후 지속성을 갖고 추진해갈 중요한 장기 국가과제로 확실하게 자리매김하게 되었다. '일대일로' 구상은 해양강국 구상과 전략이 야기한 인접국들과의 영유권 분쟁, 미국과의 조기 해양 세력 대결 등 지정학적 경쟁과 안보딜레마를 우회하면서 해양으로의 진출을 활성화하는 대안으로 부각되었다. 즉 '일대일로'를 전면에 내세워 중국의 해양 진출이 '이익공동체', 나아가 운명공동체라는 공공재를 창출할 것임을 설득하는 지경학적 접근을 모색하고 있다.

글로벌 거버넌스 체제 개혁

중국은 역내 다양한 다자협력에 적극 참여하고 주도함으로써 지역 강국으로서의 주도권과 영향력을 확대하고 이를 발판으로 세계적 강국으로 도약하려는 전략을 전개하고 있다. 중국은 건국 이후 기존 국제질서의 이단아에서 주도국으로 극적인 변화를 이루었을 뿐만 아니라 기존 국제질서의 '불합리'와 '불공정'을 역설하면서 체제 개혁을 주장하고 있다. 중국은 제19차 당대회를 통해 "글로벌 거버넌스 체제 개혁과 건설에 적극적으로 참여하여 중국의 지혜와 역량을 제공할 것"이라고 밝혔다. 실제로 중국은 미국과의 군사영역에서의 충돌과 갈등은 우회하면서도 국제규범 및 제도 경쟁은 회피하지 않고 있다. 특히 중국은 국제경제, 금융

영역에서 아시아인프라투자은행AIIB과 신개발은행NDB의 창립, 역내 포괄적 경제동반자협정RECP 주도, '일대일로'를 적극적으로 추진하면서 글로벌 거버넌스 역량을 적극적으로 강화해가고 있으며 이를 통해 중국의 글로벌 리더십을 확보하고자 한다.

29

외교정책 결정과정

김흥규

 개혁개방 시기 중국은 점차 정책 결정에 있어서 집단지도체제의 성격을 강화했다. 이는 과거 마오쩌둥 시절 상명하달식의 일방적 정책 결정이 문화대혁명과 같이 헤아릴 수 없는 부작용을 양산했기 때문이다. 이런 결정의 또 다른 원인으로는 개혁개방 시기의 사안들이 고도로 복잡한 이해관계들과 얽히면서, 다양한 이해의 교환을 필요로 하며, 상호 의존적인 결정을 해야 하는 경우가 역시 늘어나고 있기 때문이었다. 동 시기에 새로운 정책에 대한 권력엘리트 간에 이견차가 상당하고, 비슷한 수준의 파벌들이 상호 견제 및 대립하는 경우가 많아 정치적 갈등을 완화하는 기제로도 작동했다.

 중국의 정책 결정에 가장 중요한 3대 조직은 당黨, 군軍, 정政이라 할 수 있다. 정부가 정책 결정을 주도하는 우리나라와는 다르다. 국내에서는 냉전의 유산으로 중국의 외교정책 결정을 일사불란한 상명하달식과 권위주의적인 방식으로 이해하려는 경향이 강했다. 중국의 3대 조직은 각기의 다른 이해관계를 지니면서 각기의 채널을 통해 정책 결정과 관련한 정보 및 정책건의를 수렴하고 상부에 제안한다. 한 조직이 정책 결정을 좌지우지할 수 없는 구조이다.

최근 중국의 정책 결정과정에 대한 새로운 연구들은 상명하달과 다원주의가 결합된 '중국식모델'을 제시하고 있다. 이 특징을 요약하자면, 우선 정책 결정과정에서는 반드시 협의 및 타협을 중시하는 경향이 강하지만, 일단 공식적인 결정이 이뤄지면 묵종과 집행을 요구한다. 그 결과 정책 결정과정의 속도와 효율성은 감소했지만, 정치적 안정성은 유지되었으며, 중앙외사영도소조中央外事領導小組나 각종 공작회의 등의 정책 조정·협의 조직의 역할이 강화되었다. 이러한 중국 특색에 점차 다원화, 제도화, 전문화의 방향이 결합되면서 정책 결정에 참여하는 수가 증가했음에도 그 과정은 이전보다 제도화 및 전문화되었고, 정책 결정의 불가측성이 감소되었다.

시진핑 시기에 들어 중국의 정책 결정과정은 형식적으로는 여전히 집단지도체제의 성격을 유지하고 있지만, 시진핑에게 권력이 집중되면서 실제로는 보다 권위주의적인 정책 결정이 이뤄지지 않는가 하는 우려가 증가하고 있다. 이는 정책 결정의 효율성과 집행의 신속성을 증가시키지만, 중장기적으로는 정치적 안정성에 부정적인 영향을 야기할 개연성도 커지고 있다고 평가할 수 있다.

정치국, 외사영도소조 그리고 싱크탱크

정책 결정의 최고 정점에는 정치국과 상무위원회가 존재한다. 정치국은 보통 한 달에 한 번 소집하기 때문에, 일상적으로 개최되는 소수의 상무위원회가 가장 중요하다. 한반도 관련 문제의 최종 결정 역시 마찬가지인데, 주요한 정책 결정은 이 정치국 상무위원회 내 협의와 합의를 바탕으로 이뤄진다. 정치국 상무위원들은 대체로 자신이 담당하는 영역의 조정기구인 '영도소조'의 조장 역할을 하고 있어, 실제 정책의 조정은 이러한 영도소조에서 이뤄지는 경우가 많다. 나머지 정치국 상무위원회 위원들 역시 각기 한 표를 행사할 수 있는 위치에 있지만, 일상에서는 각기 다른 역할을 맡고 있기 때문에 종종 이런 조정기구에서 제안한 정책 결정을 추인하는 역할을 한다. 그럼에도 상무위원들을 무시할 수 없는 것은 합의를 중시하는 중국 정책 결정과정의 특성상 한 개인이 비토권을 행사할 수 있기 때문이다. 다만, 시진핑 시기에 들어 주요 핵심 영도소조 대부분을 시진핑 자신이 관장하고 있어서 정책 결정이 집중되고 있다.

2010년 댜오위다오釣魚島(일본명 센카쿠 열도) 분쟁의 경우처럼, 정치국 상무위원들이 제각기 자신의 목소리를 낼 경우, 중국의 정책은 제대로 조율되지 않은 채 혼란스러운 모습을 보일 수 있는 구조적인 결함을 지닌다. 2002년 12월부터 당 중앙정치국 차원에서 매달 집체 학습을 통해 최고위급 지도자들 사이의 소통을 강화하고 외부 정보와 분석을 습득하고자 애쓰고 있는데, 이는 그러한 문제점을 극복하기 위한 노력의 일환으로 보인다.

기존에 중국의 외교 관련 정책 결정과정에서 가장 주목해야 하는 기관은 외사영도소조였다. 이 기구는 의견조정 및 종합적 건의를 담당하는데, 외부적으로 잘 드러나지 않기 때문에 종종 간과되기도 한다. 영도소조의 기본적인 역할은 최고지도부와 기능적인 관료부처들 간의 가교 역할이며, 의사소통과 이견조정 및 정책집행을 원활하게 하는 데 있다. 1980년대 외사영도소조의 조장은 본래 당의 2, 3인자가 담당했는데, 1996년부터는 격상되어 당 총서기가 그 조장을 맡게 되었고, 그 이후부터 시진핑 시기에 이르기까지 당 총서기가 외사영도소조의 조장을 맡고 있다. 국가안보나 주권 문제, 혹은 복합적인 성격의 사안은 각 개별단위에서 결정할 수 없기 때문에 중앙외사영도소조에서 당 최고지도자를 중심으로 하는 집단적인 토의와 조정을 거쳐 정책을 결정한다. 이러한 제도적 장치를 통해 부처 간의 이견을 해소하는데, 조정에 실패하였을 경우 총괄 업무를 맡고 있는 총서기가 최종 조율 및 조정을 시도하여 결론을 이끌어낸다. 그 결론은 대외적으로 만장일치 혹은 지도부의 단결된 결정으로서 공표되는 것이 일반적이다.

개혁개방 이후의 외교 사안들은 내용이 복잡해져서 전문적인 지식이나 경험이 없이는 정책 결정이 불가능해지는 경우가 늘어나고 있다. 이는 정책 결정에서 전문적인 지식과 경험을 가진 담당 부처나 싱크탱크의 역할이 점차 증대되었음을 의미한다. 기존의 대외정책과 외교를 전담하던 외교부, 상무부, 대외연락부, 국방부 등의 전통 부처들 외에도 경제, 에너지, 농업, 과학기술, 교육, 환경 등의 여러 부처들과 심지어는 지방정부들까지 대외정책 결정과정에 참여하고 있다. 동시에 관변 싱크탱크와 관변 기관 내 국제정치 전문가들의 역할과 정책 영향력도 의미 있게 증대되었으며, 민간 부문의 대외정책에 대한 투입기능도 점차 강화되었다. 특히 북한의 핵실험과 같은 중요 외교 사안이 발생하면, 이들 관변 싱크탱크의 정책제안을 먼저 청취하는 것이 이미 제도화된 것으로 보인다. 나아가 당정의 주요 지도자들이 은퇴한 후 관변 싱크탱크의 수장으로 가는 추세가 강화되고 있다. 이는 정책실무진과 관변 싱크탱크 간의 연계를 강화시키고, 동시에 관변 싱크탱크의 위상이 그만큼 중시되고 있음을 반증한다.

시진핑 시기의 추세

시진핑 시기에 들어서면서 대외정책 결정과정과 관련하여 이목을 끌었던 사안은 기존의 외사영도소조를 대체할 새로운 정책 결정 제도를 설립할지의 여부였다. 외사영도소조는 그 조정기능에도 불구하고 2010년의 댜오위다오(센카쿠 열도) 분쟁과 같이 외교안보적으로 중대한 시기에 제대로 작동하지 못한다는 비판이 있다. 따라서 시진핑은 집권 초기인 2014년 미국의 국가안전보장회의와 유사한 '국가안전위원회'를 설립했다. 물론 그 조장은 시진핑 자신이다. 이는 외교와 안보문제에다가 국내 안전문제까지도 총괄한다는 점이 특징적이다. 이 조직은 현재 당 중앙 판공청 및 시진핑 판공실과 긴밀히 공조하면서 일하고 있는 것으로 보인다. 다만, 그 구체적인 규모나 조직 내용은 아직도 공식화되고 있지 않다. 분명한 것은 이 기구로 인해 기존의 외사영도소조의 역할이나 중요성이 크게 축소된 것으로 보인다는 점이다. 한반도 문제를 포함한 주요 외교안보 사안들에 대한 정책 결정에 있어서 시진핑 판공실과 시진핑이 새로이 설립한 '국가안전위원회'의 역할이 큰 것으로 추정할 수 있다. 다만, 2018년 중국은 시진핑 시기 무력화된 '외사영도소조'를 '중앙외사공작위원회'로 개편하였다. 이는 '외사영도소조'를 보다 공식조직화하고 국가안전과 안보를 담당하는 '국가안전위원회'와 외교 업무를 담당하는 '중앙외사공작위원회'로 전문화하겠다는 의미이다. 현 상황에서 후자가 얼마나 적극적인 역할을 할 수 있을지는 미지수이나 점차 외교 업무에서 그 역할이 중요해질 것으로 보인다.

중국의 정책 결정에는 당, 정, 군은 물론이고 그에 소속한 싱크탱크, 그리고 민간 전문가들을 포함하여 과거보다 더 다양한 이해집단들이 참여하고 있다. 지도자들 간의 타협 및 합의를 중시하면서 전문화, 다원화, 제도화의 방향으로 진전하고 있는 것도 비교적 분명하다. 이러한 정치문화와 방향 속에서 최근 시진핑의 권력 집중 현상과 '국가안전위원회'와 같은 새로운 제도의 역할이 어떻게 조화를 이뤄나갈지가 과제로 떠오른다. 당장 형식적인 측면에서 정책 결정과정의 다양화와 전문화, 타협의 중시와 같은 흐름을 깨지는 않겠지만, 시진핑 권력의 강화가 조정과 타협 능력의 약화로 이어지면서 결국은 특정 시기에 특정 사안에 대해서 내부적인 갈등으로 나타날 개연성 역시 크다고 할 수 있다.

30

조직과 기구

이영학

공식 외교라인

중국의 외교를 담당하는 대표적인 조직은 외교부이다. 외교부는 국가(또는 정부)의 대외업무 주관 부처이지만 근래에는 외교정책을 집행하는 실무 부처로서의 역할에 그치면서, 외교정책 결정과정에서의 영향력은 상대적으로 약화되었다. 이는 외교부장의 당·정 내 지위 하락을 통해서도 확인할 수 있다. 과거 저우언라이周恩來 총리나 천이陳毅, 황화黃華, 첸치천錢其琛 부총리 등이 외교부장직을 겸직했으나, 1998년 첸치천 당시 국무원 부총리 겸 외교부장이 외교부장직을 탕자쉬안唐家璇에게 넘기고, 2003년 탕자쉬안과 리자오싱李肇星이 각각 외교담당 국무위원과 외교부장으로 임명된 이후부터는 두 직급의 분리가 제도화되었고, 실질적인 외교 분야의 실무사령탑은 외교담당 국무위원이 담당하게 되었다. 그러나 외교담당 국무위원 역시 외교부장과 마찬가지로 당내 지위가 정치국 위원에 진입하지 못하고 중앙위원에 그치면서, 중국의 공식 외교라인의 핵심 직위인 외교담당 국무위원과 외교부장의 정책 결정과정에 대한 영향력은 과거에 비해 상대적으로 하락했다. 한편, 2018년 3월에 개최된 13기 전국인민대표대회에서 왕이王毅 외교부장이 외교담당 국무위원에 선임되면서 외교부장직을 겸직하게 되었다. 향후 외교안보 공식라인으로서 왕이 국무위원의 존재감은 커질 것으로 보이지만, 왕이 국무위원의 당내 지위가 여전히 중앙위원에 불과하기 때문에, 정책 결정과정보다는 정책 집행 역할에 초점이 맞춰질 것으로 보인다. 다만 주요 이슈를 제외한 일반적인 외교 사안은 외교담당 국무위원 선에서 대부분 결정되는 것으로 알려져 있다.

중앙외사공작위원회와 중공 중앙대외연락부

중대한 외교사안의 정책 결정은 중앙외사공작위원회中央外事工作委員會 및 중국공산당 중앙정치국 상무위원회에서 이루어진다. 2018년 3월 21일 중공중앙은 '당 및 국가기구 개혁 심화 방안'을 발표하면서, 중앙외사공작영도소조를 중앙외사공작위원회로 개편했다. 중앙외사공작영도소조는 외교안보 분야의 최고위 정책협의 기구로서, 정치국 상무위원회의 전문성 부족을 보완하여 당, 정, 군 등 해당 부처장들과 관련 전문가들이 모여서 정책을 토론하고 협의했다. 그러나 비공식기구인 만큼 구성원, 역할, 이슈 등이 공개되지 않은 채, 국가주석과 부주석이 각각 조장과 부조장을 담당하고, 외교담당 국무위원이 판공실 주임을 담당하며, 외교부장, 중련부장, 국방부장, 공안부장, 국가안전부장, 상무부장, 인민해방군 부총참모장 등으로 구성하되, 이슈별로 참석자가 조정되는 것으로 알려져왔다. 이번 중앙외사공작위원회로의 개편은 외교안보 업무에 대한 당의 지도를 강화하면서, 주요 외교안보 이슈에 대한 협의뿐만 아니라 정책 결정기구로서 '공식화'하는 의미를 갖는 것으로 볼 수 있다. 현재까지 공개된 바에 의하면 주임과 부주임은 각각 시진핑 주석과 리커창 총리가 담당하고, 왕치산 부주석이 위원으로 참여하고 있다. 또한 해양권익 수호를 위해 조직되었던 중앙해양권익수호공작영도소조中央維護海洋權益工作領導小組도 해양 관련 부문을 외교·외사 업무와 함께 다루기 위해 중앙외사공작위원회에 통합하도록 했다. 이와 함께, 중앙외사공작위원회의 사무기구로서 중앙외사공작위원회 판공실을 설치하고, 양제츠 정치국 위원을 주임으로 임명했다. 양 주임은 향후 시 주석의 방침하에 주요 외교안보 이슈를 협의 및 조정하고, 외교부, 중련부 등 당·정의 외교안보 관련 보고서와 정책건의를 취합·보고하는 등 정책 결정과정에서 중요한 역할을 담당할 것으로 전망된다. 한편 중앙정치국 상무위원회는 최고위 대내외 정책 결정기구로서 중앙외사공작위원회에서 협의 및 결정한 주요 외교안보 이슈를 국가통치 차원에서 최종 결정 및 추인할 것으로 예상된다.

중국외교의 특징 중 하나는 '당' 차원의 대외관계 창구인 중공 중앙대외연락부(중련부)가 또 하나의 축을 담당하면서 외교부와 협력 및 경쟁 관계에 있다는 점이다. 중국은 당이 국가를 지배하는 '당-국가' 체제이기 때문에 사회주의권 국가들과의 외교관계는 당 대 당의 채널 중심으로 이루어져 왔고, 사회주의 국가 간의 당 대 당 교류는 실질적으로 국가 간 교류의 성격을 내포하고 있다. 중련부는 구소련, 동구권 등 사회주의 국가와의 관계에서 중요한 역할을 수행해왔으며, 북한과의 관계에 있어서도 중련부가 주도적 역할을 수행하고 있다. 현재는 사실상 모든 외국 정당과의 교류 업무를 관장하면서 정당외교의 핵심 축으로서 입지와 역할을 확대해가고 있다.

그 밖의 주요 조직과 기구

중국외교를 직접 관장하지는 않지만 중국의 대외관계와 정책 결정에 직·간접적으로 영향을 미치고 있는 기관으로 중국인민해방군, 상무부, 지방정부 등이 있다. 인민해방군은 1980~1990년대 이후 외교정책에 대

한 영향력이 축소되었지만, 근래 주변국과의 해양 영유권 분쟁 등 안보
및 국방 관련 사안에서 자신의 목소리를 내면서 영향력을 확대하고 있는
것으로 평가된다. 특히 군의 최고의사결정기구인 중앙군사위원회는 중
국 최고지도자(국가주석이 중앙군사위원회 주석 겸직)와 군부를 연결해주는
제도적 통로로서 기능한다. 상무부는 대외무역 등에서 중요한 행위자이
고, 국경지역과 연안지역을 중심으로 한 지방정부들은 해외투자와 FDI
증대 등 경제적 이익 등을 얻기 위해 대외관계에 관여하고 있다.

한편 중국외교의 정책 결정에 자문 역할을 수행하는 관방기구로서 전
국인민대표대회(전국인대) 외사위원회와 중국인민정치협상회의 전국위
원회(전국정협) 외사위원회가 있다. 전국인대 외사위원회는 대외관계와
관련된 법률, 국제규약, 양자조약 등을 심의하고 입법을 추진하며 의회
외교를 수행한다. 전국정협 외사위원회는 주로 핵심이슈에 대한 연구와

중국외교 4대 핵심 포스트

구분	(黨)중앙외사판공실 주임	(政)외교 실무사령탑	(政)외교부장	(黨)중련부장
1998~2003	류화추(劉華秋) 黨 중앙위원 (前 외교부 부부장)	첸치천 부총리 (黨 정치국위원)	탕자쉬안	다이빙궈(戴秉國) (1997~)
2003~2008	류화추	탕자쉬안 국무위원 (黨 중앙위원)	리자오싱(~2007) /양제츠(2007~)	왕자루이 (王家瑞)
2008~2013	다이빙궈 黨 중앙위원 (국무위원)	다이빙궈 국무위원 ※외판 주임 겸직	양제츠	왕자루이
2013~2018	양제츠 黨 중앙위원 (국무위원)	양제츠 국무위원 ※외판 주임 겸직	왕이	왕자루이
2018~	양제츠 黨 정치국 위원	왕이 국무위원 (黨 중앙위원)	왕이 ※국무위원 겸직	쑹타오(宋濤) (2015~)

자료: 필자 작성

국제정세 토론회 등을 통해 정책을 건의한다. 두 위원회의 인적 구성은 외교 경험이 풍부한 대사 출신이나 국제문제 전문가 및 학자 등으로 이루어져 있다.

중앙국가안전위원회

2013년 11월 개최된 중국공산당 18기 3중 전회에서 중앙국가안전위원회(이하 '국안위')의 설립이 결정된 데 이어서, 2014년 1월 중공 중앙정치국 회의에서는 국안위가 중공중앙의 국가안보 업무에 관한 정책 결정 및 의사 협조 기구로서, 중앙정치국 및 상무위원회에 대해 책임을 지고, 국가안보와 관련된 중요 사안을 다루어 나갈 것이라고 했다. 국안위의 주석은 시진핑 총서기가 담당하고, 부주석은 리커창, 장더장 정치국 상무위원이 담당하며, 사무기구인 판공실 주임은 리잔수 중앙판공청 주임이 겸직하도록 했다. 2014년 4월 시 주석은 국안위 1차 회의를 주재하면서 '총체적 국가안보관總體國家安全觀'을 제시했는데, 내부 안전과 외부 안보, 전통 안보와 비전통 안보, 자국의 안보와 공동 안보 등을 함께 중시해야 한다는 것이다. 이후 국안위 관련 내용이 거의 공개되지 않으면서, 중국의 실제 안보 사안에서 국안위가 어떤 역할을 했는지, 또한 기존의 중앙외사공작영도소조와 어떠한 관계에 있는지 등은 명확하지 않다. 한편, 2018년 3월 발표된 〈당 및 국가기구 개혁 심화 방안〉에서도 국안위가 언급되지 않았기 때문에, 향후 어떠한 역할을 담당하고 변화를 겪을지 지속해서 관찰할 필요가 있다.

중국과 국제기구

31

신종호

냉전 시기 중국은 국제기구 가입에 대해 소극적인 입장을 견지했으나, 1971년 유엔안전보장이사회 상임이사국 지위를 회복한 이후부터 국제기구와의 협력관계를 중시하기 시작했다. 특히 개혁개방 실시 및 미중수교(1979) 이후 중국은 국제기구에 보다 더 적극적으로 참여하기 시작했으며, 1982년 독립자주 외교정책 천명 이후에는 '적극적 참여자와 엄격한 집행자 이미지 창조' 및 '국제기구 참여를 통한 국제사회의 자금과 기술원조 획득' 등을 국제기구 가입의 전략적 목표로 설정했다.

국제기구 참여방식의 변화

탈냉전 이후 국제정세의 변화와 국가이익 범위의 확대 및 개혁개방 추진이라는 내재동력 등에 힘입어 중국의 국제기구 가입에 대한 인식과 참여방식에 큰 변화가 발생했다. 즉, 중국은 당시 국제사회가 제기했던 '중국위협론'에서 탈피하고 '책임 있는 강대국負責任的大國' 이미지를 창출하기 위해 적극적인 참여자로서의 역할을 중시하기 시작했고 이를 통해 더 많은 발언권과 국가이익을 확보할 수 있게 되었다.

첫째, 중국은 과거에 자신들을 제한하고 있다고 생각하던 국제기구나 조약에 참여하기 시작했다. 중국은 과거 "핵확산금지는 차별적인 것으로서 강대국이 자신들의 패권적인 지위를 유지하기 위하여 다른 국가들의 합법적이고 자위적인 수단으로서의 권리를 부정하는 것"이라고 인식했고, "중국의 안보에 직접적인 작용을 하지 않는다"는 이유를 들어 그와 같은 성격의 국제기구에 적극적으로 참여하지 않았다. 그러나 중국은 점차적으로 세계적 차원의 군비통제 및 군축기구는 물론이고 국제인권과 환경 및 글로벌 경제 등 영역의 국제기구에도 적극적으로 참여하기 시작했다.

둘째, 중국은 '비수익형' 국제기구에도 적극 참여하여 '책임대국'의 이미지를 수립하고 '중국위협론'을 불식시키고자 했다. 1990년대 소위 '중국붕괴론'이나 '중국위협론'이 횡행하던 시기에 중국은 국제기구를 이용하여 개방적이고 평화적이며, 예측가능하고 책임 있는 협력적 대국의 이미지를 수립하고자 노력했다. 예를 들어, 중국은 유엔평화유지군PKO 활동에 대하여 부정적인 입장을 견지해왔으나, 1990년 처음으로 유엔평화유지군 옵저버 자격을 획득한 이후 여러 차례에 걸쳐 유엔평화유지군 활동에 참여했고, 2002년부터는 정식으로 참여하기 시작했다.

셋째, 중국은 국제기구에서 '의제설정' 능력을 강화하기 시작했다. 중국은 과거의 '발표하지 않고, 발언도 하지 않고, 투표도 하지 않는' 행태에서 벗어나, 중국이 속한 지역차원의 국제기구에서는 제도 건설뿐만 아니라 주도적이고 적극적인 역할을 수행하고 있다. 중국이 상하이협력기구SCO를 창설하여 중앙아시아 국가들과 비전통안보위협에 공동대응하고, 북한 핵문제 해결을 위한 6자회담에서 적극적인 중재자 역할을 수행한 것 등이 대표적인 사례라고 할 수 있다.

강대국외교와 국제기구

2012년 말 출범한 시진핑 지도부는 '중국 특색의 대국외교'를 외교목표로 제시하고, 평화적 발전 기조를 유지하는 가운데 '신형국제관계' 건설과 '인류운명공동체' 구축을 강조하고 있다. 특히 중국은 점증하는 국력에 걸맞은 국제적 책임과 역할을 수행함과 동시에 미국과의 패권경쟁에 대비하기 위해서라도 국제기구를 적극 활용 중이다. 예를 들어, 남중국해 문제와 관련하여 미국이 중국에 대해 국제법 및 국제규범 준수를 요구하고 있는 상황에서 중국은 이에 대응하기 위해 지역다자무대(동아시아정상회의, APEC, AIIB 등)에서 '의제' 선점을 위해 노력하고 있다. 또한 중국은 2016년 아시아인프라투자은행AIIB을 설립하여 시진핑 지도부가 추진하고 있는 육상·해상실크로드 전략인 '일대일로' 구상을 지원함과 동시에 글로벌 다자외교의 확대 및 미국주도의 국제질서에 도전이라는 전략적 목표를 분명히 했다.

특히 중국은 국제적인 갈등이나 충돌 발생 시에 가장 먼저 유엔 헌장과 국제법 원칙의 준수를 주장함으로써 유엔 안보리 상임이사국 지위를 충분히 활용하고 강대국으로서 국제적 책임을 적극적으로 수용하려는 자세를 보이고 있다. 중국은 유엔의 권위와 지위를 확고히 수호하고, 응분의 국제적 의무와 책임을 적극 이행하며, 글로벌 기후변화 대처에 대한 약속을 지키고자 노력하는 등 줄곧 세계평화의 건설자이자 국제질서의 수호자가 될 것을 강조한다.

32

경제외교

신종호

경제외교Economic Diplomacy란 경제적 수단을 통해 대외전략 목표를 실현하고 국가 경제이익을 보호하기 위한 외교활동이다. 여기에는 국제기구 가입을 통해 대외무역을 확대하고, 외국기술과 자본을 들여오며, 개발도상국에 대한 경제기술원조 제공을 통해 국제무대에서의 발언권을 확대하는 것 등이 포함된다.

중국의 대외전략 목표와 경제외교

냉전 시기 중국의 대외관계에서 정치·안보이익이 경제이익보다 우선시 되었으나, 개혁개방의 추진 및 미소 냉전의 종결 등을 거치면서 국가 경제이익이 대외전략에서 차지하는 비중은 갈수록 증대되었다. 중국의 경제외교는 1980년대 중국의 개혁개방과 탈냉전이라는 시대적인 배경하에서 추진되기 시작했고, 21세기 세계화의 진전과 중국경제의 급속한 발전 과정을 통해 활성화되었다. 2001년 세계무역기구WTO 가입 및 2002년 후진타오 체제의 등장 이후 중국지도부는 국가발전전략 차원에서 경제외교의 확대 및 강화를 주창했다. 즉, 국가경제이익의 추구라는 경제외교 본연의 목표 이외에도 '중국위협론' 불식과 국제무대에서의 영향력 확대 등과 같은 총체적인 대외전략 목표 달성을 위해 경제외교를 본격적으로 추진했다. 2004년 8월 제9차 해외주재 외교사절 회의에서 후진타오 국가주석은 "경제외교와 문화외교를 강화하고, 도입引進來과 진출走出去 전략을 결합한 대외개방전략을 실시하며, 대외선전과 문화교류를 한 단계 강화해야 한다"고 강조했다. 원자바오溫家宝 총리는 2005년 〈정부업무보고〉에서 '경제외교'라는 용어를 공식적으로 사용했고, 2007년 〈제17차 당대회 보고〉에서는 "경제외교가 전체 중국외교 업무의 중요한 구성부분이며 반드시 성과와 의미를 내야 한다"고 강조했다. 이처럼 중국의 경제외교는 국가경제이익을 위한 우호적인 외부환경 조성을 기본입장으로 설정하고, 경제외교 활동을 통해 총체적인 외교정책 목표를 실현하는 것을 실천방향으로 삼아왔다.

글로벌 금융위기 이후 경제외교

글로벌 금융위기 이전 중국의 경제외교는 자국의 경제발전을 위한 평화로운 주변 환경 조성, 세계화와 상호의존 심화에 대한 적응 및 국가경쟁력 강화, '중국위협론' 불식 등을 목표로 하여 중국이 처한 국제환경에 따라 선택적으로 참여하는 '유소작위有所作爲'적인 경제외교 형태를 보여주었다. 하지만 2008년 미국 발 글로벌 금융위기 이후 중국의 경제외교는 새롭게 변화하고 있다. 즉, 중국은 지역적·세계적 차원에서 자국이 처한 상황에 어울리게順勢而爲 주도적이고 적극적인 경제외교를 펼치고 있다. 이는 2008년 글로벌 금융위기 이후 '중국역할론' 증대에 따라 중국의 국제적 위상과 영향력이 제고되었으며, 중국지도부 역시 현 상황을 중국이 명실상부한 'G2'로 자리매김할 수 있는 '전략적 기회기戰略機遇期'로 인식하고 있음을 보여준다.

중국 특색 대국외교와 경제외교

2012년 제18차 당대회 이후 중국 경제외교는 '중국의 목소리'를 조금 더 많이 내기 시작했고, 2017년 제19차 당대회에서 시진핑 2기 지도부가 '중국 특색의 대국외교'를 대외정책 목표로 제시하면서부터 '중국 특색'을 본격적으로 보여주고 있다. 2013년 이후 '일대일로' 전략구상 발표, 아시아인프라투자은행AIIB 설립 주도 및 영국 등 서방국가들의 가입 성공, 한중 FTA 및 중-호주 FTA 체결 등이 대표적인 경제외교 사례이다. 특히 '일대일로' 전략구상은 시진핑 시기 중국 경제외교의 핵심으로서, 무역과 투자자유화를 촉진하여 경제세계화 추세를 '개방, 포용, 공평, 공영'의 방향으로 추진할 것임을 천명함으로써, 트럼프 행정부 출범 이후 미국의 보호무역주의 경향을 비판함과 동시에 중국의 글로벌 영향력을 확대하고자 하는 의도를 표출했다.

공공외교

33

유상철

공공외교公共外交(public diplomacy)는 21세기 외교의 한 추세이다. 2011년에 발생한 9·11 테러 이후 국제사회는 하드파워에 의존한 외교의 한계를 절감하고 대신 소프트파워를 활용한 외교에 보다 많은 관심을 갖게 되었다. 공공외교는 문화와 매력 등 소프트파워를 이용해 상대국 국민의 마음을 사는 외교이다. 한 나라의 정부가 타국 국민을 대상으로, 또는 한 나라의 민간이 타국 정부와 민간을 대상으로 전개한다. 공공외교는 세계적으로도 지구촌이 하나가 되는 글로벌화, 인터넷의 발달에 따른 정보화, 시민 사회의 역량 강화 등과 같은 변화를 배경으로 점차 각국 외교의 중요한 요소가 되고 있다. 정부 간 거래에 치중하는 전통외교와 달리 공공외교는 외교의 영역을 민간에까지 확대시켰다. 공공외교는 진실에 기초한다는 점에서 거짓 내용도 동원하는 선전宣傳(propaganda)과 구별된다.

중국에서는 2008년 베이징 올림픽을 거치며 공공외교에 대한 관심이 폭발적으로 높아졌다. 2008년 봄, 중국은 올림픽 개최를 앞두고 세계 각지를 도는 성화 봉송 행사를 가졌으나 세계 곳곳에서, 특히 유럽에서 커다란 반反중국 시위에 부딪혔다. TV를 통해 이를 지켜본 중국의 충격은 컸다. 2009년 7월 후진타오 국가주석은 공공외교의 강화를 지시했고 이를 계기로 중국 내 공공외교 연구 및 실천 바람이 불었다.

2009년 10월에 공공외교를 전문적으로 연구하는 차하얼察哈爾학회가 탄생했고, 동년 11월에 중국외교부 내 공중외교처가 외교부 신문사司 내 공공외교판공실로 한 단계 올라섰다가 2012년 8월에는 신문사에서 독립해 외교부 공공외교판공실로 격상되었다. 2010년 봄에는 전국인민정치협상회의에서 공공외교를 전문적으로 다루는 《공공외교통신》을 창간했고, 동년 8월에는 베이징외국어대학 국제관계학원에 '공공외교연구센터'가 설립되었다. 또 2012년 말, 중국공공외교협회가 성립된 데 이어 지방정부 차원의 공공외교협회도 생겨나 현재 상하이, 톈진 등 전국에 20여 곳의 공공외교협회가 포진해 있다.

중국 공공외교의 목표와 형태

중국 공공외교의 목표는 크게 두 가지다. 하나는 방어적 측면으로, 국제적으로 유행하는 '중국위협론'을 불식하는 것이다. 중국의 부상이 다른 국가의 희생을 대가로 하지 않는다는 점을 강조한다. 다른 하나는 공격적인 측면으로, 중국이 세계 '문명의 스승文明之師'으로 존경받을 수 있도록 하는 것이다. '중국문화는 매력이 있고, 중국의 의도는 선하다'는 점을 강조하면서, 중국도 미국이 제시하는 인권 등의 가치관에 해당하는 보편적 가치관을 내세우고자 애쓴다. 중국은 현재 그런 가치관을 유가儒家의 가르침에서 찾고 있다. 화和나 인仁의 강조 등이 그런 예다.

이 같은 목표 달성을 위해 중국은 현재 크게 세 가지의 공공외교 행태를 보이고 있다. 첫 번째는 정부가 직접 나서는 홍보외교이다. 여기에는 중국지도자가 외국 국민과의 접촉에 나서는 정상을 통한 홍보, '중국문화의 해' 설정 등과 같은 뉴스 의제를 만드는 활동, 외국 회사에 홍보를 맡기는 위탁외교 등이 포함된다. 시진핑 국가주석이 해외 방문 시 해당 국가의 주요 언론에 기고를 하는 것이 좋은 예다. 두 번째는 미디어외교이다. 중국 내 내외신 기자회견 개최나 중국국제라디오방송CRI을 통한 대외 방송, 중국 언론과 해외 매체 간의 협력 활동 등이 포함된다. 세 번째는 인문人文외교다. 중국이 세계 각국에 세우고 있는 공자학원孔子學院이 대표적인 예다. 대학이나 싱크탱크 간의 교류, 문화교류 등도 모두 여기에 속한다. 시진핑 시대 중국의 공공외교는 '중국 스토리를 말하고, 중국 목소리를 전하며, 세계가 중국을 더 잘 이해하도록 한다'는 목표에 집중하고 있다.

역사가 길지 않은 중국의 공공외교는 적지 않은 문제점을 안고 있다. 선전에 가깝고 상대국 국민의 눈높이에 맞추려는 노력이 부족하다는 이야기를 듣는다. 사회주의라는 체제 자체가 갖는 한계도 있다. 일당전제에 따른 언론자유 제한 등의 이미지가 그것이다. 그러나 중국은 공공외교에 대해 많은 자산을 갖고 있어 그 미래는 밝아 보인다. 수천 년 역사를 거치며 축적된 풍부한 문화유산과 경제적 성공에서 비롯된 현대적 자산, 그리고 세계 어느 나라도 따라가기 힘든 방대한 인적 자산 등은 중국 공공외교의 성공 가능성을 높여주고 있다.

공자학원

중국의 대표적인 공공외교 사례로 간주되는 '공자학원'은 교육부 산하의 사업단위인 '국가한반國家漢辦'에서 주관하고 있다. '한반'은 본래 '국가한어국제추진영도소조國家漢語國際推進領導小組'가 대외 한어 교습과 관련된 일상적 업무를 처리하기 위해 설치했던 판공실로서, 주된 업무는 중국어의 국제적인 보급과 여러 교육기구에서 진행되는 중국어 교습을 지원하는 것이었다. 그러나 공자학원 사업이 국가 차원에서 추진되면서, 그 설립과 관리가 '한반'의 핵심적인 업무가 되었다. 공자학원은 현재 중국어를 가르치고 중국과 해외 각국 간의 문화교류를 촉진하는 것을 양대 업무로 하고 있다. 2016년 말을 기준으로 전 세계 140개 국가에 511개의 공자학원이 설립되었으며 이보다 규모가 작은 공자학당은 1,073개에 달한다. 중국어를 가르치는 교사만 4만 6,000여 명에 달하며 약 210만여 명의 학생들이 수업을 받고 있다. 공자학원이 주최하는 각종 문화 행사에 참여하는 세계 각국의 학생들은 연 1,300만 명을 헤아린다.

중국과 미국

34

서정경

    국가 간 '힘'의 역학관계로 국제정치를 바라보는 현실주의 관점에 따르면, 오늘날 국제정치를 규정하는 핵심 요인은 기존 패권국 미국과 신흥 강대국 중국 간의 양자관계이다. 수교 이후 오늘날에 이르기까지, 특히 소련 붕괴 이후 중국은 미국을 자국 안보와 발전에 가장 큰 영향력을 가진 국가로 간주하고 대미정책에 집중해왔다. 국제사회에서 G2로 명명될 만큼 부상한 중국은 미국에게 '신형대국관계新型大國關係(새로운 강대국 관계)'를 요구하고 현 국제질서에서 드러난 미국의 한계를 공략하면서 기존의 미국 중심적 국제 정치경제 질서에 새로운 변화를 초래하고 있다.

미중 관계의 역사

    중국은 신중국 건국 바로 다음해에 미국과 한반도에서 무력충돌했고, 냉전 시기 미국과 이데올로기 대립을 겪었다. 1960년대 분쟁 이후 1970년대 데탕트에 편승하여 중국은 미국과 1979년 전격 수교했으며, 이와 동시에 덩샤오핑은 전면적인 개혁개방 노선을 추진하며 서구 중심적 국제사회에 참여하게 되었다.

소련붕괴 이후 자국에 대항할 잠재적 적국 중 하나로 중국을 꼽은 미국은 한편으로는 중국의 경제성장을 촉진하고 미국 중심적 국제사회에 안착시키기 위한 개입engagement & enlargement 노선을 표방하면서, 다른 한편으로는 사회주의 중국의 급속한 성장을 경계했다. 1990년대 중반 미국과 일본이 주도적으로 제기한 "중국위협론"이 자국의 안정적 성장을 저해한다고 여긴 중국은 "평화부상론"을 제창하며 미중 관계 구도를 안정화시키고자 했다.

미중 관계의 역사를 보면, 주로 미국이 중국의 인권문제와 최혜국MFN 대우 연계, 대만문제, 무역불균형, 인민폐 환율 등 중국에 공세를 가하면 이에 대해 중국이 방어하는 패턴이 반복돼왔다. 미국 중심적 국제질서 속에서 중국이 도광양회韜光養晦하며 국력을 키워온 것이다. 그러던 중국이 시진핑 시기 들어 처음으로 자국의 핵심이익 인정을 요구하는 '신형 대국관계'를 미국에 주도적으로 제시했다. 이는 물론 중국의 국력 성장이 뒷받침되기에 가능한 것이며, 특히 시진핑 시기 '두 개의 백 년'을 통한 '중화민족의 위대한 부흥'이라는 장기적 비전 속에서 이뤄진 것이다. 2008년 세계금융위기를 통해 미국의 한계를 체감한 중국은 미국과의 관계에서 보다 주도적이고 당당한 입장을 표출하기 시작했다.

중국의 부상과 미중 간 지정학적 경쟁

지역 강국을 넘어 세계 강국을 지향하는 중국의 적극적이고 가시적인 움직임이 전개되면서 유라시아를 둘러싼 중국과 미국 간 지정학적 경쟁 국면이 재현되고 있다. 미국의 신新실크로드 계획과 아시아 재균형 정책은 중앙아시아, 남아시아에 대한 자국의 기존 영향력을 복구하고 중국과 러시아를 견제하려는 것이었다. 오바마 정부는 일본을 중심으로 전 세계 동맹구도를 강화했으며, 동남아 국가와 태평양 연안국들까지 참여하는 환태평양경제동반자협정TPP를 체결하며 중국을 견제했다. 중국 역시 주변국 특히 러시아와의 관계를 강화하고, 상하이협력기구를 통해 주변지역을 대상으로 안보협력구도를 형성했으며, 지정학적 요충지인 남중국해에 대한 영향력을 강화하면서 미국의 재균형 정책에 대응했다. 특히 주변외교를 강대국외교와 비슷한 수준으로 격상시키며 주변을 자신의 전략적 교두보로 만들려는 의도를 보여왔다. 이 외에도 '일대일로', AIIB, 항저우 G20 회의, APEC 정상회담 등 국제회의를 자국에서 개최하고, 기후변화 협약에서 전향적인 자세를 선보이면서 국제사회에서의 위상을 높였다. 이는 트럼프 시기 TPP와 기후변화협약에서 탈퇴하고 보호무역주의로 기우는 미국 그리고 유럽연맹에서 탈퇴한 영국 등 다른 서구 선진국과 대비되는 모습으로 비쳐졌다. 현재 중국은 스스로를 자유무역의 제창자이자 선도자로 규정하고 국제적 저성장시기 전 세계 GDP 성장에 실제 기여하는 국가의 이미지와 영향력을 강화시키려 노력하고 있다.

트럼프 시대의 미중 관계 전망

트럼프 행정부의 신국가안보전략NSS은 중국을 미국의 가치와 이익과는 상반되는 세계를 만들려는 수정주의 국가로 규정했다. 미국은 또한 중국의 잠재적 경쟁자인 인도를 견인하기 위해 인도-태평양 지역 구상을 검토하고 있다. 이런 미국을 상대로 자국의 스케줄대로 2050년까지 강대국의 반열에 들어가려는 "중국몽中國夢"을 실현하려는 중국의 외교가 시험대에 올랐다. 중국의 국력 성장을 이끈 개혁개방은 미국과의 관계 정상화와 동시에 시작된 것이었고, 개혁개방의 찬란한 성과는 미국 중심적 국제질서로의 안착이 있었기에 가능한 것이었음을 중국은 잘 알고 있다. 따라서 중국은 오늘날에 이르기까지 줄곧 미국과의 직접적 충돌이나 대항을 가능한 우회해왔고, 미국을 위시한 서구 중심적 국제사회 속에서 국력을 증대해왔다. 시진핑 2기 정부는 강대국화를 지속 추진하는 가운데 필요시 미국과 기 싸움을 벌이겠지만, 불필요한 마찰공간은 최대한 줄이고, 종국적으로 안정된 대미관계를 유지하는 데 주력할 것이다. 하지만 미국이 자국의 핵심이익을 건드릴 경우 강경하게 대응할 것이며, 그 어느 때보다도 높아진 대중들의 기대수준과 강경여론도 정부 정책의 유연성으로 제약할 수 있다. 아울러 한계를 드러낸 국제질서의 틈새를 비집고 자신의 규범과 가치를 확대해나갈 것이기에 국제사회의 제도·규범·표준을 둘러싼 미중 간 경쟁은 향후 더욱 심화될 것으로 전망된다.

35

중국와 일본

허재철

1950~1960년대: 민간 중심의 경제교류

1949년 10월, 마오쩌둥이 이끄는 공산당은 장제스蔣介石의 국민당을 대만으로 몰아내고 대륙에 중화인민공화국을 수립했다. 당시 홍콩을 지배하고 있던 영국은 대륙의 공산당 정권을 승인한 반면, 미국은 공산당 정권을 승인하지 않은 채 국민당의 중화민국을 중국의 유일한 합법 정부로 인정했다. 이렇게 중국의 대표권에 대해 서방진영 내에서도 의견이 나뉘는 가운데, 일본은 미국의 압력 아래 1952년에 국민당의 중화민국과 '일화평화조약日華平和条約'을 체결하며 전후 처리를 모색했다. 이후, 1972년 일본과 대륙의 공산정권 사이에 국교정상화가 이뤄지기까지 20여 년간, 일본은 이 조약을 근거로 국민당 정부를 중국의 유일한 합법적 정부로서 승인했다.

하지만 일본은 '정경政經분리'의 정책 아래 공산당의 중화인민공화국과도 민간 경제교류를 추진했는데, 대륙의 공산당 정권도 이에 호응하여 양측은 국교가 없는 가운데 민간 영역을 중심으로 교류를 이어갔다. 특히, 대륙의 공산당 정권은 대약진 운동의 실패에 따른 경제난과 1960년대 소련과의 관계 악화에 따라 민간의 경제영역을 중심으로 일본과의 교류를 추진할 필요성이 있었다. 그러나 대륙과 대만 사이의 대립으로 인해 일본의 '두 개의 중국' 정책은 순조로울 수 없었고, 베트남 전쟁 발발과 문화대혁명 등 국내외 요인으로 인해 중일 관계는 민간 차원의 경제 교류마저 그 동력을 점차 상실해갔다.

1970~1980년대: 중일 관계의 밀월기

1970년대에 들어서면서 일본과 중국 대륙, 그리고 일본과 대만 사이의 관계에 중대한 변화가 발생했다. 이러한 변화를 초래한 것은 1971년의 닉슨 쇼크였다. 당시 미국과 중국은 소련이라는 공동의 적에 대응하기 위해 관계 발전을 모색했는데, 이것이 중국 대륙과 일본 사이의 관계 발전에도 중요한 동력으로 작용했다. 양국은 1972년 9월 베이징에서 다나카 가쿠에이田中角榮 수상과 저우언라이 총리의 서명에 의해 '중일공동성명'을 채택했고, 이로써 양국의 국교도 정상화됐다. 하지만 이 때문에 일본과 대만 사이에 체결된 '일화평화조약'은 파기될 수밖에 없었고, 양측의 외교관계도 단절되고 말았다.

한편, 양국의 국교가 정상화되고 6년이 지난 1978년 8월에는 '중일평화우호조약'이 조인됐다. 이를 통해 양국은 최고입법기관의 정식 심의와 표결, 비준 절차를 걸쳐 최종적으로 중일 국교 수립을 완성했다. 이어 동년 10월 중국의 덩샤오핑 부총리는 평화우호조약 교환 의식에 참석하기 위해 일본을 방문했는데, 이는 중화인민공화국 건국 이후 국가지도자가 처음으로 일본을 방문한 사건이었다.

1978년 중국 대륙이 채택한 개혁개방 노선은 중일 관계의 발전에 중요한 토대가 됐다. 경제건설을 중심으로 국가 발전을 모색하려던 중국에 있어 이미 현대화를 이룬 일본은 중요한 학습의 대상이었고, 동시에 각종 원조와 투자 및 기술 이전을 받을 수 있는 존재였기 때문이다. 대외의 존형인 일본 경제에 있어서도 중국은 중요한 원료, 자원의 공급처이자 상품 시장이 될 수 있었기에 중국과의 관계발전은 매우 중요한 사안이었다. 물론 이 기간 양국 사이에 문제가 없었던 것은 아니지만, 1970년대와 1980년대는 양국이 가장 밀접했던 시기로 이른바 '밀월기'로 평가된다.

1990년대 중반~2000년대 중반: 중일 관계의 마찰기

1993년 이후, 다양한 환경 변화가 중일 관계에 부정적인 영향을 끼치면서 양국관계는 기존의 밀월기에서 후퇴하게 됐다. 여기에는 역사교과서 문제와 리덩후이李登輝의 방일, 고이즈미 준이치로小泉純一郎 총리의 야스쿠니 신사 참배 등이 부정적인 요인으로 작용했다. 그러나 1990년대 중반에서 2000년대 중반까지 중일 관계가 큰 변화를 겪게 된 데에는 보다 근본적인 요인이 있었다.

첫째, 국제관계의 관점에서 보면 냉전구도가 해체되고 소련이 붕괴되면서 '소련 견제'라는 양국의 전략적 공유점이 사라진 것을 들 수 있다. 둘째, 냉전 종식 후 일본 사회가 전체적으로 보수화·우경화로 나아가고, 특히 정치권의 세대교체로 등장한 정치 신인들의 대중對中 인식이 중일 관계에 부정적 요인으로 작용했다. 셋째, 경제 분야에서 중국의 부상과 일본의 장기 침체에 따른 상호 인식의 변화를 지적할 수 있다. 양국의 국력 변화는 양국 국민의 심리적인 면에도 커다란 영향을 끼쳐, 일본인들의 자신감 상실과 초조함, 그리고 중국인들의 자부심 상승 및 자만심이 중일 양국관계에 부정적 요인으로 작용했다.

2000년대 중반~현재: 중일 관계의 전략적 대치기

야스쿠니 신사 참배 등으로 중일 관계의 악화를 초래했던 고이즈미 수상이 물러나고, 2006년 10월 아베 신조安倍晋三 내각이 출범하면서 관계

개선의 움직임이 일어났다. 양국 고위층의 빈번한 왕래 등 관계 개선을 위한 노력이 이어지면서 2008년 5월 후진타오 국가주석이 10년 만에 국가원수로서 다시 일본을 방문했고, 이를 통해 중일 양국은 '전략적 호혜관계의 포괄적 추진에 관한 중일공동성명'을 채택했다.

하지만 양국의 이러한 노력에도 불구하고, 중국의 부상과 이를 견제하려는 미국 사이에 만들어진 소위 'G2 시대'라는 국제질서는 중일 관계의 발전에 커다란 걸림돌이 되었다. 1970년대 중일 관계 정상화가 미중 사이의 관계 개선으로부터 동력을 얻어 추진된 반면, 2000년 중반 이후의 중일 관계는 미중 사이의 전략적 갈등으로부터 부정적 영향을 받고 있다. 이와 함께, 2010년에 중국의 국내총생산이 일본을 제치고 세계 2위로 올라선 것은 일본에 있어서 상당한 충격이었고, 댜오위다오(센카쿠 열도)를 둘러싼 영토 분쟁과 중국의 적극적인 해양 진출 등은 양국이 서로를 전략적으로 새롭게 인식하는 데 결정적인 역할을 했다. 또한 민족주의 색채가 농후한 시진핑 주석과 우익 성향의 아베 수상이 집권하면서 양국 갈등은 더욱 첨예하고 장기적인 양상으로 이어지게 됐다.

이런 가운데, 2018년 '중일평화우호조약' 체결 40주년을 맞아, 양국은 다양한 국내외 요인을 배경으로 관계 개선을 위한 행보를 보이고 있다. 하지만 양국 사이에 형성된 전략적 불신과 민감한 현안을 고려하면 양국 관계의 신속한 개선은 쉽지 않아 보인다.

36

중국과 러시아

박창희

역사적으로 중국과 러시아의 관계는 유라시아 지정학의 성격을 규정하고, 나아가 세계질서를 결정하는 요인으로 작용했다. 냉전기 중국과 러시아는 동맹국이었음에도 불구하고 이념적 노선을 달리하면서 1969년 국경분쟁을 치르는 등 관계가 순탄치만은 않았다. 그럼에도 탈냉전 시기 중러 양국은 미국의 패권을 견제하기 위해 긴밀히 협력하고 있으며 400년에 걸친 역사를 통틀어 가장 우호적인 관계를 유지하고 있다.

중러 관계의 기원과 전개

중러 관계는 17세기 초 러시아가 동진정책을 추진하여 시베리아로 진출하면서 처음으로 시작되었다. 바이칼 호수를 넘어 태평양에 도달한 러시아인들이 청나라가 지배하고 있던 아무르강 유역의 알바진을 자신들의 요새로 만들고 인근 만주족을 약탈했다. 이에 청나라가 러시아 군대와 싸워 알바진을 탈환하면서 1689년 양국 간 국경을 확정 짓는 네르친스크조약을 체결했다.

1842년 아편전쟁 이후 근대의 양국관계는 혼돈의 시대였다. 중국은 서구의 침탈에 대응하기 위해 러시아와 반제국주의 전선을 구축하려 했으며, 러시아는 중국과의 제휴를 통해 열강들을 견제하고 영향력을 확대하고자 했다. 이 과정에서 러시아는 기회주의적으로 개입하여 중국에 대한 이권을 강화했고, 일제의 패망 후에는 중국공산당이 국민당과의 내전에서 승리하고 중국대륙을 공산화하는 데 기여했다.

중소 동맹의 형성과 관계 악화

1950년 2월 14일 중국과 러시아는 동맹조약을 체결했다. 1949년 10월 1일 중화인민공화국을 수립한 마오쩌둥은 반미·반제국주의 노선을 분명히 하고, 소련의 도움을 받아 외교·경제·군사적으로 취약한 중국을 다시 일으켜 세우고자 했다. 스탈린은 냉전이 심화되는 상황에서 중국과의 동맹 관계 체결을 통해 미국과의 전략적 경쟁에 대비하고자 했다. 중소 동맹 체결은 스탈린이 김일성의 남침을 승인하는 데에도 큰 영향을 준 것으로 추정된다.

그러나 중소 관계는 1953년 스탈린 사망 후 등장한 흐루시초프가 스탈린 격하운동과 서구와의 평화공존론을 주장하면서 악화되기 시작했다. 마오쩌둥은 흐루시초프의 노선이 자신의 국내정치 권력을 위협함은 물론, 미국과의 평화공존 방침이 대만문제 등 중국의 국익을 저해할 것으로 보고 반발했다. 양국관계가 악화되면서 중소 양국은 1969년 우수리강의 전바오다오珍寶島에서 군사적으로 충돌했다. 소련으로부터 위협을 느낀 중국은 미국과 관계를 개선하고 1979년 1월 1일 외교관계를 수립했다.

중소 관계 발전 및 전망

1980년대 초 미국의 레이건 대통령이 반공정책을 강화하자 중국은 독자적 외교노선을 추구하여 소련과의 관계 개선을 모색했다. 1982년 양국관계 정상화를 위한 중소 협상이 시작되었고, 이는 고르바초프가 등장한 이후 진척이 이루어져 1989년 결실을 볼 수 있었다.

1991년 말 소련이 붕괴하고 러시아가 뒤를 이었지만 양국관계는 미국의 패권을 공동으로 저지해야 한다는 공감대가 형성됨으로써 발전할 수 있었다. 중국과 소련은 1996년 다극화된 국제질서를 구축하는 것을 골자로 전략적 동반자관계에 합의했으며, 2001년에는 미국의 유일패권을 견제할 목적으로 선린우호협력조약을 체결했다. 2004년에는 양국의 관계 발전을 저해했던 영토문제를 완전히 해소했다. 그리고 최근에는 중러 연합훈련을 강화하며 그 어느 때보다 긴밀한 군사협력을 이어나가고 있다.

향후 중러 관계는 더욱 발전할 것으로 전망된다. 중국은 미일 동맹을 주요 위협으로 간주하고 있고, 러시아는 국제적으로 서구의 간섭과 제재를 극복해야 하기 때문이다. 무엇보다 북핵, 영토분쟁, 국제테러, 시리아, 우크라이나 등 글로벌 안보이슈를 둘러싼 미국과의 갈등은 양국의 협력을 촉진하는 요인으로 작용할 것이다.

37

중국과 EU

서정경

유럽 28개국이 회원국인 EU와 중국은 서로 다른 배경과 문화적 차이에도 불구하고 상호 경제 보완성을 기초로 비교적 순조로운 관계 발전을 이어왔다. 하지만 21세기 중국의 부상과 유럽의 상대적 경기침체는 양자 관계의 구조적 변화를 초래했으며, 오늘날 중국-EU 관계는 새로운 도전과 기회를 맞이하고 있다.

중-EU 관계의 역사

냉전 시기 중국은 서유럽 국가들과 극심한 상호 불신 및 이데올로기 대립을 겪었다. 이후 전 세계적 데탕트 분위기 속에서 중국은 1975년 5월 유럽경제공동체(EU의 전신)와 첫 외교관계를 맺었다. 1978년 덩샤오핑의 개혁개방 노선 이후 양자는 1983년 수교하여 관계를 정상화했으나, 1989년 톈안먼 사건으로 유럽 각국이 중국을 제재하면서 관계가 후퇴했다. 하지만 탈냉전 시기를 맞아 양자는 21세기를 지향하고 장기적으로 안정된 건설적 파트너 관계를 맺는 데 다시 합의했다. 경제의 상호 보완성을 기초로 국익을 추구하는 가운데 2001년 양자 간 전면적 파트너 관계는 2003년 전면적인 전략 파트너 관계로 격상되었다. 2008년 달라이 라마 이슈로 한때 양자관계가 타격을 입었으나 세계화 추세 속에서 2013년 양자는 〈중-EU 협력 2020 전략 계획〉을 발표하며 '평화, 성장, 개혁, 문명'의 4대 파트너 관계라는 장기적 목표에 합의했다. 중국과 EU 간 매년 정기회담은 1998년 첫 개최 이래 오늘날 양자 간 최고위급 대화 메커니즘으로 자리 잡았다. 현재 중국과 EU 간에는 정치, 경제, 인문, 과학, 에너지, 환경 분야 등에서 약 70개에 달하는 대화 메커니즘이 조성돼 있다.

중-EU 경제무역 관계

EU는 전 세계에서 가장 큰 경제 주체이며, 중국은 전 세계에서 가장 큰 개도국이자 세계 2위의 경제대국이다. 오늘날 EU는 중국의 가장 큰 무역 파트너로서 중국의 최대 수입원이자 두 번째 수출시장이다. 중국은 EU의 두 번째 무역 파트너이자 최대 수입국 겸 두 번째 수출 시장이다. EU 국가 중 독일, 네덜란드, 프랑스, 이탈리아 등이 중국의 주요 무역 대상국이며 그중 독일이 유럽 최대의 무역 파트너이다.

경제무역 외에도 양자는 에너지, 과학기술, 기후변화, 도시화, 그리고 교육 및 미래세대 분야에서 협력을 추진해왔다. 유럽은 중국의 최대 기술 수입지로서 중국외교부의 자료(中國同歐盟的關係, 2017)에 따르면 2016년 말까지 중국은 EU에서 총 52,467종의 기술을 도입했고 약 1,972억 4,000달러에 달하는 계약을 성사시켰다. 이러한 교류는 중국의 빠른 경제성장과 부의 축적에 상당한 도움이 되었다.

EU의 대중 경계

빈곤인구를 감소시키고 국토의 균형발전을 이루기 위해 적극 추진하고 있는 정보화, 도시화, 농업 현대화를 위하여 중국은 여전히 유럽의 선진 기술과 노하우가 필요하다. 또한 대외적으로 시진핑 주석이 적극 추진하고 있는 '일대일로'를 확장시키기 위해 중국은 EU 국가들의 참여와 연계 강화를 희망한다. 이는 2014년 시진핑 주석이 중국의 국가주석으로서는 처음으로 EU 본부를 공식 방문한 사실에서도 알 수 있다. 시 주석은 이를 통해 중국이 유럽을 중시하고, 유럽 단일화 건설을 지지하며, 유럽과의 관계를 심화시킬 것이라는 메시지를 전달했다.

하지만 중국의 부상 및 전 세계 경제침체기를 맞아 양자 간 경제무역 관계가 일정한 영향을 받고 있다. 특히 중국의 대EU 투자가 급증하면서 유럽 각 국가들은 중국이 막대한 차이나머니를 무기로 유럽에 대한 영향력을 확장하고 있으며 유럽의 대중 의존도가 높아진다고 우려하기 시작했다. 중국정부가 자국 기업의 유럽 진출을 지원하기 위해 보호무역주의를 취하면서 공세적인 기업합병을 통해 유럽의 첨단기술을 쉽게 가져간다는 불만이다. 이에 따라 EU 각국들은 외국의 유럽 내 첨단기술 분야 기업의 인수합병이나 투자 장벽을 높이는 추세이다. 전 세계적 양극화와 반세계화 사조 속에서 트럼프 시기 무역전쟁이 벌어진 가운데 중국과 EU 간 무역 갈등도 점차 심화되고 있다.

또한 중국은 동유럽 16개국과 '중국·동유럽 정상회의'를 정기 개최하고 자금을 투입하며 '일대일로'를 확장시키는 데 주력하고 있다. 이에 대해 유럽 내부에서는 중국이 '일대일로'를 명분으로 유럽을 분열시키려 한다는 의구심이 나타나고 있다. 유럽에 처음 건설되는 고속철 사업(부다페스트~베오그라드 간)에 대한 EU의 건설 위법성 조사는 양자 간 미묘한 갈등을 드러낸 사례로 기록된다. 2050년까지 세계 강대국으로 부상하려는 중국이 EU의 주요 선진국들과 어떻게 '새로운 강대국新型大國'의 틀에서 안정된 관계를 맺고, 아울러 동유럽의 저개발 국가들을 포섭해나갈지, 그리고 그러한 중국을 기대와 우려의 이중적 시선으로 바라보고 있는 EU의 대응이 어떻게 전개될지 귀추가 주목된다.

38

중국과 북한

전병곤

중국의 부상에 따라 북중 관계의 변화와 지속 여부는 한반도를 둘러싼 동아시아 질서 전반에 영향을 미치는 주요 변수이다. 사실 그동안 북중 관계를 보는 관점은 다양하게 엇갈려왔다. 즉 이념과 혈맹에 기초한 사회주의 국가 간의 특수관계라는 관점, 유사시 군사원조 조항이 있는 '북중 우호협력 및 상호원조조약'에 기초한 동맹관계라는 관점, 탈냉전 이후 상호 이익에 기초한 정상적인 국가 대 국가의 관계라는 관점 등이 그것이다. 이러한 관점들은 60여 년간 유지되어온 북중 관계의 '애증'과 '딜레마'를 상징적으로 보여주고 있다.

단속斷續의 역사

중국과 북한의 공식적인 관계는 1949년부터 시작되었다. 1948년 9월 9일 조선민주주의인민공화국을 수립한 북한과 1949년 10월 1일 중화인민공화국을 수립한 중국이 10월 6일 공식적으로 수교를 맺었다. 그러나 양국의 수교는 이념적 동질성과 항일투쟁의 공동경험 등 이전부터 유지해온 밀접한 교류와 협력의 연장선상에 있었다. 이러한 배경은 곧이어 발발한 한국전쟁에 중국이 참전하는 결과로 이어졌고, 순망치한脣亡齒寒의 혈맹관계를 형성하는 계기가 되었다. 1961년 7월 체결한 북중 조약 역시 이를 상징하고 있다.

이러한 맥락에서 냉전기의 북중 관계는 안정적으로 전개되었다고 볼 수 있다. 다만 1960년대 중반 이후 중소 분쟁의 격화 속에서 자주·중립 외교를 통해 실리를 추구했던 북한과 좌경이념이 지배적이었던 중국이 상호비난과 고위층 방문 중단 등의 경색국면을 겪은 적도 있다. 그러나 북중 관계의 커다란 변화는 탈냉전과 함께 도래했다. 탈냉전 이후 중국은 안정을 통한 경제성장과 국제사회의 책임 있는 일원으로서의 영향력 확보에 국가적 이해와 관심을 집중시켜왔으며, 반면 북한은 경제난과 외교적 고립에도 불구하고 체제유지 및 보장에만 힘써왔다. 이러한 양국의 상이한 이해관계에 한중 수교(1992. 8.)와 김일성 사망(1994. 7.), 중국지도부의 세대교체 등이 맞물리면서 양국관계가 질적으로 조정·변화되었고, 1998년까지 상호 냉담한 관계를 유지하게 되었다.

하지만 경제난 해소를 위해 주변국의 협력이 필요해진 북한은 1999년부터 대중관계를 정상화하기 시작했다. 특히 2002년 10월부터 발발한 2차 북한 핵위기는 역설적이게도 양국의 전략적 협력관계를 강화하는 데 커다란 밑거름으로 작용했다. 북한은 정치·경제적 위기에서 벗어나기 위해 핵 보유를 통한 생존외교를 추진했고, 중국의 경제적·외교적 지원이 절실하게 필요했다. 중국으로서도 북한을 유인하는 것이 안정적인 경제 발전과 북핵문제의 평화적 해결에 기여하는 책임대국으로서의 영향력 확대에 유리한 측면이 있었다. 이로 인해 양국 간의 협력채널이 재건 및 가동되었고 북중 간 협력이 긴밀해졌다.

물론 2006년 10월과 2009년 5월 북한의 두 차례 핵실험 이후 중국이 북한을 비난하고 유엔 안보리의 대북 제재안에 찬성하는 등 양국관계가 소원해진 적도 있다. 그럼에도 불구하고, 중국은 북중 관계의 전통과 북한의 안보·전략적 가치를 고려하는 것이 중국의 국익에 더 유리하다고 보았으며, 그에 따라 북한을 지지·지원하는 정책기조를 유지했다. 특히 2010년 천안함 사건을 계기로 중국은 강화된 한미 동맹에 대응해 북한과의 포괄적인 협력관계를 구축했고, 김정은 체제의 안착을 후원했다.

시진핑 시대의 북중 관계

제18차 당대회(2012. 11.~2017. 10.) 기간에 해당하는 시진핑 집권 1기의 북중 관계는 양국의 지도부가 교체되고 주요 정책방향도 조정됨에 따라 이전과는 다른 양상으로 전개되었다. 이 시기 북한의 핵실험이 4차례나 있었고, 이를 둘러싼 북한과 중국의 이견과 마찰은 중국의 대북제재 강화와 이에 대한 북한의 불만으로 이어지면서 북중 관계가 악화되었다. 북한은 핵·경제개발의 병진노선을 항구적 전략노선으로 설정하고 대중정책을 추진하고 있는 반면, 북한의 핵 보유를 반대하나 대화를 통한 평화적 해결을 주장하는 중국이 북한을 비핵화의 궤도로 유도하기 위해 압박을 강화했기 때문이다.

지금까지의 북중 관계는 냉전기의 사회주의 이념에 기반한 특수관계와 혈맹관계에서 일반적인 국가관계로 변화되었다고 평가된다. 그러나 이 과정에서 상호우호원조조약의 유지와 당 대 당 관계의 존속도 부정할 수 없다. 비록 이 점은 북중 관계의 핵심이 아니고 점차 약화되는 추세에 있다고 하더라도 여전히 잔존하면서, 각자의 국익에 따른 상호 협력과 갈등을 관리·조정하는 특징을 보이고 있다.

이러한 특징은 시진핑 집권 2기의 북중 관계에서도 지속될 가능성이 높다. 즉, 중국은 한반도의 평화와 안정, 한반도 비핵화, 대화와 협상을 통한 해결 등의 원칙하에서 북한의 평화와 안정, 북핵 보유반대, 북핵문제의 평화적 해결 등 기존 대북정책의 목표를 단기간에 조정하지는 않을 것으로 예상된다. 북한의 지정학적·안보적 가치는 여전히 유효하며, 한반도의 현상을 타파할 수 있는 북한의 급변사태나 급격한 통일에 대해서는 반대하는 입장을 유지할 것이다. 책임대국의 역할을 강조하고 있는 중국은 북한의 추가 핵·ICBM 실험 시 유엔을 통한 대북제재를 유지·지속할 것이나, 북한체제의 붕괴나 혼란을 초래하는 수준까지 북한을 압박하지는 않을 것이다. 중국은 러시아와 협조해 미일의 대중견제에 대응하는 한편, 자국에 유리한 방향으로 북한의 정책변화를 유도해왔기 때문이다.

따라서 중국은 시진핑 집권 2기에도 기존 북핵과 북한을 분리한 대화와 제재의 투트랙 접근이나 대화에 방점을 둔 북핵 정책에 근본적 변화를 주지 않을 것이다. 오히려 중국은 북한과 전략적 소통을 통한 영향력 강화를 시도해 남북 대화 및 북핵 관련 회담 재개 등의 대화국면을 조성하는 한편, 중국 주도의 질서 형성에 유리하도록 북한의 개혁개방을 유도하고자 할 것이다.

북한의 입장에서 보면, 핵과 미사일 개발을 완성하기 전까지 북한은 중국의 요구에 대한 수용을 검토하면서 관망, 접촉(대화), 재도발(핵실험)의 선택을 고민할 것으로 보이며, 이에 따라 북중 관계도 변화될 여지를 갖고 있다. 이처럼 북중 관계는 북한과 중국 양자만이 아닌, 남북 관계와 미중 관계, 북미 관계 등의 복합적 영향 속에서 전개될 개연성이 크다. 특히, 한반도 정세는 북한의 핵무기 완성 시기에 의해 좌우될 것이다. 북한의 핵과 미사일이 완성되는 시점으로 다가갈수록 한반도와 동북아 정세의 불안정성과 불확실성은 증가할 가능성이 크며, 오히려 완성된 이후에는 새로운 차원의 정세 출현과 이에 따른 도전에 직면할 수도 있을 것이다.

중국과 인도

39

박병광

중국과 인도는 아시아의 두 거인이다. 20세기는 미국과 소련의 시대였다면 21세기는 중국과 인도의 세기가 될지도 모른다. 때문에 《이코노미스트Economist》는 일찍이 21세기 세계경제를 주도할 두 나라로 중국과 인도를 예견하면서 '친디아Chindia'라는 신조어를 만들어내기도 했다. 우리의 관심을 끄는 것은 세계정치와 경제의 중요한 축으로 부상한 중국과 인도가 과연 수십 년에 걸친 반목과 불신의 역사를 접고 21세기에 진정 새로운 협력관계를 구축할 수 있을 것인가이다.

양국관계 발전의 역사

금세기 들어 중국은 인도와의 '전략적 협력관계strategical partnership'를 강화하는 추세이다. 그러나 중인 양국관계의 발전 과정에는 수십 년에 걸친 반목의 역사가 존재하며 전쟁의 위기도 있었다.

중국은 인도와 1950년 4월 1일 공식 외교관계를 수립했다. 인도는 1949년 중화인민공화국 성립 후 가장 먼저 중국을 승인한 비사회주의 국가이다. 그러나 1959년 티베트에서의 반反중국 봉기와 달라이 라마를 비롯한 티베트 지도부의 인도 망명은 양국관계를 악화시키는 계기가 되었다. 이후 국경지역을 중심으로 전개되던 양국 간 소규모 군사적 충돌은 1962년 중국이 인도를 전격 침공함에 따라 전면전으로 확산되었다. 중국은 군사·외교적 승리를 바탕으로 일방적 휴전을 선포한 뒤 양국의 영향력을 분리하는 현재의 실질통제선the Line of Actual Control(LAC)까지 철군할 것을 통보했다. 양국은 오늘날에도 '실질통제선'을 사이에 두고 군사적 대치관계를 형성하고 있다.

1962년 '중인 분쟁' 이후 중국과 인도는 아시아에서 미소 냉전과는 또 다른 형태의 대립구도를 형성했다. 양국은 1976년 외교관계를 복원함으로써 관계정상화를 모색하기 시작했으나 본격적인 관계 개선이 이루어진 것은 탈냉전기를 거쳐 21세기에 들어서부터이다. 21세기 중인 관계 발전에는 양국 최고지도부의 상호 방문을 통한 신뢰구축이 중요한 동력으로 작용했으며, 두 나라 지도부는 고위급교류를 정례화하면서 '21세기 아시아의 시대'를 함께 열어가자는 비전을 강조하고 있다.

양국관계 발전의 추동요인과 도전요인

중국과 인도의 관계가 최근 들어 새로운 협력을 모색하며 급속히 발전하게 된 데에는 다음과 같은 요인들이 작용하고 있다. 첫째, 양국은 적극적인 관계개선을 통해서 대립에 따른 소모전을 최소화하고, 경제발전에 필요한 안정적 주변 환경을 구축하는 것이 국가이익에 부합한다는 판단을 했다. 둘째, 아시아-태평양 지역에서 심화되는 미국의 대對중국 견제에 대응하기 위해서 중국은 인도와 전략적으로 협력할 필요가 있다. 인도 역시 미국 주도의 세계질서 속에서 독자적인 목소리를 확보하고 교섭능력과 존재감을 높이기 위해서는 중국과의 전략적 협력이 필요하다. 셋째, 세계경제의 중요한 견인차가 되어가고 있는 두 나라는 상호 보완적 경제구조를 바탕으로 정치적 경쟁보다는 경제적 협력에 주력하는 것이 이익이란 사실을 잘 알고 있다.

최근 들어 중인 양국관계의 발전은 괄목할 만하지만 두 나라 사이에 존재하는 도전요인이 완전히 해소된 것은 아니다. 양국관계 발전에서 직면하는 첫 번째 도전요인은 아직까지도 해결되지 않고 있는 국경선 문제이다. 양국 간 군사적 충돌 일보 직전까지 갔던 2017년 6월의 '도클람 분쟁' 사례에서 보듯이 영토분쟁은 중인 관계에서 가장 큰 갈등의 불씨이다. 둘째, 중국이 인도의 적대국가라 할 수 있는 파키스탄과 우호관계를 유지하고 군사·경제적 지원을 지속하는 것 역시 신뢰구축의 중요한 장애요인으로 작용하고 있다. 셋째, 중국이 국제적 영향력을 확대하는 과정에서 남아시아에 대한 진출을 적극적으로 추진함에 따라 인도의 경계심이 고조되고 있다. 즉, 중국과 인도는 지역패권을 둘러싸고 역내 국가들에 대한 영향력 경쟁이 심화되는 추세에 있다.

중인 관계의 발전양상은 향후 지역의 안정과 번영은 물론이고 세계정치와 경제질서에도 커다란 영향을 미칠 것이다. 중국과 인도는 아시아와 태평양을 무대로 동시에 부상하고 있는 경쟁적 강국일 뿐 아니라 양국관계를 설정하는 데 있어서 미국이라는 또 다른 중요한 변수가 있기 때문이다.

40

중국과 대만(양안관계)

문흥호

양안관계의 함의와 변천

중국과 대만의 양안兩岸관계는 기본적으로 중화인민공화국과 중화민국의 관계, 중국대륙과 대만지구(臺灣, 金門, 彭湖, 馬祖)의 관계, 중국을 대표하는 유일한 합법정부로서의 중화인민공화국과 불가분한 일부분인 대만의 관계, 하나의 중국 원칙에도 불구하고 두 개의 정치실체로 존재하는 중국과 대만의 모호한 정치적 관계 등을 모두 포괄하는 개념이다. 따라서 양안관계는 중국공산당과 국민당의 장기 대립의 역사, 양안관계에 대한 국제사회의 보편적인 인식, 유엔의 공식 원칙과 현실의 괴리 등을 모두 내포하고 있다.

1949년 중화인민공화국 수립과 중화민국의 대만 패퇴 이후 양안관계는 대만해방과 대륙수복을 위한 공세적 적대기(1949~1978), 평화공존과 비정치·민간차원의 교류협력 확대기(1979~1999), 통일과 독립의 상호 대립기(2000~2008), 일중각표一中各表 및 삼통 확대기(2008~2015), '92 컨센서스'의 소극적 수용기(2016~현재)로 구분된다. 양안관계의 이러한 변화는 최고지도자의 상호인식과 정책, 비전의 차이에 기인하며 특히 대만의 경우 장제스, 장징궈蔣經國, 리덩후이李登輝, 천수이벤陳水扁, 마잉주馬英九, 차이잉원蔡英文의 대륙관觀과 대륙정책은 매우 큰 편차를 보였다. 반면에 개혁개방 이후 중국의 대만정책은 덩샤오핑이 제시한 일국양제一國兩制 통일방식의 확고부동한 위상으로 인해 지도부 교체에 따른 정책 변화가 적었다.

양안관계 변화의 결정적 요인

향후 양안관계 변화에 미칠 영향은 중국 요인, 대만 요인, 미국을 중심으로 한 국제적 요인으로 대별된다. 우선 중국은 양안의 특수한 정치관계를 현실 상황에 적합하게 合情合理 조정하고, 양안의 군사안보적 신뢰를 바탕으로 대만해협의 긴장을 해소하며, 양안의 평화협상을 통해 양안관계의 평화적 발전을 도모한다는 정책을 유지하고 있다. 특히 시진핑을 핵심으로 한 중국의 제5세대 지도부는 경제협력, 문화교류 확대를 통해 민족적 정체성과 공감대를 강화함으로써 운명공동체인 양안 주민의 단결과 신뢰 구축, 공동복지를 증진하고 궁극적으로 '중화민족공동체'를 구축하고자 한다.

한편 대만은 중국의 강대국화에 따라 국제적 입지가 크게 위축된 상황에서 양안의 평화·공영과 다각적인 교류협력을 추진하면서도 대만을 지방정부로 간주하는 '하나의 중국' 원칙을 근본적으로 거부한다. 이는 대만의 독립적 지위 확보에 대한 본능적 욕구이며 절대다수 대만인들은 주권국과 지방정부 사이에서 애매하게 존재하는 자신들의 정치적 지위 개선을 염원하고 있다. 다만 양안관계를 '독립'과 '통일'이라는 극단적인 대립구조로 인식하기보다는 장기적 해결과제로 유보하고 양안의 평화·공영 방식을 수용하고 있다. 따라서 대만의 대내적 상황, 중국의 대만정책 및 국제정세 변화에 따라 자주 독립 의지가 공세적으로 표출될 가능성은 상존한다. 그러나 대만의 대중국 경제의존도가 심화되고 중국이 다양한 경로를 통해 대만의 국제적 생존공간을 빠르게 잠식할 경우 대만의 자주독립은 정치적 구호에 머무를 가능성이 높다.

한편 양안관계에 절대적인 영향력을 행사해온 미국은 양안관계의 평화적 현상유지를 목표로 중국의 통일 시도와 대만의 독립 시도를 모두 반대하는 '불통불독不統不獨'의 전략적 모호성을 유지하고 있다. 물론 미국 정치권에는 대만의 존재 이유와 가치를 인정하고 이들의 지속적인 생존과 발전을 적극 옹호하는 여론이 상존한다. 그러나 미국은 대만을 쉽게 포기할 수도 없지만 중국과의 극한 대립을 감수하면서까지 대만의 독립을 방조할 수도 없다. 미국과 대만의 이러한 한계는 대중국 견제 차원에서 대만문제를 전략적으로 활용하려는 미국의 트럼프 정부도 극복하기 어렵다.

결국 중국과 대만은 양안의 상생·공영을 우선시하며 윈-윈의 경계를 부단히 확대해왔지만 그러한 정책적 탄력성이 통일과 독립에 대한 양안의 상반된 욕구를 불식시킬 수 없었다. 앞으로도 대만의 정치적 지위를 둘러싼 양안의 불협화음과 관계발전의 기복이 불가피하며, 특히 미국이 대중국 공세 차원에서 대만의 전략적 가치에 집착할 경우 양안 갈등은 더욱 고조될 것이다.

해협양안관계협회海峽兩岸關係協會와 해협교류기금회海峽交流基金會

중국과 대만 간의 교류와 협력은 중국의 해협양안관계협회('해협회')와 대만
의 해협교류기금회('해기회')를 통해 이뤄진다. 1991년 12월에 설립된 '해협
회'는 2013년 현재 사회 각계에서 추천한 225명의 인사가 이사로 참여하고
있으며, 전 상무부 부장이었던 천더밍陳德銘이 협회 회장직을 맡고 있다. 사
단법인으로 등록되어 있지만, 실제로는 국무원 대만사무판공실의 지도와 감
독을 받고 있는 것으로 알려져 있다. '해기회'는 그보다 앞선 1991년 2월에
설립되었다. 재단법인의 형식을 취하고 있으며, 재원의 대부분은 대만정부
가 출자한 것이다. 현 기금회 회장 역시 이전 행정원 각료를 역임한 바 있는
린중선林中森이다. '해협회'와 '해기회'는 1992년 이른바 '92컨센서스'라는
합의에 도달한 바 있다. 그 핵심은 '일중각표一中各表'로서, '하나의 중국이라
는 원칙을 견지하지만 그 의미는 각자 해석한다一個中國, 各自表述'는 것이 요
지이다.

41

중국과 동남아

김예경

중국 –동남아의 관계 현황

중국은 지정학적으로 동남아 국가들을 갈등과 경쟁의 대상이자 중국의 국가안보이익을 수호하기 위한 중간지대buffer zone로 인식해왔다. 필리핀, 베트남, 인도네시아, 말레이시아, 브루나이 등과는 남중국해를 공유하고 있고, 내륙으로는 미얀마, 라오스, 베트남 등과 접경하고 있어 중국의 대외전략에서 동남아 지역이 차지하는 비중은 매우 높다. 최근 들어 중국은 국력 증대에 따른 자신감이 상승하면서 아시아–태평양 지역에서의 영향력 확대를 위한 포석으로 동남아 국가들에 대한 매력공세 외교charm offensive를 적극적으로 추진하고 있다.

동남아 국가들은 중국의 군사 현대화와 남중국해 영유권 분쟁으로 인해 안보상의 위협을 인식하면서도 경제적 실리라는 현실적 목표를 위해 미국보다 중국과의 관계에 더 치중하는 경향을 보이고 있다. 그 대표적인 사례가 필리핀이다. 필리핀은 남중국해 문제로 중국과 가장 첨예한 갈등을 빚어온 국가이지만 최근 스카보로섬에서 석유공동탐사를 제안하는 등 친중적인 행보를 보이고 있다. 두테르테 대통령은 중국과 러시아가 주축이 되는 새로운 질서에 편입할 의사를 밝히기도 하면서 미국과 거리두기를 시도하고 있다. 이러한 배경에는 중국정부가 필리핀에 막대한 투자와 원조를 약속하는 등 경제적인 요인이 크지만 트럼프 행정부가 아시아-태평양 지역에 대해 뚜렷한 정책 대안을 제시하지 못하면서 불확실성이 지속되는 데 원인이 있다.

이러한 기류는 동남아의 다른 국가들에도 나타나고 있다. 중국의 적극적인 개선 의지에 힘입어 베트남은 남중국해 영유권 분쟁의 당사국임에도 불구하고 중국과의 교역액이 동남아시아 국가 가운데 최대 규모에 달한다. 미얀마의 중국 중시 행보도 부각되고 있다. 중국과 미얀마 간 송유관이 완성되는 등 경제협력이 활발히 이루어지고 있고, 아웅산 수치 외무장관이 첫 외무장관 회담 파트너로 중국의 왕이王毅 외교부장을 선택한 것도 중국과 미얀마 관계가 돈독해지는 사례로 평가된다. 중국과 동남아 관계는 경제뿐만 아니라 군사안보 측면에서도 강화되는 추세이다. 최근 중국이 싱가포르, 말레이시아, 필리핀, 태국, 라오스, 캄보디아 등 동남아 국가들에 무기를 판매하고 기타 군사장비의 지원에 합의하면서 중국과 동남아 국가 간 군사적 교류 및 협력 관계도 밀접해지고 있다.

중국-동남아의 관계 전망

트럼프 행정부가 미국 우선주의와 신고립주의를 표방하면서 동남아 지역에서의 '미국 부재' 현상도 뚜렷해지고 있다. 미국의 글로벌 리더십이 약화된 틈을 타 중국이 미국을 대신해 아시아-태평양 지역에서의 세력을 확장할 수 있는 기회의 창이 열린 것이다. 동남아 국가들도 이러한 흐름에 편승하는 분위기이다. 동남아 국가들은 남중국해 분쟁과 같이 중국과 갈등의 소지가 큰 이슈에 대해서는 공개적인 언급을 자제하는 태도를 보이고 있다. 2012년 아세안ASEAN 의장국이었던 캄보디아는 아세안 수립 이래 역사상 처음으로 의장성명에 남중국해 문제를 포함시키지 않았다. 2016년 아세안 의장국이었던 라오스는 아세안 외무장관 공동성명에서 남중국해에서의 중국의 팽창정책에 대해 심각하게 우려한다는 표현을 철회하기도 했다. 이러한 배경에는 언제나 중국의 경제력이 있다. 중국이 캄보디아에 100억 달러 원조를 제공한 것이나 중국-라오스 국경지역에 310억 달러 투자 선언을 한 것이 그 예이다.

경제력으로 무장한 중국의 접근 정책이 동남아 국가들의 대중국 인식을 긍정적으로 전환하는 계기가 되고 있는 것은 사실이다. 그러나 이러한 중국-동남아 관계가 언제나 낙관적인 것만은 아니다. 동남아 지역에는 중국의 강대국화를 기회이자 도전으로 보는 상충적인 인식이 존재하고 있기 때문이다. 또한 남중국해를 둘러싼 영유권 분쟁이 잠재적 불씨로 남아 있어 중국-동남아 관계를 낙관적으로만 볼 수 없다. 중국이 주도하고 있는 '일대일로' 사업에 대한 의구심도 중국-동남아 관계에 주요 변수가 되고 있다. 중국이 '일대일로' 추진 과정에서 동남아 국가와의 이익이 충돌할 때 자국의 이익을 포기하지 않는 경우 불협화음이 발생할 가능성도 있기 때문이다.

한편 최근 미국이 신국가안보전략NSS을 통해 중국을 전략적 경쟁자로 규정하면서 중국-동남아 관계에 또 다른 변수가 될 가능성도 배제하기 어렵다. 미국은 싱가포르, 베트남, 인도네시아, 말레이시아 등과 파트너십을 강화해서 주권의 존중, 항행의 자유, 법치 등을 기본 규범으로 하는 기존의 자유로운 세계 질서를 수호하겠다는 의지를 강조하고 있어 중국과의 충돌을 예고하고 있다. 그러나 급격한 국제환경의 변화가 발생하지 않는 한 미중 경쟁에서 동남아 국가들이 취할 수 있는 선택은 제한적일 수밖에 없다. 미국과 중국 사이에서 중립적인 태도를 취하면서 미국과는 군사안보적 이익을 취하고, 중국과는 경제적 실익을 추구하는 기존 방식이 향후에도 지속될지 여부가 주요 관전 포인트가 될 것이다.

영토분쟁

42

이동률

중국은 2만 2,000km의 육로와 1만 8,000km의 해안 국경을 통해 각각 14개국 및 6개국과 접경하고 있다. 중국은 건국 직후 과거의 '불평등 조약'에 의해 획정된 국경선, 오랜 역사를 통해 형성된 전통 관습선, 그리고 실질 관할선이 혼재하는 복잡하고 불명확한 국경선 문제를 안고 있었다. 이러한 지리적·역사적 특성으로 인해 건국 이후 지난 69여 년 동안 중국은 인접 국가들 거의 대부분과 국경 획정 문제를 둘러싸고 다양한 분쟁과 협상을 경험했다. 중국은 건국 초기 국내외의 불안정한 환경의 영향으로 국경문제에 대해 잠정적으로 '불평등 조약의 불계승'과 '현상유지'라는 원칙론만을 제시한 채 본격적인 국경획정문제에 착수하지 않았다. 불평등 조약의 불계승을 선언한 중국의 입장에서는 거의 모든 주변 국가들과 새롭게 국경선 협상을 진행해야 하는 과제를 안고 있었다. 1955년 11월 미얀마와 국경지역에서 충돌이 발생한 이후, 중국은 미얀마와의 국경문제 협상을 시작했고, 1960년에 마침내 국경협정을 체결하게 되어 국경문제 해결의 첫발을 디뎠다.

내륙 국경분쟁

중국은 역사적 연고권을 근거로 고토 회복주의를 주창해왔지만 실제 영토분쟁, 특히 국경분쟁의 경우에는 보다 현실적 이익, 즉 정권안정, 소수민족 분규, 국가안보, 그리고 경제이익을 우선 고려해왔다. 이는 국경분쟁을 평화적으로 해결한 경우는 물론이고 무력 충돌을 강행한 사례들의 경우에도 예외는 아니었으며, 중국의 국력이 증대된 1990년대 이후에도 크게 다르지 않았다. 내부 체제 위기에 직면했던 대약진 운동 실패 직후 1960년대 초와 톈안먼 사건 직후의 1990년대 초 중국은 다수의 인접 국가들과 적극적인 협상을 통해 국경문제를 타협적으로 해결했다. 1960년대에 중국은 미얀마(1960), 네팔(1961), 북한(1962), 몽골(1962), 파키스탄(1963), 그리고 아프가니스탄(1963)과 협상을 통해 각각 국경조약 또는 협정을 체결했다. 중국이 국경에서 전쟁까지 불사했던 상대들은 인도(1962), 소련(1969), 베트남(1979)과 같은 당시 초강대국이거나 초강대국의 지원을 받던 지역 강국들이었다. 중국은 이들 국가들과 영토분쟁을 했다기보다는 국가안보에 대한 위기인식에서 전쟁이라는 초강수를 선택했다.

중국은 1990년대 탈냉전 시기에 경제발전을 위한 평화적 안보환경의 확보라는 전략적 고려하에 국경문제 해결에 적극성을 보이기 시작했다. 국경지역의 신뢰구축과 비군사화와 관련된 협상에 참여하는 등 현실적이고 실리적인 태도를 취했다. 중국은 라오스(1991), 러시아와의 서부국경(1994), 카자흐스탄(1994), 키르기스스탄(1996), 타지키스탄(1999), 베트남(1999), 그리고 러시아와 동부국경(2004) 문제를 연이어 협상을 통해 평화적으로 해결했다. 그 결과 중국은 내륙영토에서는 인도와 부탄, 그리고 해양 영유권(남중국해와 댜오위다오)만을 남겨두고 대부분의 영토분쟁을 해결했다. 내륙 영토분쟁은 대부분 해결되었지만 최근 인도와의 국경 마찰이 재개되는 징후가 나타나고 있다.

해양 영유권 분쟁

중국의 해양영토에 대한 관심증대는 급속한 경제성장 과정과 급증하고 있는 에너지 수요, 해외진출走出去 활성화라는 경제적 요인과 관련되어 있다. 중국은 2010년 이후 남중국해와 동중국해에서의 영유권 분쟁에서 강경한 입장을 고수하고 있다. 중국은 1972년 이후 일본과 댜오위다오(센카쿠 열도)를 놓고 갈등을 해오기는 했지만 그래도 영유권문제, 어업문제, 자원문제를 분리하면서 평화적으로 관리하려는 기조를 유지해왔다. 그런데 2010년 어선 충돌 후 중국선장 구속과 2012년 일본의 댜오위다오 '국유화' 조치를 계기로 중국은 기존의 '분쟁유보' 입장에서 벗어나 경제보복 등 공세적 입장을 취했으며 양국 간 분쟁이 고조되었다. 그러나 일본이 국유화 조치를 철회하지 않았음에도 불구하고 2014년 출구전략을 통해 일본과의 관계를 개선했으며 영유권 분쟁은 다시 잠복기에 들어갔다. 그리고 중국은 2009년에 유엔대륙붕한계위원회CLCS에 '남해9단선南海九段线'을 공식적으로 처음 등록하면서 베트남, 필리핀 등 역내 분쟁 당사국들과의 남중국해 분쟁이 촉발되었다. 2010년 이후에는 미국의 남중국해 개입이 본격화되면서 '항행의 자유 작전'을 둘러싼 미국과의 해양세력 경쟁 양상으로 확장되었다. 2016년에는 필리핀이 중국을 상대로 국제상설중재재판소PCA에 제소한 결과 남중국해에 대한 중국의 영유권 주장이 국제법적 근거가 없다는 판결을 받았다. 중국은 판결 결과를 수용할 수 없다는 입장을 견지하고 있다. 그런데 판결 이후 오히려 남중국해 분쟁에 대한 국제법적 해석이 복잡해지면서 일단 잠복기에 들어갔지만 여전히 분쟁의 불씨를 안고 있으며, 특히 미국과의 해양 세력 경쟁으로 비화될 가능성도 잔존하고 있다.

중국이 2010년 이후 해양 영유권 분쟁에서 강경한 입장을 취하게 된 것은 세계경제위기 이후 가파른 부상 속에서 중국 국익의 해외 확장, 미국의 아시아 회귀에 대한 경계, 중국 내 중화민족주의의 고조, 상대국의 강경 대응 등이 복합적으로 작용한 결과라고 할 수 있다. 요컨대 중국의 영토분쟁에 대한 태도에 영향을 미치는 변수들은 다양하며 복잡하다. 중국은 각 사례의 특수성, 즉 시점, 상대, 그리고 분쟁의 내용과 국제환경에 따라 상이한 행위 패턴을 보이고 있다. 다만 인도와의 분쟁은 국경분쟁의 형태로 표출되었지만 사실상 그 이면에 미중 간 영향력 경쟁이 자리하고 있다고 볼 수 있다.

일대일로

43

원동욱

'중국의 꿈中國夢' 달성의 유력한 수단, '일대일로'

중국의 신실크로드 전략이라 할 수 있는 '일대일로一帶一路(Belt & Road Initiative)'는 실크로드 경제벨트絲綢之路經濟帶와 21세기 해상실크로드21世紀海上絲綢之路를 통칭하는 용어로서, 시진핑 주석이 2013년 9월과 10월 중앙아시아와 동남아시아 순방 기간 제기한 중대 전략구상이다. 이 전략구상은 발표 직후 관련 국가들로부터 크게 호응을 얻었고 광범위한 반향을 불러일으킨 바 있으며, 향후 시진핑 시대 중국 국가전략의 핵심 축으로서 '중화민족의 위대한 부흥'이라는 '중국의 꿈中國夢'을 달성하려는 주요 수단이 될 것이라는 의견이 지배적이다. 2017년 10월에 개최된 제19차 당대회에서 '일대일로'는 구체적 정책으로서는 최초로 당장에 삽입되는 등 시진핑 집권 2기는 물론이고 장기간 지속적으로 추진될 국가 대전략의 위상을 확보했다.

중국의 '일대일로' 전략구상은 양자협력 외에도 상하이협력기구SCO, 유라시아경제연합EEU, 아시아유럽정상회의ASEM, 아시아 교류 및 신뢰

구축회의CICA, ASEAN＋1 등 기존의 지역협력기제를 적극 활용하여 전 개되고 있을 뿐만 아니라, 역내 포괄적 경제동반자협정RCEP과 아시아태 평양경제협력체APEC 등과의 결합을 통해 공간적 영역을 확대해가고 있 다. 중국은 '일대일로' 전략구상을 구체화하기 위한 유력한 조치로서 기 존에 제기된 아시아인프라투자은행AIIB의 설립과 함께 실크로드 기금Silk Road Fund을 조성했고, 공간적으로도 동쪽으로는 아시아－태평양 경제권 과 서쪽으로는 유럽 및 아프리카 경제권을 포함하는 범위로 보다 확대되 었다. '일대일로'는 시진핑의 "친·성·혜·용親誠惠容"이라는 주변국외교 이념을 구체화하는 전략으로서, 2015년 2월 '일대일로 영도소조'가 출범 했으며 2015년 3월 〈일대일로 공동건설 추진을 위한 비전과 행동〉 문건 이 공식 발표되었다.

일대일로의 추진 배경

'일대일로' 전략구상의 추진 배경과 관련하여 중국 내부에서는 해외투 자 및 산업이전 등을 통한 과잉생산능력의 해소, 지속가능한 발전을 위 한 해외 에너지·자원의 안정적 확보, 서부 지역 등 변경지역 개발을 통 한 국가안보의 강화, 지역경제통합의 주도권 확보 등으로 해석하고 있 다. 중국은 중속성장의 '뉴노멀新常態(New Normal)' 시대를 맞아 도농 및 지역격차를 해소하고 기존의 과도한 투자로 인한 과잉설비, 과잉생산, 과잉공급 문제를 해결하기 위해 시선을 해외로 돌렸으며, 이것이 바로 '일대일로' 전략추진의 국내적 배경이라 할 수 있다. 하지만 '일대일로' 전략구상은 중국의 내부적인 불균형을 해소하는 것 외에도 '뉴노멀' 전 개에 부합하는 안정적 외부환경 조성과 함께, 강화된 국력을 바탕으로 '중화민족의 부흥'이라는 원대한 꿈을 실현하기 위한 적극적인 대외정책 적 고려의 산물로 판단된다.

중국의 '일대일로' 전략구상은 표면적으로는 육상과 해상이라는 양 방향에서 고대 실크로드의 복원을 통한 유라시아 국제운송회랑 구축을 핵심 내용으로 한다. 즉 유라시아 실크로드의 구축을 통해 지역경제협력을 강조하면서 애써 안보적 혹은 지정학적 고려를 배제하는 모습이다. 하지만 '일대일로' 전략구상에는 미국의 유라시아에 대한 패권 유지를 위한 적극적 개입과 중국에 대한 압박과 봉쇄를 무력화하고, 미국의 포위망을 우회하여 슈퍼파워로 부상하기 위한 중국의 지정학적 대응이라는 측면을 부인하기 어렵다. 다만 '일대일로' 전략구상은 특정한 교역로나 경제권역을 지칭하지 않고 다양한 현재적·잠재적 초국경 경제회랑을 구축하는 '비전과 행동'으로서 참여국을 배제 혹은 제한하려는 폐쇄적 메커니즘을 취하고 있지 않다. 오히려 주변국과의 '정책소통'을 통해 구체적 프로젝트를 공동으로 상의하고共商, 공동으로 건설하며共建, 공동으로 향유共享하겠다는 개방적·호혜적 원칙을 강조함으로써 주변국의 우려를 불식하고 중국 주도의 '일대일로' 전략구상의 지정학적 색채를 희석하고자 한다. 심지어 미국, 러시아, 인도 등 주변 강대국들의 지정학적 견제를 제거하기 위해 이들과의 정책적 조율과 협력의 강화를 추진하고 있다.

일대일로의 성과와 한계

현재까지 '일대일로'가 거둔 조기수확으로는 △ 100여 개 국가와 국제기구의 협력의사 확보, 40여 개 국가와 '일대일로' 공동건설에 관한 협정 체결 △ 중국 주도의 AIIB 공식 출범, 실크로드 기금 1차 투자사업 진행 △ 중국-파키스탄, 중국-몽골-러시아 경제회랑을 중심으로 인프라, 금융, 문화 분야에서 중요한 초기 성과 창출 △ 중국-유럽 블록트레인Block Train의 운영, 헝가리-세르비아 철도 및 인도네시아 자카르타-반둥 고속철 착공, 중국-라오스, 중국-태국 등 범아시아 철도망 건설 가속화 △ 과다르항, 피레우스항 등 유라시아 해상거점 확보를 위한 항만 건설 추진 등을 들 수 있다. 실제로 중국은 30여 개 국가와 국제 산업 및 에너지

협력 관련 협정을 체결했고, 중국-벨라루스 공업단지, 중국-인도 복합산업단지, 중국-카자흐스탄 휘얼거스 국제변경협력센터, 중국-라오스, 중국-베트남, 중국-몽골 초국경 경제협력구 건설을 진행 중이다.

반면 '일대일로'는 유라시아 및 아프리카 대륙을 관통하여 지리적으로 매우 광범위하며 미국, 일본, 인도 등 강대국 간 갈등은 물론이고 연선국가의 정치적 불안정, 민족분리주의, 종교극단주의, 테러리즘의 성행 등으로 지정학적 리스크에 직면해 있는 것이 사실이다. 미국의 전략적 봉쇄, 일본의 전략적 교란, 인도의 전략적 비협조 등 강대국은 '일대일로'에 대한 경계심과 반대의 목소리를 드러내고 있으며, 주변국의 경우에도 자국의 경제건설에 소요되는 자금, 기술, 무상원조에 대한 기대심리와 함께 대중 의존도 심화에 대한 우려 또는 경계심을 노출하고 있다.

'일대일로' 연선국가의 경우 오랫동안 국제테러리즘의 주요 온상지로서 아직도 반反테러리즘 전쟁이 진행 중이며, 종교적 극단주의 및 민족분리주의 세력과의 충돌 가능성 등 지정학적 리스크가 항시 존재하고 있다. 또한 '일대일로' 연선국가는 대체로 신흥경제국과 개도국으로서, 개방과 발전 과정에서 정치안정, 경제발전, 제도전환, 정책조정 등 여러 도전에 직면하고 있으며 대체로 권위주의 통치시스템이 작동하고 있거나 관료부패가 매우 심각한 곳이다. 이로 인해 사업의 효율성과 안정성을 해치기 용이하여 비즈니스 환경이 열악하고 중국기업의 해외투자에 불리한 '고부패지대high corruption belt', '고위험로high risk road'에 해당한다. 더욱이 중국기업은 법률관념의 미비, 리스크 의식 부족, 낮은 현지화 정도, 사회적 책임의식 결여는 물론이고 국제경쟁력 측면에서 취약하며 국제화 경험 및 노하우가 부족해 해외투자 과정에서 해당 국가 및 민중의 저항이나 배척을 수반하는 등 적지 않은 문제점을 야기하고 있기도 하다.

사회

5부

사회개관: 사회관리

44

장영석

현재의 중국사회를 이해하기 위해서는 마오쩌둥 시기에 형성되었던 중국사회의 구조와 제도를 간략하게나마 알아둘 필요가 있다. 현재 형성되고 있는 중국사회는 여전히 마오쩌둥 시기에 형성되었던 중국사회의 구조와 제도의 영향을 받고 있기 때문이다. 마오쩌둥 시기에 형성된 중국사회는 도시에서는 단위사회單位社會, 농촌에서는 인민공사人民公社였는데, 양자 사이에는 별다른 연계가 없는 이원적 구조를 띠고 있었다. 중국의 개혁개방정책은 이 단위사회와 인민공사의 비효율성을 개혁하고 새로운 경제·사회 조직의 형식을 형성해나가는 과정인데, 이 과정에서 나타난 다양한 사회문제 때문에 중국 당국은 '사회관리' 정책을 도입하고 있다.

단위사회 형성과 와해

공업 기반이 현저하게 취약했던 마오쩌둥 시기의 중국 당국은 중공업을 발전시켜 서구의 선진국을 추격한다는 공업화 발전전략을 채택했다.

중국 당국은 공업화에 필요한 자원을 크게 두 가지 방식으로 조달했다. 첫째, 도시에 있던 기존 기업의 국유화와 집체화이다. 둘째, 농공업 잉여 자원의 공업 부문에 대한 집중적 투입이다.

국가는 농산품을 저가로 구매하여 도시의 노동자에게 저렴한 가격으로 공급함으로써 저임금정책을 유지할 수 있었다. 국가는 이 같은 정책을 작업장 단위로 실행했다. 단위는 저임금정책을 펴는 대신 평생고용을 보장했고, 낮은 수준이지만 주택, 양로, 의료 등과 같은 각종의 사회보장 혜택을 제공했다. 노동자들은 자신이 필요로 하는 자원을 단위 밖에서 획득하기가 힘들었기 때문에 단위에 매우 의존적이었고, 국가는 단위를 통해서 노동자를 정치적·경제적·사회적으로 통제할 수 있는 소위 '단위사회'가 형성되었다.

마오쩌둥 시기의 중국사회는 인구의 압력을 매우 크게 받았기 때문에 중국 당국은 1956년부터 농촌 노동력의 도시 유입을 엄격히 제한하는 호구제도를 실시하여 도농이 철저하게 분리된 이원적인 사회구조가 형성되었다. 또한 단위 사이에 노동력 이동을 제한함으로써 각 단위가 분리된 벌집 형태 혹은 세포 형태를 이루었다.

개혁개방 정책으로 단위사회의 기초가 점차 와해되기 시작했다. 자영업, 사영기업, 외자기업, 합자기업 등 다양한 소유제 형태의 기업이 설립되면서 이들 기업과 경쟁에서 패배한 국유기업과 집체기업이 급증했다. 중국 당국은 1990년대 중반기 이후부터 경쟁력을 상실한 국유기업과 집체기업을 파산·합병·매각 등 다양한 방법으로 구조조정하기 시작했는데, 그 과정에서 면직자와 실업자가 증가되었고 노동자의 파업이 전국적으로 확산되었다. 한편 자영업, 사영기업, 외자기업, 합자기업 등 다양한 소유제 형태의 기업에 대량의 농촌 노동력이 취업하면서 도시와 농촌이 분리된 이원적 사회구조의 기초가 서서히 와해되었고, 도시사회의 불안정성이 크게 증대되었다.

단위 안에서는 면직자와 실업자가, 단위 밖에서는 대량의 농민공을 비롯한 다양한 사회계층과 이익 주체들이 형성되면서 도시에서는 마오쩌둥 시기에는 볼 수 없었던 새로운 사회적 공간이 형성되기 시작했다. 중국 당국은 2000년대 들어와 '조화사회 건설'이라는 구호하에 단위 안팎에서 형성되기 시작한 새로운 사회적 공간과 이익 주체들을 '관리'해나가고 있다. 중국 당국의 주도하에 다양한 사회단체들이 건설되었고, 이 사회단체들은 정부에 프로젝트를 신청하여 사회적 약자에게 여러 사회적 서비스를 제공하는 사회공작社會工作(social work) 활동을 전개한다. 또한 중국 당국은 도시의 최말단 자치조직인 사구社區를 더 작은 단위인 격자로 세분화하여 '격자-사구-가도-구-시'로 연결되는 사회관리 네트워크를 형성하고 있다. 이처럼 중국 당국은 위로부터 사회를 포섭하는 구도를 형성하고자 하는데, 아래로부터 형성되는 다양한 '사회들'이 이 같은 구도에 어느 정도 포섭될지는 미지수이다.

인민공사의 형성과 와해

인민공사는 마오쩌둥 시기 중국 당국이 개별 농가 소유의 토지를 집체소유의 토지로 전환시키면서 농촌에서 추진했던 사회경제 관리체제이다. 일반적으로 하나의 향鄕에 하나의 인민공사가 설립되었는데, 1958년 9월 말 전국적으로 인민공사 설립이 완료되었을 당시 인민공사의 평균 규모는 4,797호였다. 인민공사는 생산대대生產大隊, 생산대生產隊 3급 체계를 띠고 있었는데, 노동이 조직되는 기본 단위는 생산대였다. 생산대는 임금제도와 양식 공급제를 채택했고, 생산대의 성원은 인민공사의 통제를 받았다.

중국 당국은 인민공사를 통해서 농업의 생산 계획을 확립했고, 농업 생산품을 통일적으로 구매하고 통일적으로 판매했다. 국가의 사회통제라는 관점에서 보면 인민공사는 단위사회와 동일한 성격을 띠지만, 국가가 인민공사에 대해서는 토지 제공을 이유로 재정적으로 지원하지 않았던 반면, 단위사회의 경우 그 성원의 고용, 임금, 사회보장의 혜택을 재정적으로 보장했다는 점이 다르다.

개혁개방 이후 1984년 인민공사가 공식적으로 해체되자, 인민공사를 대신하여 향鄕 정부가 건설되고 토지 경영이 개별 농가에 청부되면서 중국의 농촌사회에는 큰 변화가 나타났다. 농업 생산성이 크게 제고되었고, 농촌의 노동력이 자유롭게 이동하면서 도시로 유입되었으며, 향진기업이 우후죽순처럼 설립되면서 농민의 사회계층 분화가 촉진되었다.

농민이 직접 맞대면할 수 있는 국가는 향 정부였다. 1984년 인민공사가 해체될 당시 향 정부의 수는 약 9만 개였는데, 그 규모가 조정되어 1996~1999년 사이에는 약 4만 5,000개 정도로 유지되었다. 향 정부의 관할 범위마다 다양한 농촌의 문제가 발생했는데, 그중 가장 심각했던 문제는 향 정부의 농민 수탈이다. 동 시기 향진鄕鎭 정부가 부양해야 하는 공무 인원의 수는 1,280만 명에 달했다. 여기에 380만 명의 촌 간부를 고려한다면 평균 40명의 농민이 1명의 농촌 간부를 부양해야 하는 구조였다. 향진 정부는 농민에 대해 각종의 세비를 부과했고, 전국에 걸쳐 농민의 저항운동이 나타났다.

2000년대 들어 중앙정부는 농촌의 세비를 개혁하는 여러 정책을 도입했는데, 2005년 전국인민대표대회의 의결을 거쳐 마침내 '중화인민공화국 농업세 조례'가 폐지되었다. 이로써 향진 정부의 직접적인 농민 수탈의 문제가 해소되었지만, 향진 정부의 재정이 부실해지는 새로운 문제가 나타났다. 중앙, 성省, 현縣 정부는 재정의 이전지불로 향진 정부의 재정을 보완해주고 있다. 중앙-성-현-향진 정부로 이어지는 관료 조직의 위계 속에서, 위로부터 아래로 향하는 프로젝트 발주, 아래로부터 위로 향하는 각종 프로젝트 신청의 고리가 형성되어 중국의 농촌에서는 프로젝트형 정부가 등장하고 있다.

상급 정부의 재정 이전지불에 만족하지 못하는 향진 정부는 토지 개발을 통해 재정을 보충하려 하고 있다. '중화인민공화국 토지법'에 따르면, 지방정부만이 농업용지에 대한 세금 징수, 개발, 임대의 권리를 가지고 있다. 도시화가 아주 빠른 속도로 이루어지는 중국에서 도시의 건설용지 수요는 나날이 증가하는데, 향진 정부는 농업용지를 징수하고 토지를 개발하는 정책을 통해서 재원을 확보하고 있다. 농업용지 징수 과정에서 농민에 대한 보상비는 도시 건설용지의 임대 가격보다 훨씬 낮고, 농업용지의 개발 이익은 향진 정부와 부동산 개발기업이 나누어 갖는 구조가 형성되었다.

프로젝트형 정부와 농민의 이익을 훼손하는 토지개발형 정부의 출현이 중국의 농촌사회에서 가지는 의미는 심각하다. 프로젝트를 잘 추진하는 정부는 그 성과를 인정받아 새로운 프로젝트를 추진할 가능성이 더 크지만 반대의 가능성도 있기 때문에 중국 농촌사회 사이의 불균등 발전의 문제가 심화될 수 있다. 토지 개발에 따른 이익 배분에서 소외된 농민의 저항은 이미 중국 농촌의 도처에서 발생하고 있다. 중국 농촌사회의 이 두 가지 심각한 문제를 규제하고 관리할 당국의 사회경제정책은 취약하다.

45

노동제도

장영석

유연한 노동제도로의 전환

과거 사회주의 계획경제체제하의 중국의 노동제도는 소위 '3철三鐵'로 비유되곤 했다. 즉, 안정적인 직장, 직무, 임금을 의미하는 '철밥통鐵飯碗, 철의자鐵交椅, 철봉급鐵工資'이 그것이다. 국가는 농민으로부터 저가로 일괄적으로 구매한 양식을 노동자에 공급함으로써 저임금정책을 유지할 수 있었고, 노동자에게 종신고용과 낮은 수준의 사회보장 혜택을 보장하는 대신 농민과 노동자가 축적한 잉여가치를 국가가 필요로 하는 공업과 건설 사업에 집중적으로 투자할 수 있는 노동제도를 확립했다.

노동자는 특별한 이유가 없는 한 국가로부터 배분받았던 직장에서 다른 직장으로 자유롭게 옮길 권한이 없었기 때문에 '고정공固定工'이라고 했다. 국가가 직장을 배분하는 체계에서 노동자에게는 직업 선택의 자유가 없었기 때문에 노동시장이 형성되지 않았다. 또한 기업과 노동자는 임금을 자주적으로 결정하지 못하고 일괄적으로 국가가 정한 8등급 임금제도의 적용을 받았다.

개혁개방정책으로 과거 사회주의 계획경제체제하에서 형성되었던 경직적인 노동제도는 점차 유연한 노동제도로 전환되고 있다. 노동법 (2004), 노동계약법(2007) 제정을 통해서 고정공은 계약노동자로 변화했다. 기업은 두 번까지는 기간을 정해 노동자와 노동계약을 체결할 수 있지만, 세 번째 노동계약을 체결할 경우 노동자와 '무고정기한 노동계약'을 체결해야 한다. 이 제도가 확립됨으로써 중국 노동시장의 유연성이 제고되었으나 그에 상응한 노동자의 단결권은 제대로 보장되고 있지 않다. 노동자는 기존 노동조합工會 이외의 다른 독자적인 노동조합을 조직할 수 없고, 기존 노동조합의 파업권은 보장되지 않는다. 현재 중국 노동시장과 노동관계를 규율하는 법규와 정책은 노동쟁의조정중재법(2007), 최저임금제도(2007), 사회보험법(2010) 등이 있다.

노동시장의 분할성

중국 노동시장의 핵심적 특징 가운데 하나는 노동시장의 분할성이다. 중국에서는 도시 시민과 농촌 주민을 구분하는 호구제도가 온존해 있기 때문에 중국의 농촌 노동자는 도시로 진입하더라도 도시호구를 가진 노동자가 누리는 사회보험의 혜택을 제대로 받지 못한다. 2016년 말 현재 농민공 총수는 2억 8,171만 명인데, 그중 본 향鄕과 진鎭을 6개월 이상 외지로 떠난 소위 '외출농민공外出農民工'의 수는 1억 6,934만 명에 달한다. 외출농민공 가운데 무고정기한 노동계약, 1년 미만 노동계약, 1년 이상 노동계약, 노동계약을 체결하지 않은 농민공이 차지하는 비중은 각각 12.4%, 4.2%, 21.6%, 61.8%이다. 세계은행WB이 조사한 자료에 따르면 도시호구를 가진 현지 노동자에 대한 농민공의 단위시간당 임금 격차는 2001년 35%에서 2010년 78%로 축소되었다.

중국 노동시장에서 임금은 두 가지 메커니즘을 통해 결정된다. 첫째, 지방정부의 임금 인상 가이드라인이다. 지방 정부는 매년 지방의 기업에 대한 조사를 기초로 임금 가이드라인을 제시한다. 또한 지방 정부는 2년마다 조정된 최저임금 기준을 발표함으로써 임금 인상률에 대한 가이드라인을 제시하고 있다. 둘째, 단체협상과 단체협약을 통해 임금 인상률을 자율적으로 결정한다. 노동법과 노동계약법에는 단체협약제도를 명시하고 있다. 중국 당국은 정부, 기업, 공회 3자가 참여하는 '3자 임금 협상tripartite wage bargaining' 메커니즘을 발전시키고자 하나, 중국의 노동조합이 노동자의 이익을 대변하지 못하고, 일부 지역의 경우 기업의 이익을 대변하는 기업가연합회가 결성되어 있지 않기 때문에 이 메커니즘이 정착되기까지는 많은 시간이 요구된다. (2010년 인력자원 및 사회보장부는 〈단체협약을 심도 있게 추진하기 위해 무지개 프로젝트를 실시하는 데 대한 통지〉를 발표하고, 2012년까지 기업과 공회工會가 단체협상을 전면적으로 체결할 것을 촉구했다.)

당면한 노동 문제

중국 당국이 향후 직면하게 될 주요한 노동 문제는 다음과 같다. 첫째, 노동력의 공급이 충분하지 않다. 유엔의 통계자료에 따르면, 중국의 노동연령인구는 2015년 전후로 감소한다. 초기에는 서서히, 2020년 이후에는 급속히 감소되어 2050년에는 정점보다 15% 감소할 것으로 전망된다. 중국 인구가 고령화되고 노동연령인구가 감소함에 따라 노동자 소득의 몫은 점차 비노동 고령자로 이전될 것이다. 2005년 중국의 15~59세 노동연령인구가 60세 이상의 고령 인구를 지원하는 비율은 6.1%였지만, 2030년에는 2.5%로 감소하고 2050년에는 1.6%로 감소할 전망이다. 결국 2005~2050년 사이 노동연령인구의 고령인구 지원 부담은 4배로 증가한다. 중국의 노동연령인구의 감소와 고령인구의 확대는 노동연령인구의 소비를 위축시키고, 고령자에 대한 국가 및 재직 노동자의 부담을 가중시키기 때문에 경제성장의 장애 요인이 된다.

둘째, 집단적인 노사관계의 출현이다. 2000년대 중국의 GDP에서 노동 소득labor income이 차지하는 비중은 감소하였다. 1990년대부터 2004년까지 GDP에서 노동 소득이 차지하는 비중이 60%대였으나 2008년에는 40%대로 저하했다. 이는 불평등을 야기하는 자본 편향적 실천의 결과이다. 2010년 난하이혼다南海本田 파업에서도 나타났듯이 신세대 농민공은 구세대 농민공과 달리 자신의 이익을 집단적으로 표현하고 있다. 더구나 노동연령인구가 감소하고 있고, 또 노동계약법은 두 번 이상 노동계약을 체결한 노동자를 해고하기 힘든 규정을 두고 있기 때문에 기업은 시장 교섭력과 현장 교섭력이 강한 노동자를 직면해야 할 형편이다. 집단적인 노사관계를 규율할 수 있는 법규 정비가 시급한 실정이나 아직까지 이 문제에 대한 중국 당국의 정책은 보이지 않는다.

중국 연령별 인구 구성 변화

연도	0~14(세)		15~64(세)		65+(세)	
	인구(천명)	비율(%)	인구(천명)	비율(%)	인구(천명)	비율(%)
2000	327,734	25.6	864,730	67.5	87,965	6.9
2010	246,707	18.1	999,569	73.5	113,545	8.4
2020	261,221	18.2	1,003,954	70.1	167,692	11.7
2030	230,643	15.9	987,570	68.0	235,084	16.2
2040	209,329	14.7	909,445	63.4	316,726	22.1
2050	204,188	14.7	849,475	61.3	331,314	23.9

자료: World Population Prospects

46

단위체제

백승욱

단위單位체제는 중국 사회주의 시기 사회관리의 기본적인 틀이었다. 이는 주로 도시에 한정된 현상이었지만, 인민공사라는 조직을 통해 관리된 농촌 또한 본질적으로는 단위체제와 유사한 특징을 보였다. 단위체제는 소련을 비롯한 다른 사회주의 국가들의 사회조직 원리와도 대비되는 중국 사회주의의 특성으로, 낮은 노동이동률과 탈집중적인 행정체제에 의해 지탱되었다.

단위는 회계계산의 기준이 되는 개별 직장을 이르는 말로, 기업단위, 사업단위, 국가기관단위 등으로 나뉜다. 본래 경제적 회계단위를 이르던 이 말에 특별한 함의가 담기게 된 것은 이 조직이 사회주의 시기 중국사회에서 가장 기본적인 생산과 생활 공동체의 조직 원리가 되었기 때문이다. 직장이 생활의 주요 시간을 보내고 소득을 버는 생활공간이 된다는 의미를 넘어서, 일상생활의 나머지 대부분도 단위라는 공간에 의존해서 영위되며, 더 나아가 정부의 기초 행정 업무까지도 단위에서 맡아 수행됨에 따라 단위체제는 매우 특수한 성격을 지니게 되었다.

형성과정

중국 사회주의 수립과정에서 혁명근거지를 중심으로 탈집중화된 형태의 국가가 건설된 경험이 있었고, 이런 과거가 자기 완결적 단위조직이 형성되는 출발점이 되었으며 대약진 시기의 경제·사회관리 정책이 이런 분산적 관리체제를 강화한 것은 사실이다. 그렇지만 중국에서 단위체제의 틀이 공고해진 것은 특히 문화대혁명 이후였다. 문화대혁명 시기 각급 정부조직이 대중조직들의 공격을 받고 업무가 사실상 마비되면서 정부의 행정관리 업무들이 각급 단위로 위임되어 단위체제의 특성이 강화되었다. 중앙과 지방정부의 조절기능은 취약해졌고, 고용과 물자배분 등의 주요 업무는 각 단위의 자체 역량에 의존해 수행되었다. 이런 배경 때문에 중국 사회주의에서 단위체제의 특징이 가장 두드러지게 나타난 시기는 1970년대에서 1980년대 초까지라 할 수 있다.

특징과 사회적 기능

단위체제는 경제활동, 재생산 그리고 행정의 복합체였기 때문에 그에 따라 다양한 특징을 보였다. 첫째로 단위는 평생직장이었으며, 둘째로 배급 물자를 포함해 필수물자와 희소자원이 배분되는 물자공급의 통로였다. 셋째로 단위는 양로, 의료, 교육을 포함하는 사회복지 혜택이 공여되는 기본조직이었으며, 넷째로 개인 신분을 관리하는 준공공기관의 성격을 띠었고, 다섯째로 노동자 개인뿐 아니라 노동자에 딸린 피부양자의 일자리 제공과 사회복지에 대해서도 책임을 지는 조직이었다.

단위체제하에서는 단위 간 이동이 최소한도로 제약되었고 물자배분 등 많은 일들이 단위 자체 내에서 해결되었으며 단위 내 주요 자원의 배분은 단위 내 권력관계의 영향을 받는 일이 많았다. 이처럼 폐쇄적이고 자족적인 형태로 단위가 운영되었지만 문화대혁명을 거치며 단위 내부의 힘 관계가 가지는 영향력이 커지면서 단위 내에서의 물자배분은 상당히 '평균주의적' 특성을 보이게 됐고 불평등은 상당히 줄어들었다. 이런 특성을 잘 보여주는 것은 개인이 누리는 실질적 소득 중에 화폐로 받는 직접임금의 비중이 낮아진 반면, 비화폐적으로 공여되는 간접임금, 즉 사회복지로 간주될 수 있는 소득 비중이 높아졌고, 이것이 재분배의 기제로 작용해 단위 내에서 개인 간 경제적 지위의 불평등이 상당히 낮아졌다는 점이다. 반면 단위들 사이에 조절기제가 없었기 때문에 단위들 사이에서는 소속 단위의 규모와 형태, 업종 등에 따라 불평등의 정도가 더 커지는 문제가 발생하게 되었다. 또한 단위 간 이동의 제약이 컸을 뿐 아니라 단위체제가 도시와 농촌 사이의 단절을 강화하는 제도적 장벽이 되었다는 문제도 두드러졌다. 농촌지역에서 도시로 이동하려면 소속 단위가 있어야 하는데, 단위 간 이동이 어렵기 때문에 도시로의 유입은 거의 불가능했다.

사라지는 단위체제의 유산

개혁개방 시기에 들어서 단위체제의 핵심 특징인 종신고용 체제와 단위복지 체제는 개혁해야 할 핵심 대상으로 공격받았고, 단위체제를 허무는 데 많은 노력이 기울어졌다. 종신고용 제도를 대체해 노동계약제가 등장해 1994년의 '노동법'과 2008년의 '노동계약법'에 의해 노동계약제가 새로운 고용의 틀로 정착되었으며, 단위복지 체제를 대체하는 노동보험제도가 수립되어 양로보험, 의료보험, 실업보험을 중심으로 시행범위가 확대되고 있다. 이제 단위체제의 유산은 많이 사라지고 있지만 새로운 형태의 사회보장 제도가 과거 단위체제가 수행한 업무와 영역을 충분히 계승할 수 있는지 시험받고 있다.

삼농 문제

47

박경철

삼농 문제의 등장 배경

중국에서 '삼농三農'은 말 그대로 농업, 농촌, 농민을 가리키며, 소위 '삼농 문제'는 이들 세 가지 문제를 일컫는다. 이 말이 처음 등장한 배경은 후난성 젠리현監利縣 치판향棋盤鄉의 당서기였던 리창핑李昌平이 2000년 8월 24일 〈남방주말〉에 기고한 글에서 비롯됐다. 그는 중국의 농업, 농촌, 농민의 어려운 현실을 담아 국무원 지도자에게 보내는 형식으로 기고를 했는데, 이 글에서 그는 중국의 삼농 문제를 압축하는 말로 '현재 농민은 너무나 힘들고, 농촌은 정말 가난하며, 농업은 진짜 위기다'라고 적었다. 중국 농촌의 절박한 현실 문제를 담은 이 글은 곧 중국사회 전반에 큰 반향을 일으키며 삼농 문제가 본격적으로 정부와 학계의 중요한 화두가 되는 계기를 마련해주었다. 특히 중국의 대표적인 삼농 문제 전문가인 중국인민대학 원톄쥔溫鐵軍 교수 등이 삼농 문제를 중국이 가장 시급히 해결해야 할 문제라고 주장하면서, 이 문제는 국가적인 현안으로 부각되었다.

삼농 문제의 근본 원인

사실 삼농 문제는 중국만의 문제는 아니다. 일반적으로 삼농 문제는 개발도상국가에서는 거의 예외 없이 나타나는 복잡하고도 어려운 문제이다. 그런데도 중국에서의 삼농 문제가 유독 부각되는 것은 신중국 성립 이후 왜곡된 정치와 경제의 발전구조를 보면 이해할 수 있다. 주지하다시피 마오쩌둥의 신중국은 농민의 피와 땀으로 성립됐다. 도시노동자를 중심으로 성공을 거둔 소련의 볼셰비키혁명과 달리 마오쩌둥은 중국의 광대한 농촌과 농민을 기반으로 공산혁명을 일으켜 성공을 거두었고, 그들의 절대적인 지지 속에서 신중국을 성립했다. 하지만 신중국 성립 이후 마오쩌둥은 농민의 열망을 배신하고 강력한 공업화·도시화 우선정책을 실시하며 농업, 농촌, 농민을 희생시켰다. 그 구체적인 내용을 보면 다음과 같다.

먼저 농업의 희생이다. 중국은 신중국 성립 이후 공업화정책을 실시할 자본이 없었다. 그래서 농업 부문에서 그 자본을 조달했다. 대표적인 예가 협상가격차剪刀差정책이다. 즉, 중국정부는 일괄수매와 일괄판매統購統銷정책을 통해 농민들로부터 강제로 낮은 가격에 농산물을 수매해 도시노동자에게 값싸게 공급했다. 따라서 정부에 의해 턱 없이 낮게 형성된 농산물가격으로 농민들은 수십 년간 정부에 의해 경제적으로 수탈당한 셈이다. 더 놀라운 사실은 1958년부터 3년간 대약진의 실패로 인해 수천만 명의 농민들이 기근으로 아사할 때도 중국정부는 대외 과시와 외화 획득을 위해 일부 농산물을 수출하기도 했다.

둘째는 농촌의 희생이다. 중국정부는 도시와 농촌을 이원二元구조로 나누고 공업화 우선정책으로 도시에는 각종 인프라시설과 주거시설들을 건설했지만, 농촌은 정책적으로 소외되었다. 신중국 성립 초기에는 공업화의 배후 지역으로 농촌은 자원 수탈의 대상이 되었다. 개혁개방 이후에는 연해안과 대도시 우선 정책으로 도시와 농촌의 격차는 점차 확대됐다. 중국정부도 이러한 문제를 인식해 농촌공업을 활성화시키기 위해 향진기업鄕鎭企業을 육성하고 농촌의 도시화를 촉진시키기 위해 소성진건설小城鎭建設을 대대적으로 실시했지만 두 정책 모두 실패했다. 향진기업은 농촌의 자원과 특성을 살리지 못했다는 점, 소성진건설은 농민 진입의 까다로움과 일자리 보장 등의 미흡으로 실현되지 못했다. 그 결과 도시와 농촌의 괴리감은 더욱 확대되었다.

셋째는 농민의 희생이다. 도시 노동자와 농민을 차별하는 대표적인 제도가 호구제도이다. 호구는 크게 농업호구와 비농업호구로 나뉘는데 농민이 한번 농업호구로 정해지면 좀처럼 변경하기가 어려울 뿐만 아니라 그 자식까지 대물림된다. 원래 공업화 초기에 중국정부는 농업생산을 안정적으로 확보하고 농민의 맹목적인 도시로의 이동으로 인해 초래되는 각종 문제를 차단하기 위해 호구제도를 만들었지만, 공업화 이후에도 여전히 존속돼 농민들의 삶에 족쇄로 작용하고 있다. 농민은 도시로 나가 일을 하더라도 경제적·사회적·복지적 혜택을 거의 받지 못하기 때문에 도시에서 장기간 노동을 하더라도 여전히 신분이 바뀌지 않아 농민공農民工으로 살아가고 있다. 온갖 힘든 일을 하며 도시산업화를 위해 희생을 감수했지만 여전히 바뀌지 않는 호구제도로 인해 받는 차별 대우로 인해 농민들의 불만은 고조되었다. 많은 사회문제가 여기에서 비롯되었다고 할 수 있다.

후진타오 시기 삼농 문제 해결 노력과 한계

이처럼 구조적으로 뿌리 깊고 복잡한 삼농 문제 해결을 위해 적극적으로 나선 지도자는 후진타오 주석이었다. 연해안 중심의 개혁개방을 주도했던 덩샤오핑과 상하이에 정치적 기반을 두고 있었던 장쩌민 전 주석과 달리, 후 주석은 2003년 취임 이후 삼농 문제를 공산당이 가장 우선 해결해야 할 문제로 인식해 2004년부터 2013년까지 10년 동안 매년 초 전체

공산당과 국무원의 각급 기관에 하달하는 〈중공중앙 1호 문건〉을 삼농 문제 해결에 관한 내용으로 채웠다. 2005년에는 농민들의 원성 대상이었던 농업세를 폐지했고, 2006년부터는 우리나라 새마을운동과 비슷한 사회주의 신농촌건설을 대대적으로 실시했다. 2007년에는 농업의 현대화·산업화·조직화를 위해 '농민전업합작사법'을 공표·시행했고, 2008년에는 토지법을 개정해 농지의 자유이동을 확대했다.

또한 그동안 도시와 농민 간의 대표적인 차별정책이었던 호구제도에 대한 개혁을 충칭 등의 일부 지역에서 시범적으로 실시했으며, 2001년 WTO 가입 이후 불안한 농민소득을 안정화하기 위해 WTO 체제에서 허용되는 보조금을 확대했다. 하지만 이러한 일련의 조치에도 불구하고 도시와 농촌의 격차는 계속 확대되고 농민들의 불만은 고조되어 왔다. 정부의 공식적인 통계에 의하면, 1980년대 중반 중국의 도시와 농촌의 소득격차는 1.8:1이었으나 2009년에는 3.3:1로 벌어졌다. 소득 이외의 사회·교육·의료·문화적 격차를 포함한다면 도시와 농촌의 격차는 6~7:1 정도로 악화됐다. 이 정도 수준이면 정부에 대한 불만이 거의 폭발 직전이라는 게 학자들의 중론이다. 2011년 광둥성 우칸춘烏坎村 등에서 벌어진 지방정부와 농민들 간의 무력충돌사태의 원인도 개발과정에서 소외받는 농촌 주민의 강력한 불만의 표출이라고 할 수 있다.

시진핑 시기 삼농 문제 해결 노력과 향후 전망

시진핑 주석이 전임 후진타오 주석의 삼농정책을 이어받을 것인가에 대한 걱정은 기우에 불과했다. 시진핑 주석이 2013년 당서기와 국가주석으로 취임한 해에도 〈중공중앙 1호 문건〉은 변함없이 삼농 관련 내용이었다. 이후 그의 전반기 임기 5년 동안 〈1호 문건〉 역시 줄곧 삼농에 대한 내용이었다.

사실 역대 총서기와 국가주석 가운데 시진핑 주석만큼 삼농 문제에 관심이 있었던 인물도 드물다. 그는 아버지 시중쉰智仲勳이 중국 서북부 혁명근거지에서 활동할 당시 그곳에서 머물면서 농민의 현실을 통감했으며 문화대혁명 시기에는 산시성陝西省 옌촨현延川縣 원안이공사文安驛公社 량자허대대梁家河大隊에서 지식청년知識靑年으로 활동하면서 삼농 문제에 눈을 떴다. 이러한 경험 때문에 그는 칭화대학을 졸업하고 당 중앙군사위원회中央軍事委員會 판공청 비서라는 출세가 보장된 길을 뒤로하고 1983년 허베이성의 농촌지역인 정딩현正定縣에 내려가 빈곤 문제 해결을 위해 노력했다. 그 후 그는 다시 푸젠성으로 내려가 약 17년 동안 간부를 역임하면서 농촌의 빈곤 문제 해결을 위해 노력했다. 그가 푸젠성에서 일하는 동안 실행한 다양한 빈곤퇴치 노력과 농촌발전 구상은 이후 2008년 칭화대학 마르크스학원에서 〈중국농촌시장화건설연구〉라는 제목의 박사논문으로 완성되기도 했다.

시진핑 주석은 일찍이 허베이성 정딩현에서 근무할 때인 1983년 옥수수가공 관련 연수단을 이끌고 미국 아이오와주 지역을 시찰할 정도로 개방의식과 전략적 안목이 있었다. 그는 총서기에 취임한 2013년 중앙농촌공작회의에서 "중국이 강해지려면 농업이 반드시 강해야 하고, 중국이 아름답기 위해서는 농촌이 반드시 아름다워야 하며, 중국이 잘 살려면 농민이 반드시 잘 살아야 한다"는 말로 그의 삼농사상을 피력한 바 있다. 그는 어떤 시기에도 농업을 소홀히 하지 말고, 농민을 잊지 말고, 농촌을 멸시하지 말 것을 당부했다.

시진핑 주석의 두 번째 임기가 시작하는 2018년 역시 〈중공중앙 1호 문건〉은 삼농 관련 내용이었다. 그는 2020년까지 농촌의 빈곤 문제를 완전히 해결해 소강사회小康社會를 전면 실현하겠다고 했다. 따라서 향후 중국정부는 삼농 문제 해결을 위해 선진농업, 생태농업, 관광농업 등을 통해 농업의 부가가치를 높여 농민의 소득을 증대시키고, 신농촌건설과 신형도시화 등을 통해 농촌에도 도시와 같은 사회서비스를 제공하고, 토지개혁, 호구제도 개선 등을 통해 농민에게 더 많은 권리를 보장할 전망이다. 또한 농촌금융제도와 향촌정치 구조를 개선하고 귀향 청년들의 창업을 유도해 농업, 농촌, 농민을 혁신하고자 한다.

호구제도

48

이민자

호구제도의 역할

계획경제 시기 중국정부는 시민은 단위제도單位制度, 농민은 인민공사
人民公社에 의해 통제되는 중국식 사회주의체제를 형성했다. 이런 체제하
에서 호구戶口제도는 도시로의 인구이동을 금지하여 도시인구를 20% 이
내로 제한하기 위해 1958년 만들어졌다. 호구제도는 도시인구를 제한하
여 단위제도 유지에 필요한 사회경제적 비용을 낮추어 계획경제가 유지
될 수 있게 했다.

호구제도가 실시된 후 모든 중국인들은 호구지에 등록되었고, 출생지
에서 발급되는 호구에 따라 농업호구農業戶口와 비농업호구非農業戶口로
구분되었다. 이에 따라 중국에서 도시와 농촌 간에는 보이지 않는 차별
의 벽이 생겼다. 농업호구와 비농업호구에게 부여되는 권리는 다양한 면
에서 차이가 있었다. 예컨대 도시의 비농업호구 소지자는 단위에 소속되
었고, 단위는 구성원에게 임금뿐만 아니라 식량 및 생필품 배급, 임대주
택, 의료보험, 교육 등을 거의 무상으로 제공했다. 농업호구 소지자와 비

교할 때 시민에게만 특혜가 제공된 셈이다. 호구제도하에서 도시호구 소지자에게는 거의 완전고용과 시민 간의 상대적 평등이 보장되었으나 시민과 농민 간에는 다양한 혜택 면에서 불평등했다. 따라서 중국인들은 대도시 비농업호구를 획득하길 희망했으나 그런 꿈을 이루는 경우는 극히 드물었다. 공안당국 역시 호구제도를 엄격히 시행했고 농민이 농촌을 3일 이상 떠날 경우 공안당국의 승인이 필요했다. 중국 도시인구가 1978년까지 20% 이하에 머물렀다는 것이 도시호구 획득이 얼마나 힘들었는지를 단적으로 보여준다.

호구제도의 개혁

1980년대 경제개혁으로 도입된 시장화, 사유화는 자유로운 인구이동을 촉진하는 역할을 함으로써 인구이동을 금지해온 호구제도를 약화시켰다. 인구이동을 금지하는 호구제도에도 불구하고 비공식적으로 농촌에서 도시로 이동하는 농민공農民工이 급증했다. 중국 국가통계국 발표에 의하면 2016년 말 중국의 농민공은 2억 8,200만 명이었다. 1990년대부터 도시호구 없이 도시에 비공식적으로 거주하는 농민공이 증가하여 행정적 통제의 공백이 발생하자 호구제도의 사회통제 역할도 약화되기 시작했다.

결국 급속한 인구이동 현실을 반영하여 거주 이전의 자유를 금지해온 호구제도 개혁의 필요성이 1990년대 중반부터 중소도시를 중심으로 논의되기 시작했다. 1990년대 호구 개혁의 쟁점은 도시와 농촌호구를 구분하는 이원구조를 유지한 채, 소도시에 국한하여 호구를 개방하는 것이었다. 2000년대 호구제도 개혁 논의의 쟁점은 점진적인 대도시(베이징, 광저우, 상하이) 호구 개방, 단일 호구제도居民戶口(주민호구)를 실시하여 농민과 시민을 구분해온 이원구조를 폐지하고 호구를 '단일화'하는 것, 호구제도 개혁에서 더 나아가 폐지하는 것 등이었다.

2000년대 중반부터 호구제도 개혁 논의의 일부는 실제 정책에 반영되었다. 2004년 대도시(베이징, 광저우, 상하이)에서 농민공 직종제한 및 직종차별 규정이 폐지되었다. 그해 베이징, 상하이에서 농민공 자녀의 공립학교 입학이 허용되어 농민공 자녀들이 시민 자녀와 동등하게 공교육을 받을 권리가 주어지기도 했다.

2014년 7월 중국 국무원은 농업호구와 비농업호구의 구분을 폐지하고 '주민증居民證'으로 신분증을 통일하는 호구제도 개혁안을 발표했다. 그러나 도시 인구 규모에 따라 차별화된 호구부여 기준이 적용된다. 100만~300만 명 이하 중소도시의 상주 호구는 쉽게 신청하여 받을 수 있지만, 500만 명 이상 대도시의 인구증가는 엄격히 통제하고 있다. 따라서 호구개혁에도 불구하고 농민공들이 거주를 희망하는 대도시(베이징, 상하이, 톈진, 광저우 등) 호구 취득은 여전히 매우 어렵다.

호구제도 개혁이 이뤄짐에도 불구하고 폐지되지 않는 이유는 무엇인가? 중국정부는 호구제도를 폐지할 경우 대도시로의 인구집중으로 인한 다양한 도시문제 및 사회혼란을 우려하기 때문에 개혁은 허용하되 폐지에는 신중한 입장이다. 따라서 신형도시화 정책하에서 농민의 도시 노동자화를 추진하고 있지만 대도시 시민권 취득을 제한하는 호구제도는 남아 있다.

49

농민공

김도경

해마다 춘절이 되면 중국 대도시의 기차역은 귀성 인파로 붐빈다. 그들 중 상당수가 농민공이라고 할 수 있다. 평소에는 중국의 도시 주민조차 그들의 존재를 알아차리기가 어렵지만, 춘절이 되면 자기네 도시에

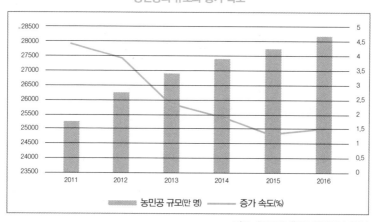

농민공의 규모와 증가 속도

자료:《2016年農民工監測調査報告》

얼마나 많은 농민공이 거주하고 있는지를 깨닫게 된다. 중국 국가통계국의 모니터링 자료에 따르면, 2016년 기준 중국의 농민공 규모는 2억 8,171만 명이다.

도시와 농촌을 오가는 노동력

일반적으로 중국의 농민공은 개발도상국이라면 흔히 나타나는 이촌향도離村向都 현상처럼 이해된다. 1990년대부터 중국경제는 고도성장을 이어갔고, 그에 따라 동부 연안도시의 노동력 수요가 큰 폭으로 증가했다. 마침 당시 중국 농촌의 노동생산성은 대단히 낮은 편이었다. 파도가 이어지듯, 농촌의 유휴 노동력이 끊임없이 도시로 흘러갔다.

그런데 중국의 농민공이 일반적인 이촌향도와 달랐던 점은, 그들이 완전히 농촌을 떠나지 않았다(혹은 못했다)는 데 있었다. 자신들의 집이 농촌에 남아 있었을 뿐 아니라 농업 활동에 필요한 경작지도 농촌에 남아 있었다. 가족 전체가 도시로 이주한 것이 아니라 가족 중 일부만 도시로 이주한 경우였다. 농촌에 남은 가족은 대부분 계속해서 농업 활동을 이어갔다. 소득원이 임금 활동과 농업 활동 두 가지였던 것이다.

따라서 중국의 농민공은 농촌 주민도 아니었지만 도시 주민도 아니었다. 도시에서 그들이 벌어들인 임금 소득은 도시 생활을 위해 사용되던 것이 아니라 고향인 농촌의 가족을 위해 보내졌다. 춘절에는 고향인 농촌으로 돌아가 새해에 어느 도시에서 일할 것인지 계획을 세우기도 했다. 심지어 삶의 의미를 농촌에서 찾기도 했는데, 도시에서 벌어들인 임금 소득을 농촌 주택의 개조에 사용하거나, 혹은 고향 친인척들의 경조사를 챙기는 데 사용했던 것이다. 자발적이든 강제적이든, 중국의 농민공은 자신들의 고향인 농촌을 완전히 떠나지 못한 사람들이었다.

농민공과 노동시장의 유연성

농민공의 이 독특한 성격 때문에 중국의 노동시장이 유연해질 수 있었다. 예를 들어, 농민공의 근로 조건은 상대적으로 열악한 편이라고 알려져 있다. 그런데 이 열악한 조건을 그들이 감내하는 것은 그들이 순진하고 어리석기 때문이 아니다. 농촌에 그들의 가족이 있고 삶의 의미가 그곳을 중심으로 형성되기 때문에, 그 열악한 근로 조건도 마다하지 않는 것이다. 만약 동일한 근로 조건으로 도시 생활을 해야 했다면, 중국사회는 지금보다 훨씬 더 혼란스러웠을 수 있다.

나아가 농민공은 경기가 안 좋을 때에는 실업의 충격을 자체적으로 해결하기도 한다. 2008년 세계금융위기가 발생했을 당시 중국에서도 2,000만 명에 달하는 실업자가 양산되었다. 당시 많은 언론매체들은 그 2,000만 명의 실업자가 중국사회에 심각한 문제를 가져다주리라 예상했다. 그러나 예상과 달리 중국에서는 사회혼란도 없었고 급격한 경기침체도 없었다. 왜냐하면 2008년에 일자리를 잃었던 사람들이 대부분 농민공이었기 때문이다. 그들은 거리에 나앉았던 것이 아니라, 임금 활동을 접고 집과 경작지가 남아 있는 고향 농촌으로 돌아갔다.

분화하는 농민공

최근의 농민공은 이전과 사뭇 다른 양상을 보이곤 한다. '농민공'으로 통칭하기가 어려울 정도로 분화하고 있다. 출신지역별, 교육수준별, 이동거리별로 매우 다른 성격의 '농민공'이 존재한다. 특히 주의를 요하는 부분은 연령별, 혹은 세대별 분화이다. 흔히 1세대 농민공과 신세대 농민공으로 구분하는데, 핵심적인 차이는 고향 농촌으로의 귀향 여부이다. 1세대 농민공은 대부분 경작 경험을 갖고 있기 때문에 나이가 들면 고향인 농촌으로 돌아가려는 경향을 보인다. 반면 신세대 농민공은 경작 경험도 없고 도시 생활에 강한 애착을 갖고 있기 때문에 가능한 도시에 정착하려고 한다. 도시에 정착하려는 의지가 강할수록 고향 농촌과의 관계는 약해질 수밖에 없다.

50

사회보험제도

장영석

현행 중국의 사회보장 시스템은 사회보험, 사회구조, 사회복지로 구성되어 있는데, 그 가운데 가장 중요한 제도는 사회보험제도이다. 사회구조와 사회복지는 주로 재난을 당한 사람과 노동력을 상실한 사람을 대상으로 하는 반면, 사회보험제도는 노동력을 가진 사람을 대상으로 한다. 사회보험제도는 양로보험, 의료보험, 실업보험, 공상보험, 생육보험의 다섯 가지로 구성되어 있다. 1951년 '노동보험조례'를 통해 운영되던 중국의 사회보험 시스템은 1990년대 후반기 국유기업 개혁과 더불어 개혁되었고, 다른 사회제도와 마찬가지로 단점을 보완하면서 계속 진화해나가고 있다. 2010년 전국인민대표대회에서 통과된 사회보험법은 "중국의 공민은 연로하거나 질병에 걸렸을 때, 실업에 처하거나 산업재해를 당했을 때, 아이를 출산하고 양육할 때 법에 의거하여 국가와 사회로부터 물질적 도움을 받을 수 있는 권리를 가진다"라고 명시하고 있다.

양로보험제도

중국의 양로보험제도는 가입 대상에 따라 별도의 제도가 운영되고 있고, 보험료의 납부 기준, 양로금 혜택 수준이 각각 다르다. 도시의 기업 취업자와 퇴직자를 대상으로 하는 '도시 직공 기본양로보험'(1997), 국가기관과 국가가 운영하는 사업단위의 취업자와 퇴직자를 대상으로 하는 '기관 및 사업단위의 기본양로보험'(1978), 16세 이상 도시 비취업 주민을 대상으로 하는 '도시 주민 사회양로보험'(2011), 16세 이상 농촌 주민을 대상으로 하는 '신형 농촌 사회양로보험'(2009)이 운영되고 있다. 이네 가지 양로보험제도가 확립됨으로써 제도적으로는 중국의 전 국민이 기본양로보험제도의 혜택을 받을 수 있게 되었다. 그러나 중국은 양로보험 가입을 강제하지 않고 있기 때문에 가입하지 않은 사람도 많다. 중화인민공화국 인력자원 및 사회보장부가 작성한 〈인력자원 및 사회보장 사업 발전 제13차 5개년 계획 강요〉에 따르면, 2015년 기본양로보험 참가율은 82%인데, 2020년까지 90%로 제고한다는 목표가 제시되어 있다.

1997년에 채택되어 지금까지 운영되고 있는 도시 직공 기본양로보험은 두 가지 축으로 운영된다. 첫 번째 축은 '사회통합기금social pool'이고 두 번째 축은 '개인 퇴직연금 구좌personal retirement account'이다. 현행 도시 직공 기본양로보험제도에서 양로보험비 납부율에 대한 국가의 가이드라인은 임금총액의 24%이다. 임금총액 24% 가운데 13%는 사회통합기금에, 11%는 개인 퇴직연금 구좌에 적립된다. 사회통합기금에 적립되는 13%는 기업이 전적으로 부담하고, 개인 퇴직연금 구좌에 적립되는 11%는 기업 부담이 8%, 개인 부담이 3%이다.

15년 이상 양로보험비를 납부한 60세 이상의 남성과 55세 이상의 여성은 양로금을 받을 수 있다. 양로금 대체율은 60% 수준으로 설계되었으나 인구의 급속한 고령화와 퇴직자 수의 증가로 점차 그 대체율은 낮아질 전망이다. 일부 성省의 경우 퇴직자에게 지급해야 할 양로금이 부족했기 때문에 개인 퇴직연금 구좌에 적립되어 있는 적립금으로 퇴직자의 양로금을 지급했고, 그 결과 개인 퇴직연금 구좌가 '빈 통장'으로 남아 있는 경우도 있다. 2015년 말 빈 통장으로 남아 있는 개인 퇴직연금 구좌의 규모는 4.7조 위안에 달하고, 당해 연도 도시 직공 양로보험기금 누적 잔여액은 3.5조 위안이다.

중국의 양로보험제도는 각각 별도로 운영되고 있는 양로보험제도를 통합하는 문제, 각급 행정구역 간 양로보험이 이전되기 힘든 문제, 인구 고령화와 퇴직자 증가에 따른 양로금 확충 문제, 신규 가입자를 확대하는 문제, 축적된 양로기금의 자산 가치를 효율적으로 확대하는 문제 등을 직면하고 있다.

의료보험제도

중국의 의료보험제도 역시 양로보험제도와 마찬가지로 가입 대상자에 따라 별도의 제도가 운영되고, 보험료의 납부 기준과 혜택도 각각 다르다. 도시 직공을 대상으로 하는 '도시 직공 기본의료보험'(1998), 도시 주민을 대상으로 하는 '도시 주민 기본의료보험'(2007), 농촌 주민을 대상으로 하는 '신형 농촌 합작의료보험'(2003)이 운영되고 있다. 이 세 가지 기본의료보험제도가 확립됨으로써 제도적으로는 중국의 전 국민이 기본 의료보험제도의 혜택을 받을 수 있게 되었다. 〈인력자원 및 사회보장 사업 발전 제13차 5개년 계획 강요〉에 따르면, 2015년 기본의료보험 참가율은 95%인데, 2020년까지 95%로 제고한다는 목표가 제시되어 있다.

도시 직공 기본의료보험도 양로보험과 마찬가지로 사회통합기금과 개인 구좌의 두 가지 축으로 구성되어 있다. 도시 직공 기본의료보험에 참가하는 기업은 임금총액의 6%를 의료보험료로 납부하고, 직공은 본인 임금의 2%를 보험료로 납부한다. 기업이 납부한 보험료 6%의 30%는 개인구좌에 적립되고, 나머지 70%는 사회통합기금에 적립되며, 직공이 납부한 2%의 보험료는 전액 개인구좌에 적립된다. 개인구좌에 적립된 기금은 주로 작은 병의 치료에, 사회통합기금에 적립된 기금은 주로 큰 병을 치료하는 데 사용된다. 중국 당국은 직공 의료보험 가입자의 입원비에 대한 의료보험 혜택은 75%, 도시 주민 기본의료보험과 신형 농촌 합작의료보험에 가입자의 입원비에 대한 의료보험 혜택은 70%로 제고한다는 방침을 제시하고 있다.

중국의 의료보험제도는 각각 별도로 운영되고 있는 의료보험제도를 통일하는 문제, 인구 고령화와 퇴직자 증가에 따른 의료보험기금 확충 문제, 축적된 의료보험기금의 자산 가치를 확대하는 문제, 국공립 병원의 서비스를 제고하는 문제 등에 직면해 있다.

보완되고 있는 사회보험

〈인력자원 및 사회보장 사업 발전 제13차 5개년 계획 강요〉에 따르면, 중국은 2020년까지 '전 국민의 보험 참여全民參保'를 실현한다는 계획을 가지고 있다. 중국은 사회보험 참여의 중점 대상으로서 중소기업의 노동자, 비정규직 노동자, 농민공을 들고 있다. 그밖에 공상보험의 경우 성급 차원에서 통일적으로 운영하고 사회보험의 지역별 이관 업무를 더욱 순조롭게 하는 정책을 확립하며 보충 보험으로서 기업연금, 직업연금, 상업보험을 발전시켜 다양한 차원의 보장 시스템을 형성해 나간다는 방침을 제시하고 있다.

51

사회통제

장윤미

사회구조 및 사회통제 방식의 전환

현대사회의 중요한 특징 중 하나는 소속 공동체에 의해 규정되던 사회적 인간관계의 틀이 무너지고 개인의 능력에 따라 신분 상승이 가능해지며 공간적 이주가 자유롭다는 점이다. 이에 따라 현대사회에서는 출신, 인종, 지역, 사고방식, 윤리규범 측면에서 다양하고 이질적인 사람들을 어떠한 자원과 방식으로 통합해낼 것인가가 중요한 문제로 등장했다.

중국의 경우 혁명을 통해 새로운 국가체제를 건립했지만, 사회구조적 측면에서 볼 때 사회주의 시기 근본적인 전환이 이루어졌다고 보기는 힘들다. 도시 단위체제와 농촌 인민공사체제로 분리하는 엄격한 호적제도를 유지하면서, 태어나서 한 번도 자신의 고향이나 거주지를 떠나본 적이 없고 친족관계를 기반으로 한 전통적인 '숙인熟人 사회'라는 정적인 사회구조를 그대로 이어받았기 때문이다. 그러나 개혁 이후 추진된 시장화와 도시화의 과정에서 새로운 도시가 만들어지고 노동력 이주에 대한 제한이 점차 완화됨에 따라 중국사회는 점차 '유동사회'로 바뀌어왔다. 기존 지역공동체에서의 사회질서는 관계와 책임, 도리, 소속감 등의 규범으로 유지할 수 있지만, 낯선 사람들과 일상적으로 대면하게 된 유동사회에서는 질서를 유지하고 스스로 안전감을 느끼며 타인과 공존할 수 있는 또 다른 행위규범과 제도가 필요하게 된 것이다. 또한 기존에 일원적 원리에 의해 통합되어 있던 사회는 시장화 개혁에 따라 점차 정치·경제·사회적 기능이 분리되었고, 시장경제가 제대로 작동하기 위해 필요한 다양한 경제·사회조직이 급증하게 되었다.

이에 따라 중국체제에서 사회통제는 주로 사회관리 차원이나 범죄통제의 측면에서 다루어져 오다가, 1990년대 들어 시장경제라는 달라진 조건에서 법이나 법 집행 기구 등 공식적인 제도와 인터넷 등 기술적 수단에 의한 통제를 강화하기 시작한다. '법치국가 건설' 혹은 '법에 의한 통치'를 국가발전의 기본 방향으로 격상시킨 것도 이러한 맥락에서 파악해 볼 수 있다. 개혁 이후 생겨난 사회단체, 민간조직, 종교조직, 민간기금회, 도시 유동인구(농민공)에 대해서도 전면적인 정리와 통제를 강화해왔다. 특히 사회단체와 민간조직에 대해서는 1998년과 1999년 새로운 사회단체관리등록조례 및 실시 세칙에 따라 규범적 관리를 실시했고, 언론매체에 대해서도 선전 지향적 기능을 강화하고 특히 인터넷에 대한 통제를 중시하면서 인터넷 안전기술 개발 및 관리요원 육성을 대규모로 지원해왔다.

안정유지의 정치와 사회관리 혁신

이러한 과정에서 중국지도부는 지속적인 개혁 추진을 위해서는 무엇보다 체제안정이 필요하다는 인식 아래, 이른바 '안정유지維穩'를 중요한 과제로 추진해왔다. 안정유지를 각급 지방정부의 주요한 업무목표이자 책임으로 부과하는 동시에 기층에서의 촘촘한 통제조직망 건설을 통해 안정유지체제를 구축해온 것이다. 그러나 사회통제 책임을 지방정부에 떠넘기는 이러한 정책은 기층으로 갈수록 권력의 임의성이 커지고 압박이 증가되는 구조이기 때문에, 지방정부는 다양한 형태의 폭력을 동원하게 되고 이에 맞서는 대중들의 대응도 점차 급진적인 형태를 띠게 되었다. 또한 이러한 방식은 치안유지를 위한 관련 조직의 비대화를 가져왔고, 각 지방정부의 안정유지비용 상승으로 이어졌다. 무엇보다 심각한 것은 이러한 정책에도 불구하고 전국 각지, 사회 각 영역에서 권리보호維權운동이 급증하여 사회불안정이 도리어 더 심각한 수준에 이르렀다는 점이다.

이에 따라 중국정부는 기존의 통제방식으로는 문제를 해결할 수 없을 뿐 아니라 대중들의 저항만 불러온다는 점을 인식하고, 제18차 당대회에서 '사회관리 혁신'의 제기를 통해 사회통제의 새로운 돌파구를 마련하고자 했다. '사회치안'을 '사회관리' 개념으로 전환하고, 사회관리를 좀 더 규범화·제도화함으로써 관리의 범위를 확대하고 사회 불안정 요인을 완화해나간다는 것이었다. 또한 2013년부터는 '사회 거버넌스治理'라는 용어가 본격적으로 쓰이게 되면서 사회의 자발적인 참여 방식을 통해 사회관리체계를 건설한다는 방침을 세웠다. 이러한 정책기조 아래 전국 주요 도시에서 잇달아 '사회공작위원회'가 설립되었고 사회관리에 대한 새로운 방안이 모색되기 시작했다. 중국에서 중시하는 이러한 '사회 건설'은 이른바 '중국판 사회 만들기'라 할 수 있다. 그러나 전체 중국을 놓고 볼 때, 다양한 경제적 조건과 지역문화의 차이로 인해 어떠한 방식과 형태로 지역 공동체와 사회질서를 유지할지에 관해서는 다양한 모델이 존재한다.

중국정부가 사회 거버넌스에 주목하면서, 사회조직에 대한 통제를 완화하는 새로운 조치를 마련하면서도 이와 동시에 사회조직 내에 당 조직 설립 규정을 두고 해외 단체의 지원과 교류를 제한하는 등 사회조직의 활동을 제한하고 있다. 당근과 채찍이라는 두 가지 수단을 모두 쓰고 있는 셈인데, 기층 당 조직이나 기존의 군중단체를 통해 사회조직을 체제 내로 포섭하는 한편, 체제 내로 편입되지 않는 사회단체에 대해서는 철저히 배제하고 탄압하는 '이중수단'을 채택하고 있다. 노동의 영역에서도 임금단체협상제도의 추진을 통해 노동자의 불만을 위로하는 한편 독립적인 활동을 벌이려는 노동운동 활동가와 노동단체에 대해서는 엄격한 탄압조치를 취하고 있다. 결국 많은 사회단체 앞에는 '체제 내로 포섭되느냐' 아니면 '협력하지 않아 탄압받느냐'의 두 가지 선택만 놓이게 되었다. 이러한 상황으로 볼 때 중국 사회단체의 활동능력은 여전히 국가가 용인한 정도와 긴밀하게 연결되어 있으며, 당과 정부의 필요에 맞춰 생존공간을 부여받는다는 것을 알 수 있다.

경제성장과 함께 시민들의 교육수준이나 의식수준이 높아짐에 따라 사회 각 영역에서 민주적 원리가 강조되고 자발성이 독려되고는 있으나, 최근의 사회통제 구조 재편과 사회조직 규제는 다시 당 조직 강화를 중심으로 진행되고 있고 이러한 강압적인 방식의 사회통제로 인해 한편에선 많은 저항을 불러오고 있다. 또한 빈부격차 해소와 복지 강조 등의 민생정치로 사회불안을 해소하려 하지만, 구체적 방법은 다시 당의 시혜라는 권위주의적 방식으로 진행되고 있다. 이러한 상황에서 이른바 '사회관리 혁신'이란 사실 국가사회주의의 확장으로 가능한 것이지 독립적인 법체계나 자발적인 사회자치 환경 조성에 기반하여 진행되는 것은 아니라는 점을 알 수 있다.

52

출산정책(계획생육)

김도경

계획생육計劃生育은 중국의 출산정책을 가리키는 말이다. 굳이 우리말로 옮기자면 '계획적인 출산'에 가깝다. 그리고 그 '계획'이라는 표현에서 알 수 있듯이 이 출산정책은 기본적으로 산아제한의 의미를 갖고 있다. 중국은 이 계획생육을 여전히 기본 국책으로 내세우고 있다.

시기마다 달랐던 계획생육

중국에서 계획생육이 본격적으로 시행된 것은 1970년대 초라고 할 수 있다. 물론 그전에도 이와 비슷한 정책이 제기된 적이 있지만, 문화대혁명 등의 정치적 혼란으로 인해 제대로 시행되지는 못했다. 흔히 1970년대 초의 계획생육을 '만晩·희希·소少' 정책이라고 부른다. '만'은 결혼 시기를 늦추는 것이고, '희'는 출산 간격을 넓히는 것이며, '소'는 출산 횟수를 줄이는 것이다. 이 '만·희·소' 정책은 하나의 선전운동에 지나지 않았지만, 실제 결과는 기대 이상이었다. 1970년 3.34%에 달했던 중국의 출생률이 1979년 1.78%로 떨어졌다.

그런데 이러한 성과에도 불구하고 1970년대 말 중국은 좀 더 강력한 산아제한 정책을 필요로 하게 되었다. 1960년대 중국의 출생률이 평균적으로 3% 이상이었는데, 1980년대가 되면 그때 태어났던 사람들이 순차적으로 결혼 및 출산 적령기에 진입하게 되기 때문이었다. 만약 엄격한 산아제한 정책이 없다면, 중국의 출생률은 예의 3%대로 다시 올라갈 것이 명확했다. 이 긴박함(?) 속에서, 1980년 중국공산당 중앙은 전체 공산당원과 공청단원에게 공개편지를 보냈다. 중국의 인구 문제가 얼마나 심각한지, 그리고 이를 위해서는 어떤 종류의 조치가 필요한지를 역설한 것이다. 한 자녀 정책은 바로 이러한 맥락에서 등장한 출산정책이었다.

도시 주민 대상의 한 자녀 정책

사실 한 자녀 정책은 생각보다는 '전면적'이지 않았다. 지방별로 대단히 많은 예외 조항이 있었기 때문인데, 예를 들어 소수민족은 처음부터 이 정책의 대상이 아니었다. 나아가 농촌 주민에 대한 예외 조항도 만들어졌는데, 첫째 자녀가 여아일 경우 둘째 자녀를 출산할 수 있도록 허용했다. 여기에 부모 양쪽이 모두 독생 자녀인 경우, 재혼 부부 중 어느 한쪽이 자녀가 없을 경우, 합법적으로 입양한 이후에 임신이 되었을 경우 등도 모두 두 번째 자녀의 출산이 허용되었다. 나중에는 부모 중 어느 한쪽만 독생 자녀여도 두 번째 자녀의 출산이 허용되기도 했다.

따라서 한 자녀 정책을 엄격하게 시행했던 대상은 도시 주민이었다고 해도 과언이 아니다. 중국의 많은 사회 조사 결과를 보면, 1980년 이후 출생자 중 형제자매가 없는 사람들은 대부분 도시 주민에 속한다. 상대적으로 농촌 주민들은 1980년 이후에 출생했다 하더라도 형제자매가 있는 경우가 많다.

시진핑 시기의 출산정책 완화

시진핑 시기의 중국은 두 번에 걸쳐 계획생육 정책을 완화했다. 첫 번째는 2013년에 있었는데, 핵심은 중국의 모든 지방에서 부모 중 어느 한쪽만 독생 자녀여도 두 번째 자녀의 출산을 허용하는 것이었다. 두 번째 완화 조치는 2015년에 있었고, 그 핵심은 두 자녀 출산의 전면적인 허용이었다.

이러한 출산정책의 완화 조치는 중국의 인구 고령화와 관련된 것으로 알려져 있다. 30년 넘게 한 자녀 정책이 시행되면서 중국의 연령별 인구 구조가 왜곡되었고, 이로 인해 향후 노동 인구가 유아 및 노년 인구에 비해 과도하게 적어질 수 있다고 우려한 것이다. 인류가 지금껏 경험해보지 못했던 인구 고령화가 중국에서도 전개되고 있다.

그런데 이러한 배경과는 상관없이, 최근의 관심은 과연 시진핑 시기의 출산정책 완화가 실질적인 출생률의 상승으로 이어질 것인가에 있다. 만

중국의 역대 조출생률 Crude Birth Rate

주 | 점선은 출산정책의 변화 시점

자료: 《中國統計年鑑》

약 두 번의 정책 완화 조치가 별다른 효과를 거두지 못한다면, 중국은 계획생육을 포기하고 전면적인 출산 자유로 돌아설 수 있다. 시행된 지 얼마 안 되었기 때문에 아직은 속단하기가 어렵지만, 많은 연구자들은 그 영향이 크지 않을 것이라 예상하고 있다. 현재 중국의 출생률이 낮은 것은 단순히 정책 때문이 아니라 개별 가구의 출산 및 양육 부담이 커지고 있기 때문이다.

53

교육정책

천천陳晨

중국은 1905년 봉건 과거제도의 폐지와 함께 '교육은 건국의 근본敎育乃立國之本'이라는 이념이 확산되었고, 신중국 건국 이후 지덕체를 포함한 다원적이며 발전적인 인재 양성을 교육의 목표로 삼아왔다. 2013년, 18기 3중 전회를 통해 중국은 '교육 거버넌스'를 공식화함으로써 국가기관과 사회조직, 이익단체 그리고 국민 간 협력과 참여를 통해 교육을 우선적으로 발전시켜 인력자원의 강국을 건설할 것을 목표로 제시했다. 이를 위해 〈국가 중장기 교육개혁 및 발전계획 강요(2010~2020)〉를 제정하고 교육단계별 발전계획을 수립했다. 2017년 초 국무원은 '국가교육사업발전 13·5계획'을 발표하면서, 향후 3년간 중국 교육개혁의 주요 목표와 세부조치를 명시했다.

중국의 교육은 취학 전 교육, 의무교육, 고등학교 교육, 대학 교육으로 구분된다. 의무교육은 일반적으로 초등학교 6년과 중학교 3년을 포함하는 '9년 의무교육'을 의미하며, 교육비는 무료이다. 일부 지역과 연해 발달 지역에서는 고등학교 3년이 추가된 '12년 의무교육'이 시행되고 있고,

중국 각 교육 단계 교육 기구(학교) 수

(단위: 개)

연도	대학		고등학교		중학교		초등학교	특수 교육	취학 전 교육 (유치원)
	4년제	전문대	일반	직업고	일반	직업중			
2000	1,041	442	14,564	19,727	63,898	1,194	553,622	1,539	175,836
2001	1,225	628	14,907	17,580	66,590	1,065	491,273	1,531	111,706
2002	1,396	767	15,406	15,919	65,645	984	456,903	1,540	111,752
2003	1,552	908	15,779	14,682	64,730	1,019	425,846	1,551	116,390
2004	1,731	1,047	15,998	14,454	63,757	697	394,183	1,560	117,899
2005	1,792	1,091	16,092	14,466	62,486	601	366,213	1,593	124,402
2006	1,867	1,147	16,153	14,693	60,885	335	341,639	1,605	130,495
2007	1,908	1,168	15,681	14,832	59,384	275	320,061	1,618	129,086
2008	2,263	1,184	15,206	14,847	57,914	213	300,854	1,640	133,722
2009	2,305	1,215	14,607	14,388	56,320	153	280,184	1,672	138,209
2010	2,358	1,246	14,058	13,862	54,890	67	257,410	1,706	150,420
2011	2,409	1,280	13,688	13,083	54,117	54	241,249	1,767	166,750
2012	2,442	1,297	13,509	12,654	53,216	49	228,585	1,853	181,251
2013	2,491	1,321	13,352	12,262	52,804	40	213,529	1,933	198,553
2014	2,529	1,327	13,253	11,878	52,623	26	201,377	2,000	209,881
2015	2,560	1,341	13,240	11,202	52,405	22	190,525	2,053	223,683
2016	2,596	1,359	13,383	10,893	52,118	16	177,633	2,080	239,812

자료: 《2017中國統計年鑑》

이를 토대로 2017년 3월 양회에서 '12년 의무교육'의 전국 보급이 제안되기도 했지만 시기상조라는 의견이 아직까지는 주류를 이루고 있는 상황이다. 교육 과정의 편성과 운영은 각 성省·시市 교육국(위원회)에 의해 관리되지만, 전반적인 정책과 법규 예산 등은 중앙정부의 교육부에 의해 결정된다. 또한 2017년부터는 의무교육 과정에서 국어, 역사, 도덕과 법치 등의 과목은 중앙교육부가 지정하는 교과서만을 사용하도록 법규가 변경되기도 했다.

취학 전 교육 및 초·중·고등학교

중국교육부가 발표한 《전국교육사업발전통계연보》에 따르면, 2016년 연말을 기준으로 전국의 유치원은 약 24만 개, 입학률은 77.4%인 것으로 조사됐다. 하지만 중국의 유치원은 공립유치원의 감소와 함께 나타난 사립유치원의 폭발적인 증가로 인해 입학비의 폭등과 진학의 어려움이라는 문제를 동시에 겪고 있다.

의무교육 과정에서 중국교육부는 교육자원을 축적하고 효율성을 제고하기 위해 '철점병교撤点并校'를 실시하고 있으며, 이에 초·중학교는 점차 감소하고 있는 상황이다. 한편 전국 의무교육(9년) 보급률은 93.4%로 집계되었다. 고등학교 교육 과정에 해당하는 교육기구는 일반 고등학교, 성인 고등학교, 중등직업학교 등이 있으며, 2016년을 기준으로 전국에 총 2만 4,700여 개가 있는 것으로 조사되었다. 중학교 졸업생의 고등학

중국 유치원 규모 변화 추이

자료: 중국교육부통계 정리

교 진학률은 93.7%로 매우 높은 수준이지만 일반 고등학교 진학률만 놓고 보면 55.2%로 다소 낮은 진학률을 보이고 있었다. 이는 중등직업학교에 관한 인식에 전문 인력을 양성하는 주요 교육기구로서, 국가가 관리한다는 믿음이 깔려 있기 때문인 것으로 보인다.

고등교육 및 대학입시

고등교육 과정에서 대학 진학률도 중요하지만, 다른 한편으로 고등교육의 수준 또한 중요하다. 중국 전체의 고등교육 진학률은 1998년을 기준으로 10% 미만이었으나 2016년에는 42.7%까지 증가했다. 대학 수는 물론 진학률도 크게 증가했으며 전반적인 고등교육 수준이 빠르게 발전하고 있다. 입시개혁에 따라 가오카오高考를 통한 4년제 대학 진학률은 1998년의 20.4%에서 40.3%까지 증가했다. 전문대를 포함할 경우, 가오카오 참가자의 76%(2017)가 고등교육을 받을 수 있다.

중국의 대학수학능력시험인 가오카오는 4년제 대학에 진학할 수 있는 거의 유일한 경로이다. 가오카오는 매년 6월 초에 전국에서 동시에 실시된다. 6월 말에 성적이 발표되고, 성적에 의거하여 7~8월에 대학에 지

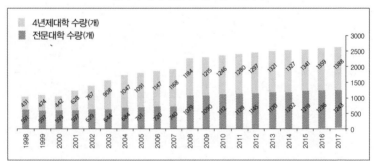

중국의 대학 수량 추이(1998~2017)

자료: 중국교육부 통계 정리

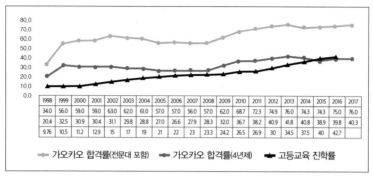

중국의 고등교육 진학 추이(1998~2017)

	1998	1999	2000	2001	2002	2003	2004	2005	2006	2007	2008	2009	2010	2011	2012	2013	2014	2015	2016	2017
	34.0	56.0	59.0	59.0	63.0	62.0	61.0	57.0	57.0	56.0	57.0	62.0	68.7	72.3	74.9	76.0	74.3	74.3	75.0	76.0
	20.4	32.5	30.9	30.4	31.1	29.8	28.8	27.0	26.6	27.9	28.3	32.0	36.7	38.2	40.9	41.8	40.8	38.9	39.8	40.3
	9.76	10.5	11.2	12.9	15	17	19	21	22	23	23.3	24.2	26.5	26.9	30	34.5	37.5	40	42.7	

━━ 가오카오 합격률(전문대 포함)　━●━ 가오카오 합격률(4년제)　━▲━ 고등교육 진학률

자료: 중국교육부 통계 정리

원하는 체계를 갖추고 있다. 시험 과목과 일정은 전국이 대체적으로 동일하나, 시험문제의 경우에는 각 성급단위의 교육청이 자체적으로 출제하고 있다. 중국의 대입은 가오카오 이외에도 자율모집自主招生이나 추천학생保送生 등의 제도도 있지만 일부 명문대에만 해당되는 사항으로, 정원도 매우 제한적이며 조건 또한 상당히 까다롭다. 2017년을 기준으로 자율모집 자격이 있는 대학은 전국 2,631개 대학 중 90개 대학뿐이며, 전체 모집정원의 5%를 초과할 수 없다는 규정이 있다. 추천학생의 경우에는 '올림피아드 국가대표팀 팀원'과 같은 사회적으로 특별히 공헌을 한 인원에게만 지원권이 부여되는 제도로, 점차 선발인원이 감축될 것으로 보인다.

교육개혁

중국정부는 점수만능주의와 주입식 교육의 폐해를 줄이고자, 2014년에 〈국무원 학생시험모집제도개혁심화에 관한 실시의견〉을 발표하고, 관련 제도를 상하이, 저장성에서 시범적으로 실시했다. 새롭게 발표된 신新

가오카오는 기존의 가오카오 이외에 '고등학교 학업수평시험' 및 '학생 종합소양평가'가 도입되었다. 먼저, 새롭게 도입된 '고등학교 학업수평시험'은 문·이과를 통합해 정치, 역사, 지리, 물리, 화학, 생물 등 6개 과목 중 임의로 3개 과목을 선택해 시험을 보는 제도이며, '학생종합소양평가'는 학생의 학업 외의 활동, 즉 사회경험, 봉사활동, 각종대회 수상 등을 종합적으로 평가하는 것을 의미한다. 개혁은 기존의 가오카오가 지니고 있던 점수만능주의와 주입식 교육 등의 폐해를 감축하고 대학선발의 공정성과 객관성을 확보해 수험생의 부담감을 완화하기 위해 시작되었다. 이는 결국 중국이 그리는 전인교육으로 나아가기 위한 중요한 첫 걸음이라 할 수 있다.

54

언론과 출판

이건웅

도서출판

2017년을 기준으로 중국의 출판사 수는 584개이며, 그중 가장 오랜 역사와 권위를 지닌 출판사는 상무인서관(1897)과 중화서국(1912)이다. 인민교육출판사, 고등교육출판사, 충칭출판사, 외국어연구및연구사 등이 가장 높은 매출을 기록하고 있으며 대학교 산하 출판사 중에서는 베이징사범대출판사, 저장대학교출판사, 베이징대학교출판사, 칭화대학교출판사 등이 뒤를 잇고 있다. 중국을 대표하는 출판그룹인 장쑤봉황출판그룹이 연매출 4조 원으로 부동의 1위를 차지하고 있으며, 후난투자출판그룹, 산둥출판그룹, 장시출판그룹, 저장출판그룹, 안후이출판그룹 등 상장한 출판사들이 상위권에 자리하고 있다.

중국신문출판연구원에 따르면, 2016년 중국에서 출판된 도서는 49만 9,900종으로 2015년 대비 5.07%가 증가했다. 이 중 중쇄를 찍은 도서는 23만 8,000종으로 2015년에 비해 10.3% 증가했다. 전체 출간 종수 중에서 중쇄본의 비중이 높다는 것은 영업 이익은 물론 출판 효율이 높아겼다는 사실을 의미한다. 중국의 출판 시장은 2016년에만 100만 부 이상 판매된 밀리언셀러가 문학 분야에서 5종, 아동 분야에서 5종이 나올 정도로 활력이 넘친다. 2016년 밀리언셀러는 총 109종이었으며 대부분 교육용 도서였다.

그러나 중국의 출판 시장도 전 세계 출판 시장이 그러하듯 전반적으로 하락세를 보이고 있다. 미국의 PwC에 따르면, 신문 시장은 2015년 120억 5,500달러에서 118억 2,300달러로 하락세를 보이고, 잡지 시장은 55억 9,900달러에서 57억 6,300달러로 소폭 증가했다. 도서 시장도 2015년 130억 600달러에서 2016년 134억 8,000달러로 1.4%가량 성장했다. 그러나 중국 출판 산업은 다른 문화 산업에 비해 성장세가 둔화되고 있다. 중국의 음악 시장이 9.6%, 영화와 애니메이션 시장이 19% 증가한 것과 비교해 매우 저조하다.

반면 중국 디지털 출판 시장은 고성장을 기록하고 있다. 2016년 중국 디지털 출판 시장 규모는 5,720억 9,000만 위안으로 2015년에 비해 29.9% 증가했다. 이러한 성장세는 중국 언론 및 출판 산업 전체에서 가장 높은 성장세이며, 중국 디지털 출판이 차세대 지주 산업으로 자리매김하고 있음을 보여주고 있다. 더욱 놀라운 것은 2009년부터 2016년까지 연평균 성장률이 31.12%에 달한다는 점이다. 현재 대표적인 중국 전자책 플랫폼은 iReader掌閱, 수치書旗소설, QQ웨두QQ閱讀 등이 있다.

중국 최대 국유기업 서점은 신화서점新華書店으로 1937년에 설립되었다. 중국공산당의 사상 전파 기구로 당 선전 및 출판 사업을 펼쳐오며, 중국 언론과 출판 영역에서 독점적 지위를 확보하고 있다. 인터넷 서점 중 최고는 당당망當當網이며, 징둥京東닷컴과 아마존차이나가 그 뒤를 따르고 있다.

CCTV와 지방의 위성방송국

중국의 대표적인 국영방송사는 CCTV China Central Television(中國中央電視臺)와 CETV China Education Television(中國教育電視台)이다. 최대 국영방송사는 CCTV로, 2017년을 기준으로 44개(유료 채널 20개, 무료 채널 24개)의 채널을 운영하고 있다. CETV는 교육방송사로 1987년 CCTV에서 분리됐고, 총 5개(채널 4개와 어린이 채널)의 채널을 운영하고 있으며, 시청자는 9억 7,000여만 명이다.

CCTV는 1958년 베이징방송국에서 시작해 전국 규모의 방송사로 발전했으며, 1971년 전국에 방송망을 구축해 비로소 전국 각지에 방송을 송출하기 시작했다. 1973년 컬러 방송을 처음 시작했으며, 1978년 베이징방송사에서 CCTV로 개명했다. CCTV는 일반적으로 중앙선전부 부부장이 겸직하는 차관급 국영기업이다.

중앙방송국 이외에 주목할 만한 지방의 방송국은 후난, 저장, 장쑤, 둥팡, 산둥, 톈진, 베이징, 안후이로 총 8개의 위성채널이다. 이들 지방의 방송국은 뉴스를 비롯해 드라마, 영화, 예능, 다큐멘터리 등 종합 채널로 그 역량과 영향력이 막강하다. 특히 후난TV는 한류의 본고장으로 유명하다.

지방의 방송국은 뉴미디어와 치열한 경쟁에서 살아남기 위해 체질을 개선하고 경영을 선진화하는 등 자구책을 통해 경쟁력을 향상하고 있다. 산둥방송미디어의 경우 미디어 융합을 통해 새로운 체제로 개혁을 단행해 뉴미디어와의 경쟁에서 경쟁력을 쌓아 나가고 있다. 채널의 경계를 없애고 불필요한 부서는 통폐합하고 통합미디어 자문센터를 설립하는 등 영향력과 경쟁력을 높이고 있다. 이러한 노력 덕분에 2016년 영업 매출은 2억 3,100만 위안, 순이익은 4,720만 위안을 달성했다. 난징방송국도 2016년 방송과 인터넷을 연결하는 개혁 사업을 추진했다. 기존의 방송을 고수하지 않고 온라인과 다양한 플랫폼, 클라이언트 방송을 연결하고 스포츠, 부동산, 컬처 크리에이티브 등 시청자 눈높이에 맞는 프로그램을 육성해 2017년 200만 위안의 수익을 거두었다.

신화통신사와 인민일보

〈인민일보人民日報〉는 중국공산당 중앙위원회의 기관지로 1948년 설립됐다. 〈인민일보〉 제호는 마오쩌둥이 직접 친필로 썼으며 중국에서 최고의 권위와 지위를 갖는다. 〈인민일보〉는 중국공산당의 이념과 의사결정 등을 적극적으로 홍보하는 역할을 하며, 인민들의 가장 큰 사랑을 받고 있다. 〈인민일보〉는 중국에서 300만 부 가량 발매하며, 미국, 유럽과 일본, 한국 등 주요 국가에서 해당 언어로 발매되고 있다. 전 세계 80여 개국에서 읽을 수 있으며, 최근에는 인쇄 매체에서 인터넷으로 확산해 파급력이 더 강해졌다. 〈인민일보〉는 4개의 산하 기관과 〈환구시보環球時報〉등 20여 개의 신문과 간행물이 있다. 특히 〈환구시보〉는 중국 극우 매체로 한국에도 잘 알려져 있다.

〈환구시보〉는 〈인민일보〉의 자매지로 1993년 창간했다. 전 세계 90여 개국의 소식을 전하는 글로벌 미디어로 하루 발행 부수가 200만 부에 달하는 매우 영향력이 큰 매체다. 중국정부의 강경한 자세와 논조를 대리해서 우회적으로 표현하는 매체로 인식되고 있으며, 극우적 논조와 강경한 사설이 유명하다.

신화통신사新華通訊社는 베이징에 소재한 중국의 통신사다. 1929년 설립되었으며 중국의 언론 매체와 외국 언론사들의 각 지사에 국내외 정보를 제공하는 역할을 담당한다. 영국의 로이터통신이나 한국의 연합뉴스와 같은 역할을 하는 중국 통신사가 바로 신화통신이다. 신화통신은 전세계 90여 개국에 지사가 있는데, 미국, 유럽, 동남아시아, 일본, 한국 등 주요 국가에 모두 지사가 있다. 중국이 집중하고 있는 아프리카와 중동에도 지사가 있어 생생한 뉴스를 중국으로 바로 송출한다.

뉴미디어

중국 인민 중 40% 이상은 기존의 TV나 라디오, 신문이나 잡지와 같은 올드 미디어를 사용하지 않는다. 텐센트騰迅(Tencent), 아이치이愛奇藝, 유쿠忧酷, 투더우土豆, 소후搜狐 등 온라인 동영상 플랫폼을 이용하는 비중이 77%에 달하고 있다. N스크린 서비스가 일반화되면서 콘텐츠를 클라우드 공간에 저장하고 다양한 디바이스를 활용해 콘텐츠를 향유하는 시대로 전환되었다. 더 이상 안방에서 본방사수를 할 필요가 없기 때문에 TV 방송의 힘은 약해지고 온라인 동영상 플랫폼의 영향이 강해지고 있다. 이러한 현상을 가속화하는 데 멀티채널네트워크MCN 산업의 핵심인 '왕홍'이 한몫하고 있다. '왕홍'은 '왕뤄홍런網絡紅人'의 줄임말로 '일련의 사건과 행위로 온라인상에서 신속하게 네티즌의 주목을 받는 인물'을 뜻한다. 이후에 의미가 확대되어 한국의 파워 블로거와 인터넷 방송 BJ가 혼합된 개념으로 온라인상에 대량의 팔로워를 가진 인터넷 스타를 뜻하게 되었다. 자신의 막강한 영향력을 이용해 상품을 판매하여 고수익을 올리는 왕홍이 증가하는 등 하나의 산업으로 발돋움하고 있다. 중국 시장조사기관 애널리시스Analysys에 따르면, 왕홍 산업 규모는 2016년 약 528억 위안(약 8조 7,700억 원)에 달하며, 2015~2018년 연평균 성장률은 59.4%에 달할 것으로 예측한다. 중국판 아프리카TV 더우위斗鱼를 선두로 200곳이 넘는 온라인 생방송 플랫폼이 성업 중이며, 이들 플랫폼은 MCN 산업의 근간이자 왕홍들이 활약하는 주 무대가 되고 있다.

언론 통제

국경 없는 기자회가 매년 발표하는 '세계언론자유지수Press Freedom Index'에 따르면 2017년 중국의 자유언론 순위는 180개국 중 176위로, 한마디로 언론의 자유가 없다. 중국 헌법 35조는 "중화인민공화국 인민은 언론·출판·집회·결사·여행·시위의 자유가 있다"고 규정하고 있으나 현실은 다르다. 중국 언론·출판의 역할은 중국의 사회주의 이념을 인민에게 널리 알리는 것이며, 중국정부는 언론·출판을 항상 효율적으로 관리·감독할 수 있어야 한다. 중국 언론과 출판을 관리·감독하는 기구는 국가신문출판광전총국國家新聞出版廣電總局이다.

2013년 시진핑 정부가 집권하면서 대부제 대개혁을 단행했는데, 이 과정에서 국가신문출판총서와 국가광파전영전시총국이 합쳐져 국가신문출판광전총국이 탄생했다. 국가신문출판광전총국의 역할은 사회주의 이데올로기와 체제 유지를 위한 선전 및 공공재로서 공익프로그램이나 이벤트, 재해 방송, 소수민족과 소외 지역을 지원하는 역할과 더불어 언론·출판·라디오·영상 산업 발전의 총괄적인 기획, 발전계획과 산업 정책의 제정과 사업 발전 정책 등을 제안한다. 2018년 3월 10일, 13기 전국인민대표대회 1차 회의에서 '국무원 기구개혁 및 직능전환방안에 관한 설명'을 심의 채택하고, 3월 13일 왕융王勇 국무위원이 문건을 발표했다. 언론과 출판에 대해서는 기존 국가신문출판광전총국을 폐지하고, 공산당의 선전지침 강화와 영상물의 관리감독을 효율적으로 시행하기 위해 국가광파전시총국國家廣播電視總局(국가방송TV총국)으로 이름을 변경한 것이 주요 내용이다. 그리고 언론, 방송, 출판, 영화 등의 미디어는 당 중앙선전부로 업무를 이관해 당의 선전매체 장악을 강화했다.

중국의 언론 통제는 인터넷에서도 강력하게 적용된다. 2017년 6월 1일부터 시행된 '인터넷안전법網絡安全法'은 포괄적이고 강력한 인터넷 규제법으로, 외국 기업이 중국에서 수집한 개인정보 및 중요 데이터를 중국 서버에 저장하는 강제 조항이 있어 논란이 되고 있다. 또한, 만리장성에 빗대어 이름 지은 '만리 방화벽Great Firewall'은 중국의 인터넷 검열 시스템의 상징으로 서구 사회에서 악명이 높다.

인터넷과 모바일 환경이 발전함에 따라 언론과 출판의 기능과 범위도 확대되고 있다. 기존의 출판은 신문, 도서 출판, 정기간행물의 세 분야이지만 스마트 미디어 기술과 연동되어 전자 출판도 포함한다. 중국은 전자 출판을 디지털 출판數字出版으로 통일해서 부른다. 디지털 출판은 디지털 기술을 이용해 콘텐츠를 가공·편집하고, 네트워크 및 통신 도구를 활용해 디지털 콘텐츠 제품을 전파하는 출판 형식을 말한다. 즉, 전자책 단말기, 플랫폼, 디지털 콘텐츠 등 모든 디지털 형태의 출판을 말한다.

언론 방송도 기존의 텔레비전과 라디오의 시대에서 벗어나 아이치이와 같은 온라인 동영상 플랫폼, 시나웨이보나 위챗과 같은 SNS, 인터넷 스타를 뜻하는 왕훙, MCN, 블로그, 팟캐스트 등 다양한 뉴미디어가 등장했다. 이들 뉴미디어는 기존 언론보다 기능과 범위가 넓으며, 휴대와 활용 측면에서 유연해 젊은 세대를 중심으로 크게 인기를 끌고 있다.

인터넷과 SNS

55

이민자

인터넷 확산과 통제

2017년 12월 말 기준 중국의 인터넷 사용자 수는 약 7억 7,198만 명으로 전 세계 1위이며, 중국 전체 인구 중 인터넷 사용자 비율은 55.8%이다. 2007년에서 2017년까지 10여 년 동안 인터넷 사용자 증가 추세는 오른쪽의 도표와 같다.

1990년대 말까지 중국지도부는 인터넷이 상시 의사소통의 채널로서 공산당의 정책을 국민들에게 알리는 수단으로 사용될 수 있다고 보았다. 정보화는 경제발전에 필요하고, 중앙의 사회통제 능력을 강화시킬 것으로 인식했다. 그러나 2000년대 들어 인터넷이 정치·사회적 불만을 공적이슈화하는 통로 역할을 하기 시작했다. 시민의 권리보호 및 정치인의 부정부패 감시 사이트들이 급증했다. 온라인 공간이 새로운 사회 불안정 요인으로 부각되자 중국정부는 다양한 방법으로 인터넷을 강력히 통제하기 시작했다. 예컨대 2008년 티베트인 시위사건 당시 중국정부가 티베트인을 무력 진압하는 영상을 올렸던 유튜브 접속이 2009년 3월 차단

중국 인터넷 사용자 증가 추세

자료: CNNIC(2017년 12월 기준)

되었고, 그해 8월에는 중국 내에서 판매되는 모든 컴퓨터에 웹사이트 차단 소프트웨어를 장착하도록 의무화했다.

온라인 활동방법

중국에서 온라인 여론은 웨이보微博, 웨이신微信, 포럼, BBS Bulletin Board System, 블로그, MSN, 온라인 뉴스 사이트 등을 통해 만들어진다. 온라인 활동방법은 뉴스에 댓글달기, 포럼에 글 올리기, 문자 메시지 보내기, 블로그 개설, 캠페인 웹사이트 개설, 온라인 서명운동 및 시위, 온라인을 이용한 오프라인 집회 조직화 등이 있다. 수많은 권리 옹호 웹 사이트가 개인이나 시민단체에 의해 개설되어 '온라인 권리옹호online rights defence'라는 말이 생기기도 했다.

웨이보, 웨이신: 중국판 SNS

웨이보란 마이크로 블로그Micro Blog(微型博客)를 축약한 표현으로, 중국판 트위터라고 불린다. 중국에서 인터넷 사용자가 증가함에 따라 웨이보 사용자도 급증했다. 2009년 9월 시나닷컴新浪(sina.com)이 처음 시나웨이보 서비스를 시작했다. 시나웨이보가 성공을 거두자 바이두百度, 왕이網易 등 다른 포털 사이트도 '웨이보' 서비스를 개시했다. 2011년부터 웨이보를 이용한 온라인 활동이 여론 형성을 주도하기 시작했다. 중국 웨이보는 해외 SNS와 연결이 차단되기 때문에 트위터, 페이스북을 이용하여 웨이보 사용자와 소통할 수 없다. 또한 중국 내 다른 포털 사이트의 웨이보 간에도 상호 연결이 차단된 '중국 특색의 SNS'이다. 2013년부터 웨이보 사용자들이 감소하고 웨이신微信(We Chat) 사용자가 증가하기 시작했다. 웨이신은 2011년 텐센트藤迅(Tencent)가 서비스를 시작한 모바일 메신저 앱으로 한국의 카카오톡과 비슷하다. 웨이신은 스마트폰 사용자들이 주로 사용하는 앱이 되었다.

중국정부는 인터넷 및 SNS를 이용한 정보유통을 걸러내기 위해 2017년 10월 1일부터 '인터넷 실명제'를 실시하고 있다. 이것은 온라인 공간에서 유통되는 정치적으로 민감한 정보를 사전에 자기검열을 통해 통제하려는 것이다. 인터넷업체는 사용자들이 인터넷에 댓글을 올리기 전에 이들의 실명을 확인해야 한다. 실명제는 모든 웹사이트와 스마트폰 앱에 적용된다.

온라인 공간에서 정치·사회문제 공론화

2010년대 중국의 '온라인 공간'은 국가의 인터넷 통제와 시민의 인터넷 활동이 상호 경쟁하는 곳이다. 중국정부가 다양한 법규 및 기술을 통해 온라인 공간을 강력히 통제하지만 모든 이슈를 통제하는 건 아니다. 통제되는 이슈는 공산당 일당체제에 도전, 소수민족의 분리 독립, 중앙 고위급 지도자 비판 등이다. 허용되는 이슈는 약자의 권리를 보호하기 위해 사법당국의 불공정에 항의, 지방 간부의 부정부패 폭로, 정부 정책에 대한 건설적 비판 등이다. 정치적으로 덜 민감하고 공적으로 호소력이 있는 이슈는 온라인 공간에서 공론화될 수 있다. 국가는 온라인 공간을 국가 공간으로 만들기 위해 '온라인 통제'를 하고, 시민들은 표현의 자유를 누릴 수 있는 공간으로 만들기 위해 '온라인 활동'으로 대응한다.

56

환경 문제

추장민

중국의 환경상태

중국의 수도 베이징에 거주하는 시민은 지난해 총 22차례(일)에 걸쳐 대기질의 '고도 오염' 상태를 경험했다. 중국은 PM2.5, PM10, 이산화황, 이산화질소, 오존, 일산화탄소 등의 오염물질 측정농도를 종합하여 대기질 지수AQI(Air Quaility Index)를 발표하고 있으며 대기질 지수에 따라 대기질 상태를 좋음-보통-경도 오염-중도 오염-고도 오염-심각한 오염의 6등급으로 구분하고 있다. 이중 '고도 오염'은 노인, 환자 등 취약계층에게 건강악화 및 체력저하를 유발할 수 있는 대기오염상태를 말한다. 중국 환경보호부(2018년 국무원 조직 개편에 따라 생태환경부로 명칭 변경)가 공포한 2016년도《중국환경현황공보中國環境狀況公報》에 따르면, 74개 주요 도시의 평균 PM2.5 농도가 2013년 72μg/m³에서 2016년 50μg/m³으로, PM10 농도가 118μg/m³에서 85μg/m³으로 감소하는 등 대기질이 점차 개선되고 있다고 평가하고 있으나, 2016년 기준 전국 338개 도시 중 단 84개 도시(24.9%)만이 중국 국가 대기질 기준에 만족했으며 여전히 고강도 오염이 빈번히 발생하고 있다. 세계보건기구WHO의 권고기준(PM2.5 10㎍/㎥, PM10 20㎍/㎥)에 비춰보아도 중국의 대기질은 심각한 오염상태라고 볼 수 있다. 대기오염 외에도 수질오염과 토양오염도 중국이 당면한 환경 문제 중 하나이다. 지하수의 60.1%, 토양의 16.1%가 오염상태에 있는 것으로 파악되고 있으며 토양오염의 경우 중금속으로 인한 오염이 두드러지고 있지만 대기와 수질에 비해 상대적 관심도가 부족해 문제가 악화된 측면이 적지 않다.

환경보호를 위한 노력

중국이 환경 문제의 심각성을 정면으로 마주하고 환경규제를 강화하기 시작한 것은 2013년 〈대기오염방지행동계획〉의 수립부터이다. 본 '계획'의 수립을 시작으로 중국정부는 2014년 '환경보호법', 2015년 '대기오염방지법', 2017년 '수질오염방지법'을 차례로 개정했다. 또한 〈수질오염방지행동계획〉(2015), 〈토양오염방지행동계획〉(2016)을 연이어 수립하여 대기, 수질, 토양 3개 분야의 오염방지계획을 완성했다. 개정된 '환경보호법'은 정부의 환경관리책임과 기업의 오염책임을 강조하여 역사상 가장 엄격한 환경보호 법규라는 평가를 받고 있으며, '대기오염방지법' 또한 법률책임 관련 30개 조항 중 28개 조항에서 기업의 책임을 규정하고 있다.

중국의 환경보호를 위한 노력은 법규 제정 및 정책 수립에 그치지 않고 정책이행을 위한 대대적인 환경단속으로 이어지고 있다. 2017년 전국적으로 불법 오염물질 배출, 배출시설의 비정상적 운영, 오염배출 모니터링 데이터 조작 등의 행위를 한 사업장(자)을 집중 단속했다. 또한 중국에서도 대기오염이 심각한 베이징-톈진-허베이 지역에서는 이른바 특별 감찰이라 하여 소규모 오염기업散亂汚 정리, 소형석탄보일러와 중점 오염산업 정리 등이 진행되고 있다. 이러한 환경관리 노력이 환경개선의 성과로 이어지고 있는데, 2017년 베이징의 PM2.5 농도가 $35\mu g/㎥$를 기록, 〈대기오염방지행동계획〉의 목표인 $58\mu g/㎥$을 초과달성한 것으로 확인되고 있다.

이와 같은 중국의 환경관리 강화 기조는 앞으로도 당분간 지속될 전망이다. 2017년 10월 제19차 당대회에서 시진핑 국가주석이 2020년까지 환경오염문제를 해결하고 2035년까지 생태환경의 근본적 개선을 통해 '아름다운 중국'을 만들겠다는 의지를 밝혔기 때문이다. 뿐만 아니라 2018년 3월 개최된 13기 전국인민대표대회에서는 중국 국가경영에 있어서 '생태환경'의 위상이 한 단계 제고되기도 했다.

'생태환경' 가치 강화

2018년 3월, 헌법 수정안이 통과되며 국가경영의 강력한 권력이 국가주석에게 집중되는 시진핑 집권 2기가 시작되었다. 이번 수정 헌법은 시진핑 국가주석이 강력한 권력을 공고히 했다는 점에서 주목받고 있지만, 환경적 측면에서도 중요하게 고려될 만하다. 헌법 서언에서는 "물질문명, 정치문명, 사회문명, 생태문명의 협력발전을 추진하고 국가를 부강하고, 민주적이고, 문명적이며, 조화롭고, 아름다운 사회주의 현대화 강국으로 건설하여 중화민족의 대부흥을 실현한다"라고 명기하며 국가발전의 전제 중 하나로 '생태문명의 발전'을 포함했기 때문이다. 즉, 국가의 지속가능한 발전을 위한 환경보호 및 개선의 중요성과 필요성을 국가의 근본 규범에서 명문화한 것이다. 중국이 '생태문명'의 가치를 국가경영의 기본 원칙으로서 중시하기 시작한 것은 2012년 제18차 당대회부터이다. 당시 시진핑 국가주석은 생태문명을 경제, 정치, 문화, 사회각 분야에 융합시켜 나갈 것을 강조한 바 있다. 이후 '생태문명'의 헌법명기가 논의되기 시작했고 이번 수정 헌법에서 오랜 논의의 결과가 확인되었다.

생태문명의 발전, 즉 환경개선에 대한 중국정부의 강력한 의지는 이번 조직 개편에도 반영되었다. 그동안 환경관리기능이 여러 부처로 분산되어 있어 권한과 책임이 명확하지 않고 그로 인해 관리사각지대가 발생하여 환경개선에 부정적 영향을 미치고 있다는 문제인식이 확산됨에 따라, 여러 부처에 분산되어 있던 환경관리기능을 국가환경부처로서 이름을 새로이 한 '생태환경부'로 통합했다. 이로써 '생태환경부'는 기존의 오염물질 배출감축뿐만 아니라 기후변화 대응, 해양환경 관리 등의 기능을 추가하면서 환경관리에 있어서 강력한 권한을 가진 환경관리감독기구로 발돋움했다.

한중 환경협력의 전환점

중국의 환경 문제가 국내 문제에 국한되지 않고 인접 국가의 환경상태와 전 지구의 기후변화에 기여하고 있다는 점에서 국가 간, 지역 간의 공동의 대응 노력이 요구되고 있다. 우리나라는 중국과 가장 가깝게 이웃한 국가 중 하나로, 중국의 환경 문제에 민감한 영향을 받고 있으며 이에 다자 간, 양자 간 협력경로를 통해 중국과 환경협력을 추진하고 있다. 하지만 1993년 '한중환경협력협정' 체결 이래 약 25년간의 양자 간 환경협력 노력에도 불구하고 그 성과가 미흡한 것이 사실이다.

이러한 가운데 최근 양자 간 환경협력의 전환점을 맞이했다. 바로 〈한중환경협력계획〉(2018~2022)이 마련된 것이다. 양국 정부가 향후 5년의 환경협력의 목적과 방향을 계획서 형태로 합의한 것인데, 그동안 그 필요성을 인식함에도 쉽게 이루지 못한 소중한 성과라고 볼 수 있다. 이번 합의를 통해 양국이 중단 없는 환경협력의 필요성에 인식을 같이했다는 점도 양국 환경협력의 큰 진전이라고 평가할 수 있다. 뿐만 아니라 이번 〈한중환경협력계획〉에서는 협력 사업을 종합적으로 관리할 기구로 '한중환경협력센터'를 중국 베이징에 설치하기로 합의했다. 2010년 이후 양

국 정부 간, 기관 간 협력 사업이 급증했음에도 불구하고 협력이행을 지
원하고 성과를 평가하여 지속가능한 협력으로 발전시킬 조직의 부재는
양국협력의 효율성 제고 측면에서 아쉬움을 남기는 부분이었다. 앞으로
'한중환경협력센터'가 양국 환경협력의 사무국이자 컨트롤타워로서 양
국 환경협력 사업의 성과를 평가하고 양국의 중장기적 협력방향을 제시
하는데 크게 기여할 것으로 기대된다.

57

소수민족정책

예동근

현재 중국의 소수민족정책은 이중적인 평가를 받고 있다. 세계에서 가장 성공적인 민족정책이라고 평가받는 반면에, 다른 한편에서는 2008년 3·14 티베트 사태와 2009년 7·5 위구르 유혈 사태를 근거로 비판의 목소리가 나오고 있다. 게다가 중국이 세계경제체제에 편입되면서 매년 1억 5,000만 명 이상의 역내 인구이동이 일어나고 있는데, 그 결과 소수민족 지역의 핵심 지역에 한족이 정치·경제·문화에서 절대적 우위를 확보하는 현상이 나타나게 되었고, 소수민족들은 주변화·차별화·문화적 동화를 겪고 있다.

현재 중국의 민족 갈등이나 유혈 사태 같은 집단적 사건들은 대부분 소수민족집거지역의 거점 도시에서 발생하며, 원주민에서 2등 시민으로 전락되었다는 불만과 박탈감이 강하게 표출되고 있다. 그래서 일부 학자들은 소수민족의 문제를 '시민권' 문제로 접근해 전통적인 거주 지역에서 집단적인 정치·경제·문화 권리를 취소하고 '미국식 용광로' 정책을 펼쳐야 한다고 주장한다. 2012년부터 미국식 동화주의를 주장하는 학자들은 공산당이 제정한 민족구역자치법 중심의 소수민족정책을 '제1기 민족정책'이라고 정의하고, 자신들의 민족정책을 '제2기 민족정책'이라고 부르면서 전반적인 소수민족정책의 패러다임을 바꾸자고 주장한다.

민족구역 자치제도

중국공산당의 제1기 민족정책을 살펴보면 몇 개의 단계로 나누어볼 수 있다. 첫째는 건국 초기의 소수민족정책 정립기(1949~1958)인데, 이 시기에 민족구역 자치제도라는 큰 그림이 형성되었다. 두 번째는 소수민족정책 혼란기(1958~1978)로서, 중국에서 전대미문의 문화대혁명을 겪게 되면서 소수민족정책은 유명무실하게 되었다. 세 번째 단계는 소수민족정책 회복 및 재정립기(1978~현재)이다. 이 시기 중국은 냉전의 종식과 자본주의 체제로의 전환을 거치며 전통적 민족정책에 대한 회복과 재정립이란 두 가지 과제를 동시에 안게 되었다.

전반적으로 제1기 민족정책은 구소련의 스탈린민족정책을 모방하여 중국식으로 수정했다고 볼 수 있다. 이 시기에 티베트, 몽골 등 민족들은 강한 독립국가의 욕구가 있었다. 중국공산당도 소련처럼 주요 민족들이 자치공화국을 건립하는 것을 우려하며 최종 연방제보다 한 단계 낮은 민족구역 자치제도를 실시했다. 다시 말하면 하나의 국가 안에서 비교적 높은 자치적 지위를 부여하는 방안이다.

티베트의 달라이 라마는 이러한 민족구역 자치제도에 불만을 갖고 티베트의 독립을 추진했으나 실패했다. 이후 1965년에 티베트가 시짱西藏 자치구로 편입되면서 중국의 민족구역 자치는 제도적으로 비교적 완성되는 단계에 도달했다. 소수민족이 특정한 지역에서 주권을 행사할 수 있는 권한을 보장하는 것이 민족구역 자치제도이기 때문에 일반적으로 그 지역의 대표적인 소수민족이 자치구, 자치주의 수장을 맡는다. 그러나 티베트, 위구르 등 민감한 지역의 수장은 한족이 맡고 있다. 초창기에 소수민족이 당과 정부의 주요직책을 맡았을 뿐만 아니라 중요한 부서에 소수민족 간부의 비중이 높았지만, 1978년 이후 점차 한족 간부의 비중이 높아지고 한족인구가 집중적으로 이전하면서 민족 문제와 민족관계에 새로운 변화가 나타났다.

법제도화와 민족정책의 변화에서 민족자치의 중요성이 부각되었지만 한족이 집중한 연해지역과 소수민족이 집중한 서부 지역 간 경제 격차가 더욱 확대되면서 경제 문제가 민족 문제로 부상했다. 법제도화 측면에서 민족자치구역이 있는 13개 성省은 잇따라 민족구역자치법 규정 및 의견을 제정하여 시행하고 있으며, 민족자치구역은 개별적으로 137개의 자치조례, 510개의 단행조례, 75개의 변통 및 보충규정을 제정했다. 형식적인 측면에서 민족구역자치법은 중국의 3대 기본법의 위상을 가지며 155개의 민족자치구역을 설립하는 데 기여했다. 5개 자치구, 30개의 자치주, 120개의 자치현, 1,173개의 민족향을 중심으로 영향력을 행사하고 있지만 소수민족의 자치 권리를 보장하는 데 여전히 한계가 많았다.

중국공산당과 중국정부가 동서 격차의 심각성을 파악하고 동서 격차를 완화하며 소수민족의 권리를 보장하기 위해 심혈을 기울인 것도 부정할 수 없다. 1983년 후야오방 총리는 소수민족정책에 관한 6개 항목을 발표해 소수민족의 자치 권리를 대폭 증가시켰고, 소수민족의 민족문화와 관습을 존중하고 발전할 수 있는 정치적 공간을 확장해주었다. 2000년도에 들어서서 중국정부는 "서부대개발" 프로젝트를 진행하면서 동서 격차 해소, 낙후한 소수민족지역의 경제, 문화, 교육 발전을 위한 지원을 강화했다.

이러한 정치적·경제적 균형발전전략은 소수민족지역의 경제발전, 탈빈곤화에 직접적으로 기여하며 소수민족들의 생활수준 향상에 도움을 주었다. 그러나 과도하게 도시 중심으로 진행한 서부대개발은 한족들이 집중적으로 분포한 지역을 중심으로 개발이 진행되었고, 서부대개발이라는 명목으로 대량의 한족이 소수민족지역으로 유입되면서 인구 구성의 변화, 부의 불균형적 분배 등 소수민족 문제를 더욱 복잡하게 만드는 계기가 되었다.

그러나 확실한 변화 중 하나는 서부 지역의 도시화, 산업화, 공업화 과정에서 개인의 권리가 신장되며 시민권에 대한 소수민족들의 인식이 크게 달라졌다는 점이다. 민족공동체도 중요하지만 국가의 국민으로 받을 수 있는 권리, 소수민족으로 받는 평등한 국민대우 등에 대한 각성이 그것이다. 이러한 상황에서 민족구역자치 중심의 통치시스템을 바꾸는 새로운 민족정책이 필요하다는 '제2기 민족정책'에 대한 논의가 학계를 중심으로 나타나면서 시민권에 기반을 둔 소수민족정책이 논쟁의 중심에 서게 될 것으로 전망된다.

시민권에 기초한 민족정책론

1978년 이후 전반적으로 중국사회가 사회주의체제에서 자본주의체제로 전환되고, 동유럽과 구소련의 공산당이 무너지면서 민족전쟁과 민족갈등을 연상시키는 현상이 나타났다. 이는 중국공산당의 당 중심 소수민족정책에 근본적인 회의를 품게 했는데, 당 우선이 아닌 국가 중심의 '시민권'에 기초해 민족정책을 제정해야 한다는 움직임이 일어나고 있는 것이다. 특히 자본, 기술, 인구가 빠르게 이동하고 혼합되는 소수민족자치구역의 수부도시首府都市에서 '민족자치'를 넘어 '민족독립'을 선호하는 극단적인 운동도 일어나고, 민족갈등이 첨예화되어 유혈 사태가 빈번하게 일어나는 등 '제1기 민족정책'과 '제2기 민족정책'의 논쟁은 갈수록 치열해지고 있다. 제2기 민족정책론자들은 구소련 모델을 반대하면서, 구소련의 민족모델이 중앙 재정 능력을 약화시켜 중앙의 지급불능 사태를 초래할 수 있다고 주장한다. 지역과 민족 간의 불균형발전으로 인해 경제적 격차가 확대되고 있음에도 불구하고 부유한 지역에서 세금 납부는 물론 낙후된 지역에 대한 경제적 지원을 원치 않을 것이기 때문이다. 반면, 낙후된 지역은 부유한 지역에 에너지나 원자재 등을 염가로 제공한다는 불만이 누적되며 지역과 민족 간의 모순이 격화되고, 결국 국가의 분열 상태에 이를 수 있다고 경고한다.

군체성 사건

백우열

사회안정과 군체성 사건

중국을 지배하고 있는 집권당인 중국공산당의 핵심 정책 목표가 '사회안정'을 통한 정권 유지 및 생존이라는 사실에 이의를 제기하는 사람은 없다. 1989년 10월, 톈안먼 민주운동(사태)의 후폭풍으로 인해 중국 전역에 정치적 불안정이 휩쓸고 있을 때, 당시 최고지도자였던 덩샤오핑이 명시한 '안정이 일체를 압도한다'는 정책은 현재까지도 이어지고 있다. 마오쩌둥의 공산주의적 전체주의 시대에 일어났던 극심한 정치사회적 불안과 혼란, 갈등을 극복하고, 안정된 중화민족의 통일국가를 유지 및 발전시켜 온 중국공산당으로서는 '사회안정'은 포기할 수 없는 정책 목표이다. '사회안정'의 맥락에서 소위 '군체성 사건群體性事件(Incidents of Social Unrest)'은 공산당 정권의 정책적 고려가 충분히 반영된 개념이며, 사회안정을 측정하는 하나의 바로미터라고 할 수 있다.

공식적으로 이 군체성 사건에 대한 정확한 정의는 제시되어 있지 않으나, 여러 공식 문건과 문서들을 분석한 전문가들은 평화로운 소규모의 탄원행위와 연좌농성부터 시위행진, 파업, 학생시위, 민족분쟁, 당정기관 점거, 교통방해, 군중무장충돌, 군중폭동, 군중파괴 및 약탈방화를 의미한다고 본다. 한마디로 이러한 군체성 사건은 중국의 사회안정을 저해하는 일반 인민 대중들의 제도적·비제도적 정치행위이자 집단소요사건이라고 할 수 있다.

군체성 사건의 원인

군체성 사건의 원인은 역설적으로 1978년 덩샤오핑과 그의 개혁파 지도자들이 도입한 혁명적인 시장개혁과 대외개방 정책에 기인한다. 이러한 국가경제 체제의 대전환은 극도의 통제를 전제로 한 공산주의-전체주의 체제를 해체하며, 경제성장을 최우선의 정책 철학이자 목표로 두는 발전국가적 권위주의 체제로의 정치경제사회 구조 변화를 이끌어 냈다. 이러한 변화는 지난 30여 년 동안 연평균 10%에 가까운 국내총생산GDP의 성장을 이뤄냈고, 세계 제2위의 경제대국, 1인당 GDP가 8,500달러를 상회하는 경제 기적을 가능케 했다. 이는 1970년대 말 2억 명의 인구가 기아에 시달리던 중국의 생활수준을 급속도로 향상시켰음을 의미한다.

하지만 이러한 체제 변환과 고도성장은 각종 정치사회적 불안을 야기했다. 위의 경제 기적을 가능하게 했던 고도경제성장의 부정적인 결과들이 그 핵심 원인이라 할 수 있는데, 즉 체제의 기득권층으로 자리 잡은 소수 엘리트, 다시 말해 당과 정부의 간부들과 신흥 사영기업가와 전문가에게로 극단적인 부의 집중이 일어났고, 중국의 대다수 인민들은 절대적 빈곤이나 박탈감이 아닌 극도의 상대적 빈곤과 박탈감을 느끼게 된 것이다. 자신들의 집체 토지를 불법적으로 수용당한 농민들, 주택을 철거당하고 실직하여 주변부로 밀려난 도시노동자들, 열악한 작업 환경과 저임금에 시달리는 이주노동자들의 분노가 극에 달하게 되었다. 2017년을 기준으로 지니계수가 0.467에 이르는 높은 소득 불평등 속에서 이러한 상황은 개인적, 집단적, 지역적 차원의 사회 불만이 되어갔고, 이에 따라 여러 형태의 정치적인 저항 행위 또한 급속도로 증가하게 되었다. 이러한 정치 상황이 바로 군체성 사건으로 표출된 것이며, 이에 기인한 정치사회 불안은 중국공산당의 사회안정이라는 정책 목표 달성에 큰 장애물로 자리하고 있다.

군체성 사건의 현황

이러한 '군체성 사건'은 1990년대 이래 현재까지 급증하고 있다는 것이 전문가들의 공통적인 견해이다. 1994년부터 2000년까지는 중국 공안부가 공식적으로 발표했지만, 2001년부터는 각종 언론들과 정책에 관여하는 학자들이 발표하고 있는데, 그 수치는 놀라움을 자아낼 정도이다. 아래 도표에서 보듯이 1994년 8,000건에 불과했던 군체성 사건은 2010년에 18만 5,000건으로 집계되면서 지난 16년 사이에 무려 23배 증가라는

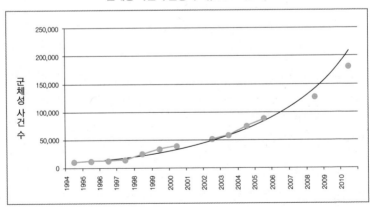

군체성 사건의 급증 추세(1994~2010)

자료: 《中國公安年鑑》, 언론 보도 종합

수직적인 상승 추세를 보이고 있다. 또한 이 수치는 각급 지방정부들의 공식적인 보고를 수합해서 작성된 것이기에, 그 수가 상당히 축소되었을 가능성이 높으며 실제 수치는 이보다 더 높을 것으로 보인다. 전문가들은 이러한 군체성 사건 집계의 신뢰성과 유의미성에 의문을 던지고 있지만, 전체적인 정치사회적 불안정성의 추세를 가늠하는 측정치로 받아들여지고 있다.

정치적 결과와 의미

군체성 사건의 급증 현상에서 관찰되는 높은 수준의 대중 불만은 중국 공산당 체제를 붕괴의 위험 속으로 몰아넣고 있다 해도 과언이 아니다. 여러 비민주주의 권위주의 국가들은 이러한 군체성 사건이 대규모 반정부 시위로 발전하면서 무너졌고, 그렇지 않으면 다당제 민주주의 선거를 도입하게 되어 민주화의 과정을 거치게 되거나 혹은 다른 형태의 권위주의 체제로 대체되곤 했다. 그러나 중국의 수많은 대중시위는 이러한 정치적 자유화 또는 민주화를 이끌어내지 못하고 있다.

나아가 대다수의 중국전문가들은 이러한 대중의 저항이 권위주의 정치체제의 존망에 직접적인 위협이 되지 못할 것이라는 사실에 공감하고 있다. 이것은 여러 측면에서 분석될 수 있다. 우선 군체성 사건들의 주요 요구 사항들은 지방정부가 어느 정도 수용하면서 불만을 줄여나갈 수 있는 것들이라는 분석이 가능하다. 하지만 가장 중요한 것은 중국공산당 체제의 물리적 통제 능력이 강력하게 작동하기 때문에, 군체성 사건이 한 지역에 한정되지 않고 지역 간, 나아가 국가 전체의 불만으로 확산되는 반정부 시위로 발전하는 것을 방지하고 있다는 점이다. 즉 1989년의 톈안먼 민주운동과 같은 대규모의 군체성 사건은 현재까지 나타나지 않고 있다. 중국의 경제 불평등이 심화되고 자신들의 이익 보호를 위한 인민 대중들의 정치참여 욕구가 강화되는 시점에서, 군체성 사건이 어떤

식으로 진화할 것인지가 중국의 사회안정과 집권 공산당의 생존에 지대한 영향을 미칠 것으로 보인다.

59

시민사회

이남주

민간조직의 증가와 시민사회

개혁개방 이후 중국사회에서의 가장 큰 변화 중 하나는 민간조직(중국 정부는 과거 '민간조직'과 '사회조직'을 같이 사용했으나 최근에는 '사회조직'으로 표현을 통일하고 있다. 이 글에서는 '민간조직'이라는 표현을 사용한다)의 출현과 증가이다. 중국정부는 민간조직을 사회단체社會團體, 기금회基金會, 민간운영 비기업 단위民辦非企業單位 등으로 분류해 관리하고 있는데, 개혁개방 이후 민정부에 등록된 민간조직의 수는 1990년 1만 8,000개, 2007년 38만 6,000개, 2012년 49만 9,000개, 2016년에는 69만 7,000개로 증가해왔다.

민간조직의 증가와 함께 시민운동도 출현했다. 2003년 여름 지방정부가 쓰촨성 청두成都 인근에 있는 2,000여 년 전 건설된 수리시설이자 세계문화유산으로 등록된 두장옌都江堰 주변에 제방을 건설하려는 계획을 반대했던 '두장옌 보호 운동', 2003년 8월부터 2004년 3월 사이에 국가발전개혁위원회가 승인한 누장怒江 댐의 건설에 반대하며 전개되었던 '누장댐 건설 반대 운동' 등의 성공이 이러한 변화를 보여주는 대표적인 사

례이다. 2008년 5월 발생한 쓰촨 대지진이 중국 전역에서 시민들의 자발
적인 지원과 기부 활동을 촉발하고 민간조직들이 구조와 복구 활동에 대
대적으로 참여한 것도 중국에서 시민사회의 발전 가능성을 보여주는 사
건으로 받아들여졌다.

중국정부도 환경, 교육, 빈곤 등의 사회문제의 해결을 위한 자원동원
과 서비스 전달에 민간 부문의 역할을 높일 필요성을 인정하고 있다. 정
부의 자원과 역량만으로는 증가하는 사회문제에 효율적으로 대응하기
어렵기 때문이다. 이에 따라 민간조직들의 활동을 활성화시키기 위해서
제도개혁도 꾸준히 모색해왔다. 베이징대학 공민사회연구중심이 2008
년 12월에 출간한 《2008년 중국공민사회발전보고서》에서는 '중국은 이
미 시민사회公民社會의 문 안에 들어섰다'는 주장이 등장하는 등 중국 시
민사회의 성장에 낙관적인 견해가 출현했다.

중국공산당의 시민사회에 대한 경계

그러나 시민사회의 성장에 관한 낙관적 전망은 오래 가지 못했다. 중
국정부와 중국공산당이 환경, 복지 서비스, 교육 등의 영역에서 민간조
직의 발전을 촉진하려 하지만 민간조직이 정부의 통제에서 벗어날 가능
성을 항상 경계하고 있다. 특히 정치, 종교 등 정치적으로 민감한 영역
의 민간 활동과 민간조직에 대한 국가의 통제가 여전히 강하다. 그리고
2010년 12월부터 중동과 북부 아프리카에서 일련의 시민저항운동이 출
현하고 정치적 격변이 진행되면서 중국공산당은 시민사회에 대한 부정
적 태도를 명확히 밝히기 시작했다.

2011년 1월 중공중앙선전부는 언론매체들에 '시민사회'라는 표현을
사용하지 말라고 요구하는 통지를 내려보냈으며, 같은 해 5월 당시 중공
중앙정법위원회 비서장이었던 저우번순周本順은 중공의 기관지라고 할
수 있는 《구시求是》에 게재한 글에서 "서방국가가 만든 시민사회의 함정

에 빠지는 것을 방지해야 한다"고 주장했다. 그리고 시진핑 체제가 출범한 직후인 2013년 4월 22일 중국공산당 중앙이 당내에 배포한 〈현시기 이데올로기 영역 상황에 대한 통보〉라는 문건에서는 적극적으로 대응할 필요가 있는 잘못된 이데올로기적 경향 중 하나로 "시민사회를 선전하며 당 통치의 사회기초를 와해시키려는 시도"를 들었다. 이후 중국에서 시민사회 관련 논의는 급속도로 축소되었다.

뿐만 아니라 2015년 7월 초에는 "권익보호운동維權運動"에 적극적으로 참여해온 200명이 넘는 변호사와 활동가를 사회질서를 혼란시키는 행위를 했다는 혐의로 체포해 중국의 권익보호운동에 큰 타격을 가했다. 2016년 4월에는 "해외 NGO의 국내활동관리법"을 제정하여, 등록하거나 임시활동보고를 한 해외 NGO들만 중국 내에서 직접 활동을 하거나 중국 내 사회조직에 업무를 위임하거나 재정지원을 할 수 있도록 했다.

중국 민간조직과 시민사회의 미래

시민사회에 대한 경계심이 증가했지만 중국정부와 중국공산당이 이미 당과 국가가 사회를 대체할 수 없는 이상 민간조직의 발전 자체를 부정할 수는 없다. 시진핑도 여러 차례 "사회역량이 사회 거버넌스와 공공서비스에 참여하는 것을 격려하고 지지해야 한다"고 강조하고 있다. 중국공산당이 영도하는 정치체제에 위협이 되지 않는 전제하에서 민간조직의 등록 간소화와 행정 간섭 축소라는 방향으로 민간조직 관리방식 개혁을 추진하고 있다.

이러한 취지는 2016년 8월 중공중앙과 국무원이 공포한 〈사회조직 관리 제도를 개혁해 사회조직의 건강하고 질서 있는 발전을 촉진하는 것에 관한 의견〉에 잘 나타나 있다. 과거 민간조직은 업무주관부서의 승인을 받은 후 민정부에 등록할 수 있었는데 이 문건에서는 산업상업 유형, 과학기술 유형, 공익자선 유형, 도농커뮤니티서비스 유형 등에 속하는 민간조직은 민정부에 바로 등록할 수 있도록 하는 개혁을 촉진하는 방침을 제시했다.

다만 정치법률 유형, 종교 유형, 해외 NGO의 중국 내 대표기구 등에 대해서는 이중관리체제를 계속 유지하도록 했다. 결국 중국에서 민간조직과 시민사회는 앞으로도 상당 기간 동안 사회관리에서 민간의 역할이 높아져야 한다는 객관적 요구와 중국공산당에 의해 정치체제의 불안요인으로 간주될 수 있는 불리한 환경 사이에서 전진과 후퇴를 반복할 것이다. 그 결과 국가와 사회가 상생하는 새로운 모델의 등장이 될지, 아니면 마주 보고 달리는 기차와 같은 결말로 이어질지가 21세기 초반 중국 부상의 지속 여부를 결정짓는 가장 중요한 변수가 될 것이다.

60

빈곤 문제

조문영

　개혁개방 이후 유례없이 급속한 경제발전을 경험한 중국에서 '빈곤'을 논한다는 것이 낯설게 느껴질 수 있다. 그러나 빈곤을 기본적인 생존의 불가능성이 아니라 경제적 불평등과 박탈을 포함하는 상대적 개념으로 고려한다면 중국이야말로 가장 "빈곤한" 사회가 되었다고 말할 수 있다. 계층 간 소득분배의 불평등을 가늠하는 척도로 사용되는 지니계수는 세계 평균을 크게 웃돌면서 지난 30여 년간 지속적으로 높아졌다. 2016년 통계에 따르면 중국 상위 10퍼센트의 소득이 하위 10퍼센트 소득의 65배에 달한다.

　시진핑 정부가 부패 척결과 양극화 해소를 줄곧 강조하는 것은 중국사회의 상대적 빈곤이 체제의 안정을 위협하는 수준에 다다랐음을 보여준다. 이 같은 빈부격차는 자본주의 역사에서 고질적인 병폐이자 필요악으로 여겨져왔기 때문에 중국의 빈곤이 특이성을 갖는 것이 아니라고 말할 수도 있다. 그러나 계획경제하의 국가사회주의의 실험을 거쳤고, 러시아 및 동구유럽과 달리 '사회주의'라는 독트린을 현재까지도 견지하고 있는 중국에서 빈곤이란 일반의 통념보다 훨씬 모순적, 중층적인 성격을 갖는다.

도농이원구조하의 빈곤

우선 지적해야 할 것은 중국사회의 뿌리 깊은 도농이원구조하에 발생한 빈곤의 지역적 특성이다. 중화인민공화국 수립 이후 중국은 계획경제와 중공업 우선정책을 중심으로 하는 소비에트 모델을 받아들였는데, 농민을 집체集體에 귀속시키면서 도시 노동자의 재생산을 위한 식량을 지속적으로 공급케 하는 것은 이러한 발전전략에 필수적인 조건이 되었다. 중화인민공화국의 공민을 '농촌'과 '도시'로 분리시킨 호구제는 계획경제 시기 농민의 도시 이동을 사실상 봉쇄함으로써 이 전략을 뒷받침했고, 농민은 단위單位체제하에서 도시 노동자들이 당연한 권리로 누리는 취업과 교육, 의료, 주택, 양로보험 등의 혜택으로부터 배제된 채 집체 안에서 자구책을 도모해야 했다. 이러한 도농이원체제는 1978년 도시와 농촌 가구의 1인당 평균 수입이 각각 343.4위안, 133.57위안이었던 데서 알 수 있듯 뚜렷한 도농 간 불평등을 야기했다. 개혁개방 이후 가시화된 농촌인구의 대규모 도시 이동은 도농 간 불평등의 당연한 귀결인바, 이러한 배경하에서 빈곤에 대한 정부의 개입은 1980년대까지만 해도 농촌, 특히 자연조건이 척박하고 낙후된 서부 내륙지역을 중심으로 이루어졌다.

도시 노동자의 빈곤

중국의 도시 빈곤이 주요한 사회적 현안으로 등장한 것은 도시 노동자들의 안정적인 재생산을 뒷받침해온 단위체제가 해체되고 국유기업의 구조조정이 가시화된 1990년대 중반 이후이다. 사실 국유기업이나 집체기업의 노동자가 중국 도시사회에서 경제적 빈곤을 경험한 유일한 집단은 아니다. '삼무三無', 즉 돌봄을 받을 가족도, 단위도, 생계수단도 없는 일부 도시민은 계획경제 시기 내내 정부의 보조를 받아왔으며, 가난한 농민들의 도시이주는 1980년대 초로 거슬러 올라간다. 그럼에도 국유기업 노동자들의 해고가 본격화된 1990년대 중반 이후에야 도시 빈곤이 긴급히 해결해야 할 사회문제로 급부상하고, 최저생활보장제도(약칭 '低保')를 비롯한 각종 정부 대책들이 발표되기 시작한 것은 사회주의 중국에서 노동자가 갖는 정치적 중요성을 상기시킨다. 1998~2005년 사이에 약 3,300만 명의 노동자가 면직下崗이나 실업상태에 처했는데, 2001년 주룽지朱鎔基 전 총리는 국무원 보고서에서 처음으로 '도시 빈곤'과 '약세군체弱勢群體'의 존재를 인정하고 정부의 긴급조치를 지시했다. '사회주의' 중국에서 '빈곤'을 공식적으로 인정하기까지 오랜 시간이 걸린 셈이다.

개혁개방 이후 도시 노동자가 경험한 빈곤은 사회주의체제에서 이데올로기적 대표자이자 (농민과 달리) 실질적 수혜자였던 계급의 몰락을 의미한다는 점에서 큰 반향을 불러왔다. 이들의 빈곤은 단위체제 해체와 기업 구조조정, 대규모 철거와 주택 사영화 등 개혁개방 시기에 단행된 일련의 조처들의 귀결이란 점에서 구조적 성격을 갖는다. 주목할 것은 대부분의 '포스트' 사회주의 국가에서는 노동자뿐만 아니라 사회 전체가 개혁의 과정에서 극심한 혼란을 겪었던 데 반해 중국의 노동자들은 자신들의 국가가 세계의 중심으로 재도약하는 찰나에 지위의 수직적 하강을 경험하고 있다는 점이다. 따라서 마오쩌둥 시대에 대한 노동자들의 향수는 이들을 단순히 복고주의로 이끌지 않는다. '사회주의 인민의 대표'에서 '빈민'으로 전락한 이들은 자국의 눈부신 경제성장 과정에서 철저히 배제된 데 대한 좌절감과 기회가 주어진다면 언젠가는 발전의 수혜자가 될 수도 있다는 기대 사이에서 동요하고 있다.

빈곤의 세대 간 차이

중국의 빈곤이 갖는 이러한 역사성은 결국 빈곤의 세대 간 차이를 주목케 한다. 개혁개방 이후에 태어나 '바링허우(80後)' 혹은 '주링허우(90後)'라는 이름으로 불리는 청년 세대의 빈곤은 '빈곤 2세대貧二代', '부 2세대富二代', '관직 2세대官二代'와 같은 용어의 유행에서 보듯 세습의 양상을 띠기 시작했다. 중국 도시에서 그들의 부모 세대가 한때 사회주의를 대표하는 '인민'이었음을 공언하면서 국가에 의한 보호를 당당히 주장했던데 반해, 이들 청년 세대와 당-국가와의 결속은 훨씬 느슨해졌다.

또한 그들의 부모세대가 단위체제하에서 직업과 주택을 당연한 권리로 배분받았던 것과 달리, 청년 세대에게 취업과 주택은 생존을 위해 반드시 쟁취해야 할 과제가 되었다. 대학정원을 갑자기 확충한 정부의 교육개혁, 부동산 개방, 인플레이션 등으로 무한경쟁과 빈부격차가 증폭되면서 부모의 경제력과 사회적, 정치적 자본에 기댈 수 없는 청년들은 쉽게 '빈곤 2세대'로 전락하고 있다. 이 '빈곤 2세대' 중 도시로 이주한 농촌 노동자의 후속 세대인 '신세대 농민공新生代農民工'이 상당수를 차지한다는 점은 중국사회에 뿌리 깊은 도농격차의 한 단면을 보여주는 것이기도 하다.

국가의 반反빈곤 개입

중국에서 빈곤 문제에 대처하기 위한 민간 사회조직의 규모는 급속히 증가해왔으나, 국가야말로 여전히 반反빈곤 개입의 핵심 주체임을 자임하고 있다. 도농 간, 지역 간, 도시 간에 해소되지 않는 빈부격차야말로 국가 사회주의체제의 근간을 뒤흔들고 중국사회의 안정을 위협할 수 있는 요인이기 때문이다. 빈부격차와 부정부패 척결은 시진핑 체제의 '중국몽中國夢' 실현을 위한 필수 조건으로 여겨지고 있다. 중국 정부는 2020년까지 1인당 연평균 소득이 2,300위안 이하인 절대빈곤층 7,000여만 명의 탈빈곤을 실현하겠다는 목표 아래 대대적인 빈곤구제扶貧 사업을 벌이고 있다. 중국의 전 지역에서 경쟁적으로 실시되고 있는 빈곤구제 사업은 농촌지역 인프라 확충, 창업지원, 농촌최저생활보장제도 개선 등 다방면에서 이루어지면서 공산당의 리더십과 이른바 '중국모델'의 우수성을 증명하기 위한 통치 시험대가 되고 있다.

한국, 미국, 중국의 지니계수 추이 비교

	2008	2009	2010	2011	2012	2013	2014	2015	2016
중국	0.491	0.490	0.481	0.477	0.474	0.473	0.469	0.462	0.465
미국	–	–	–	–	–	0.396	0.394	0.390	–
한국	0.314	0.314	0.310	0.311	0.307	0.302	0.302	0.295	0.304

자료: 중국－국가통계국, 미국－OECD Statistics, 한국－통계청, 공란은 미보고

도시화

61

박철현

사회주의 시기 도시화

건국 이후 중국의 도시화는 제1차 5년 계획 시기(1953~1957)부터 시작되었다고 할 수 있다. 이 시기에는 중공업 건설을 핵심으로 하는 사회주의 공업화가 본격화되면서 주로 공업발전에 필요한 인프라를 갖춘 중대형 도시를 중심으로 인구가 증가하고 도시화가 진행되었다. 대약진 운동 시기(1958~1960)에는 농촌인구를 대규모로 도시로 이주시켜 공업생산에 투입했기 때문에 농업생산은 감소했고, 전체 인구 중 도시에 거주하는 비율을 가리키는 도시화율은 급속히 증가했다. 1961~1965년은 '역逆도시화' 시기라고 할 수 있다. 이 시기는 대약진 운동의 실패로 식량부족이 심각해지고 공업에 투입할 농업생산물 잉여도 부족해지자, 과거 도시로 이주시킨 2,600만 명의 농민을 농촌으로 되돌려 보내 농업노동에 종사하게 하였고, 도시화율이 감소했다. 한편 주로 연해지역 도시의 공장을 쓰촨四川, 구이저우貴州, 윈난雲南과 같은 내륙으로 옮기는 '삼선건설三線建設'이 시작되면서 소속 노동자와 가족들도 대규모로 내륙으로 이주하여 도시화가 진전되기도 했다. 문화대혁명 시기(1966~1976)는 제2차 '역도시화' 시기로 1,800만 명에 달하는 지식인, 청년, 간부들이 농촌으로 하방下放되면서 도시화율이 다시 감소했다. 이렇게 사회주의 시기는 주로 정치사회운동에 의한 일시적 도시화와 역도시화가 있었지만, 농업호구와 비非농업호구를 구분하는 호구제도에 의해 농민의 도시이주가 기본적으로 차단되어 있었기 때문에, 도시화는 매우 완만하게 진행되었다. 그 결과 1949년 10.6%였던 도시화율은 개혁개방 직전인 1978년 17.9%로, 30년 동안 불과 7.3% 증가했다.

개혁기 도시화

개혁기 도시화의 근본적인 동력은 시장경제의 확산이었다. 개혁기에 들어서면서 시장이 점차 기존의 계획을 대체하여 사회와 경제를 운용하는 핵심적인 기제가 되었다. 이러한 상황에서 과거와 같은 중공업이 아닌 경공업 위주의 경제발전을 추진하기 위해서는 1980년대 초 농촌에 결박되어 있던 9억에 달하는 대규모 농민 중 일부가 도시로 이주하여 공장에 취업해 저임금노동에 종사할 필요가 있었고, 이 때문에 농민이 농업호구 신분을 가진 채 도시로 이주하는 것이 점진적·제한적으로 허용되었다.

하지만 도시는 이렇게 이주한 농민들에게 기존 도시민(=비농업호구)이 누리는 주택, 교육, 의료, 문화 등 다양한 '도시 공공재urban public goods'를 제공하지 않았기 때문에 농업호구와 비농업호구를 구분하는 기존 호구제도의 근간은 유지되었다. 이러한 차별은 도시정부가 급속히 도시로 이주한 거대한 규모의 농민공農民工 모두에게 도시민과 같은 사회경제적 보장을 제공할 수 있는 충분한 자원을 가지고 있지 못했기 때문에 발생하였다. 이와 더불어 도시 공공재는 도시호구, 즉 도시민만이 누릴 수 있는 특권이었으며 도시를 구성하는 정치, 경제, 사회, 문화적 레짐regime

이 바로 이러한 농업호구와 비농업호구를 구분하는 호구제도에 기초해 구축되어 있던 것도 농민공 차별의 중요한 원인이었다.

개혁기 초기인 1980년대는 농민의 본격적인 도시이주가 아직 시작되지 않았는데, 이는 당시 농민이 주로 농촌에서 농업에 종사하거나 농촌 공업인 향진기업郷鎭企業에서 노동하고 있었기 때문이다. 따라서 국유기업 개혁이 본격화되는 1990년대 들어서 도시화가 가속화된다고 할 수 있다. 국유기업 개혁으로 소속 노동자(=도시민)가 해고되면서 그 자리를 메우기 위해 농민은 농촌을 떠나 대규모로 도시로 이주하여 저임금 노동에 종사하기 시작한 것이다. 그 결과 2005년 도시화율이 42.9%에 달했다. 1978년 이후 27년 만에 무려 25%가 증가한 것이다.

신형도시화

문제는 개혁기 들어서 진행된 급속한 도시화가 심각한 사회적 문제를 낳았다는 사실이다. 기존 호구제도가 유지된 채로 농민의 도시이주가 이뤄졌기 때문에 농민은 도시에서 동일노동에 종사해도 도시민보다 낮은 임금을 받아야 했다. 또한 도시정부와 기업은 농민의 '노동력 재생산'에 필요한 주택, 교육, 의료, 문화 등과 관련된 비용을 지급할 필요가 없었다. 이렇게 도시로 이주한 농민은 사실상 2등 시민으로 존재했다. 이것은 곧 도시와 농촌, 연해지역과 내륙지역 사이에 사회적·경제적·문화적 불평등 구조의 확대 재생산으로 이어졌다. 국가의 입장에서 보면 기존 도시화의 과정에서 괄목한 경제적 발전을 거두었지만, 불평등 구조가 만들어낸 기층사회의 불안정성과 휘발성은 점점 더 심각해지는 상황에 직면하게 된 것이다.

시진핑 정부가 시작된 2013년부터 중국은 기존의 도시화와는 다른 '신형도시화新型城鎭化'를 추진하였다. 이는 기존의 도시화로 인구가 도시로 밀집되고 주택, 빌딩, 교량, 도로 등의 '건조환경built environment'이 증가하여 경제는 발전했지만, 그 과정에서 계층격차, 도농격차, 지역격차와 같은 심각한 문제점이 생겨났다는 인식에 기초한다. 신형도시화는 '인간의 도시화人的城鎮化', 즉 '농민의 도시화'를 그 핵심내용으로 한다. 농민의 도시이주를 기존과 같이 제한적·점진적으로 허용하는 것이 아니라 정책적 차원에서 적극적으로 추진하여 농민이 도시사회에 전면적으로 정착하도록 지원하겠다는 것이다. 이러한 '농민의 도시화'에는 두 가지 목적이 있다. 하나는 대내적인 것으로, 기존의 개혁기 도시화 과정에서 발생한 계층, 도농, 지역 간 불평등 구조의 확대 재생산을 가능한 최소화하는 것이다. 나머지 하나는 대외적인 것으로, 2008년 미국 발 금융위기로 촉발된 글로벌 자본주의의 불안정성과 변동성에 대응하여 기존의 경제 운영방식과는 다른 성장동력을 탐색하기 위함이었다. 즉 중국은 저임금의 농민공이 생산한 상품을 전 세계에 판매하여 거둔 수익에 기초하여 성장해왔는데, 2008년 글로벌 금융위기의 여파로 연해지역에서 무려 2,000만 명의 실직자가 발생하였다. 이는 커다란 사회경제적 문제가 되었고, 대외교역에 의존하는 기존과 다른 성장방식을 탐색하기 시작하였다. 농민의 도시이주와 정착 과정에서 '유효수요effective demand'를 창출하여 경제성장의 새로운 동력으로 삼는 신형도시화를 추진하게 된 것이다.

호구제도 개혁과 '점수적립제 도시 거민호구 취득제도'

신형도시화의 두 가지 목적을 달성하기 위해서는 기존 호구제도의 개혁이 관건이다. 사실 호구제도 개혁은 개혁기 초기부터 부분적으로 추진되어왔으나, 농업호구와 비농업호구의 구분은 여전히 유지되었다. 또한 호구제도 개혁은 중앙정부가 기본적인 방침을 정하고 이에 맞추어 지방정부가 자기 지역의 사회경제적 조건에 부합되는 방식으로 점진적으로 추진해왔다. 그런데 중국 국무원은 2014년 7월 30일 호구제도 개혁안을 발표하여 기존 농업호구와 비농업호구의 구분을 폐지하고 도농통합의 '거민호구居民戶口'로 통일했다. 중요한 것은 도농호구의 구분이 폐지되었다고 원하는 누구나에게 거민호구를 부여하는 것은 아니라는 점이다. 예를 들어, 기존 베이징시 농업호구와 비농업호구의 구분이 폐지되어 베이징시 거민호구로 통일된 것이지, 베이징시로 이주한 쓰촨성 농민에게 베이징시 거민호구가 자동으로 부여되는 것은 아니라는 사실이다.

농업호구와 비농업호구 구분의 폐지와 함께, 최근 부상하고 있는 유력한 호구제도 개혁방식이 바로 '점수적립제 도시 거민호구 취득제도積分落戶'이다. 이 제도는 중국정부가 발표한 〈국가 신형도시화 규획(2014~2020)〉에 등장한다. 그 내용을 살펴보면 다음과 같다.

첫째, 전국의 도시를 상주인구 규모에 따라 초대도시超大城市(1,000만 명 이상)-특대도시特大城市(500만 명 이상)-대도시大城市(100만 명 이상)-중등도시中等城市(50만 명 이상)-소도시小城鎭(10만 명 이상)로 분류한다.

둘째, 이들 도시가 속한 성省 단위 점수적립지표積分指標와 해당 도시 단위 점수적립지표를 만든다. 성 단위 점수적립지표는 일반적으로 학력, 기술, 사회보험료 납부 기간, 사회공헌도에 따라 차등적인 점수를 적용하는데, 범죄경력 등 차감되는 지표도 있다. 도시 단위 점수적립지표는 성 단위 지표를 토대로 각 시의 상황과 목적을 반영하여 동일한 지표라도 서로 다른 배점을 부여할 수 있다. 예를 들어 광둥성 광저우시는 상대적으로 고학력자를 선호하여 이들에게 높은 배점을 부여하고, 주하이시珠海市는 공급 부족 업종의 기술자에게 상대적으로 높은 배점을 부여한다.

셋째, 특정 도시로 이주하여 해당 도시의 거민호구를 취득하려 하는 농민은, 우선 해당 도시가 속한 성의 점수적립지표에 따라 합산한 자신의 점수가 도시거민호구 취득신청 자격조건에 도달해야 하고, 다음으로 해당 도시 단위의 점수적립지표에 도달해야 비로소 자신이 원하는 도시의 도시거민호구 신청자격을 취득하게 된다. 점수의 높고 낮음에 따라서 취득할 수 있는 도시 거민호구가 달라진다는 점에서, 기존 중국 도시사회에 '위계적 시민권hierarchical citizenship'을 초래할 수 있는 '점수적립제 도시 거민호구 취득제도'는 해당 지역과 도시의 사회적·경제적 조건에 따라서 상호 다르게 구성되고 있으며, 호구제도 개혁방식의 하나로 전국적으로 확산되고 있는 상황이다.

중앙도시공작회의

이처럼 도시화의 문제는 단지 인구밀집이나 건조환경의 증가만이 아니라, 2000년대 중후반 대내외적 문제점을 해소하기 위한 사회적·경제적·정치적 전략의 의미를 획득하면서, 중국공산당과 국가의 최고지도부가 직접 관리하는 대상이 된다. 중국은 개혁기 이전인 1962년, 1963년, 1978년 세 차례에 걸쳐서 '전국全國'도시공작회의中央城市工作會議를 개최했지만, 개혁기 들어서는 도시공작회의를 개최하지 않다가, 37년 후인 2015년 12월 비로소 '중앙'도시공작회의를 다시 개최했다. 중앙도시공작회의는 과거와 같이 중앙정부의 실무책임자가 전국의 관련 책임자를 모아서 개최하는 회의가 아니라, 중국 최고위 지도부인 '중공중앙中共中央'이 직접 도시공작을 관리하기 시작했다는 것을 의미한다. 또한 이 중앙도시공작회의는 중앙경제공작회의中央經濟工作會議와 동시에 개최되어, 중국 최고위 지도부는 도시의 문제를 경제의 문제와 동일한 반열에 올려놓고 함께 사고하기 시작했다.

성중촌

개혁기 도시화와 관련된 대표적인 문제가 바로 '성중촌城中村'이다. 성중촌이란 도시城 속의 농촌村을 의미하는 것으로, 개혁기 도시로 이주한 농민공들이 도심이나 교외에서 (비)합법적으로 특정 공간을 차지하고 밀집 거주하는 지역, 또는 도시가 팽창하면서 주변의 농촌을 도시로 편입시켜서 생겨난 지역을 가리킨다. 농민공 노동력은 주로 제조업, 건설업, 서비스업 등에 유입된다. 문제는 도시사회의 생산과 재생산을 위해서는 이들의 저렴한 노동력이 필요하지만, 호구제도 개혁의 과정에서도 여전히 기존 '도농이원구조'의 영향력이 강하게 남아 있는 도시사회는 이들을 끊임없는 관리대상으로 간주한다는 사실이다. 비록 중앙정부는 '농민의 도시화' 방침을 내걸었지만, 도시정부는 해당 지역의 사회적·경제적 이해관계에 따라서 이들 농민공에 대해 매우 다양한 태도를 취하는 것이다. 다시 말해서 도시사회와 도시민의 생산과 재생산을 위해 저렴한 노동력이 필요하지만, '도농이원구조'의 강력한 유산 속에서 도시의 사회적·정치적 이해관계를 지키기 위해서, 도시정부는 농민공에 대해 차별적인 태도를 보이는 것이다.

그 결과 성중촌은 때론 단속과 철거의 대상이 되기도 한다. 2017년 12월 베이징시 교외 성중촌인 신젠춘新建村에 밀집된 '저단인구低端人口' 강제축출 사건이 바로 그것이다. 신젠춘은 다싱구大興區에 위치한 성중촌으로 베이징시 제조업, 건설업, 서비스업에 종사하는 농민공들이 저렴한 (비)합법적 주택에 밀집 거주하고 있는 지역이다. 2017년 11월 신젠춘 공동주택에서 발생한 대형화재로 사망자가 발생하자, 베이징시 정부는 안전점검을 구실로 신젠춘에 대한 대대적인 철거작업을 개시하고, 이과정에서 10만 명에 달하는 농민공들이 강제축출되었다. 이 사건은 단지 신젠춘 농민공의 인권침해 문제에 머무르지 않고, 베이징시 도시사회에 일정한 균열을 가했다. 다시 말해서 농민공이 저렴한 노동력을 제공했기 때문에 높은 주택비용과 물가에도 베이징시 시민이 생활의 질을 일정 수준으로 유지할 수 있었는데, 농민공 대규모 강제축출로 그러한 생활이 위협받게 된 것이다. 개혁기 도시화 과정에서 생겨난 성중촌은 기존 도시의 이질적인 공간을 넘어서 도시사회 생태계의 중요한 구성부분으로 진화하고 있다.

경제

6부

경제개관: 기로에 선 중국경제

62

한동훈

개혁개방 후 39년간 중국은 연평균 10%에 육박하는 성장률을 거양하여 미국에 이은 세계 2위의 경제대국, 세계 1위의 수출대국, 3조 달러가 넘는 외환을 보유한 세계 1위의 외환보유국으로 변모했고 1인당 국민소득으로는 세계은행이 정한 중등소득 그룹 가운데 상위 그룹으로 올라섰다. 중국과 같은 거대한 경제가 이렇게 높은 성장률을 장기간 지속한 것은 세계 역사상 유례가 없는 것으로서 한국, 일본, 대만 등 동아시아 국가들의 과거 기록을 뛰어넘는 것이다. 이를 가능하게 한 요인은 무엇이었을까?

이행과 발전

경제의 규모를 결정하는 요인을 생산요소의 양과 생산성으로 볼 때 결국 경제성장은 투입 요소, 산업구조, 기술, 제도로 결정된다. 중국의 경제성장은 이 모든 측면의 개선에 기인한다. 즉, 인구 증가와 노동가능인구의 증가라는 인구보너스, 저축과 투자 증대를 통한 자본축적, 시장수요에 부합하는 산업구조로의 전환, 기술진보와 경제체제이행에 힘입은 총요소생산성의 증대가 경제성장의 요인이라고 볼 수 있으며, 이는 결국 체제이행과 경제발전 과정의 시작으로 요약될 수 있다. 다시 말해, 이행과 발전의 문제로 귀결된다.

체제이행은 사회주의 계획경제로부터 사회주의 시장경제로의 전환이 그 내용인바, 소유제로서의 사회주의와 자원배분제도로서의 시장경제의 결합이 핵심이다. 소유제는 공유제 일변도로부터 공유제와 비공유제가 결합된 형태로 전환했고 자원배분제도는 계획경제로부터 시장경제를 위주로 계획경제의 요소가 다소 결합된 형태로 전환했다. 사회주의 시장경제로의 전환은 경제 효율의 극적인 증대를 가져왔다.

아울러, 개혁개방 선언은 중국의 경제발전 과정이 시작되는 계기가 되었다. 이원경제의 경제발전 이론에 따르면 초기 경제발전은 생산성이 낮은 전통 부문 혹은 농업 부문에서부터 생산성이 높은 현대 부문 혹은 공업 부문으로의 노동력 재배치에 의해 이루어지는데, 일단 이 과정이 시작되면 경제발전은 시간의 문제가 된다. 잉여노동력의 해방을 가져온 농촌 개혁은 노동력을 향진기업 위주의 공업 부문으로 이동시켰으며, 그 후에는 도시 공업과 서비스 분야로의 노동력 이동이 이루어졌다. 그리고 도시 공업의 농업 노동력 흡수를 견인한 것은 해외 수출이었다.

새로운 도약을 위한 과제

체제이행의 성공과 경제발전 과정의 지속을 통해 중국경제는 빈곤에서 탈출하여 중하위 소득그룹을 거쳐 중상위 소득그룹에 도달하며 첫 번째 단계의 경제발전에 성공했다. 지난 30여 년간 이러한 경제성장을 가져온 요인들이 대략 마무리되어 가면서 최근 중국경제는 새로운 도약을 앞두고 있다. 물론 아직도 추가적인 시장경제 개혁과 노동력 이동을 통한 경제발전의 여지가 상당 부분 남아 있기는 하지만, 중국의 경제발전은 점차 경제의 구조적·질적 고도화로 그 중점이 옮겨가고 있다. 최근 중국에서는 중국이 남미, 중동, 동남아 국가들처럼 중진국의 함정에 빠질 것인가 아니면 뛰어넘을 것인가가 초미의 관심사가 되고 있는데, 그 핵심은 결국 경제고도화이다.

중국경제의 당면 과제를 공급 측면과 수요 측면으로 나누어보면, 우선 공급 측면에서는 산업구조의 업그레이드, 기술 진보를 통한 생산성 향상과 경제의 고부가가치화 그리고 제도 개혁을 통한 효율 향상이 당면한 과제이다. 노동력의 도시 이동을 통한 자동적인 생산성 향상이 한계에 가까워졌고, 자본수익률의 하락 국면이 머지않아 시작될 것이며, 임금 상승으로 인하여 노동집약적 저부가가치 소비재 수출산업의 경쟁력이 점차 약화되고 있는 상황이므로, 고부가가치 제조업 및 서비스산업으로의 산업구조 업그레이드와 기술 발전을 통한 총요소생산성 향상이 절실한 단계로 진입하고 있다. 이를 위해서는 창의성을 발현시키는 경쟁적인 경제 환경의 조성이 필요하며, 그 핵심은 기간산업의 국유기업 독점을 타파함으로써 민간 부문과의 경쟁을 통하여 산업의 경쟁력을 높이고 생산성을 높이는 것이다. 이와 더불어 노동집약적 수출산업의 경쟁력 회복을 위한 중서부 지역 이전의 촉진이 요구된다.

수요 측면에서는, 소비 부족을 수출 및 과도한 고정자산 투자로 메우는 경제성장 모델에서 투자 조절과 소비시장 확충을 통한 경제발전모델로의 전환이 서서히 이루어지고 있지만, 투자가 국민소득에서 차지하는 비중은 2016년을 기준으로 여전히 44%를 초과하고 있어, 소비확충과 투자조절이 여전히 중요한 과제이다. 국유기업이 투자 과잉 해소의 핵심인바, 높은 독점이윤에 의해 창출되는 국유기업 이윤을 적절히 사용하는 것이 중요하다. 한편 소비 부족의 원인으로는 낮은 임금분배율과 소비성향 그리고 소득격차의 심화가 지적되고 있는바, 이를 해소하기 위해서는 사회복지 확충, 국유기업 독점 해소, 산업의 고부가가치화와 생산성 향상을 통한 임금 인상, 농촌인구의 도시 이동 촉진, 빠른 도시화, 중산층 육성 등이 요구된다. 요약하면, 중국경제는 체제이행과 노동력의 부문 간 재배치에 힘입은 첫 번째 단계의 경제성장 과정을 마무리해가는 과정에 있으며 선진경제로의 도약을 위해 추가적인 경제개혁이 필요한 시점에 있다.

63

거시경제: 성장과 물가

박한진

2018년 중국은 개혁개방 40주년을 맞았다. 오랜 기간 두 자리 수 성장을 거듭하던 중국경제는 2010년을 마지막으로 10%대 성장률 시대를 접는다. 이후 경제성장률은 매년 뚜렷한 하락세를 보이며 2016년 6.7%까지 떨어져 L자형 침체 장기화 우려부터 경착륙 경고까지 다양한 분석과 전망이 나왔다. 하지만 2017년 성장률이 6.9%로 반등하면서 중국관찰자들은 이전과 다른 시각으로 거시경제를 바라보고 있다. 중국경제가 새로운 성장주기에 접어들었는지, 아니면 여전히 구舊경제 패턴 속에 있는지에 관한 것이다. 그 답을 얻기 위해서는 중국경제가 A 혹은 B라는 어느 한 특성만을 가진 것이 아니라 A의 특성도 있고 B의 특성도 있다는 점에 주목할 필요가 있다.

거시경제 성장 방향

2017년 중국경제가 7년 동안의 하락세를 마감하고 반등할 수 있었던 것은 성장을 구성하는 투자, 소비, 순수출 등 이른바 '경제의 삼두마차'

가 모두 잘 달렸기 때문이다. 정부가 일정 수준의 성장률을 유지하기 위해 사회간접자본 확대 기조를 이어갔고 3-4선 도시의 부동산시장 활기에 힘입어 투자 부문이 좋았다. 온라인 소비와 자동차 소비가 호경기를 보이면서 소비시장도 대체로 회복세를 보였다. 국제경제 회복세로 외부 요인도 긍정적으로 작용해 수출이 큰 폭으로 증가하면서 순수출의 경제성장 기여도가 2016년 -0.5%에서 2017년 0.6%로 돌아선 점도 호조요인이다.

2018년과 그 이후 수년간은 중국정부가 부채경감(디레버리지) 정책과 펀더멘탈(기초체력) 관리 정책을 지속적으로 추진하는 시기라는 점이 핵심이다. 경제성장의 수요demand 측면에서는 압력이 증가할 것이다. 부동산 투자 및 판매 상승폭의 하락세, 기초시설 투자 부진 등으로 고정자산 투자 증가율이 6% 중반대에 그칠 전망이다. 제조업은 업그레이드가 진행되면서 투자가 확대될 것이다. 소비는 민간소득과 실업률의 안정세가 예상돼 10% 내외의 증가율이 가능해 보인다. 일각에서는 글로벌 인플레이션을 우려할 정도로 회복세를 보이면서 수출 역시 양호한 흐름을 보일 전망이다.

앞으로 수년간 공급supply 측면은 구조조정이 점진적으로 진행되면서 내생적 성장 동력을 마련해갈 것으로 예상된다. 선진설비제조업과 자본 및 기술집약형 제품의 비중이 높아지면서 성장의 새로운 활력소가 될 것이다. 중국은 이른바 신경제가 전체 투자에서 차지하는 비중이 3분의 1이나 되지만 산출에서 차지하는 비중은 5분의 1에 그친다. 이는 앞으로 신경제 영역의 투자효과가 제고될 공간이 충분하다는 이야기로도 연결된다.

물가는 과거 소비자 가격의 상승세가 높고 기업 가격은 상대적으로 현저하게 낮은 상황이었지만, 2017년을 기준으로 보면 공장출고가격PPI은 연중 4.9~7.8%로 높은 수준이었고 소비자물가CPI는 0.8~1.8%로 낮았다. 2018년 이후 수년간 CPI는 2~3%대가 지속될 것으로 예상되고 PPI는 점진적으로 낮아져 물가의 상-하류 분화현상이 축소될 전망이다. 중장기적으로 물가 수준을 결정하는 요인은 물가정책 그 자체에 있다기보다는 전체 거시경제정책의 방향과 효과 여부에 달려 있다고 보는 것이 타당하다.

선제적 개혁에 나선 중국

이렇게 본다면 중국경제는 새로운 주기에 접어들고 있다고 볼 수도 있지만 채무 리스크 측면도 따져보아야 한다. 중국의 지방정부 부채 증가와 부동산시장의 거품 누적이 문제점으로 지적된 것이 어제 오늘의 일이 아니다. 이는 중국이 채무확장으로 고속투자를 유도하는 투자위주성장 모델을 수십 년간 지속해왔기 때문이다. 이런 모델은 단기 성장은 가능하지만 금융 리스크가 누적되고 결과적으로 지속가능한 성장은 요원해진다. 특히 최근 중국정부가 전국적으로 추진 중인 중장기 도시건설의 경우 투자비용이 큰 반면, 투자주기가 길어 단기적으로 자금을 회수하거나 수익을 창출하기 어려워 또 다른 부채 증가 요인이 되지 않을까 우려하는 시각도 있다.

그런 의미에서 지방정부의 채무와 실물 및 금융 부문의 높은 레버리지 비율, 부동산 버블 등은 중국경제의 거대한 '회색 코뿔소gray rhino'라고 볼 수 있다. 회색 코뿔소란 경고음이 계속 울려 충분히 예상할 수 있지만 쉽게 간과하는 위험요인을 뜻한다. 물론 중국경제가 단기간 내 위기국면에 빠질 것으로 내다보는 전문가는 거의 없다. 중국이 자의와 무관하게 혹은 전혀 대비 없이 갑자기 위기상황에 직면한 것이 아니고 자발적으로, 선제적으로 개혁에 나서고 있다는 점에 주목할 필요가 있다.

중국경제는 거대한 스모 선수와 같다. 오랫동안 양적인 팽창, 즉 몸집 불리기에 몰두해온 탓이다. 수출드라이브와 돈을 쏟아붓는 재정정책이 총동원됐다. 품질보다는 가격, 효율보다는 실적이 우선시됐다. 그렇게 30여 년이 지나 국가 경제는 커졌지만 공급 과잉 문제가 불거졌다. 세계가 쓰고도 남을 정도로 넘쳐난다. 자원, 환경, 에너지 분야에서 성장 부작용도 적지 않다. 중국은 질적 성장으로의 변화를 선택했다. 적게 먹고 운동을 많이 해서 날렵한 몸매를 만들겠다는 의도다. 과거의 습관을 바꾸려니 때로는 야위고(성장률 저하) 때로는 어지럽기도(증시 불안) 할 것이다. 하지만 중국 스스로 변화의 길을 선택했다는 것은 예사롭게 볼 일이 아니다. 회색 코뿔소를 잘 관리하면서 양적 성장보다 질적 성장에 무게 중심을 두는 전략이 점진적으로 성공하게 된다면 중국의 중장기 성장 전망은 건전할 것이다.

거시경제: 재정과 금융

64

최필수

재정정책과 금융(화폐)정책은 거시경제정책의 가장 중요한 수단이다. 경기가 좋지 않을 경우, 정부는 재정지출을 늘려 직접 수요를 창출하거나 금리 인하와 통화량 증가 등을 통해 민간의 소비와 투자를 자극한다. 반대로 경기가 과열되고 인플레이션이 심할 경우, 재정지출을 줄이거나 금리를 올려 총수요를 억제한다. 재정지출은 특정한 정책목적을 위해 동원되기도 하는데 특정 분야의 연구개발, 중소기업 지원, 낙후지역의 개발, 취약계층에 대한 지원 등에 사용하는 것이 그 예이다.

중국은 대체로 재정정책은 적극적으로, 금융 및 화폐정책은 신중하게 구사하는 일종의 케인스적Keynesian인 거시경제 운용을 하고 있다. 재정정책의 경우 재정여력이 상대적으로 충분하고 관련 정책 운용 경험도 많지만, 화폐정책은 최근까지 시중 금리를 직접 통제하거나 창구지도를 하는 다소 거친 방법에 의존해왔기 때문이다. 결과적으로 중국은 성장률보다 물가가 훨씬 높은 모범적인 거시경제 운용을 하고 있다. 이는 거의 1990년대 후반부터 지속된 현상인데 최근에도 6%대 후반의 성장률과

2%대 초반의 물가상승률을 기록하고 있다.

지방재정 구조와 개혁

무엇보다 중국의 튼튼한 재정구조가 적극적 재정정책을 가능하게 한다. 2017년 중국 중앙정부와 지방정부의 부채는 각각 GDP의 약 16.3%와 약 19.9%이다. 주요국의 정부부채 비율이 평균 100%를 넘나들고 있음을 고려하면 중국의 정부재정은 상당히 건전하다고 볼 수 있다.

단 지방정부의 부채증가 우려에 대해 이해할 필요가 있다. 중국에서 철도를 제외한 사실상 모든 인프라 투자는 지방정부에 의해 이뤄진다. 그러나 지방정부는 불투명한 금융조직을 설립하여 투자자금을 조달해왔고, 특히 2009~2011년 집중적인 투자가 이뤄진 후 이러한 문제가 심각하다는 사실이 드러났다. 그러나 전수조사를 통해 드러난 결과는 지방정부의 부채가 대부분 기한 내에 상환되고 있고 규모도 우려했던 것보다 크지 않았다. 즉 급박한 위험요소는 아니었다.

지방정부가 불투명한 자금조달 관행을 가지게 된 이유는 자체 세원이 거의 없기 때문이다. 주요 세원은 중앙정부가 거의 독점하고 있으며 재정 이전은 종종 예측불가능하다. 지방정부가 가진 유일한 자원인 토지사용권 매각대금은 부동산 경기에 크게 좌우된다. 이런 상황에서 지방정부가 의존해온 금융조직은 보통 3~5년의 상환기간을 가지는데 반해 사회인프라 투자회수 기간은 20~30년에 걸쳐 있기 때문에 '만기불일치 maturity mismatch' 현상이 나타나게 된다.

중앙정부는 이러한 상황을 타개하기 위해 불투명한 금융조직을 규제하는 한편, 2014년부터 지방정부에 채권발행을 점진적으로 허용했다. 이에 따라 2015년과 2016년 발행된 지방정부의 채권 총액은 각각 3조 8,300억, 6조 500억 위안이다. 2016년 중국의 국채발행 규모가 36조 1,000억 위안이었던 것을 고려하면 지방의 채권 비중이 적지 않음을 알 수 있다.

그러나 아직까지 채권발행의 주체는 성省정부에 국한돼 있고, 지방채 금리가 전부 똑같다는 한계가 있다. 즉 도시 단위의 정부는 아직 채권을 발행하지 못하고 있으며 지방 고유의 리스크가 지방채에 반영되지 못하고 있는 것이다. 향후 엄정한 리스크 평가 결과가 지방채에 반영되고 도시 정부가 채권을 발행할 수 있게 되면 중국 재정구조에 근본적인 변화가 일어날 것이다.

금리자유화와 새로운 금융정책 과제

중국은 예금금리의 상한선과 대출금리의 하한선을 명시적으로 정부가 관리하는 보기 드문 금리 통제 국가였다. 그러나 2013년과 2015년에 각각 대출금리와 예금금리를 자유화함으로써 선진적인 금융정책을 위한 중요한 걸음을 내디뎠다.

그동안 은행들은 정부가 정해준 예대금리 범위에서 안일한 운용을 해왔으나, 이제 적극적으로 수익성이 높은 프로젝트를 발굴할 유인이 생겼다. 예금자들도 물가상승률보다 예금수익률이 낮은 금융억압financial repression 상태를 벗어나 더 수익이 높은 금융상품을 찾아 투자할 수 있게 됐다.

그동안 중국이 명시적으로 금리를 통제했던 이유는 국유 부문으로의 관치금융을 제공하기 위함이었다. 2013년의 경우 국유 부문은 전체 산업생산의 40%를 달성한 반면 전체 은행대출의 60%를 차지하고 있었다. 국유 부문의 자산수익률이 민간 부문보다 5% 이상 낮다는 것을 고려하면 이는 심각한 금융왜곡이라고 할 수 있다. 경제발전의 원동력인 민간 기업들이 은행자금을 충분히 얻지 못하고 고금리의 사금융에 의존하고 있는 현상이 보편적이다. 과연 금리자유화로 인해 이러한 왜곡이 얼마나 시정되고 있는지 꾸준한 관찰이 필요하다.

이제까지 금리가 경기를 반영하지 못했으므로 그동안 중국 금융당국은 금리조절 정책보다는 지급준비율 조절이나 대출총액 규제와 같은 통화량 조절을 금융정책의 중요한 수단으로 사용해왔다. 아직 금융시장에 다양한 금융상품이 도입되지 않았고, 정부가 경제성장을 촉진하기 위해 오랫동안 은행의 예금 및 대출 이자율을 낮게 통제하고 있어서 금리인상이나 인하를 통해 소비와 투자를 미세하게 조절하기 어려웠기 때문이다. 이러한 화폐정책 관행도 금리자유화와 함께 변화될 것으로 기대된다. 이제까지 높은 성장률과 낮은 물가를 동시에 달성해온 인민은행의 거시경제 관리능력이 새로운 시험대에 오른 것이다.

중국 중앙과 지방의 부채 규모

(단위: 조 위안)

	중앙	지방	GDP 대비 비중
2013	8.7	10.9	33.1%
2014	9.6	15.4	38.7%
2015	10.7	16.0	38.8%
2016	12.0	15.3	36.9%
2017	13.5	16.5	32.6%

자료: 중국국가통계국 및 언론자료

거시경제: 소비와 투자

65

최필수

소비와 투자는 수요 측면에서 경제를 이끄는 양대 축이다. 소비의 원천은 가계 소득이고, 투자의 원천은 기업이 창출한 이윤이다. 2000년대 중국의 고도성장은 주로 수출과 투자가 이끌어왔다고 평가된다. 그런데 오늘날 중국은 수출보다는 내수를, 내수 중에서도 기업의 투자보다는 가계의 소비를 경제성장의 동력으로 육성하겠다는 이른바 '성장전략의 전환'을 시도하고 있다. 저임금 기반으로 수출을 많이 하고 저금리 기반으로 투자를 많이 할 수 있었지만 성장의 과실이 인민들에게 돌아가지 않는 불균형 상태에 처했기 때문이다.

2008년 글로벌 금융위기로 해외 수요가 급감하면서 수출 의존도가 본의 아니게 크게 떨어졌다. 그러나 성장률의 급락을 막기 위해 2009~2011년 대규모 투자를 집행하면서 투자에 대한 의존도는 오히려 더 커졌다. 2013년 출범한 시진핑 정부는 전임 정부의 투자과잉을 극복하고 소득분배 개선을 통해 내수를 확대해야 하는 과제를 안고 있다.

342   차이나 핸드북

민간소비 제고 정책과 성과

개혁개방 이후 투자 및 수출 중심의 경제성장이 지속된 결과, 그 주역이었던 중국의 산업과 기업은 빠르게 성장했다. 그러나 이 과정에서 GDP 가계 부문이 근로소득으로 가져가는 몫인 노동소득분배율은 지속적으로 하락했다. 성장의 열매가 주로 기업 부문에 집중되고 가계로는 분배되지 않은 것이다. 가계소득의 몫이 줄어듦에 따라 그 소득에 의존하는 민간소비가 GDP에서 차지하는 비중도 감소했다. 결과적으로 내수소비가 위축되었을 뿐 아니라, '나라는 부강해졌으되, 국민들은 여전히 가난하다'는 불만이 터져나왔다.

이러한 구조를 전환하고 상대적으로 위축된 내수소비의 성장기여도를 높이기 위해 중국은 12차(2011~2015) 및 13차(2016~2020) 5개년 계획을 통해 소비 확대의 장기적 메커니즘을 구축하고자 시도하고 있다. 임금인상과 사회안전망 확충을 통해 실질소득을 높여서 소비를 늘리겠다는 것이다. 그동안 중국은 임금도 낮았지만 사회안전망도 허술하여 인민들이 저축을 과도하게 많이 하는 경향이 나타났다. 세계은행의 중국 빈곤보고서는 중국의 빈곤이 '소득빈곤income poor'이 아닌 '소비빈곤consumption poor'의 양상이라는 점을 지적하고 있다.

중국정부의 최저임금 인상 노력과 자연스러운 실질임금 상승을 통해 도시지역의 평균 임금은 2011~2016년 동안 무려 62%나 증가했다. 사회안전망도 양로, 의료, 실업, 산재 등 각 분야에서 좀 더 촘촘하게 구성되고 정부의 재정부담도 꾸준히 증가했다. 무엇보다 그동안 사회안전망의 사각지대였던 무호적無戶籍 도시취업자, 즉 농민공에 대한 처우를 개선하고 이들의 도시정착을 지원하고 있다. 이러한 노력을 통해 주민평균 소비액도 2011~2016년 동안 역시 62% 증가했다. 같은 기간 GDP 증가폭이 53%였으므로 전체적인 경제성장률보다 소득과 소비가 더 많이 증가한 것은 분명하다. 특히 농촌지역과 저소득지역의 소득 및 소비 증가가 도시지역과 고소득지역보다 더 빠르게 진행되는 수렴 현상이 나타나고 있다.

인프라 위주의 투자 지속성 문제

소비 부문에서의 일정한 성과와 달리 투자 부문에서는 효율성이 저하하는 문제가 나타나고 있다. 고정자본형성에 투자되는 자금 대비 산출물이 갈수록 떨어지고 있는 것이다. GDP 1단위를 증가시키는 데 필요한 신규 투자가 얼마인가를 나타내는 한계고정자본계수는 개혁개방 이후 거의 줄곧 3~4 정도를 유지했으나 2013년부터 5를 넘어선 이후 2016년 말까지 떨어지지 않았다.

중국의 GDP 대비 투자비율은 약 45%로 매우 높은 수준이며 가장 높을 때에는 60%에 육박했다. 이것이 과잉투자라고 비난하는 학자들도 있지만 그동안 중국이 이렇게 투자를 많이 했던 이유는 사회가 이를 소화할 여지가 있었기 때문이다. 1인당 자본량stock을 비교하면 2015년 기준 중국은 미국의 30%에 불과하다. 투자를 더 많이 해도 된다는 의미이다.

소비 및 투자 주요 지표 추이

	2011	2012	2013	2014	2015	2016	2017
주민 평균 가처분 소득 (元)	–	–	18,311	20,167	21,966	23,821	25,974
도시 주민 평균 소비액 (元)	13,134	14,699	16,190	17,778	19,397	21,285	24,445
고정자본형성/GDP (%)	48.0	47.2	47.3	46.8	44.7	44.1	41.9
최종소비지출/GDP (%)	49.6	50.1	50.3	50.7	51.8	53.6	53.6

주 | 중국국가통계국은 2013년부터 새로운 기준으로 가처분소득을 집계하고 있음   자료: 중국국가통계국

그러나 최근의 투자효율 감소는 투자의 과속 현상을 시사한다. 자본량 증가 속도가 GDP 증가 속도를 추월한 것이다.

이러한 비효율적인 투자는 결국 중국의 성장 잠재력을 잠식할 것이다. 비효율적인 과잉투자의 주체는 주로 지방 국유기업이다. 지방정부들이 지역 이기주의로 도태돼야 할 이른바 좀비기업을 계속 유지하고 있는 것이다. 시진핑 정부는 이들을 억제하기 위해 "공급측 개혁"을 추진 중이다. 이에 발맞추어 고속성장 자체를 경계하는 '신창타이新常態(New Normal)' 담론을 강조하고 반부패 운동을 강화하고 있다. 저성장도 좋으니 막무가내 투자를 하지 말라는 것이다. 그러나 한편으로는 '일대일로' 구상을 통해 국내외 인프라 건설을 추동하는 적극적 투자정책도 병행하고 있다.

한동훈

중국의 인구 잔치는 끝났는가?

경제발전이론에 루이스 전환점Lewisian turning point이라는 것이 있다. 농촌의 잉여노동력이 도시의 공업으로 재배치됨으로써 저개발국의 경제발전이 이루어진다는 이론으로, 노동생산성이 낮은 농업으로부터 노동생산성이 높은 공업으로의 노동력 이동이 전체적인 생산성 향상을 일으키며 경제성장의 원천이 된다는 내용이다. 초기에 농업의 한계노동생산성은 0에 가까우며 임금은 농업 평균생산에 따라 생존임금으로 정해진다. 농촌에 무한하게 존재하는 잉여노동력이 고갈되기까지는 도시에서 임금 인상이 일어나지 않으며 도시 공업은 값싼 노동력을 무한정 활용할 수 있다. 그러나 농촌 잉여노동력의 도시 이동 진전에 따라 잉여노동력이 고갈되는 시점이 오면, 도시에서의 임금이 상승하며 노동력의 이동만으로 자연히 경제발전이 이루어지는 시대는 종료된다. 두 개의 루이스 전환점이 정의되는데, 첫 번째 전환점은 농업의 한계노동생산성이 0에서 플러스로 전환되는 시점으로서, 도시에서 완만한 임금 상승이 시작되지만 농촌에서는 여전히 평균생산에 따라 생존임금이 유지된다. 두 번째 전환점은 농업의 한계노동생산성이 상승하여 평균생산성을 초과하게 되어 농촌에서 임금이 오르기 시작하며, 도시에서는 임금의 가파른 상승이 발생하게 된다.

루이스 전환점에 도달했는가?

중국이 루이스 전환점에 도달하였는지에 대한 이슈가 2005년 제기된 이래 뜨거운 논의가 이루어져왔다. 이는 중국 노동시장의 현황을 정확히 파악해야 올바른 발전전략과 기업의 대응전략의 수립이 가능해지기 때문이다. 일부 논자는 연해지역에 농민공이 부족해지는 소위 민공황民工荒 현상이 발생하기 시작한 2004년을 루이스 전환점으로 본다는 주장을 전개한다. 다른 일군의 논자들은 연해지역 민공황 현상으로부터 루이스 전환점 도래를 판단할 수 없고 농촌에는 아직도 많은 수의 잉여노동력이 존재한다고 주장한다. 이 견해에 따르면 도시의 임금 상승은 한편으로는 2004년부터 실시한 최저임금제의 영향이고, 다른 한편으로는 농촌 지원 정책에 따른 농촌 생활여건 호전으로 도시 이동의 기회비용이 증가한 데 따른 결과이다. 농촌에 많은 잉여노동력이 상존하는 상태에서의 노동 이동 정체이며, 따라서 노동 이동을 촉진하기 위하여 호구제 폐지, 농토 소유권 인정과 매매 허용, 교육의 보급 등 정책이 필요하고, 이와 더불어 노동집약산업의 중서부 이전이 필요하다는 주장이다.

루이스 전환점 도래를 인정하는 전자의 주장에 따르면 중국은 이미 노동집약산업에 비교우위를 가질 수 없어 발전전략의 근본적인 수정이 필요하며, 성장의 원동력을 생산성 향상에서 찾는 노력이 더욱 절실하다. 반면, 후자의 주장에 따르면 중국은 앞으로도 상당기간 노동집약을 포기할 수 없으며 농촌 노동력을 도시에서 최대한 흡수하는 것이 정책의 목표가 된다. 거의 60%에 도달한 도시화율과 가파른 임금상승률 등을 고려할 때, 대체로 중국은 루이스 전환점을 이미 경과한 것으로 판단된다.

인구보너스의 소멸

루이스 전환점 외에 노동 관련 중요한 논의는 인구의 고령화와 노동가능인구(15~64세)의 감소에 따른 인구보너스 소멸에 관한 것이다. 인구보너스는 노동가능인구의 증가로 인하여 노동가능인구 1인당 피부양인구인 인구부양비율이 낮아지고 이로 인해 높은 저축률과 투자율에 힘입은 고속 경제성장이 가능한 상황을 의미한다. 2016년 말을 기준으로 13억 8,000명인 중국의 인구는 2030~2035년까지는 증가할 것으로 예상되지만 노동가능인구는 2011년을 최고점으로 하여 2012년부터 매년 감소하였고 총 2,000만 명 정도가 감소하였다. 노동가능인구의 감소에도 불구하고 경제활동인구와 취업인구는 증가하고 있어 노동공급은 아직 감소하지 않고 있지만, 높은 저축률과 성장률이 본격적으로 꺾이고 선진국이 되기 전에 노령화가 진행되는 현상未富先老이 이미 도래하여 대비책이 필요한 시점에 와있다. 중국정부는 교육 투자 확대를 통한 인적자본 확충을 정책 방향으로 잡고 있다.

노동시장 양극화와 임금격차 확대

중국 노동시장 및 임금과 관련하여 중요한 특징의 하나는 노동시장의 양극화 및 임금격차의 확대이다. 업종 간 임금격차, 기능수준별 임금격차, 기업 소유제별 임금격차 등 다양한 임금격차가 존재하는 상황에서, 궁극적으로 가장 중요한 격차 요인은 인적자본이다. 가파른 임금상승에도 불구하고 임금소득이 국민소득에서 차지하는 비중은 급격히 감소해 왔다. 이는 임금이 상승하지만 기업 이윤과 자산소득이 더 빠른 속도로 증가하기 때문에 생기는 현상으로, 그 궁극적 원인은 노동력에 체화된 인적자본의 부족이다. 사회적 인적자본의 부족으로 인하여 인적자본의 가치가 매우 높은 것이 중국 노동시장의 상황이며, 따라서 임금격차 축소 및 임금소득 확대를 통한 소득격차 축소를 위해서는 교육 확충을 통한 인적자본 축적이 가장 중요한 정책 방향이 될 것이다.

산업: 농업

67

전형진

중국 농업의 성장

중국 농업은 농가토지도급경영제를 골자로 한 농업경영시스템의 개혁을 통해 성장의 토대를 마련한 후, 일련의 시장화 조치를 통해 지속적이고 안정적인 성장을 이루었다. 1980년 이후 36년 동안 농업부가가치의 연평균 성장률(2010년 불변가격)이 4.6%에 달했는데, 이러한 성장 실적은 전 세계 농업성장 역사상 유례를 찾아보기 어렵다. 중국 경제성장의 기적에 견주어 중국 농업성장의 기적이라 부를 만하다. 경제학자 슐츠T. Schultz는 '한 국가의 경제발전 초기에 공업 부문이 발전하기 위해서는 농업 부문의 발전이 병행되어야 한다'고 지적한 바 있는데, 중국 농업의 성장은 중국경제의 발전을 촉진하는 촉매제 역할을 충분히 했다.

중국 농업의 성장 모델은 흔히 단기간에 기아饑餓 단계에서 포식飽食 단계로 이행한 성공적인 모델로 평가받는다. 신중국 성립 이후 중국 농업은 노동생산성의 희생하에 토지생산성이 성장을 견인했는데, 이는 토지자원이 부족하고 노동력이 풍부한 자원부존 조건이 충실히 반영된 결과였다. 그러나 개혁개방 이후 중국 농업은 노동생산성과 토지생산성이 동시에 성장을 견인하고 있으며, 점차 노동생산성의 증가율이 토지생산성의 증가율을 크게 추월하는 국면으로 전환하고 있다.

중국 농업에서 노동생산성의 성장은 토지/노동 비율의 증가가 크게 기여했다. 개혁개방 이후 1980년대 말까지는 농업노동력이 증가하여 토지/노동 비율이 오히려 감소했다. 그러나 1990년대 초반을 기점으로 증가 추세로 전환되면서 'V'자형의 궤적을 그리고 있다. 특히 2000년대 들어 농업노동력이 빠른 속도로 감소함에 따라 토지/노동 비율은 증가 추세가 뚜렷하다. 이러한 추세로 볼 때, 중국 농업은 1990년대 초반을 전환점으로 하여 경제학자 야마다Yamada가 제시한 아시아형의 'S'자 농업성장경로에서 토지/노동 비율이 증가 추세로 전환되는 시점인 3단계에 진입한 것으로 보인다. 또한 우리나라 농업이 1970년대 중반에 3단계로 진입한 것과 비교하면, 중국의 농업성장은 우리와 약 20여 년의 시간 격차가 있는 것으로 판단된다.

중국 농업의 전망

중국 농업의 요소생산성과 요소대체관계의 변화는 중국 농업이 전통 농업에서 현대 농업으로 전환 중이며, 토지/노동 비율의 증가를 통한 노동생산성의 향상 추세는 향후 노동투입이 농업성장경로를 좌우하는 주요 변수로 부상할 것임을 시사한다. 중국경제의 성장과정에서 농업은 이미 1985년에 생산 비중이 가장 낮은 산업이 되었다. 2016년 기준 중국 농업이 차지하는 생산 비중은 8.9%이다. 그러나 중국경제의 고용구조상 농업 부문의 고용 비중은 2010년까지도 가장 높게 유지되는 비전형화非典型化 현상이 장기간 유지되었으나 2014년에 비로소 고용 비중이 가장 낮은 산업이 됨으로써 중국에서도 경제발전의 일반법칙은 예외 없이 관철되고 있다. 2016년 기준 중국 농업이 차지하는 고용 비중은 27.7%

이다. 중국 농업에서 노동 투입은 특히 2000년대 중반을 기점으로 빠른 속도로 감소하는 중이다. 농업노동력의 고령화와 부녀화, 농번기 노동력 부족 등은 이미 중국 농촌지역에서 일반화된 현상이다. 향후 중국 농업의 발전은 노동절약적 기술의 진보가 관건이라고 할 수 있다.

중국 농업은 성장 단계상 노동생산성이 성장을 주도하는 국면으로 전환 중이고, 중간투입재에 대한 의존도가 높은 고비용 구조로 변화하고 있다. 최근 중국에서는 농업노동임금, 토지용역비, 그리고 경상투입재 가격의 가파른 상승 추세가 관찰된다. 중장기적으로 중국 농업의 성장단계가 좀 더 고도화되면, 본원적인 생산요소이든 경상투입재이든 생산요소 가격의 상승으로 생산비 절감이 용이하지 않은 고생산비 구조가 고착화될 가능성도 있다. 이에 따라 노동비용과 토지가격에 기초하여 유지해왔던 중국 농산물의 국제경쟁력도 점차적으로 약화될 것으로 보인다.

중국의 생산구조 및 고용구조 변화 추이

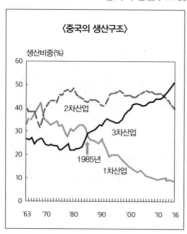

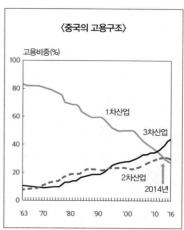

자료: 《中國統計年鑑》

68

산업: 제조업

조철

세계 제일의 제조업 대국

2015년 중국의 제조업 부가가치 규모는 3조 2,504억 달러로 세계 최대 규모를 자랑하고 있다. 2위인 미국은 2조 1,424억 달러로 중국의 65.9%에 불과하고, 제조업 강국인 일본과 독일은 중국의 27.6%, 21.6%로, 제조업 규모에 있어서 중국이 주요국을 크게 앞지르고 있다. 1994년 이후 20년 동안 중국의 제조업 부가가치 규모는 17배나 증가했고, 최근까지도 주요국들에 비해 빠른 성장속도를 보이고 있다. 1995년 일본의 제조업 부가가치 규모는 중국의 6.8배였지만 현재는 완전히 역전되었다.

과거 중국경제는 주로 제조업에 의존하여 성장해왔다. 이에 따라 글로벌 금융위기 이전, GDP에서 제조업이 차지하는 비중은 33%에 근접했다. 최근 전체 경제성장에 비해 제조업의 성장이 다소 둔화되면서 GDP에서 제조업이 차지하는 비중은 29% 수준까지 하락했지만 중국은 여전히 한국과 더불어 세계 최고 수준을 기록하고 있다.

	중국	미국	일본	독일
제조업 부가가치 규모(조 달러)	3,250	2,142	0,892	0,701
중국 대비 비중(%)	100,0	65.9	27.6	21.6
주요국 대비 중국의 1인당 제조업 부가가치 비중(%)	–	35.5	33.4	27.8

자료: 세계은행

중국의 제조업은 IT 및 중화학공업 비중이 매우 높다. 규모 이상 제조기업의 영업수입을 기준으로 보면 전체 제조업에서 전자산업 비중이 10%를 상회하고 있고, 화학원료 및 화학제품제조업이 8.4%, 자동차제조업이 8.3%, 기계설비제조업이 8.0%, 전기기계제조업이 7.1%, 철강산업이 6.6%, 비금속광물제품업이 5.8%, 비철금속산업이 5.4% 등으로 5%를 넘는 업종은 농식품 가공 및 제조업을 제외하면 모두 IT 및 중화학공업이다.

주요 업종별로도 자동차, 조선, 철강, 섬유, 가전, 통신기기 등 많은 부분에서 세계 1위를 기록하고 있고, 그 비중도 매우 높은 수준을 보이고 있다. 아직까지 수입의존도가 높은 일반기계나 석유화학 등 일부 자본재 및 소재산업이나 식품산업은 세계 2위 수준이고, 반도체나 디스플레이 등과 같이 선진기업들이 독과점을 형성하고 있는 분야는 3, 4위를 기록해 다소 예외적이지만 이들 부분도 빠르게 성장하고 있어 가까운 시일내에 세계 최대 생산국으로 부상할 가능성이 높다.

질적 성장 전환에 성공한 중국 제조업

제조업이 양적 성장에는 성공했지만 자원 소모형 저부가가치 부분, 즉 가치사슬에 있어 단순 제조 및 가공만을 담당하며 자체적인 혁신능력이 떨어진다는 판단하에 중국정부는 2006년에 시작한 제11차 5개년 규획

(이하 '11·5 규획')부터 구조조정을 위해 노력하기 시작했다. 실제로 노동과 환경 관련 규제가 강화되고, 인건비 수준도 높아짐에 따라 기업차원에서도 이러한 저부가치 부문에 머물러 있으면 도태될 수밖에 없는 상황이었다. 그러나 글로벌 금융위기로 인해 11·5 규획 기간 동안에는 강력한 구조조정 정책을 펴지 못했고, 실질적으로 구조조정 정책이 정상궤도에 오른 시기는 제12차 5개년 계획이 시작된 2011년으로 볼 수 있다. 질적 성장을 위한 제조업의 구조조정 정책은 일정 정도 효과를 거둔 것으로 평가되고 있다. 중국 제품의 품질 및 기술수준이 전반적으로 향상되었을 뿐만 아니라 자동차의 SUV, 조선의 LNG선, 고급강 및 신금속, 고급형 스마트폰, OLED TV, 메모리반도체, TV용 대형 LCD 등 다양한 고급제품이 출시되고 있다. 기존의 저부가치산업은 정부 차원에서 동남아 등 제3국으로 이전을 서두르고 있다.

무엇보다 자체적인 혁신능력을 가진 중국 로컬기업들이 부상하고 있다. 중국 시장을 기반으로 석유화학, 철강, 통신설비, 철도차량, 기계설비 등 소재 및 자본재 분야에서 세계적인 중국 업체가 등장했을 뿐만 아니라 가전, 휴대폰, 자동차 등 소비재 분야에서도 중국 로컬업체들이 세계적인 기업으로 성장하고 있다. 전기자동차, 태양전지 등 신산업 분야에서도 중국기업들의 성장이 괄목할 만하다.

제조 최강국의 꿈

2015년 중국은 제조업 종합경쟁력을 2025년 독일 및 일본 수준, 2035년 미국을 제치고 세계 최고 제조 강국이 되겠다는 '중국제조 2025' 정책을 발표했다. 질적 수준을 높이기 위해 매출액 대비 R&D 투자비율, 매출 1억 위안당 발명특허 수, 제조업 품질경쟁력 지수, 부가가치율 및 노동생산성, 인터넷 및 디지털 디자인 도구 보급율, 핵심공정 CNC 비중 등과 더불어, 제조업의 IT 기반 강화, 에너지 소비 및 오염 배출 감축 등 다양한 질적 목표를 제시했다. 전략적 신흥산업 육성 정책과 더불어 '중국 제조 2025'에서도 차세대정보기술, 고정밀수치제어 및 로봇, 항공우주장비, 해양장비 및 첨단기술선박, 선진궤도교통설비, 에너지절약 및 신에너지자동차, 전력설비, 농업기계장비, 신소재, 바이오의약 및 고성능의료기기 등 10대 신산업을 선정하여 육성한다는 계획을 포함해 이와 관련한 세부적인 로드맵도 제시했다.

전 세계 업체별 주요 상품 시장 점유율(2014)

구분	1위	2위	3위	4위
개인PC	레노버(19.2%)	HP(18.5%)	DELL(13.5%)	Acer(7.8%)
	중국	미국	미국	대만
냉장고	하이얼(18.6%)	월풀(11.7)	Electrolux(7.0%)	LG 전자(6.7%)
	중국	미국	스웨덴	한국
태블릿PC	애플(27.5%)	삼성전자(17.4%)	ASUS(5.1%)	레노버(4.8%)
	미국	한국	대만	중국
평면TV	삼성전자(28.3%)	LG 전자(15.8%)	소니(7.9%)	하이신(5.7%)
	한국	한국	일본	중국
스마트폰	삼성전자(24.5%)	애플(14.8%)	레노버(7.2%)	화웨이(5.7%)
	한국	미국	중국	중국
태양전지	트리나솔라(7.0)	YINGLI(6.5%)	Canadian Solar(5.9%)	한화(5.3%)
	중국	중국	캐나다	한국
풍력발전기	VESTAS(12.3%)	SIEMENS(9.9%)	GE(9.1%)	Goldwind(9.0%)
	덴마크	독일	미국	중국
조강	Arcelor(5.9%)	Nippon Steel(3.0%)	HBIS(2.8%)	BAO Steel(2.6%)
	룩셈부르크	일본	중국	중국

자료: 《中國産業發展報告: 2016面向十三五的産業經濟硏究》(2016)

최근 제4차 산업혁명을 활용하여 제조업의 경쟁력을 강화시키는 측면도 중국 제조업에 매우 유리하게 작용하고 있다. 거대한 시장을 기반으로 바이두, 알리바바, 텐센트 등 IT 업체들이 부상하고 있고, 이들 기업을 중심으로 제4차 산업혁명의 기반인 빅데이터 및 인공지능 기술이 빠르게 발전하고 있다. 제조업과 이러한 제4차 산업혁명 기반기술들이 결합되면 강력한 경쟁력을 확보할 수 있을 것이다. 중국정부는 과거부터 공업화와 정보화의 결합, 최근에는 '인터넷 플러스 제조' 등을 강조하면서 제4차 산업혁명을 통한 제조업 경쟁력 강화를 도모하고 있다.

산업: 서비스업

69

서봉교

서비스업의 발전

중국은 과거 경제발전 과정에서 제조업을 중시하면서 서비스업의 발전이 상대적으로 낙후되었다. 서비스업이 중국의 GDP에서 차지하는 비중은 1980년대 초 22%에 불과했고, 취업 노동자 수의 비중도 13%밖에 되지 않았다. 이후 서비스업이 꾸준히 성장하며 2013년부터는 제조업의 비중보다 높아졌다. 2016년 말 기준으로 서비스업은 중국 GDP의 51.6%, 취업 노동자 수의 43.5%를 차지하고 있다. 특히 중국 서비스업의 경제성장에 대한 기여도(58.2%)가 다른 산업들에 비해 높게 나타나고 있다는 것은 중국경제에서 매우 중요한 역할을 하고 있다는 것을 의미한다.

이러한 서비스업의 발전에도 불구하고 중국 서비스업의 비중은 선진국에 비해 여전히 낮은 수준이다. 미국 등 주요 선진국의 경우 서비스업이 GDP에서 차지하는 비중이 70% 이상이다. 이는 한편으로는 중국 서비스업의 성장 가능성이 여전히 크다는 것을 의미하기도 한다.

중국정부는 2000년대 이후 중국 서비스업을 적극적으로 육성하기 위해 노력하고 있다. 무엇보다도 2001년 중국의 WTO 가입에 따른 서비스업 시장개방으로 인해 글로벌 경쟁에 노출되면서 중국 서비스업의 체질 개선이 시급했기 때문이다. 당시 유통업, 물류업, 관광업, 통신업, 광고업, 금융업 등을 중심으로 외국계 투자자의 투자한도를 확대하거나 제한이 철폐되었고, 지역제한도 점차적으로 철폐되면서 중국 서비스업은 커다란 도전에 직면했다. 이에 중국정부는 서비스업의 발전을 위한 각종 지원정책과 대외개방을 경쟁력 강화의 기회로 삼기 위한 노력을 지속하고 있다.

특히 글로벌 금융위기 이후 중국의 선진국에 대한 제조업 수출이 크게 둔화되어 새로운 성장 원동력이 매우 시급히 요구되는 상황에서 서비스업은 더욱 주목받고 있다. 서비스업의 발전이 있어야만 내수지향적인 경제성장 방식으로 성공적인 전환을 이룰 수 있기 때문이다. 중국정부는 서비스업의 발전을 통해 고용 창출, 성장원동력 창출을 주도하고자 서비스업의 국제경쟁력 강화를 위해 노력하고 있다.

서비스업의 구성 변화

중국 서비스업 중 가장 큰 비중을 차지하고 있는 업종은 도소매 유통업으로 서비스업 전체에서 차지하는 비중이 2016년 기준 18.6%에 달한다. 금융업과 부동산업이 각각 16.1%와 12.6%로 뒤를 이었다. 1980년대 초에는 가장 큰 비중을 차지했던 교통·운수업은 점차 감소하여 8.7%를, 음식·숙박업은 3.5%를 차지했다. 이 외에는 공공 서비스업, IT 서비스업, 위생 및 사회보장 서비스업, R&D 서비스업, 문화오락 서비스업, 교육 서비스업 등으로 구성되어 있다.

이와 같이 전통적인 서비스업의 비중이 높고, 지식기반 서비스업의 비중이 낮은 것은 중국의 서비스업이 매우 취약한 경쟁력을 가지고 있다는

연도	전체 서비스업 부가가치	교통 운수업	도소매 유통업	음식 숙박업	금융업	부동산업	기타
1980	982	21.7	19.7	4.8	7.6	9.8	36.3
1985	2,585	16.3	31.0	5.3	10.1	8.3	28.9
1990	5,888	19.8	21.5	5.1	17.3	11.2	25.0
1995	19,978	16.2	23.9	6.0	14.0	11.8	28.0
2000	38,714	15.9	21.1	5.5	10.6	10.7	36.2
2005	74,919	14.2	18.6	5.6	8.1	11.4	42.0
2010	173,596	11.0	20.6	4.6	12.1	13.1	38.5
2015	346,149	8.8	19.2	3.6	16.8	12.2	38.8
2016	384,221	8.7	18.6	3.5	16.1	12.6	39.7

주 | 기타에는 공공 서비스업, IT 서비스업, 위생 및 사회보장 서비스업, R&D 서비스업, 문화오락 서비스업, 교육 서비스업 등이 포함
자료: 《中國統計年鑑》

사실을 반영한다. 최근에는 IT 서비스업이나 R&D 서비스업, 문화오락 서비스업 등의 성장속도가 높게 나타나고 있다. 지역별로는 상대적으로 소득수준이 높은 동부 연해지역이 많이 발달해 있는 반면, 중서부 내륙 지역의 발전은 여전히 낮은 수준이다.

중국 서비스업의 주요 특징

중국 서비스업의 시장 규모는 세계 상위권이지만 글로벌 경쟁력은 선진국에 비해 매우 낮은 것으로 평가된다. 그러나 중국 소비자들의 소득 수준 향상과 서비스 수요의 확대로 중국 서비스 시장은 전 세계적으로 주목받고 있다. 전통적으로 선진국이 강점을 가지고 있는 금융뿐만 아니라 의료, 법률, 교육 등 다양한 서비스 분야에서 외국계 서비스업체들이 중국시장 진출을 추진하고 있다. 예를 들면 경제성장과 소득 수준에 따

라 중국인들의 고급 의료서비스에 대한 수요가 빠르게 증가하고 있으나 중국 내 전문 의료기관과 의료 인력이 매우 부족한 실정이다. 이에 따라 성형 등의 분야에서 중국과 외국 의료기관의 합작병원이 활발히 추진되고 있다.

경제활동이 확대되면서 법률 서비스에 대한 수요도 증가했다. 특히 중국기업들의 해외진출이 확대되면서 국제 법률소송서비스에 대한 수요가 빠르게 확대될 것으로 예상된다. 교육시장도 매우 빠르게 증가하는 서비스 분야이다. 중국은 전통적으로 자녀교육에 대한 열의가 높고, 특히 정책적으로 한 자녀 정책을 오랫동안 시행했기 때문에 교육시장의 성장 잠재력이 매우 높다고 평가된다.

서비스업과 모바일 플랫폼의 결합

최근 중국 서비스업에서 두드러진 특징은 모바일 플랫폼을 활용한 서비스업의 급성장이다. 금융업의 경우 알리바바나 텐센트와 같은 모바일 전자결제 시스템이 금융업의 중요한 성장원동력으로 부상하고 있다. 뿐만 아니라 바이두나 알리바바는 모바일 플랫폼을 기존 의료시장에도 접목해 원격진료, 원격의료, 원격 의약품 배송업무 등을 적극적으로 추진 중이다.

최근 중국의 창업열풍은 이러한 모바일 플랫폼과 다양한 서비스업을 하나의 생태계로 연결하는 새로운 서비스 경험을 제공하고 있다는 측면에서 향후 중국 서비스업의 변화를 주목할 필요가 있다.

70

산업: 에너지

양철

중국이 에너지를 둘러싼 경쟁과 갈등의 중심축으로 부상하면서 전 세계가 중국의 에너지 전략에 촉각을 곤두세우고 있다. 1990년 초, 전 세계 에너지 소비에서 차지하는 비중이 8%에 불과했던 중국은 2015년에는 그 비중이 22%까지 상승했다. 석탄 중심의 에너지믹스는 경제성장을 이끌었지만 환경오염과 기후변화를 초래했고, 이에 원유 및 천연가스로의 소비 전환을 도모했지만 수요 부족으로 인해 공격적인 에너지 확보 전략을 추진하게 만들었다.

대외의존도가 높아지며 에너지안보에 위협을 느낀 중국은 신재생에너지, 원자력 등 비화석에너지로의 전환을 위해 과감한 투자를 진행하였고, 신재생에너지 분야에서 전 세계 최대의 투자국과 최대 설비용량 보유국으로 부상했다. 그러나 석유, 천연가스 등을 포함한 기타 에너지 생산량이 석탄 수요를 대체할 수준까지는 이르지 못한 실정이다.

만성적인 에너지 부족에 직면한 중국은 여전히 다른 국가들과 에너지를 둘러싼 경쟁과 협력을 반복하고 있다. 이러한 상황에서 시진핑 집권

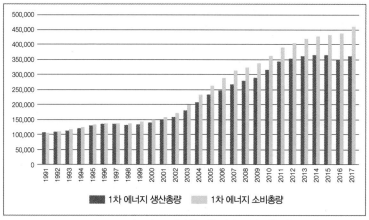

중국 에너지 생산총량 및 소비총량 추이(1991~2017)
(단위: Mtce)

■ 1차 에너지 생산총량　　□ 1차 에너지 소비총량

자료: 《2017中國能源統計年鑑》, 《中國能源發展報告2017》(2018)

2기를 맞이한 중국은 제13차 5개년 규획을 통해 다양한 에너지 정책을 공포하고 있다.

중국의 대내외 전략

중국은 대내적으로 '중국제조 2025'에 '인터넷 플러스互聯網＋'를 접목하여 에너지 분야의 새로운 발전을 도모하고 있다. 전기자동차, 연료전지자동차의 발전을 추진하는 동시에, 대규모 고효율·청정 화력발전의 상용화와 시범응용, 신재생에너지 설비, 첨단 에너지저장장치ESS, 스마트그리드 송·변전 인프라의 발전을 추진한다. 인터넷 플러스와 스마트에너지를 연계하여 신재생에너지 이용률 제고, 에너지 구조 최적화, 발전설비 및 스마트그리드로의 전환 가속화 등을 통해 전력계통의 안정성과 신뢰도를 제고하며, 에너지 생산 스마트화, 분산형 에너지 네트워크 구축, 신형 에너지 소비모델 창출, 전력망을 기반으로 한 통신설비와 신형 업종 발전도 중점적으로 전개하고 있다.

시진핑 주석이 에너지 분야에서 강조한 4대 혁명(생산, 소비, 기술, 체제)과 국제협력 중 국제협력이 바로 '일대일로'를 통한 에너지 협력이다. 2016년까지 중국이 '일대일로' 연선국을 대상으로 한 투자 중 에너지 부문의 투자가 40%를 차지한다. 중국은 정상회담, 장관급 회의, 정책대화, 포럼, 협상기제, 분과위원회 등 다양한 채널을 통해 자원 개발 및 운송, 인프라 건설, 에너지 이용 및 전환, 에너지 서비스 및 장비 제조, 에너지 거버넌스 등의 협력을 중점적으로 추진하고 있다. 2015년 중국이 제안한 전력 부문의 '일대일로' 구상으로 평가받는 글로벌에너지연계GEI(초고압송전선로, 스마트그리드와 청정에너지를 기반으로 한, 전 세계에 범국가적·범지역적으로 연계된 전력 네트워크)도 주목할 필요가 있다.

주요 에너지 부문의 발전 동향

전 세계 최대 원유수입국인 중국의 원유 소비량은 2030년까지 지속적으로 증가할 것으로 예상된다. 국제유가의 변동에 따라 수급이 위협받는 상황을 타개하고자 중국은 상하이 국제에너지거래소INE를 통해 위안화를 사용한 원유선물거래를 시작했고 원유의 위안화 결제를 허가하는 국가에서의 수입을 확대하고 있다. 2020년까지 에너지믹스에서 천연가스 비중을 8.3~10% 수준까지 제고할 계획을 수립한 중국은 수송관 확충, LNG 터미널 건설, 유통설비 증대 등과 관련된 사업을 진행 중이다. 이미 2014년 셰일가스 상용화에 성공한 중국은 2020년과 2030년까지 각각 300억㎥와 800~1,000억㎥까지 연간 생산량을 증대할 계획이다.

신재생에너지 부문 중 태양광 분야에서 중국은 모듈, 실리콘칩, 박막 태양광, EPC(설계·조달·시공), 지지대 부문에서 전 세계를 선도하고 있으며, 부유식 수상태양광 발전단지를 조성해 전 세계 최대 규모의 수상 발전단지를 가동하고 있다. 전 세계 최대 발전량을 기록하고 있는 풍력 발전 분야에서 중국은 장기적으로 전력 수요가 높은 동남부 지역의 수요 충족을 위해 해상풍력 발전을 추진하고 있다. 특히 잘 알려진 네이멍구보다 푸젠 등 동남부 지역에서 풍력자원의 연간 이용시간이 더욱 높은 것으로 조사됨에 따라 푸젠성 일대에 최대공률의 해상풍력발전단지를 조성하여 전력을 공급하고 있다.

2030년까지 110기를 건설하여 최대 원전대국으로 부상하겠다는 계획을 수립한 중국은 R&D에 집중적으로 투자하며 고온기체냉각로HTGR, 차세대 원전으로 불리는 용융염 원자로MSR, 부유식 원전 등을 중점적으로 발전시키고 있다. 이와 함께 현재 건설 중인 선박형 원전(20기, 400억 위안 투자)이 2019년에 완공되어 남중국해에 배치될 전망이다. 원전기업과 전력기업 혹은 투자기업 간 합병을 통해 경쟁이 치열한 해외원전 수주 분야에서 우위를 점하겠다는 의도도 간과해서는 안 된다.

거대한 시장을 보유한 중국은 신규 부문에 대한 공격적인 투자를 통해 기술과 시스템을 확보하고 이를 주변국에 확산시킴으로써 국제 에너지 시장에서의 위상을 강화하고 있다. 이에 중국이 미국, 중동국가들이 확립한 기존의 에너지질서를 재편하는 선도자first mover가 될 수 있을 것인지 지켜볼 필요가 있다.

산업: 부동산

71

박인성

중국에서는 부동산을 "房地産"이라고 한다. 즉, 건물房과 토지地, 재산産이라는 의미이다(최근에는 "不動産"이라 부르기도 한다). 부동산업은 부동산 관련 투자 및 융자, 개발경영 및 관리, 서비스 제공 관련 영역을 주요 업으로 하는 3차 산업인 서비스업에 속하지만, 부동산 개발과정과 연계된 건설업은 2차 산업인 제조업과도 밀접하게 연관되어 있다.

개혁개방 이전에는 중국에서 부동산업이 정상적으로 발전할 수 없었다. 토지소유 및 사용, 주택을 포함한 건축 공급체계와 기본제도가 공유제 및 지령성 계획경제체제하에서 구축·운영되고 있었기 때문이다. 또한 상업과 서비스업을 "자본주의의 꼬리" 또는 "반혁명 성격의 활동"으로 규정하고 억압하거나 탄압했기 때문이다.

개혁개방 이후, 주택과 토지 부문에 사유제와 시장기제市場機制가 도입 및 확대되면서부터 부동산시장이 정상적으로 형성·발전되었고, 현재는 국민경제의 지주산업支柱産業으로 간주된다. 따라서 부동산시장과 부동산업을 형성하고 급속하게 발전시킨 계기와 동력은 바로 개혁개방 그 자체였다고 할 수 있다. 한편, 정부와 부동산 개발상은 토지 국공유제하에서 토지사용료와 지대 수익을 증대시키기 위해 담합과 합작 행위를 하며 중국 부동산시장과 산업에서 영향력을 키우고 있다. 부동산기업은 거액의 이윤을 획득하고, 정부는 토지사용료와 관련 세수 수입을 증대시킨다. 이에 주택가격이 급속히 상승하여 대중들의 불만이 커지자, 공산당과 각급 정부도 부동산 문제를 중시하고 있다.

토지사용제도 개혁

개혁개방 이전의 무상無償·무기한無期限 토지사용제도하에서는 토지사용자에게 토지를 합리적으로 이용하도록 유도하는 기제機制를 형성할 수 없었으므로, 비효율적 토지이용, 토지자원의 방치와 낭비 현상이 초래되었다. 국공유제 토지소유제하에서 토지에 대한 국가의 소유권이 점유자의 소유권으로 전락했고, 그 결과 마땅히 국가에 귀속되어야 할 지대地租를 토지사용권자가 불로소득으로 향유했다. 반면에 토지수익을 상실한 (토지소유권자인) 국가 및 도시정부의 재정은 궁핍해졌다.

개혁개방 이후, 경제특구가 설립됨에 따라 외국자본과 외국기업이 유입되면서 선전深圳경제특구에서 실험적으로 시행한 유상有償 토지사용제도가 이후 중국 부동산시장의 형성 및 발전을 위한 기초가 되었다. 1986년에 토지관리법이 공포·시행되었고, 1987년에는 선전경제특구에서 국유토지사용권의 유상양도有償出讓가 실험적으로 시행되었다. 2006년에 공포된 '물권법物權法'에서 주택용지의 토지사용권을 양도 기간 만료 후 자동으로 재연장한다고 규정하면서 토지사용권의 사유화가 더욱 심화되었다. 이에 따라 최근 중국 부동산시장에서는 지가 거품, 투기, 주택가격 상승 등 토지사유제하에서와 같은 양상의 문제들이 빈번하게 발생하며 확대되고 있다.

중국 부동산시장의 형성 및 발전 동향

개혁개방 이후, 외국기업과 중국 국내의 개체기업個體戶 등 복지주택 배분을 받을 수 없는 집체集體들이 상품주택시장을 통해 주택을 구하게 되면서 부동산에 대한 유효수요가 형성되기 시작했다. 1992~1993년에 동부 연해지역 광둥성의 광저우, 선전, 주하이珠海, 하이난성의 하이커우海口, 광시장족자치구의 베이하이北海 등지에서 투자과열과 가격 거품 현상이 나타났고, 이로 인해 대량의 저질시공 건물과 무질서한 도시 건설 등의 휴유증이 초래되었다. 이에 따라 중앙정부가 거시조정 정책을 시행했고, 부동산시장의 거래 질서를 규범화했다. 그 결과 투자증가율이 둔화되고, 주택가격이 대폭 하락했다. 이 시기에 주요한 정책으로는 주택공적금住房公積金제도 전국 확대 실시(1992), "안거공정安居工程"의 일환으로 경제적용주택經濟適用房과 염가임대주택廉租房 건설(1993) 등이 있다 .

중국 부동산시장의 발전이 본격적으로 진행되기 시작한 것은, 1998년 중국 국무원이 〈도시주택제도 개혁 심화와 주택건설 가속화에 관한 통지〉를 하달하며 전국적으로 주택 실물분배를 중지하고 주택복지의 화폐화를 실시한 이후부터라고 할 수 있다. 부동산시장의 규모와 활력이 급속하게 증대되면서 과열 투자 및 투기로 인한 거품 현상 등이 두드러졌고, 이에 따라 중국정부의 거시조정과 규제정책이 발표 및 시행되는 과정이 되풀이되었다.

주택 상품화와 함께 부동산시장의 발전이 촉진되면서 주택구입자금 대출제도 실시 등 부동산 금융 발전이 시작되었다. 부동산산업 분야에서는 기업의 규모화, 경영의 전문화 및 규범화 등이 진행되었다. 이 시기에는 (등락은 있었지만) 주택투자 증가율이 GDP 증가율보다 전반적으로 높은 상태를 유지했다. 단, 2008년 미국발 금융위기와 글로벌 경제 환경의 전면적인 침체에 따른 영향으로 주택가격과 거래량이 하락하기 시작했다. 일부 지역과 도시에서 부동산시장에 대한 규제를 완화하는 조치가 진행되었음에도 불구하고 부동산 경기 침체가 지속되면서 2014년 하반기부터는 부동산 경기 활성화 및 공급과잉 해소를 위한 주택구매 제한 완화, 금융담보 대출금리 기준 하향 조정 등 부동산시장에 대한 규제조치 완화, 신규 주택 구입 시 보조금 지원과 대출금리 인하 등의 조치가 시행되었다. 이에 따라, 2014~2015년에는 처음으로 주택투자 증가율이 GDP 증가율보다 낮아졌으나, 2016년 이후에는 주택투자 증가율이 다시 상승하고 있다.

한편, 2006~2007년 기간 중에는 핫머니熱錢, 투기, 인민폐 가치 상승 등의 이유로 주택가격이 폭발적으로 상승하면서 중국정부는 외국자본과 핫머니 문제에 주목하기 시작했고, 신용대출을 부단히 축소했다. 2006년 7월에는 주택 및 도시농촌건설부와 여타 5개 부部ㆍ위원회가 공동으로 〈외국기업의 부동산개발경영과 외국기구와 개인의 주택 구입에 대한

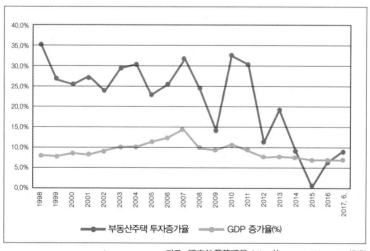

중국의 부동산(주택) 투자증가율과 GDP 증가율 추이(1998~2017. 6.)

자료: 國家外滙管理局, http://www.x-rates.com(환율)

관리를 강화하기 위한 의견)을 하달했다. 이어서 9월 5일에는 국가외환관리국과 건설부가 공동으로 외국인 건물구입 주체가 중국 내 상품주택을 구입하는 용도의 외환에 대한 관리를 규범화했다. 2007년 6월 상무부와 국가외환관리국은 외자기업이 투자하는 부동산 항목은 필히 심사비준을 받아야 하고, 동시에 지방 부문의 심사비준을 받은 모든 외자 부동산기업은 필히 상무부에 신고해야 한다고 규정했다. 이와 같이 각종 규제 조치들이 빈번하게 하달·시행되었음에도 불구하고 주택가격이 지속적으로 상승하면서 주택문제가 가장 중요한 민생民生문제로 대두되었다.

중국 부동산산업과 관련 정책 동향

최근 중국 부동산 개발기업은 인터넷과 금융 업무의 연계, 사구社區 서비스시장의 개척, 개발기업(개발상)에서 서비스기업으로의 전환, 비즈니스 모델의 혁신(물류부동산, 상업부동산, 관광부동산, 오피스건물 등) 등을 활발하게 추진하고 있다. 특히 부동산중개업은 온라인에서 업무 영역의 확장을 추진하는 한편, 부동산 자산 증권화도 빠르게 진행되고 있다.

중국정부의 부동산 정책은 2008년을 기점으로 부동산시장 과열에 대한 대증對症요법적 대응에서 복지개념의 보장성保障性 주택 공급 확대정책으로 전환하고 있다. 부동산시장 과열에 대한 중국정부의 대응수단은 토지공급, 신용대출, 주택가격, 주택평면 규모 및 구조, 외자관리 등에 대한 규제 조치들이 있다. 예를 들면, 부동산개발기업이 은행에 대출을 신청하려면 자가 보유자금이 개발항목 총투자비용의 30% 이상이 되어야 하고 신축주택의 단위평면면적, 소형주택 점유비율, 신규구입주택 최초납부금 등에 대해 양적 기준을 충족해야 한다. 또한 신축주택지구에서 단위평면면적 90㎡ 이하 세대의 건축연면적이 총건축연면적의 70% 이상이 되도록 요구하고 있다.

중국정부가 복지개념의 보장성 주택 공급 확대정책을 적극적으로 추진하는 이유는 미국발 금융위기 사태를 목도한 후, 투기 수요와 거품을 키우면서 금융과 부동산업에 과도하게 의존하는 체제는 지속불가능할 뿐만 아니라 주택문제를 시장과 상품주택 공급만으로는 해결할 수 없다는 점을 인식했기 때문이라 할 수 있다. 보장성 주택의 유형은 염가임대주택廉租房, 경제적용주택經濟適用房, 가격제한주택限價房, 공공임대주택公共租賃房 등이 있다.

72

경제개발구

양철

산업입지에 따른 경제개발구의 분류

　신구, 경제기술개발구, 경제특구, 자유무역(시범)구, 보세구, 산업원구… 이러한 익숙한 명칭들이 일반적으로 경제개발구로 통칭되고 있지만 어떠한 근거로 분류되었으며 각각 어떠한 특성과 차이점을 가지고 있는지에 대해서는 다양한 견해가 존재한다. 이는 1970년대 중국정부가 다양한 명칭을 가진 경제개발구의 조성을 추진하여 관방(중앙부처 및 지방정부 관할부처)에 정확한 분류 기준이 없을 뿐만 아니라 학계에서도 개별적인 분류 방식을 따르고 있기 때문이다.

　중국의 경제개발구를 이해하기 위해서는 먼저 산업입지에 대한 이해가 필요하다. 일반적으로 산업입지의 유형은 조성방안에 따라 특색산업원구特色産業園區와 산업개발구産業開發區로 분류되고, 산업유형에 따라 과학기술원구科技園區, (일반)공업원구一般工業園區, 전문원구專業園區로 분류된다. 산업구조에 따라 종합원구綜合性大園區와 산업주도형원구産業主導類園區로 분류되며, 산업주도형원구는 다시 1차, 2차, 3차 산업주도형원구

혹은 산업원産業園으로 분류된다.

상술한 분류 기준에 따라 경제기술개발구, 경제특구, 신구, 첨단기술산업개발구高新開發區, 자유무역(시범)구, 보세구, 해외경제무역구 등은 중앙(혹은 지방)정부가 경제발전을 목적으로 행정적인 수단을 동원하여 각종 생산요소를 유인하는 입지이기 때문에 공업원구에 포함되기도 하지만 산업구조에 따라 종합원구에 포함되기도 한다. 경제기술개발구나 첨단산업개발구는 기업이 종사하는 부문, 즉 제조업체일 경우 2차 산업주도형원구에 포함되지만 연구개발 등에 중점을 둔 서비스업체일 경우 3차 산업주도형원구에 포함되기도 한다.

경제개발구의 조성 배경과 발전 과정

이러한 중국의 경제개발구 조성은 1978년 개혁개방 이후부터 본격적으로 시작되었다고 할 수 있다. 다른 사회주의 국가들과 마찬가지로, 중앙집권적 계획경제를 추진한 중국은 개인의 생산의지 결여와 비효율적 관료주의 등으로 인해 경제적 난관에 봉착했고, 덩샤오핑은 경제특구를 조성함으로써 상황을 타개하고자 했다. 당시 보수파들은 외자기업의 중국 진입이 자국기업의 경영을 더욱 악화시킨다는 명분으로 경제특구의 조성을 반대했지만 덩샤오핑은 "전국이 특구를 지원하고 특구가 전국을 위해 봉사한다"는 기조하에 반대여론을 잠재우며 경제특구의 개발을 본격적으로 추진했다.

개혁개방 이후 1991년까지 중국은 대외개방을 확대함으로써 사회주의 현대화를 실현한다는 방침하에 상하이, 톈진, 다롄 등 14개 항구도시에 경제개발구를 조성하고, 일부 중요한 거점도시에는 새로운 형태의 경제기술개발구를 조성했다. 특히 '863계획'과 '횃불계획'을 기반으로 1988년과 1990년에 각각 생산가공 중점의 첨단기술산업개발시험지구(베이징)와 물류 중점의 보세구(상하이)를 조성했다. 1992~2002년까지 중국은 "남순강화南巡講話"와 전면적인 대외개방을 통해 국가급 경제개발구(18개)와 첨단기술산업개발구(27개)를 전국으로 확대하면서 이 기간 동안 1992년의 44배에 이르는 2조 위안이 넘는 공업총생산액을 창출했다.

21세기 들어서며 경제개발구가 우후죽순으로 증가하자 중국정부는 승인하지 않은 지역을 정리했고, 이와 동시에 서부대개발이 본격적으로 추진되며 경제개발구가 기존의 동부 연해에서 서부 내륙으로 이동하는 전환이 시작됐다. 2009년을 기점으로 중국이 혁신형 국가 건설이라는 발전전략을 추구하면서 경제개발구의 유형도 변화되었다. 글로벌 금융위기가 지속되는 가운데, 제4차 산업혁명의 시기에 진입하면서 생태원구, 녹색원구, 문화창조원구, 자주혁신시범구 등 새로운 유형의 경제개발구가 조성되었다.

경제개발구 거버넌스의 변화

2017년을 기준으로 중국 전역에 조성된 국가급 경제특구, 신구, 경제기술개발구와 첨단기술산업개발구는 각각 7개, 19개, 219개와 156개이다. 《2017 중국산업원구지속발전청서中國産業園區持續發展藍皮書》에 따르면, 2016년을 기준으로 중국 전역의 경제개발구 중 경제기술개발구와 첨단기술산업개발구의 GDP가 차지하는 비중은 중국 총 GDP의 5분의 1 이상이며, 수출총액과 납세액은 각각 5분의 2와 4분의 1 수준이다. 2016년 중국의 GDP 성장률이 6.7%인데 반해, 경제기술개발구와 첨단산업기술개발구의 GDP 성장률은 각각 7.1%와 8.9%를 기록했다. 이를 통해 경제개발구가 중국경제를 이끄는 원동력이 되고 있다는 사실을 확인할 수 있다.

주목할 만한 점은 경제개발구 조성을 둘러싼 거버넌스의 변화이다. 첫째, 경제개발구의 조성은 지금까지 상무부가 강력한 권한을 행사했지

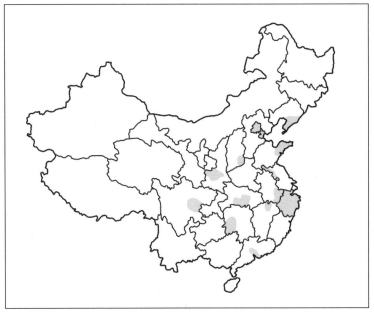

자료:《中國地方政府評級報告》(2017)

만 제4차 산업혁명의 시기를 맞아 중국이 첨단기술과 혁신을 강조하면
서 과학기술부의 영향력이 점차 증대되고 있다. 둘째, 정부의 행정 역량
이 강조되던 거버넌스에서 기업의 경제 역량이 더욱 강조되는 민관 복합
형 모델로의 전환이 진행되고 있다. 셋째, '일대일로' 등 국가의 거시적
인 산업발전전략과의 연계가 강화되고 있다. 2015년까지 전 세계 14개
국가에 19개의 해외경제무역협력구가 조성되었고, 50개 국가와 지역에
118개의 산업단지가 조성되었다. '일대일로' 구상을 통해 중국식 경제개
발구 운영체계를 연선국으로 확대시키고, 이를 통해 거시적인 관점에서
미중 간 규범 경쟁에서 우위를 선점하겠다는 목표를 순차적으로 밟아가
고 있다는 사실을 상기할 필요가 있다.

슝안신구雄安新區

2017년 4월 1일, 중국 국무원은 허베이성 바오딩保定시에 소재한 슝셴雄縣, 룽청容城, 안신安新 등 세 개의 현을 슝안신구로 개발한다고 공포했다. 슝안신구는 선전深圳경제특구, 상하이푸둥上海浦東신구에 이어 25년여 만에 최고지도자의 결정에 의해 개발되는 신구로, 중국정부는 슝안신구의 조성을 시진핑 동지를 핵심으로 하는 당 중앙의 역사적인 전략적 선택이며 국가의 "천년대계千年大計이자 국가대사國家大事"라고 강조했다. 친환경, 스마트, 생태, 최첨단산업, 혁신, 공공인프라, 공공서비스, 효율적 교통망, 체제 및 메커니즘 개혁, 전방위적 대외개방, 대외협력의 새로운 플랫폼 등 키워드를 기반으로 신구가 조성될 계획이다. 슝안신구 조성에 46개 국유기업이 참여하며, 이중 에너지 부문과 인프라 부문에 종사하는 기업이 14개와 10개로 가장 많았고, 뒤를 이어 금융, 제조, 통신 부문에 종사하는 기업이 각각 9개, 9개, 4개인 것으로 확인되면서 에너지와 건설업을 통해 정체된 성장을 회복하겠다는 중국의 의지를 엿볼 수 있다.

73

대외무역

정환우

'글로벌 생산기지 전략'에서 '글로벌 생산 및 혁신센터 전략'으로

개혁개방 시기에 접어든 이후 중국은 최근까지 '글로벌 생산기지 전략'을 추진해왔다. 개혁개방 이전 중국은 계획경제에 근거한 수입대체산업화import substitute industrialization, 한마디로 '자력갱생'(다른 말로는 '투자유치 드라이브 정책')이다. 1978년 권력을 장악한 개혁 지도부가 강력하게 추진한 정책 중 하나로 외자기업의 투자를 끌어들여 국내 고용과 소득을 늘리고 수출을 확대한다는 구상이다. '글로벌 생산기지 전략'은 자국의 독자적인 생산 및 연구개발 능력에 기반해 내수 기반 성장 및 수출 경쟁력을 제고하고자 한다. 이러던 중국이 몇 년 전부터 '글로벌 생산 및 혁신센터 전략'으로 바뀌고 있다.

과거: '글로벌 생산기지 전략'(투자유치 드라이브 전략)

1970년대 말 이후 불과 얼마 전까지 중국은 외국인 투자 유치와 수출 병행 정책을 추진해왔다. 많은 논자들이 개혁개방 이후 중국이 한국이나 대만과 비슷한 수출드라이브 전략을 채택했다고 지적하지만 이는 오해다. 1978년 이후 중국은 외국인투자 도입에 근거한 중국형 외국인 투자유치 드라이브 전략을 추진해왔다. 당시 개혁 지도부는 노동력은 풍부하지만 자금과 기술이 부족하고, 사회주의 국가로서 정치적 충격도 최소화하면서 경제발전을 모색해야 했다. 이런 중국의 특성을 감안해 중국은 '중국형 외국인 투자 드라이브＋수출 확대 전략', 즉 외국인 투자를 이용하여 고용을 확대하는 동시에 수출을 확대하는 전략을 선택했다.

1980년대와 1990년대, 개혁지도부는 대략 세 가지의 정책 변화를 추진했다. 첫 번째는 가공무역제도의 도입이다. 가공무역이란 중국으로 중간재를 들여와 중국 내에서 가공생산 후 재수출하는 무역방식을 가리킨다. 중국정부는 이 가공무역에 대해 관세 면제 및 부가가치세增值稅 환급 혜택을 제공했다. 2004년 이후 일련의 조정정책이 실시되기도 했지만 이 제도는 지금도 중국 무역의 가장 큰 특징으로 남아 있다.

두 번째로 중국정부가 더욱 적극적으로 추진한 것은 외국인 직접투자 FDI유치 정책이다. 외자유치 자체는 무역정책과 관계없어 보이지만 실제로는 중국 무역과 직접 관련되어 있다. 당시 신지도부는 경제특구(1979), 연해 14개 개방도시 및 하이난다오海南島(1984)에 대한 외국인투자FDI 개방, 전체 창장長江 유역과 국경지역으로의 개방지역 확대(1992) 등 '전방위 개방' 정책을 실시했다. 이러한 투자 개방정책이 가공무역 우대정책과 병행 추진되면서 중국을 '세계의 공장'으로 등장시킬 수 있는 동력이 되었다.

물론 대외경제관계를 정상화하기 위한 시스템 정비도 이루어졌다. 무역담당 기관의 개혁 및 분권화 추진, 무역관련 제도 정비 등이다. 1978년을 전후해 전문 대외무역공사의 설립 및 확대가 실시되었고 무역권한 분권화도 실시되었다. 여기에는 정부-기업의 분리, 대외무역 대리제 실시(1979~1987), 대외무역 경영책임제 실시(1988~1991), 지방정부·대외무역전문총공사·공업무역총공사 등에 대한 대외무역 책임제 확대(1990), 그리고 대외무역기업 수출에 대한 손실책임제 실시 등이 포함된다. 또한 HS코드 도입(1992) 등의 수입관리시스템 개혁, 관세율 인하, 대외무역 재무체제 개혁(대외무역 수익금의 자체처분 비중 확대 및 '이윤상납의 세급 납부 전환' 개혁 포함, 1983. 6.) 등도 함께 실시되었다. 이러한 중국식 개방정책은 결국 2001년 중국의 WTO 가입으로 이어지게 된다.

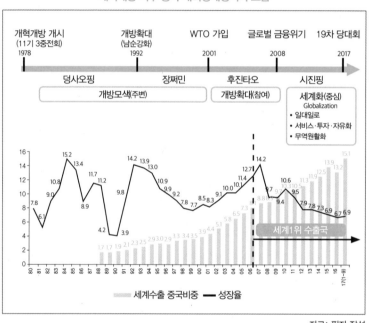

개혁개방 이후 중국 대외경제정책의 흐름

자료: 필자 작성

무역정책의 변화: '글로벌 생산 및 혁신 중심 전략'

20여 년에 걸친 개방정책의 성과를 바탕으로 2001년 WTO에 가입한 중국은 대외무역 시스템을 대대적으로 정비했다. 대외무역법 개정

(2004), 관세 인하, 비관세장벽 완화, 검역 완화를 위해 수만 개의 조치와 법률이 공포되었다. 또 기존의 대외경제무역합작위원회를 확대·개편하여 무역·투자·대외협력·국내시장 정책을 포괄적으로 담당하는 정부 부처인 상무부를 조직했다.

그러나 엄청난 성공을 거둔 중국형 투자+무역 드라이브전략은 주요국의 찬사와 경계(즉 무역 분쟁)를 동시에 불러왔다. 중국 역시 투자 유치와 수출 확대를 통한 성장전략이 성과를 이루어냈지만 과제도 만만치 않음을 깨닫게 되었다. 주요국의 견제와 관련, 어떻게 중국산 제품에 대한 견제를 극복할 것인지가 중요한 과제가 되었고, 중국 자신으로서는 무역의 단순한 양적 확대에서 벗어나 실속을 키워갈 것인지가 과제로 대두되었다.

이러한 과제에 대한 대응이 2000년대 중반부터 본격 추진되었다. 첫 번째는 가공무역정책의 변화이다. 2004년부터 중국정부는 가공무역 금지대상 목록을 발표하기 시작했으며, 2008년에 그 품목이 1,850여 개로 증가했다. 대신 가공무역을 내수시장형 무역으로 전환하기 위한 '가공무역 전환 및 승급' 정책이 2010년에 제시되었고, 2018년 현재에도 '가공무역의 전환 및 승급'이 중요한 정책 과제로 제시되고 있다.

두 번째로 수출에서 독자적인 기술과 브랜드를 강화하려는 노력도 시도되고 있다. 중국정부는 독자적인 기술과 브랜드를 보유한 기업들에 대해 세제 혜택과 수출 편의 제공, 시장 개척 지원 등 다양한 우대조치를 제공하기 시작했다. 그 결과 중국의 기술과 브랜드로 무장한 자동차 및 자동차부품, 일반 기계와 가전제품 등의 제품이 나름 수출 성과를 올리고 있다.

세 번째로 무역협정 전략도 강화되고 있다. 중국-홍콩 경제동반자협정CEPA 완료(2004년 발효되었으나 후속 협상을 통해 2017년 두 지역 간 완전 시장개방 달성)를 비롯하여 중국은 FTA를 포함한 지역무역협정RTA을 적극

세계의 수출에서 주요국의 비중

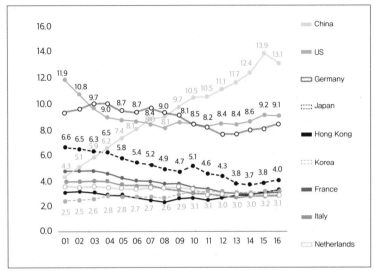

자료 : Trade map 자료로 계산

세계의 수입에서 주요국의 비중

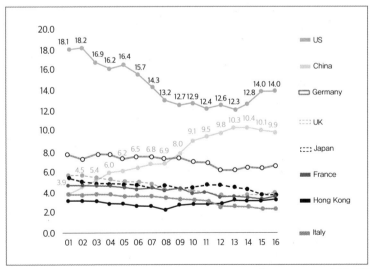

자료 : Trade map 자료로 계산

추진했다. 한중 FTA(2015), 중-호주 FTA(2015)가 발효되었고, 한중일 FTA 및 역내 포괄적 경제동반자협정RCEP(아세안 10개국·한중일·호주·인도·뉴질랜드 등 아태 지역 16개국이 참여하는 복수국 무역협정)에도 적극 참여하고 있다.

새로운 무역정책의 종합 완결판은 역시 '일대일로' 구상이다. 2013년 9월 처음 제기될 때는 육상실크로드와 해상실크로드 주변 지역에 대한 인프라 건설이 목적이었다. 그러나 3~4년의 모색을 거쳐 이제는 유라시아대륙 전체를 아우르는 '5통通'으로 확대되었다. 5통이란 정책, 인프라, 무역, 자금, 민심(인력) 등 5개 분야의 협력 강화를 가리킨다. 이 5개 분야 중 무역은 정책, 인프라, 자금 등 다른 분야 모두에 연결되는 핵심 협력 과제이다.

중국의 발전 추세, 규모, 성장단계를 감안할 때 중국이 세계무역에서 차지하는 비중은 더욱 커질 전망이다. 자국의 위상과 역할을 높이려는 노력도 더욱 강화될 것이다. 이러한 노력이 실패할 가능성은 매우 적어 보이고, 한국이 이를 피해 가기도 어렵다. 중국 중심의 무역통상 질서에 대한 적응과 활용이 최대 과제가 되었다.

74

대외투자 走出去

양평섭

인진라이引進來에서 조우추취走出去로

절대적인 자본 부족 국가였던 중국은 1990년대 말 이후 무역 흑자와 외국자본 유입으로 외환보유고가 급증하면서 해외투자에 눈을 돌리기 시작했다. 특히 2000년대 초중반 중국 내에서 외국인투자가 국내 산업을 구축한다는 비판론들이 일면서 기술, 자원, 시장 확보를 위해 해외 투자가 필요하다는 주장이 강하게 제기되었다. 이에 중국은 WTO 가입을 앞두고 2000년 말에는 해외투자 전략을 서부대개발, 도시화와 함께 중요한 국가전략의 하나로 설정하여 외국인투자 유치引進來와 해외진출走出去을 병행 중시하는 전략을 추구했다. 이후 해외자원의 확보, 해외기술의 확보, 후발개도국에 대한 노동집약적 산업의 이전 등을 목적으로 하는 중국기업의 해외진출이 본격화되었다. 2000년 10억 달러에 불과했던 중국의 해외투자는 2012년에는 878억 달러로 미국, 일본에 이어 세계 3위의 해외투자국으로 부상했다.

중국 해외투자에서 2013년은 중요한 의미를 가진다. 중국은 4조 달러에 육박하는 외환보유고를 기반으로 기업의 해외투자를 적극 장려하고, 해외투자의 허가제를 등록제로 전환하는 등 대폭적인 제도 개선도 추진했다. 특히 2013년에는 '일대일로' 건설을 표방하고 주변국가에 대한 투자를 통해 시장을 확대하고 국내 산업도 조정한다는 방향을 설정했다. 이후 해외투자가 폭발적으로 증가하기 시작하여 2016년에는 1,812억 달러의 해외투자가 이루어지면서 순純해외투자국이 되었다.

그러나 해외투자가 폭발적으로 증가하면서 △ 무모한 경영 판단에 따른 경영손실 발생 △ 부동산 등 투기성 투자에 따른 자본 유출과 국내금융에 대한 영향 △ 진출기업의 환경, 에너지절약, 안전기준에 반하는 기업 활동 등 해외투자의 문제점이 노정되었다. 이에 2016년 말 이후 중국 정부가 해외투자에 규제를 가하면서 2017년 중국의 해외투자가 15년 만에 처음으로 전년 대비 감소했다. 더욱이 미국과 유럽 등 선진국이 중국 기업에 의한 인수합병에 제동을 걸면서 중국이 해외투자의 숨고르기를 시작하였다.

중국의 투자발전단계|IDP, Investment Developmental Path

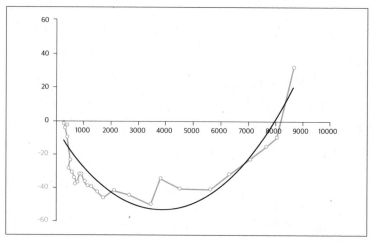

자료: 필자 작성

중국 해외투자의 특징

중국의 해외투자는 크게 네 가지 목적에서 이루어지고 있다. 첫째, '일대일로' 건설의 수단으로 해외투자를 이용하고 있다. 이러한 투자는 주변의 개도국에 대한 가공조립 분야와 인프라를 중심으로 이루어진다. 중국기업의 해외산업 단지 건설, 글로벌 산업장비 협력 프로그램을 통해 '일대일로' 주변국에 대한 투자를 확대하고 있다. 최근 수년간 중국 해외투자의 10% 정도가 이들 지역에 집중되었다. 둘째, 중국의 산업과 기술 고도화에 필요한 선진기술의 확보를 위한 투자이다. 이러한 투자는 미국, 유럽, 일본 등 선진국 기업에 대한 지분인수M&A 형태를 띠고 있다. 특히 글로벌 금융위기와 유럽 재정위기가 중국기업의 해외 M&A를 촉발시켜 2016년 중국의 해외투자의 66%가 M&A 방식의 투자였다. 셋째, 중국의 지속적 성장에 필요한 자원 확보를 위한 투자이다. 남미와 아프리카 등 자원보유국을 대상으로 하는 자원개발형 투자는 정부 또는 국유자본이 주도하고 있다. 넷째, 해외 부동산 개발 투자이다. 최근 수년간 이루어진 중국의 해외투자의 40% 정도가 부동산과 임대 사업에 투자되었으며, 최근 중국정부가 투기성 자본의 해외유출로 인식하고 강력히 규제하려는 움직임을 보이고 있다.

중국기업의 한국 투자 변화

수교 이후 중국기업의 한국에 대한 투자는 서비스업, 특히 무역업을 중심으로 시작되었다. 2004년에 중국이 한국을 자동차, 석유화학, 전자통신 업종의 투자대상지역 중 하나로 선정하면서 제조업에 대한 투자도 이루어졌다. 상하이자동차의 쌍용차 인수가 이루어졌으나, 동 사업이 실패로 끝나면서 한국에 대한 투자는 소강상태에 접어들었다. 이후 콘텐츠 산업에 대한 투자로 명맥을 이어오던 중국기업의 한국 투자는 2013년 중국의 해외진출이 가속화되면서 다시 활기를 찾아가고 있다. 이전까지

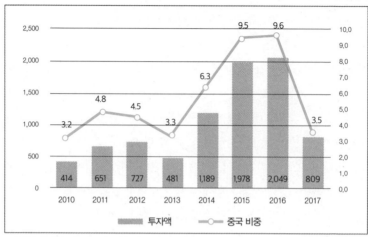

중국의 대한국 직접투자와 외국인투자 중 비중 (단위: 백만 달러, %)

주 | 중국의 대한국 투자는 신고기준　　　　　　　　자료: 산업통상자원부

연간 4억 달러에도 미치지 못했던 중국기업의 한국 투자가 2014년부터 3년간 연간 17억 달러를 넘어섰다. 중국기업의 한국 투자는 여전히 서비스업과 부동산 개발에 편중되어 있다는 문제점을 안고 있으나, 최근에는 문화, 자동차부품, 반도체 제조용 장비 등 기계 산업으로 확대되고 있다는 점에서 새로운 전환기를 맞이하고 있다고 할 수 있다. 중국 진출의 새로운 교두보로 활용하기 위한 종합적인 중국기업 유치 전략이 필요해지고 있다.

75

위안화 국제화

남수중

위안화 국제화 현황

중국이 위안화 국제화를 추진한 이후 2015년 중국 대외무역 결제통화의 26%가 위안화로 결제되는 등 증가세를 보였으나 2017년에는 전체 무역액의 12% 수준(32조 위안)에 그치며 급감하는 추세가 나타났다. 일부 국가에서 위안화를 외환보유통화로 지정했으나 글로벌 외환보유액 가운데 차지하는 비중은 1.1%로, 여전히 미미한 수준이다. 그럼에도 불구하고 외국인의 위안화 금융자산 규모는 예금 및 채권, 주식 등을 포함해 7조 위안이 넘는 규모로 증가했다. 또한 위안화가 특별인출권 통화바스켓SDR currency basket에 포함되어 국제통화로서의 상징성을 지니게 된 이후, SDR 통화바스켓에서 위안화가 차지하는 비중이 10.9%까지 증가(2016년 7월 기준)했다.

중국은 3.3조 위안 이상의 통화스와프 협정을 체결해 중앙은행 간 위안화 국제화 협력체계를 구축했다. 2015년 역외은행간 청산시스템CIPS를 구축한 이후 글로벌 지급결제 네트워크 형성에 진전을 보인 것이다.

이제 10대 주요 글로벌 금융허브와 국제금융센터 은행들이 위안화 비즈니스 및 역외위안화 거래 업무를 취급하고 있다. 역내 은행 간 채권시장을 전면 개방하여 중국자본계정의 자유화를 진행할 계획이며, 이에 따라 향후 역내 위안화 금융시장의 경로가 위안화 국제화의 주요경로가 될 전망이다. 현 단계에서 위안화 국제화는 무역 및 금융거래의 결제통화를 중심으로 진행되는 중이다.

2009~2014년 위안화 국제화의 급진전 배경은 다음과 같이 해석될 수 있다. 첫째, 중국의 기본적인 경제상태가 양호하고 성장을 지속하고 있었으며 중국의 국제무역이 확대되면서 위안화의 가치절상 기조가 유지된 것이 단기적으로 가장 주요한 원인으로 평가된다. 둘째, 금융부문 자유화의 진전 등 구조적 변화가 영향을 미쳤다. 무역결제 화폐 허용(2009), 위안화 적격외국인기관투자RQFII 등 역외 위안화 결제시장 참여 확대에 따른 외국계은행들의 역내 은행 간 채권시장 투자 개방(2011), 글로벌 금융위기 이후 국제금융시장의 불안정성 증대도 영향을 미쳤다고 분석된다. 셋째, 중앙은행 간 통화스와프 수요 증가와 기존 국제통화기금IMF의 신뢰도 하락으로 인해 양자/다자간 지역통화협력의 필요성이 증대되었으며, 기존 국제화폐(달러, 유로, 엔)의 잦은 가치 변동도 영향을 미쳤던 것으로 평가된다.

한국의 위안화 무역결제에 대한 시사점

한국과 중국의 직거래 시장에서 위안화 무역결제 비중은 증가한 반면, 자금조달 및 예치수단으로서의 역할은 축소되었다. 이는 중국 전체의 위안화 무역결제 감소와 대비되는 것이다. 2012~2016년을 비교하면 수출 결제비중은 0.8%에서 6.7%로 증가했고, 수입 결제비중은 0.3%에서 4.3%까지 증가했다. 이는 중국 전체의 위안화 무역결제가 2015년을 정점으로 2016~2017년 대폭 감소한 것과 대조적이다. 한국의 최대 결제

통화는 여전히 달러가 차지하고 있지만 금융위기 이후 한중 간 무역결제에서 원화와 위안화 결제의 비중이 증가하고 있다.

무역결제 증가와 대조적으로 위안화 금융거래가 부진한 원인은 실수요 측면에서 찾을 수 있다. 증가 여력은 크지만 위안화 금융상품의 미발달로 투자대상 부족, 위안화의 상대적 절하에 따른 투자심리 위축을 지적할 수 있다. 중국의 자본시장 개방 미흡으로 인해 위안화 운용수단이 제한됨에 따라 위안화 보유 리스크가 증가하여 투자자들이 환차손에 민감하게 반응하기 때문이다. 반면 위안화 무역결제는 여타 주요국에 비해 무역 및 직접투자FDI 기반이 견고할 뿐만 아니라 중국정부의 유출입 규제도 거의 없기 때문에 위안화 활용 여건이 양호한 편이다. 한국의 대중국 직접투자FDI 규모는 최상위권으로, 이는 역외 위안화 투자 유인이 되고 있다. 대중국 무역흑자 규모가 커서 위안화 무역결제를 통한 위안화 유입조건이 양호하므로 역외 위안화 시장의 잠재력도 크다고 할 수 있다.

한중 위안화 무역결제와 관련해 한중 산업구조에 미치는 영향을 고려해야 한다. 한국의 대중국 수출 가운데 가공무역의 비중이 거의 50%에 근접한다. 이는 미국과 일본을 포함해 가장 높은 수준이다. 한국의 대중국 무역이 주로 부품 및 원자재 등 중간재 위주의 수출로 구성되면서 기업들은 수출입 통화의 불일치mis-match를 우려해 달러화 결제를 널리 선호한다. 현재 위안화 무역결제의 장점이 뚜렷하지 않은 상황에서 기업들이 달러화 무역결제의 관행을 바꾸기는 쉽지 않다.

한중 간 위안화 지급결제를 활성화하기 위해서는 네트워크 외부효과, 즉 사용자 경험 부족 등의 장애요인을 극복할 필요가 있다. 따라서 위안화 지급결제의 유관 서비스 인프라를 정비하는 것이 필수적이다. 한국은 제4차 산업혁명의 기술금융FinTech 혁신을 과감히 적용해 원화-위안화 청산 시스템의 효율성을 제고하고 거래비용을 획기적으로 절감해 위안화 국제화 허브로 도약할 전략이 필요하다. 이를 위해 금융당국과 금융계 및 무역현장의 규제 혁신과 신기술 적용을 위한 TF task force를 구성하고 '일대일로'와 한중 FTA 서비스무역 협상의 정책적 연계성을 제고하는 것이 바람직하다.

76

지역경제: 동북 지역

이주영

저조한 경제성장과 소비구조의 모순

우리에게 옛 고구려 영토로 익숙한 중국 동북 지역은 일반적으로 랴오닝성遼寧省, 지린성吉林省, 헤이룽장성黑龍江省을 의미한다. 동북 지역은 동남으로는 한반도와 연결되어 있고 북쪽으로는 러시아와 몽골과 접경하고 있을 뿐만 아니라 동남 해역은 일본과 연결되어 있어 동북아 지역의 요충지이지만 그 가치를 충분히 발휘하지 못하고 있다. 과거 계획경제 시기 동북 지역은 중화학공업의 발달로 중국경제의 중추적 역할을 했었지만 1990년대 개혁개방 이후 연해지역을 중심으로 경공업 중심의 경제발전전략으로 전환하면서 동북 지역은 개혁개방 효과를 누리지 못했고 국유기업의 낮은 생산성 문제, 즉 공급과잉 문제로 경제성장이 급격히 악화되었다. 그 결과 2016년 동북 지역의 경제성장률은 전국 하위 수준으로 떨어져 랴오닝성의 경제성장률은 전국 최저수준인 -2.5%, 지린

＊ 동북 지역은 흔히 랴오닝성, 지린성, 헤이룽장성의 3개 성을 말하지만 최근 중국 경제발전전략에서 내몽골 동부 지역을 동북 지역에 포함시키기도 한다.

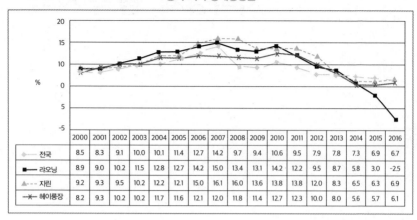

	2000	2001	2002	2003	2004	2005	2006	2007	2008	2009	2010	2011	2012	2013	2014	2015	2016
전국	8.5	8.3	9.1	10.0	10.1	11.4	12.7	14.2	9.7	9.4	10.6	9.5	7.9	7.8	7.3	6.9	6.7
랴오닝	8.9	9.0	10.2	11.5	12.8	12.7	14.2	15.0	13.4	13.1	14.2	12.2	9.5	8.7	5.8	3.0	-2.5
지린	9.2	9.3	9.5	10.2	12.2	12.1	15.0	16.1	16.0	13.6	13.8	13.8	12.0	8.3	6.5	6.3	6.9
헤이룽장	8.2	9.3	10.2	10.2	11.7	11.6	12.1	12.0	11.8	11.4	12.7	12.3	10.0	8.0	5.6	5.7	6.1

자료: CEIC

성은 6.9%, 하얼빈성은 6.1%로 전국 평균성장률인 6.7%보다 현저히
낮거나 유사한 수준을 보이고 있다. 동북 지역 경제성장률의 하락은 중
국의 균형발전을 저해하는 요인으로 동북진흥 전략을 통해 침체된 동북
지역의 경제를 활성화시키려는 노력을 하고 있지만 쉽게 회복하지 못하
고 있다.

　중국 동북 지역 경기침체에도 불구하고 임금과 소비는 지속적으로 증
가하는 모순된 현상을 보이고 있는 점이 특이하다. 극심한 경기침체에도
불구하고 임금과 소비규모가 증가하는 것은 중앙정부 보조금 때문인 것
으로 파악된다. 헤이룽장성의 경우 2016년 재정수입에서 중앙정부 보조
금의 비중은 47.3%, 지린성은 43%, 랴오닝은 27.5%로 중앙정부 보조
금의 의존도가 비교적 높게 나타나고 있다.

동북 지역 도시 평균임금(비사영기업)

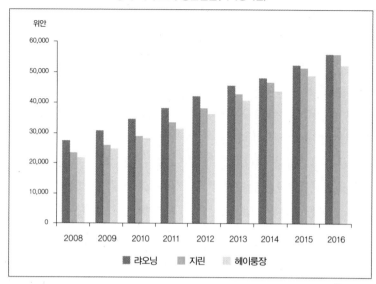

자료: CEIC

동북 지역 소비규모

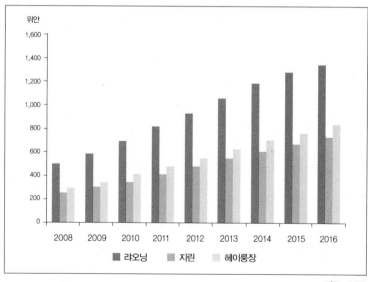

자료: CEIC

산업구조의 변화

동북 지역의 저조한 경제성장은 산업구조와 깊은 관련이 있다. 중국 중앙정부의 경제정책 기조는 서비스산업의 육성을 통한 산업구조 조정과 '중국제조 2025'에 기반을 둔 제조업의 질적 개선에 중심을 두고 있다. 그러나 동북 지역의 산업구조는 생산성이 낮은 노후공업기지 중심의 2차 산업 비중이 높았고, 최근 3차 산업이 꾸준히 증가하고 있기는 하지만 2차 산업 비중이 급격히 하락하여 3차 산업 비중이 상대적으로 높아지는 현상을 보이고 있다. 따라서 '중국제조 2025' 제조업의 질적 향상과 서비스업의 발전이라는 정부 전략에 따른 산업구조 개혁은 장기적 계획이 필요해 보인다. 이러한 산업구조를 개선하기 위한 정부정책은 끊임없이 이어져오고 있다. 중국 국무원은 2003년 9월 〈동북지역 노후공업기지 진흥 전략에 관한 약간의 의견〉과 2005년 국무원의 〈동북 노후공업기지의 대외개방 확대 실시에 관한 의견〉을 발표하여 동북 지역의 발전을 도모하려 했으나 해외투자 유치 성과 미진으로 동북 지역 진흥전략은 원활한 성과를 보이지 못했다. 이에 2007년 8월 〈동북 지역 진흥 종합계획〉과 2012년 3월 〈동북진흥 12차 5개년 계획〉, 2016년 11월 〈동북진흥 13차 5개년 계획〉을 발표하여 중화학공업의 재건과 국유경제 개혁에 속도를 붙이고 있다. 특히 〈동북진흥 13차 5개년 계획〉에서 발표한 장비제조업 발전과 주요 기지, 전략적 신흥산업클러스터 조성, 동북 특색의 관광상품 개발 전략과 '일대일로'의 북방 지역 대외개방 창구로서 중심 역할을 강조하고 있어 향후 동북 지역의 산업구조의 변화를 통한 경제 회복이 기대된다.

북방 지역 대외개방의 선도구

동북 지역의 노후공업기지의 진흥 전략과 더불어 최근 눈에 띄는 것은 동북 지역의 대외개방 정책이다. 2016년 국무원이 랴오닝성 다롄大连시에 랴오닝 자유무역시범구를 지정한 이후 2017년 3월 31일 랴오닝 자유

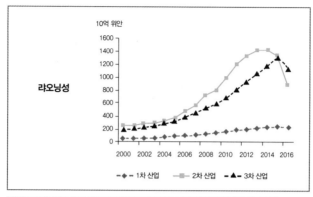

라오닝성

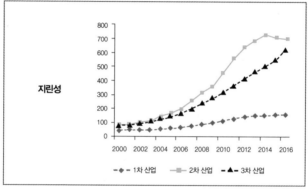

지린성

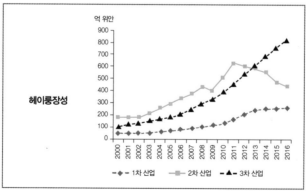

헤이룽장성

자료: CEIC

무역시범구의 총체방안을 발표했고 2018년 1월 1일 관리방법이 정식 실행됨에 따라 중국 동북 지역의 대외개방이 본격화되면서 중국 북방 지역의 대외개방을 선도하는 지역으로 발돋움할 수 있게 되었다. 그동안 '일대일로' 구상에서 동북 지역이 상대적으로 소외되어 있다는 비판의견을 잠재우고 새로운 발전의 기회가 될 수 있을지 기대해본다.

77

지역경제: 동부 연해

노수연

중국 동부 연해지역은 베이징北京, 상하이上海, 톈진天津 등 3개의 직할시와 광둥廣東, 장쑤江蘇, 산둥山東 등 경제력에서 상위 3위권을 형성하는 지역을 포함한다. 동부 연해지역은 개혁개방 이후 30년 동안 중국경제성장을 이끌어왔으며, 2010년대에도 여전히 중국경제발전의 원동력으로서 활약하고 있다.

이는 2011년부터 2016년까지 동부 연해지역 10개 성省과 기타 21개 성의 경제성장추이에서도 드러난다. 이 기간 동부 연해지역의 연평균 경제성장률은 8.6%이며 중국 국내총생산GDP에서 차지하는 비중은 2011년 52%에서 2016년에는 52.6%로 오히려 소폭 증가했다. 또한 2016년 동부 연해지역은 중국 수출입의 83.3%, 소비시장의 51.6%를 차지한다. 이처럼 동부 연해지역은 중서부 내륙지역 개발에 대한 중국정부의 꾸준한 강조에도 불구하고 여전히 경제총량과 무역, 소비 등 주요 경제지표에서 절대적인 지위를 유지하고 있다.

2008년 글로벌 금융위기를 계기로 시작된 중저속 성장시대에도 동부 연해지역은 제조업, 서비스업 등 산업경쟁력과 지역경쟁력에서 중서부 지역과는 차별화되는 높은 경쟁력을 유지하고 있다.

2017년 12월 발표한 중국의 우수 산업단지 명단에서 베이징의 중관춘 中關村과 상하이의 장장張江, 장쑤성 쑤저우蘇州의 산업단지가 1~3위를 차지했을 뿐만 아니라 상위 10대 산업단지 중 8개가 동부 연해지역에 소재한다. 2015년부터 중국정부가 스마트제조를 강조하면서 지역마다 차별화된 전략도 성공적으로 추진하고 있다. 광둥성은 소비형 전자제품에서 스마트제조를 추진하는 반면, 장쑤성은 사물인터넷 관련 제품을 개발하는 데 주력하고 있다. 저장성은 로봇제조 분야에서 두각을 나타내고, 상하이는 첨단장비제조업에 방점을 두고 있다. 또한 서비스업에서도 여전히 가장 높은 비중을 차지하고 있다. 동부 연해지역이 2016년 중국 서비스업 부가가치에서 차지하는 비중은 56.1%에 달한다.

도시 차원에서도 여타 지역보다 높은 경쟁력을 유지하고 있다. 2017년 중국 100대 도시 명단에서 베이징과 상하이, 광저우, 선전, 톈진이 1~5위를 차지했고, 산둥, 장쑤, 광둥, 저장 4개 성 소재 도시만도 46개에 달했다. 특히 장쑤성은 행정구역 내 13개 도시가 모두 100대 도시에 포함되어 지역균형발전의 성공사례라 할 수 있다.

개혁개방과 혁신의 아이콘

더욱 주목할 것은 동부 연해지역이 시진핑 정부 시대에도 여전히 개혁개방과 혁신의 시험대로서 활용되고 있을 뿐 아니라 그 중요성이 점점 커지고 있다는 점이다.

중국정부는 2015년 〈정부업무보고〉에서 기존의 4대 권역발전에 더해 3대 초광역경제권 발전전략을 제시했다. '일대일로', 징진지협동발전京

津冀協同發展, 창장경제벨트長江經濟帶로 요약되는 이 새로운 발전전략에서 동부 연해지역은 각 광역경제권의 시발점으로 중요시되며, 특히 징진지 협동발전은 베이징, 톈진, 허베이를 지목한 발전전략이다. 2017년 4월에 는 슝안신구雄安新區 건설계획을 발표했다. 허베이성 바오딩保定시에 위 치한 이 신구를 두고 중국정부는 1970년대 선전경제특구와 1990년대 상 하이푸둥신구를 이을 신구로 발전시킬 계획임을 밝히기도 했다.

이에 앞선 2013년에는 중국정부가 대외개방을 확대하기 위해 자발적 으로 설치한 자유무역시험구自由貿易試驗區가 동부 연해지역에 먼저 포진 했다. 2013년 9월 중국 최초의 자유무역시험구는 상하이푸둥신구에 설 치되었고, 뒤를 이어 2015년 광둥, 톈진, 푸젠성이 자유무역시험구로 지 정되었다. 이후 2017년에 7개 지역이 추가 지정됨으로써 2018년 2월 현 재까지 31개 성급 행정구역 중 11개 지역에 시험구가 설치되는 성과를 거두었다. 이러한 시험구의 확대과정에서 동부 연해지역은 지역의 경제

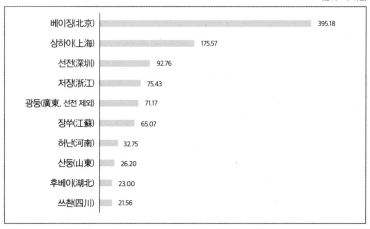

2017년 1~9월간 창업투자액 상위 10대 지역 (단위: 억 위안)

베이징(北京)	395.18
상하이(上海)	175.57
선전(深圳)	92.76
저장(浙江)	75.43
광둥(廣東, 선전 제외)	71.17
장쑤(江蘇)	65.07
허난(河南)	32.75
산둥(山東)	26.20
후베이(湖北)	23.00
쓰촨(四川)	21.56

자료: 《2017年前三季度中國股權投資市場回顧與展望》(2017)

적·지리적 특성을 감안한 21세기형 개방전략의 실효성을 점검하는 시험대 역할을 했다. 이러한 개혁개방과 더불어 2015년부터 지역개발에서 핫이슈가 되고 있는 키워드는 바로 혁신과 창업이며, 그 중심에 동부 연해지역이 있다. 이른바 '대중창업 만중혁신大衆創業 萬衆創新'이라는 슬로건하에 창업형 또는 혁신형 도시 건설이 전국적으로 열풍이다. 그 성공 사례로 거론되는 곳이 바로 베이징, 상하이, 항저우, 선전 등 동부 연해지역 소재 도시이다. 창업 투자가 가장 집중되는 권역도 동부 연해지역으로서 2017년 1~9월간 창업 투자금 중 395억 위안이 베이징에 집중되었고, 그 뒤를 이어 상하이, 광둥, 저장, 장쑤성이 상위를 차지했다.

에너지 및 원자재 부족, 인건비 상승, 환경오염 문제, 주민의 삶의 질 개선요구, 산업구조조정 등은 향후에도 동부 연해지역의 발전을 제약하는 요인으로 작용할 것이다. 그러나 장기간에 걸쳐 축적된 인프라와 혁신주도형 전략의 적극적인 추진에 힘입어 동부 연해지역이 중국 지역경제에서 차지하는 현재의 위상은 향후 상당기간 변함이 없을 것으로 전망된다.

78

지역경제: 중부 지역

정지현

중국 중부 지역은 중국 내륙에 위치한 후베이湖北, 후난湖南, 허난河南, 안후이安徽, 장시江西, 산시山西성을 포함한다. 중부 지역은 지역경제발전의 상대적 낙후 및 지역개발정책 우선순위 내 배제 등을 극복하기 위해 2000년대 중반 중부발전전략의 필요성을 제기했으며, 2006년부터 국가급 지역발전전략인 중부굴기를 추진했다. 정책 추진 10년이 지난 2016년 12월, 국무원이 그간의 정책성과에 대한 평가와 함께 중부 지역의 새로운 전략적 지위를 기치로 하는 〈중부 지역 굴기 촉진 규획(2016~2025)〉을 발표하면서 중부굴기 전략은 새로운 국면을 맞이했다.

중부굴기 전략 10년의 성과

중국 국토면적의 10.7%(103만 ㎢)와 전체 인구의 26.5%(3.6억 명)를 차지하고 있는 중부 지역의 종합적인 경제역량은 지난 10년 동안 크게 강화되었다. 2015년 중부 지역 GDP는 14조 7,000억 위안으로, 지난 10년간 연평균 11.6%의 속도로 성장했으며 이는 중국 전체 연평균 성장률보다 2.1% 높은 수준이다. 또한 중국 전체 경제규모GDP에서 중부 지역의 비중 역시 같은 기간 18.8%에서 20.3%로 상승하여, 중국의 4대 지역 중 동부 연해지역에 이어 2위를 차지했다. 이밖에도 고정자산투자, 사회소비재소매총액, 지방재정수입 모두 지난 10년 동안 각각 7.7배, 3.7배, 7배 증가하는 등 중국경제의 성장둔화 추세 속에서도 비교적 양호한 성장률을 유지하고 있다. 중국경제 성장률이 6.9%에 머물렀던 2017년에도 중부 6개 성의 성장률은 모두 7% 이상을 기록했다. 특히 장시(8.9%), 안후이 (8.5%), 후난(8.0%)은 모두 8%를 넘어섰으며, 2016년 4.5%를 기록했던 산시山西의 성장률은 7%로 회복되었다. 이로써 2017년 중부 지역 GDP 의 중국 전체 대비 비중은 21.7%로 한층 더 상승했다.

산업구조 측면에서도 중부 지역은 과거 철강, 유색금속, 석탄, 시멘트, 농업 등 전통산업 중심 구조였으나 최근 신산업, 신업태, 신비즈니스 모델로 대표되는 신경제의 발전이 새로운 동력이 되고 전통산업 역시 스마트제조 및 인터넷 기술과의 융합을 통해 발전하면서 산업고도화가 진행되고 있다.

중부 지역의 새로운 전략적 지위

2006년 발표된 '중부 지역 굴기 촉진에 관한 의견'에 명시된 중부 지역의 위상은 '식량생산 기지, 에너지자원 기지, 장비제조·첨단산업 기지 및 종합교통 허브(3개 기지, 1개 허브)'였다. 2016년 새롭게 발표된 〈중부 지역 굴기 촉진 규획(2016~2025)〉에서는 이전의 전략적 기능을 계승하여 '중국의 중요 선진제조업 중심, 신형도시화 중점구, 현대농업발전 핵심구, 생태문명건설 시범구, 전방위 개방의 중요 지지구(1개 중심, 4개 구)' 로서의 전략적 지위를 명확히 제시했다.

중부 지역은 공업기반이 비교적 우수하고 업종이 다양하며 클러스터가 발전하고 있어, 동부 지역의 산업을 이전받을 수 있는 기반이 갖추어져 있고 다시 서부로 이전이 가능하여 선진제조업 중심지로 발전할 수 있다. 또한 인구밀집지역이지만 도시화율(2015년 51.2%)은 중국 평균 대비 낮은 수준(5%)이며, 대량의 농촌인구 유출지로서 '3억 명의 농민과 농민공을 도시민으로 전환시키려는 중국의 도시화 전략'을 추진함에 있어 중요한 지역으로, 도시화 잠재력이 비교적 높아 역내 도시화 발전을 통해 중국의 신형도시화 추진에 기여할 수 있다. 또한 중국 전체 농촌인구의 30%, 경지면적의 24%, 식량생산량의 30%, 주요 농산품 생산의 40%를 차지하고 있어 농지 개량, 우량품종 배양 등 농업현대화와 중국의 식량안보 및 농산물의 안정적 공급에 중요한 역할을 할 수 있다.

이와 같은 전략적 지위를 달성하기 위해 〈중부 지역 굴기 촉진을 위한 13·5 규획〉에 의거, 중부 지역은 연해지역 산업의 이전 유도, 대외개방 전면 추진, 도농통합발전, 중점생태기능구역 보호, 탈빈곤 추진 등 임무를 중점적으로 추진하고 있다. 특히 동남 연해지역의 친환경적 산업 및 국내외 유명기업 생산기지 등의 이전을 유도·지원하고, 종합보세구 등 자유무역시험구의 개혁혁신 성과 확산 및 원스탑 통관서비스 시스템 완비 등을 통한 대외개방 수준 제고 등을 강조하고 있다.

중부 지역 발전의 과제와 전망

그동안 중부 지역은 빠른 경제발전과 구조변화 등을 이루어냈으나 성(省)간 및 역내 지역발전 불균형, 낮은 산업발전 수준 및 도시화 수준, 높은 빈곤인구 비중 등의 문제가 여전히 남아 있다. 또한 지리환경 및 산업구조적 특징 등으로 인해 비교우위 제고 및 우위의 상호보완 등에 유리한 일체화 발전이 어려운 상황이며, 내륙에 위치하여 수로·항로·항구 등의 제약으로 개방 환경 역시 열악하다. 뿐만 아니라, 중앙정부가 부여한 '중요한 식량생산기지'의 역할에 의존해 빠른 성장을 기대하기 어렵기 때문에 국가의 공간배치를 따르면서도 산업고도화와 빠른 발전을 추진하는

중부 지역 굴기 촉진 발전 규획(2016~2025)의 주요 내용

전략적 위상	주요 내용
선진제조업 중심	공업기반 양호, 산업집적 발전, 인적자원 풍부 및 비용 저렴, 농업 · 에너지자원 가공업 · 제조업 발전, 최첨단기업의 빠른 성장
신형도시화 중점구	시화율 비교적 낮은 편, 농촌인구의 이전 수요 증가, 도시화발전 잠재력 우수
현대농업발전 핵심구	중국 식량안보 및 농산물 수급 안정에 기여 (식량 생산의 30%, 주요 농산물 생산의 40%)
생태문명건설 시범구	생태문명건설 시범구, 에너지절약 · 환경보호 종합실험구 등 구축 시스템과 보상 시스템 선행 실험 등
전방위 개방 지지구	동부 지역 산업의 이전 기반 양호 및 우위산업 보유 등으로 전면 개방의 중요한 지탱 작용 가능

9대 임무	주요 내용
공간최적화 통한 조화발전	중점 생태기능구와 농산물 주요 생산지 보호, 빈곤지역 발전 지원 등
개혁 · 혁신의 새로운 발전 동력화	공급측 구조 개혁 추진, 중점 분야 개혁 심화, 혁신주도 발전전략 및 대중창업 만중혁신 추진
산업고도화	제조업 업그레이드, 전략적 신흥산업 발전, 산업 클러스터화 추진 및 서비스업 발전 가속화
농업경쟁력 강화	식량생산기지 지위 제고, 농촌의 1, 2, 3차 산업 융합 발전, 농업기술 수준 제고, 농업경영시스템 구축
도농통합 발전을 통한 신형도시화 추진	도시군 발전 가속화, 농업 이전 인구의 시민화 촉진, 도농 조화 발전
인프라 네트워크 구축	종합교통허브 지위 강화, 에너지보장 수준 제고, 수리시설 강화, 차세대 정보 인프라 구축
녹색발전	생태안전망 구축, 환경보호 강화, 중점유역 관리 강화, 자원의 집약적 이용 및 절약
복지증진	빈곤퇴치, 교육 · 위생 · 문화사업 발전, 일자리 및 사회보장체계 완비, 사회적 안전망 확립
개방협력을 통한 지역경쟁우위 제고	중대한 국가전략 수립에 참여, 양방향 개방 전면 추진, 역내 협력 심화

자료: 〈促進中部地區蹶起十三五規劃(2016~2025年)〉

것이 여전한 도전으로 남아 있다. 이밖에도 서부나 동북 지역 등 다른 지역에 비해 중앙정부의 정책적 특혜가 상대적으로 적다는 어려움도 가지고 있다. 이러한 문제를 해결하기 위해 중부 지역은 국가 중대 전략과 연계된 중부 지역 발전전략 추진, 새로운 기능을 갖춘 플랫폼 구축을 통한 선도적 실험 추진, 비교우위 제고를 통한 산업융합 추진, 브랜드 육성 등 중부 지역의 생산 부가가치 제고와 함께 자원 개발지역과 이용지역 간, 농산품 생산지와 판매지 간, 생태보호지역과 수혜지역 간 이익균형 메커니즘 구축 등에 역점을 둘 전망이다.

지역경제: 서부 지역

79

이상훈

　중국의 서부 지역은 행정상으로 충칭重慶시, 쓰촨四川성, 구이저우貴州성, 윈난雲南성, 산시陝西성, 간쑤甘肅성, 칭하이靑海성, 닝샤寧夏자치구, 신장新疆자치구, 네이멍구內蒙古자치구, 광시廣西자치구, 시짱西藏자치구의 12개 성·시·자치구를 포함하는 지역이다. 이 지역은 천연자원이 풍부한 반면, 도시화 수준이 낮고 농업의 비중이 높은 산업적 특징을 보이고 있으며, 5개 소수민족 자치구와 44개 소수민족이 거주하고 있어 다양한 민족문화를 보유하고 있다.

　중국의 서부 지역은 2016년 말 기준으로 국토면적의 71.5%(685만 ㎢), 총인구의 27.1%(3억 7,414만 명)를 차지하고 있다. 그러나 경제적 비중은 2016년 말 기준으로 전국대비 지역 내 총생산GRDP 20.1%(15조 6,828억 위안), 고정자산투자 26.2%(15조 7,195억 위안), 소비재판매액 18.5%(6조 1,488억 위안), 교역액 6.6%(2,428억 달러)를 차지하는 등 국토면적이나 총인구의 비중에 크게 미치지 못하고 있어 경제발전이 상대적으로 낙후된 지역이다.

중국 서부 지역의 주요 경제지표

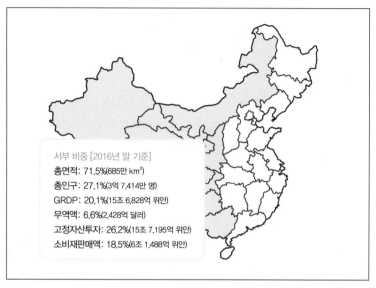

서부 비중 [2016년 말 기준]
총면적: 71.5%(685만 km²)
총인구: 27.1%(3억 7,414만 명)
GRDP: 20.1%(15조 6,828억 위안)
무역액: 6.6%(2,428억 달러)
고정자산투자: 26.2%(15조 7,195억 위안)
소비재판매액: 18.5%(6조 1,488억 위안)

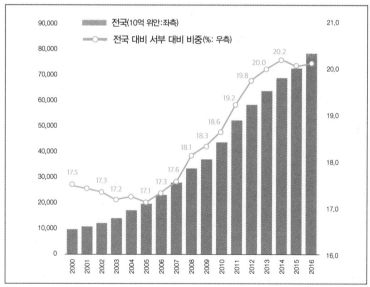

자료: 중국국가통계국

서부 지역의 저발전은 1978년 이후 중앙정부가 추진한 동부 연해지역 중심의 개혁개방정책, 원자재 기반의 낙후한 산업구조, 내륙에 위치한 지리적 요인, 인재 유출 등에 기인한다. 성장과정에서 지역 간 발전 격차와 도농 간 소득 격차가 심화되자 중국정부는 국가 균형발전을 도모하기 위해 서부대개발西部大開發이라는 지역개발전략을 실시하고 있다. 이처럼 서부대개발은 서부의 지역적 특성을 고려하여 천연가스, 석탄, 희토류, 에너지 등 풍부한 자원을 연해지역에 안정적으로 공급하고 생태환경을 개선시키며, 내륙개발을 통해 연해지역과의 격차를 축소시키고 생활수준을 향상시켜 정치적 안정을 도모하는 등의 다목적 전략이라고 할 수 있다.

개발 과정과 현황

서부대개발 전략은 2000년 1월 국무원에 총리를 조장으로 하는 조직西部大開發領導小組이 구성되고, 같은 해 10월 중국공산당의 〈제10차 5개년 계획 제정에 관한 건의〉에서 서부대개발 실시를 전략적 임무로 제시하면서 본격적으로 추진되기 시작했다. 서부대개발은 3단계로 추진되고 있다. 첫 번째는 준비단계(2000~2010)로 인프라를 확충하고 시장시스템을 확립하고 생태환경을 개선시키는 등 경제발전의 기반을 조성하는 시기이다. 두 번째는 본격적인 추진단계(2011~2030)로 인프라 확충을 토대로 개발거점을 형성하고 각 지방의 특성에 맞는 경쟁력 있는 특화산업을 육성하는 시기이다. 세 번째는 완성단계(2031~2050)로 개발거점들의 경제력을 키우고 서부 전체적으로 자생적인 성장기반을 마련하며, 서부 지역의 현대화를 통해 경제적 번영과 사회적인 안정, 생활수준의 향상을 도모하는 시기이다.

2000년부터 서부대개발이 본격화된 이후 지금까지 인프라 개발에 집중 투자함으로써 서부 지역에서는 도로망과 철도망이 구축되며 주요 거점지역이 교통허브로 자리 잡는 등 교통 인프라가 크게 확충되었고, 에너지와 자연자원의 공급망이 완비되는 등 경제발전을 위한 기반이 빠르게 개선되고 있다. 특히 서부대개발의 진전은 원자재산업과 전통산업에 머물러 있던 지역산업이 주요 도시를 중심으로 자동차, ICT, 클라우드 컴퓨팅 등 첨단산업으로 전환하는 데 기여하면서 서부 지역의 산업고도화 등 전반적인 경제구조의 고도화를 촉진시키고 있다.

2010년 이후 서부 지역에 많은 글로벌 기업들이 활발히 진출하고 있는데, 이는 투자환경의 개선, 동남아와 중앙아시아 등 주변국을 대상으로 한 수출기지 가능성, 외자유치 확대 및 산업이전 가속화를 위한 다양한 우대정책과 제도 개선 등에 힘입은 바 크다. 또한 서부대개발 이후 교통 인프라가 확충되고 제도 개선이 빠르게 이루어짐으로써 투자 리스크가 상당히 해소된 점도 기업들의 서부 지역 진출을 촉진하고 있다. 특히 ICT, 클라우드 컴퓨팅, 소프트웨어 등과 관련된 기업들의 진출 확대는 지역의 혁신능력을 빠르게 향상시키고 있다.

시사점과 전망

서부 지역의 발전은 중요한 시사점을 주고 있다. 2008년 글로벌 금융위기 이후 세계경제가 침체를 겪으면서 그동안 수출을 통해 '중국의 기적'을 이끌었던 연해지역의 성장이 빠르게 둔화되었으나, 대신 상대적으로 내수에 의존해 성장했던 서부 지역이 급성장하면서 중국경제의 새로운 동력으로 부상하였고, 서부 지역의 발전은 중국경제의 안정적인 성장과 발전방식의 전환을 가속화하는 데 기여했다.

또한 시진핑 집권 이후 국가대전략으로 추진되고 있는 '일대일로' 구상은 향후 서부 지역 발전에 새로운 기회를 제공해줄 것으로 기대된다. 그간 내수를 중심으로 성장한 서부 지역이 일대일로 구상의 주요 거점으로 부상하면서 지역의 개방이 가속화되고 있고, 산시성, 신장자치구, 충칭시, 위난성, 광시자치구 등은 개방거점으로 발돋움하기 위한 세부적인 청사진을 발표하고 있다. 아울러 산시성, 충칭시, 쓰촨성에 자유무역시험구가 설립되면서 그동안 지역발전을 선도했던 제조업 외에 서비스업이 새로운 성장 동력으로 부각되고 있다.

그러나 경제체제 개혁과 대외개방을 위한 제도 정비에는 시간이 필요하고 공공 인프라를 완비하기 위한 많은 투자가 필요한 상황이다. 따라서 중국정부는 발전에 필요한 물적·인적·제도적 조건을 갖춘 지역을 거점지역으로 삼아 우선적으로 개발하고 거점지역에서 파생된 발전의 동력을 인접지역으로 확대시켜 나가는 거점중심의 개발전략을 실시할 것으로 예측된다.

2017년에 발표된 〈서부대개발 13차 5개년 규획〉에서도 이러한 현실을 반영하여 5개의 중점경제구重點經濟區와 다수의 중점시험구重點試驗區를 지정하고 기능별로 공간을 디자인해 생산, 주거, 상업, 생태 등의 기능을 갖춘 도시를 조성함으로써 지역발전을 위한 새로운 성장 동력을 만들어 가겠다는 계획을 제시하고 있다. 과거 중국 내 대표적인 빈곤지역이었던 서부 지역이 서부대개발이라는 개발전략과 일대일로라는 개방전략을 통해 중국이라는 거대한 열차를 이끌어갈 성장엔진이 될 수 있을지, 내수 중심의 성장이라는 패러다임 전환의 구심점이 될 수 있을지 관심을 가지고 지켜볼 필요가 있다.

80

기업

한동훈

개혁개방을 시작할 때 중국의 기업 형태는 국유기업 및 공유제 기업인 도시집체기업으로 구성되어 있었으며, 국유기업이 생산액의 78%를 차지하는 매우 단순한 구조였다. 개혁개방 이후 개체호個體戶로부터 시작하여 사영기업이 생겨났고 1990년대부터 개방이 본격화하면서 외자기업의 직접투자가 유입되었다. 1990년대 중반부터 국유기업 개혁을 위해 주식제가 도입되면서 국유기업들이 독자 유한책임회사, 유한책임회사, 주식회사로 전환했고, 기업 형태로서 유한책임회사와 주식회사가 주류를 이루게 되었다. 1990년대 후반부터 재산권의 명확화를 통해 쇠퇴해가는 향진기업을 되살리기 위해 주식합작제가 도입되었다. 그 결과 중국의 기업은 매우 다양하고 복잡한 유형으로 분화되었다.

기업구성의 변화 흐름

경제개혁 성공의 일등 공신이라는 평가를 받았던 농촌 향진기업은 1990년대 후반부터 쇠퇴하기 시작하여 현재는 그 존재가 미미하다. 계획경제로부터 시장경제로 넘어가는 과도기적 소비재 부족 상황에 기인하여 빠른 발전을 이루었던 향진기업은 시장경제 개혁의 완성과 경제구조의 고도화 등 변화하는 환경 속에서 주식합작제 등으로 활로를 모색하기도 했으나 결국 대부분 사영기업으로 전환되면서 역사적 사명을 마치게 되었다.

기업 구성의 최근 흐름은 국유기업 외에 다양한 소유제 기업이 생겨나면서 국유기업의 중요성이 점차 감소하고, 또한 경제의 빠른 성장으로 인해 외자기업의 중요성이 감소하는 반면 사영기업의 비중은 급속히 증가하는 것이다. 사영기업은 신규 설립, 국유기업 및 집체기업의 매각에 의해 생성된다. 그러나 여전히 기간산업은 국유기업에 의해 장악되며 국유기업은 독점 이익을 향유하고 있다. 문제는 사영기업에 비해 현저하게 효율이 낮은 국유기업이 기간산업을 독점하며, 금융자원 사용에 대해 지배적 지위를 누리고 있어 비국유기업의 성장을 현저히 저해하고 있다는 점이다. 따라서 향후 기업 개혁의 핵심은 기간산업의 국유기업 독점 해체와 사영기업 진입 허용 여부가 될 것이다. 이를 통해 추가적 성장 동력을 창출해야 한다는 목소리가 점증하고 있으며 중국정부도 원칙적인 허용 입장을 표명한 바 있으나 아직 실현되지는 않고 있다.

기업정책의 방향과 난제

현재 국유기업에 대한 관리는 중앙과 지방의 국유자산감독관리위원회 SASAC가 맡고 있다. 중앙 국유자산감독관리위원회는 97개 대형 기업집단을 관리한다. 이 위원회는 단순히 관리업무만 맡을 뿐 주주로서의 권리인 이익배당을 기업으로부터 받지 않는다. 그러나 독점 대기업 집단들이 넘치는 독점 이윤을 투자에 사용함에 따라 과잉투자의 주된 원인이라는 비판을 받고 있어, 국유기업의 이익 배당 문제가 쟁점으로 떠오르고 있다.

규모 이상 공업기업 유형과 생산 비중

(단위:%)

기업 유형	2011	2016
국유기업	7.9	3.4
유한책임회사	23.2	29.5
국유독자	3.6	3.8
기타	19.7	25.7
주식회사	9.9	8.8
사영기업	29.9	35.9
독자	5.2	1.6
합명	0.8	0.3
유한책임	21.9	31.4
주식제	1.9	2.6
집체기업	1.3	0.5
주식합작제	0.5	0.1
연영(聯營)기업	0.2	0.0
홍콩-마카오-대만계	9.2	8.5
합자	3.3	2.9
합작	0.2	0.2
독자	5.3	5.0
주식제	0.4	0.3
외자기업	16.7	13.0
합자	7.6	6.1
합작	0.4	0.2
독자	8.2	6.3
주식제	0.6	0.4

주 | ①국유기업은 순수, 독자 유한책임회사, 기타 유한책임회사의 일부, 주식회사의 일부를 포함 ②유한책임회사는 주식회사에 비해 인적 결합을 중시하고 간단한 형태의 기업 ③집체기업은 지역 공동체가 소유한 기업 ④주식합작제는 1인 1표제를 적용하는 기업 ⑤연영기업은 국유, 집체, 국유-집체, 기타 유형이 있음 ⑥합작기업은 계약에 의해, 합자기업은 지분에 의해 주주의 권리와 의무를 결정 ⑦규모 이상 공업 기업은 자본금 2천만 위안 이상의 기업을 지칭   자료: 중국국가통계국

외자기업은 중국 대외무역의 30%가량을 차지하는 가공무역에 주로 종사하는데, 그 비중이 줄어들고 있지만 여전히 중국 수출의 45%가량을 담당한다. 그러나 최근 외국인투자는 2009년 글로벌 금융위기 이후 홍콩과 대만으로부터의 투자가 절반 이상을 차지하고 다른 나라들로부터의 투자가 정체되고 있는 상황에 놓여 있으며, 전체 고정자산투자에서 2% 미만을 점하는 등 그 중요성이 급격히 감소하는 중이다. 이에 따라 중국 정부에서는 외국인 투자기업 적극 유치로 정책 방향을 선회하고 있다.

요약하자면, 중국의 기업은 매우 다양한 소유제 유형으로 구성되어 있고, 사영기업이 폭발적으로 성장하는 가운데 외자기업의 비중은 급격히 감소하는 추세를 보이고 있다. 또한 국유기업은 여전히 독점 기간산업을 위주로 견고하게 포진되어 향후 경제개혁의 핵심은 국유기업 독점의 해체라는 난제가 될 것이다.

81

은행

서봉교

은행업 구성의 변화

중국의 금융시스템은 은행의 비중이 높다. 전체 중국 금융사의 자산총액 기준으로 2016년 은행업의 비중은 81%를 차지하고 있다. 이처럼 은행의 비중이 높은 이유는 중국정부가 비효율적인 국유기업에 대한 정책자금 지원을 원활하게 집행하기 위해 국유은행을 필요로 했기 때문이다. 국유은행들 중에서는 공상은행工商銀行, 중국은행中國銀行, 건설은행建設銀行, 농업은행農業銀行과 교통은행交通銀行을 대형 상업은행이라고 지칭하며 이들이 중국 금융시스템에서 가장 중요한 역할을 담당하고 있다. 이들 대형 상업은행은 과거 전체 은행자산에서 차지하는 비중이 절대적으로 높았다. 하지만 주식회사 형태의 상업은행 등 보다 민영화된 영리 위주의 상업은행이 증가하면서, 대형 상업은행의 비중은 2004년 57%에서 2016년 37%로 점차 감소하고 있다.

대형 상업은행 다음으로 비중이 높은 유형의 은행은 전국적인 영업망을 갖춘 주식제 상업은행이다. 주식제 상업은행은 초상은행招商銀行, 민

(단위: %)

연도	대형 상업 은행	주식제 상업 은행	도시 상업 은행	농촌 은행	농촌 신용 조합	우체국 은행, 신형농촌 금융기구	외국계 은행	정책 은행
2004	57.0	11.5	5.4	0.2	9.7	3.4	1.8	7.6
2005	56.1	11.9	5.4	1.5	8.4	3.7	1.9	7.8
2007	53.7	13.7	6.3	2.4	8.2	3.3	2.4	8.1
2009	51.3	14.9	7.1	3.9	6.9	3.4	1.7	8.7
2010	49.2	15.6	8.2	4.5	6.7	3.7	1.8	8.0
2011	47.3	16.2	8.8	5.0	6.4	3.8	1.9	8.2
2012	44.9	17.6	9.2	5.7	5.9	4.0	1.8	8.4
2013	43.3	17.8	10.0	6.4	5.7	4.1	1.7	8.3
2014	41.2	18.2	10.5	7.2	5.1	4.1	1.6	9.0
2015	39.2	18.6	11.4	12.9		18.0[***]		
2016	37.3	18.7	12.2	12.9		19.0[***]		

* 농촌은행은 농촌상업은행(農村商业銀行)과 농촌합작은행(農村合作銀行)
** 촌진(村鎭)은행은 신형농촌금융기구로 분류
*** 우체국은행, 외자은행 외에 정책은행, 신형민영은행 등 포함

자료: 중국은행감독위원회, 《中國統計年鑑》 등

생은행民生銀行, 중신은행中信銀行, 광대중은행光大中銀行, 화하은행華华銀行, 광둥발전은행廣東發展銀行, 평안은행平安銀行 등이 있다. 이들 주식제 상업 은행이 전체 은행 총자산에서 차지하는 비중은 2004년 11.5%에서 2016년 18.7%로 상승했다.

주요 특징

중국 은행들의 주요 영업 기반인 예금에서 개인예금의 비중은 2007년 45%에서 2016년 39%로 감소했다. 반면 대출에서 가계대출의 비중

은 크게 상승했다. 2007년 가계대출의 비중은 18%였는데 2016년에는 30%로 증가했다. 그럼에도 불구하고 다른 선진국에 비해서는 가계대출 비중이 상대적으로 낮기 때문에 향후 가계대출 분야에서 성장 속도가 높을 것으로 예상된다.

중국 은행업에서 외국계 은행의 비중은 높지 않다. 중국은 2001년 WTO 가입 이후 외국계 은행의 중국시장 진출을 점진적으로 허용했다. 외국계 은행이 전체 은행업 자산에서 차지하는 비중은 2003년 1.5%에서 글로벌 금융위기 직전인 2007년에는 2.4%까지 증가했다. 하지만 글로벌 금융위기의 영향으로 외국계 은행들의 영업이 상대적으로 위축되고 반면 중국계 은행들이 급성장하면서 외국계 은행의 비중이 점진적으로 감소하여 2016년에는 1.4%에 머물고 있다.

2008년 글로벌 금융위기 이후 중국 은행업에서 나타난 두드러진 특징은 대형 상업은행들의 해외진출이 확대된 것이다. 중국 은행들의 해외진출이 증가한 이유는 중국기업들의 해외진출이 확대되면서 이들의 금융 자금 조달을 지원하는 역할을 수행했기 때문이다. 이에 따라 중국 은행들의 해외진출은 중국기업들이 많이 진출하는 홍콩 지역 등을 중심으로 기업금융 위주로 진행되었다. 중국 금융사들의 해외직접투자는 2007년 누적금액으로 167억 달러였는데, 2010년에는 552억 달러로 증가했고 2016년에는 2,000억 달러에 달했다.

또한 2009년 이후 위안화가 홍콩 등 주변 지역을 중심으로 국제 통용 화폐로 기능하면서 중국 은행들이 해당 국가의 역외 위안화 청산결제, 위안화 무역결제, 위안화 채권발행, 위안화 적격외국인투자자RQFII, 위안화 역외 대출 등의 업무를 확대하고 있다.

중국 은행들의 건전성 악화

과거 중국 은행들은 비효율적인 국유기업에 대한 자금조달 역할을 담당했기 때문에 부실채권 비중이 전체 대출의 30% 이상에 달하는 등 매우 부실했다. 하지만 1990년대 말부터 중국정부의 적극적인 정책적 지원과 주식상장, 해외투자자금 유치 등으로 부실채권의 비중은 빠르게 감소했다.

뿐만 아니라 중국정부는 2008년 글로벌 금융위기 이후 은행의 건전성 강화를 위해 대손충당 비율을 높이도록 강제했다. 이에 따라 2006년 34%에 불과했던 대손충당 비율은 2011년 278%로 급격하게 상승했으며, 은행산업의 자본수익률ROE도 2006년 14.9%에서 2011년 19.2%로 상승했고, 자산수익률ROA은 같은 기간 0.9%에서 1.2%로 상승했다.

하지만 2008년 글로벌 금융위기를 극복하는 과정에서 중국정부가 주도한 양적완화 정책으로 은행의 신규대출이 급격히 증가하면서 중국 은행들의 건전성이 급격히 악화되었다. 중국의 은행대출은 2009년 33%, 2010년 20%의 증가율을 나타내었고, 2011년에도 14%의 증가율을 기록했다. 전체 통계상으로 중국 은행의 부실대출 비율은 2004년 13.2%에서 2011년 1.0%로 급감했다가 이후 점진적으로 증가하여 2016년에는 1.7%로 증가했다.

특히 글로벌 금융위기 극복을 위해 은행의 신규대출을 급격히 확대하는 과정에서 비효율적인 국유기업과 지방정부의 비효율적인 공공투자를 위해 대규모 자금이 투입되었기 때문에 향후 중국 은행업의 건전성이 상당기간 지속적으로 악화될 가능성이 있다는 우려가 높다.

핀테크 민영은행의 급성장

중국 최대의 인터넷 회사인 텐센트는 2014년 12월 위뱅크WeBank라는 핀테크 온라인 은행을 설립했다. 또한 중국 최대의 온라인 전자상거래 회사인 알리바바는 2015년 6월 마이뱅크MYBank를 설립했다.

이들 핀테크 은행들은 모바일 플랫폼을 통해 고객과의 접점을 이루면서 기존 은행에 비해 혁신적인 금융서비스를 제공하여 금융서비스의 업무 처리절차와 비용을 획기적으로 절감했다. 이에 따라 이들 비은행 온라인 대기업이 위주가 된 핀테크 은행이 급성장하면서 중국 은행업의 새로운 성장원동력을 제공하고 있다.

이들 핀테크 은행들은 모바일 플랫폼을 이용한 소액 개인대출을 확대하여 설립 1년 만에 각각 3,000만 명 이상의 고객들에게 소액 대출 서비스를 제공했다. 특히 텐센트는 중소 상업은행의 대출 중개 업무도 시작하여 40여 개의 지방 중소 상업은행들이 텐센트의 플랫폼을 통해 대출을 제공하고 있다.

기업의 사회적 책임CSR

82

곽배성

기업의 사회적 책임CSR(Corporate Social Responsibility)이 보편적인 사회적 규범으로 자리 잡아 가고 있음에도 불구하고 아직도 많은 사람들에게 CSR은 기업의 사회공헌 활동을 의미하는 수준으로 오해되고 있다. 하지만 CSR은 환경, 이해관계자 관리, 지배구조 등 방대한 영역을 포함하는 개념으로서 자본주의 경제의 발전과 함께 기업의 사회적 영향력이 증가함에 따라 기업의 목적이 단순히 이윤 추구에 그치는 것인지, 아니면 기업시민으로서의 책임을 다하는 것인지에 대한 논의로 시작되었다. 따라서 CSR의 틀과 정신은 자본주의가 태동하고 발전해온 서구사회의 노동, 환경, 기업법 등과 관련된 학계, 전문가 집단, 시민사회의 노력에 의하여 오랜 기간 동안 형성되어 왔다.

중국 내 CSR 정착 과정의 특징

개혁개방 이전까지 사회주의 경제를 유지해온 중국사회 내에서의 CSR 개념 형성과 발전 과정은 서구사회의 경우와는 다른 특징들이 있다.

첫째, 중국의 CSR 개념 도입에는 외세의 영향이 크게 작용했다. 2001년 중국이 WTO에 가입하면서 본격적으로 CSR의 개념이 외부로부터 유입되기 시작했는데, 이는 글로벌 시장에서 노동, 환경, 지배구조 등의 영역에서 중국기업들이 공정하고 책임 있는 경쟁자로서 활동하기를 바라는 국제기구, 글로벌기업 등의 요구가 반영된 것이었다. 또한, 중국에 진출한 선진 외자기업들은 중국 경제개발 과정에서 정부의 역량이 부족하여 대응하지 못하는 사회적 어젠다들을 CSR 프로그램 제공을 통하여 해결하며 중국사회 및 정부와 우호적 관계를 맺는 도구로 활용해왔다.

둘째, 뒤늦게 CSR을 받아들였음에도 불구하고 중국 내 CSR 의식이 단기간에 고도화되고 있다는 점이다. 무엇보다도 개혁개방 이전 국유·국영 기업이 직원과 그 가족의 삶을 책임지던 사회주의 유산의 영향으로 중국사회는 기업이 시민들의 삶에 책임을 져야 한다는 인식을 낯설지 않게 받아들일 수 있었다. 또한, 중국정부는 2006년 시행한 기업법에 "기업이 경영활동을 하는 동시에 법, 사회공중도덕, 상업도덕을 준수하고 기업신용을 지키며 정부와 사회의 감독을 수락하여 사회적 책임을 실행한다"고 명시했고, 시행 3년 만인 2009년에 600개 기업이 사회적 책임 보고서를 발간하는 성과를 거둘 수 있었다. 또한, 2008년 멜라닌분유 파동, 쓰촨성 대지진에 대한 국내외 기업들의 구호활동, 베이징 올림픽에 대한 다양한 기업후원 활동 등을 지켜보며 국민들의 CSR 의식수준이 급속도로 향상될 수 있었다.

새로운 국면을 맞는 중국의 CSR

최근 개인의 권리 및 삶의 질, 그리고 투명하고 공정한 사회가 중요시되어가는 중국사회의 현실이 반영되면서 고용조건 개선, 환경문제 개선, 제품 서비스 품질 개선, 투명한 기업지배구조 등 선진국형 CSR 프로그램들이 관심의 초점으로 등장하고 있다. 이와 함께 노동·환경·자선

활동 관련 CSR 법규들도 선진국 수준으로 끌어올려지고 있는 상황이다. 2014년 최저임금 인상, 여직원 노동보호법 제정, 2015년 신新환경법 발효, 2016년 자선법 발효 등이 대표적인 사례이다. 이러한 추세를 반영하여 중국 유통업계 2위의 대만계 가오신高鑫零售은 공급업체와의 이익 공유, 대금연체 및 구매가격 쥐어짜기 금지, 직원들에게 배당지급 등 직접적 이해관계자들과 탄탄한 관계를 구축하는 차별화된 CSR 프로그램을 시행하고 있다.

중국 CSR의 또 다른 새로운 국면 중 하나는 CSR이 점차 정부가 기업을 통제하는 도구로도 활용될 수 있다는 점이다. 2009년부터 중국사회과학원이 외자기업을 포함한 중국 내 기업들의 CSR 랭킹을 발표하게 되면서 조사 대상 국내외 기업들은 중국정부의 가이드라인을 준수해야 하는 상황이 되었다. 2008년 이전까지 중국 내 CSR 랭킹은 주로 포천Fortune이나 포브스Forbes 같은 외국계 기관에 의해 측정·발표되어 조사 대상 기업도 서구기업 위주였으며 그들의 활동성과를 알리는 것이 주목적이었다. 하지만 사회과학원 랭킹이 도입되면서 많은 중국기업들이 상위 랭킹에 위치하게 되었고, 외자기업들은 중국정부가 원하는 가이드에 CSR 활동의 방향을 맞추어야 하는 입장이 되었다. 사드THAAD 사태 이후 롯데마트는 소방안전법을 이유로 영업정지를 당했고, 화장품, 식품 등의 업계는 품질 및 식품안전법 문제로 통관에 어려움을 겪었다. 이는 곧 중국정부가 CSR 관련 법규를 비관세 무역장벽으로 활용하고 있다는 것으로 볼 수 있다. 중국은 그동안 지속적인 법 제정 및 개선을 통하여 중국의 환경, 노동, 소비자보호 관련 법규를 글로벌 스탠다드에 가깝게 끌어올렸지만 법규의 적용 실태는 아직 그러한 스탠다드에 미치지 못하고 있다. 문제는 이 법규와 실태의 간격 사이에 언제든지 중국정부가 끼어들어 환경, 노동, 소비자보호 등을 준수하지 못하는 외자 및 국내 기업들에게 불리한 제재를 가할 수 있다는 점이다.

결국 효과적인 중국 내 CSR 전략은 대중에 대한 감성적인 접근과 더불어 정부 정책의 동반자 역할 수행이라는 두 마리 토끼를 다 잡을 수 있어야 한다. 이와 같은 요구를 충족시키기 위해서는 중국이 요구하는 사회적 스탠다드를 준수하며 중국사회를 향한 호소력 있는 CSR 프로그램의 개발이 필요할 것이다.

83

신경제

한우덕

'위챗 이코노미WeChat Economy'라는 표현이 있다. 중국 텐센트騰訊의 SNS인 위챗이 만든 경제라는 뜻이다. 오늘도 약 10억 명에 달하는 중국 인들이 위챗으로 소식을 전하고 위챗페이로 결제를 하며 텐센트 플랫폼 에서 게임과 음악을 즐긴다. 2017년 말을 기준으로 텐센트 앱 사용자들 의 하루 평균 사용시간은 약 407.2분. 하루 6.7시간 동안 텐센트의 생태 계에서 생활하는 셈이다. 텐센트는 2017년 말 시가총액 기준 아시아 1위 기업이 됐다. 알리바바도, 삼성전자도 제쳤다. 전 세계 기업을 통틀어도 애플, 구글, 마이크로소프트, 아마존에 이어 세계 5위다. 그렇게 텐센트 는 중국을 대표하는 IT 회사로 등장했다.

위챗 이코노미

중국 'IT 굴기'의 더 큰 공로패는 알리바바에게 돌아가야 한다. 중국 산업의 패러다임을 바꾼 회사이기 때문이다. 중국은 생산대국이다. 연 간 수출액이 약 2조 3,000억 달러로, 세계에서 가장 많은 제품을 만들어 해외에 판다. 그런데 이 생산력을 인터넷(모바일)과 결합시킨 회사가 바로 알리바바다. 이 회사의 전자상거래 시스템인 타오바오Taobao와 티몰Tmall 은 중국의 거대 생산품을 모두 인터넷으로 끌어들였다. 알리바바 전자상 거래 시스템은 전자결제(알리페이)를 낳았고, 유통 혁명으로 발전했다.

'모바일 유통 혁명'은 인공지능AI, 가상현실VR, 사물인터넷IoT, 자율주 행 자동차, 드론 등 소위 말하는 제4차 산업혁명 영역으로 확대 발전하고 있다. 그중에서도 중국정부와 민간이 심혈을 기울여 추진하는 영역이 바 로 AI이다. AI를 기반으로 한 다양한 디지털 혁신을 추진 중이다. BAT(바 이두, 알리바바, 텐센트)를 선두로 민간기업들은 한 해 수조 원을 이 분야에 쏟아붓고 있고, 베이징시 정부는 시내에 'AI 단지'를 조성해 뒷받침한다.

생활도 바뀐다. 거리의 뻥튀기 아저씨도 위챗페이 또는 알리페이로 대 금을 받고, 핸드폰이 없으면 택시를 부를 수 없을 정도로 디지털 결제가 생활 속으로 파고들었다. 그런가 하면 왕홍網紅이 마케팅의 첨병으로 등 장했으며 공유경제는 자전거를 넘어 사무 공간, 심지어 주택 등으로 확 산되고 있다. '생산과 인터넷의 결합'에서 시작된 모바일 혁명이 중국의 경제는 물론 사회상을 송두리째 바꿔가고 있다.

제4차 산업혁명 기술과 소비시장

알리바바, 텐센트 등이 이끈 모바일 IT는 소비시장을 바꿔가고 있다. 2017년 솽스이雙十一(11월 11일, 알리바바가 기획한 쇼핑데이) 때 1일 총 거래 액은 1,682억 위안, 우리 돈 약 28조 3,000억 원에 이른 것으로 보도됐 다. 미국의 블랙프라이데이와 아마존 프라임데이를 합친 것보다 3배 이 상 큰 규모다.

거래액의 규모도 규모지만 더 놀라운 것은 거래를 가능하게 한 백단의 기술력이다. 이날 발생한 배송 주문 건수는 무려 8억 1,200만 개에 달했 다. 8억 개가 넘는 상품을 하루에 포장하고, 배달해야 한다. 그런데 그게 가능했다. 대부분 24시간 내 배달 완료됐다.

'스마트 물류' 덕택이다. 무인물류센터에서는 로봇이 제품을 분류하고, 멀리 산간 지역은 드론이 상품을 배달한다. 각 물류창고는 빅데이터를 통해 추출된 예상 주문량에 따라 사전에 물품을 확보해놓고 주문을 기다린다. 알리바바 산하 물류네트워크 회사인 차이냐오菜鳥는 2017년 50여 개의 '클라우드 물류창고云仓'를 본격 가동했다. 실시간 발생하는 주문을 빅데이터로 분석, 스스로 수요를 예측하고 재고와 배송 우선순위를 조정한다.

쐉스이 당일 초당 주문 건수는 약 32만 5,000건에 달했다. 똑딱하는 사이 세종시 거주민 전체가 동일 인터넷 쇼핑몰에서 동시에 물건을 주문한 셈이다. 이날 이뤄진 결제 건수는 14억 8,000만 건이다. 컴퓨터가 초당 약 32만 5,000건의 주문을 받고, 1만 7,000건의 결제를 처리했다. 알리바바의 컴퓨터는 그 많은 정보를 오류 하나 없이 완벽하게 처리해냈다.

클라우딩 데이터 처리 기술이 있었기에 가능한 일이었다. 알리바바의 자회사 알리 클라우드가 1TB(테라바이트)의 데이터를 처리하는 데 든 비용은 약 1.44달러다. 2014년 아마존 AWS의 1TB 당 4.51달러의 기록을 큰 차이로 넘어섰다. 자체 개발한 클라우드 컴퓨팅 엔진인 압사라Apsara는 수십억 개의 상품을 고객이 빠르고 편하게 찾을 수 있도록 끊임없이 스스로 검색 알고리즘을 개선한다. 제4차 산업혁명 기술이 고스란히 녹아 있는 셈이다.

인터넷 혁명이 불러온 뉴 패러다임

도대체 무엇이 오늘날 중국의 IT 굴기를 가져왔는가? 첫째, 중국식 혁신이다. 마이크로소프트, 애플, 구글, 페이스북 등 미국 IT 기업이 우뚝 선 원인은 '혁신innovation' 덕이다. 모두 상품이나 서비스에 혁명적 변화를 가져왔고, 인간의 삶을 바꿨다. 그러나 알리바바는 없다. 미국 이베이

등이 개발한 시스템을 응용했을 뿐이다. 그렇다고 알리바바를 '짝퉁'이라 비난할 수 없다. 혁신의 방법이 달랐을 뿐이기 때문이다. 컨설팅업체 맥킨지는 이를 '시장화를 통한 혁신innovation through commercialization'이라고 했다. 해외에서 개발된 기술을 중국 시장에 맞게 변형하는 것, 그게 바로 중국식 혁신이다. 물론 막대한 시장, 그리고 상업화 능력이 있었기에 가능했던 일이다.

둘째, 정부의 역할이다. 미국 실리콘밸리의 혁신은 철저히 민간 부문이 만든 일이다. 그러나 베이징, 선전, 항저우 등에서 일고 있는 중국 혁신에는 여지없이 정부의 '보이는 손'이 작용한다. 스마트 제조를 핵심으로 한 '중국제조 2025', 인터넷 패러다임 구축을 위한 '인터넷 플러스', 혁신과 창업을 부추기는 '쌍창大衆創業, 萬衆創新' 등은 중국정부의 비전이다. 전기자동차 분야 선두주자 BYD는 B2G(기업-정부) 비즈니스가 성장 동력이었다. 버스, 경찰차, 항만 차량, 스쿨버스 등 정부가 주문하는 전기차를 중점적으로 개발하고 있다. 실제로 선전의 모든 시내버스는 BYD가 공급한 전기자동차다. 내연 엔진에서는 뒤졌지만, 전기자동차에서는 미국을 넘어서야 한다는 중국정부의 의지가 BYD에 투사되고 있다.

셋째, 기술 도약이다. 중국에는 비디오가게가 없다. 조금 나오는가 싶더니 바로 VCD, DVD로 옮겨갔다. 내연자동차의 기술적 성숙 없이 바로 전기자동차로 옮겨가는 분위기다. 신용카드가 자리 잡지 않은 상황에서 모바일 결제로 넘어간다. AI, IoT 등 제4차 산업혁명 분야에서는 지금 관련 기술의 순차적 발전이 아닌 도약Leap-frogging이 이뤄지고 있다. 도약은 기득권의 반발을 피할 수 있게 해준다. 한국의 경우라면 은행이나 신용카드 회사 등 기득권 반발에 인터넷 결제가 지체될 수 있다. 반면 중국은 그게 없으니 인터넷 결제, 나아가 핀테크 산업이 발전할 수 있었던 것이다. 즉, 두터운 시장, 정부의 적극적인 지원, 그리고 민간기업의 기술 도약 등이 어우러지면서 중국의 산업 저류에 디지털 패러다임이 자리 잡고 있다.

법

7부

84

법개관:
통치수단으로서의 강제규범[*]

강광문

법의 개념

중국에서 법法이라는 낱말의 역사는 매우 오래되었다. 이는 기원전 5세기경에 편찬된, 중국 역사상 첫 체계적인 성문법전이 《법경法經》이라고 불리고 있다는 점에서도 알 수 있다. 법의 옛 한자는 '灋'인데 여기서 '해태廌'는 죄의 유무를 판가름하고 사리를 분별하는 신수神獸라고 한다.

근대 이전의 중국에서 법이라고 하면 형벌刑罰을 의미하는 경우가 많아 '法'과 '刑'이 서로 대체되어 사용되기도 하였다. 중국 역사상 최초의 한문 사전인 《설문해자說文解字》에서는 '法'을 다음과 같이 풀이했다. "법法은 형刑이다. 물처럼 평평하기에 '수水'자를 따른다. 해태廌가 접촉하게 하여 정직하지 않은 자를 제거하기에 '거去'자를 따른다(法, 刑也. 平之如水, 從水; 廌以觸不直者, 去之, 從去)."

형벌로서의 법은 군주 등 위정자가 만든 강제규범이고, 민民을 유효하

---

* 이하는 강광문 · 김영미, 《중국법강의》(2017)의 관련 내용을 정리한 것임.

게 통치하기 위한 도구로 인식되어 왔다. 즉 고대 중국에서 법은 형刑이나 강제적 규정이라는 비교적 좁은 의미를 가지고 있으며 통치의 수단이라는 측면이 강하게 인식되었다.

근대 이후 'Law'나 'Recht'의 번역어로 '法'이 쓰였고, 이를 바탕으로 '헌법憲法', '민법民法', '법률행위法律行爲'나 '법철학法哲學' 등과 같은 다양한 법학용어가 새롭게 만들어졌다. 또한 서양의 각종 법사상이 유입되면서 전통적인 법의 개념도 변화를 겪게 된다.

현재 중국에서는 법을 대체로 국가가 제정하거나 승인한 것으로 국민의 권리와 의무를 규정하고 국가의 강제력으로 그 시행이 보장되는 규범체계로 정의하고 있다. 다시 말해, 현재 중국에서 이해하고 있는 법은 주로 국가가 입법을 통해 만든 강제력을 가진 행위규범을 의미한다. 따라서 국가는 보다 유효한 통치의 실현을 위해 우선 입법을 통한 성문법률의 체계화를 추구하고 법집행을 엄격히 해야 한다. 법은 사회관계 속의 권리와 의무를 규정하고 있지만 그 본질은 통치계급의 의지意志를 반영한 사회의 상부구조 즉 이데올로기의 체계이다.

법사상

중국의 전통적 법사상 또는 고대 중국의 정통 법률사상은 춘추전국시기의 이른바 백가쟁명百家爭鳴의 시대를 거친 후 진한秦漢시기에 중앙집권체제의 수립과 함께 형성되었다고 알려져 있는데 그 내용은 크게 유가儒家와 법가法家 사상의 결합이라고 볼 수 있다.

유가의 경우 나라를 잘 다스리기 위해서는 형벌과 같은 법이 필요하지만 덕德이나 예禮가 더욱 중요하다고 인식했다. 또한 법과 제도로 민民을 강제하는 것보다 위정자가 먼저 본을 보이는 것이 중요하고, 권력이나 형벌을 남용하기보다 덕과 예를 통한 교화를 중요시했다. 법이나 형벌은 필요할 때 사용되어야 하지만 가장 이상적인 사회 통치수단은 아니고 덕과 예가 한 수 위라는 것이다.

　반면, 유가를 비판한 법가는 덕의 교화를 통해 사회질서를 유지할 수 있다는 점을 부정하고 위정자 한 사람이 솔선수범함으로써 통치를 잘할 수 있다는 것을 신뢰하지 않았다. 따라서 치국治國에 필요한 것은 사람에 의한 통치가 아니라 객관적이고 통일적인 규칙에 의한 통치였다. 인간은 이기적이고 이익을 추구하며 손해를 회피하는 습성이 있기 때문에 상벌을 명확히 해야 하고 사회질서의 유지를 위해서는 중형도 불가피하다고 주장했다.

　당연히 법가에서 주장하는 법에 의한 국가 통치나 법치는 어디까지나 군주를 위하고 군주의 권력을 강화하기 위한 것이지 군권을 제한하거나 국가권력을 제어하기 위함이 아니다. 군주가 입법의 주체이고 법률은 군주의 더 나은 통치를 위한 도구에 불과한 것이다. 법가가 말하는 이른바 '법치法治'도 법의 지배를 의미하기보다 법에 의거한 통치를 뜻함으로써 법은 지배자의 통치를 실현하는 수단에 불과하고, 그것은 결국 인치人治의 일종에 속한다고 볼 수 있다.

　이 두 학파는 예를 중요시하는지 아니면 법을 중요시하는지, 덕에 의한 교화인지 아니면 형에 의한 처벌인지, 인치인지 혹은 법치인지 등에서 서로 견해가 대립되긴 하지만 법에 대한 이해의 측면에서 보면 여러 가지 공통점이 있다. 즉 유가나 법가 모두 법을 일종의 수단으로 보는, 법에 대한 도구론적 이해를 명확히 하고 있다. 법은 통치의 목적이 아니라 수단이라는 것이다. 나아가 법은 군주나 위정자의 통치를 위해 필요한 강제수단이고 그 상대가 민民, 즉 백성이다. 그밖에 법 개념에 대한 이해에 있어, 법을 형벌과 거의 동일시한다는 점에서 유가와 법가는 큰 차이가 없다. 법을 정의正義나 권리, 평등 등 실체적 가치와 연계시켜, 이러한 가치를 위배한 법의 정당성 등에 대한 논의는 찾아볼 수 없고 권력이 만든 것이 바로 법이라는 실증주의적인 법 이해가 고대 중국에서는 지배적이었다.

법제사

중국은 오랜 성문법의 전통을 가지고 있으며 일찍이 발달된 법률체계를 구축했다. 이러한 중국 법제도의 발전단계에 관해서는 통일된 학설이 정해지지 않아 다양한 구분방법이 있다. 이하에서는 중국 법제사를 크게 상고시대(춘추전국 이전), 고대 중국(춘추전국 이후), 근대 중국(1840~1949), 사회주의 중국(1949년 이후) 등 4단계로 구분해 살펴본다.

상고시대上古時代: 법의 기원과 법률제도의 형성

일반적으로 중국에서 법은 전쟁포로를 처벌하기 위해 마련된 각종 형벌에서 기원했다고 한다. "형벌은 전쟁에서 비롯되며 전쟁과 형벌은 서로 불가분의 관계(刑起于兵, 兵刑不分)"라는 구절이 이를 방증한다. 나중에는 각종 형벌이 분화되어 '5형五刑'이라 불리는 형벌체계가 출현했다. 하나라·상나라 시기의 발전을 거치면서 주나라 이후 상고시대의 법률제도는 점차 완전해졌다. 당시 주공周公이 주도적으로 제정한《주례周禮》와 주나라 목왕穆王 시기에 제정한《여형呂刑》이 당시 시대의 예와 형의 발전수준을 각각 대표한다.

고대 중국: 법제도의 체계화

춘추전국시대(BC 770~221)는 중국 고대 역사상 중요한 변혁기다. 중국문화의 성격과 특징이 이 시기에 기본적으로 확정된 것과 같이, 각국이 성문법을 공포하여 시행하기 시작했고 법제는 체계화된 특징을 나타내었으며 유가와 법가를 포함한 각종 법학사상 역시 이 시기에 출현했다. 기원전 536년 정鄭나라는 중국 역사상 최초의 성문법전인《형서刑書》를 공포했다. 전국시대의 위魏나라는 이회李悝의 주관하에《법경法經》을 제정했는데, 이는 비교적 체계적이고 온전한 성문법전이었다.

중국 고대의 법률제도는 당나라 시대에 매우 성숙한 단계까지 발전했다. 《당률唐律》은 당시 가장 선진적이고 완전한 성문법전으로서 주변 지역에 큰 영향을 미쳤다. 고려, 일본, 월남을 포함한 주변 국가들은 당나라의 제도를 본보기로 삼고, 이를 기반으로 자국의 행정과 사법제도를 수립했다.

근대 중국: 법제도의 개혁과 좌절

근대 중국의 역사는 일반적으로 중국 최후의 전제왕조인 청의 멸망 (1911)을 분기점으로 청말淸末과 중화민국中華民國으로 구분된다. 법제도의 변화와 개혁에서는 다음과 같이 네 단계로 나누어 고찰할 수 있다.

- **문호개방과 서양 법사상의 도입**(1840년대~1890년대): 19세기 중반부터 서양의 문물, 서적, 관념들이 중국으로 대거 유입되었다. 처음에는 선교사, 상인을 통해 유입되었고 이후에는 유학생과 해외시찰을 다녀온 관리를 통해 유입되었다. 이로써 전통적인 중국의 법사상과 의식이 변화하기 시작했고 전통적인 법제도에 대한 의문과 불신이 나타나기 시작했다.
- **무술변법戊戌變法과 법제개혁**(1898년 전후): 중일갑오전쟁의 실패와 러일전쟁의 충격은, 중국인들에게 과학기술의 도입에만 의존해서는 부강과 독립을 실현할 수 없으며 더욱 높은 차원에서의 제도 개혁이 필요하다는 인식, 즉 정치체제와 법률제도를 모두 철저하게 변화시킬 필요가 있다는 점을 깨닫게 했다. 캉유웨이康有爲 등의 인물이 주도한 무술변법(1898)은 법제도를 포함한 중국의 기본체제를 개혁하여 자주부강을 실현하고자 한 대표적인 시도였다. 그들은 새로운 정치와 변법을 주장하면서 중국에 입헌군주제의 수립을 요구하고 군주전제에 반대했으며 헌법제정, 법률제도의 제정과 완비, 민권民權과 자유의 보장 등을 주장했다.
- **청말 헌법 제정과 법률 개정 활동**(1898~1911): 무술변법이 실패로 돌아간

후, 청왕조 안팎의 우환이 심해지고 시대의 큰 변화가 임박하자 통치자들은 어쩔 수 없이 법률제도를 포함한 각종 정치제도의 개혁에 착수할 수밖에 없었다. 우선 제헌활동의 준비로서 1905년에 헌법시찰단을 해외 각국에 파견하고 경사법률학당京師法律學堂을 설립했으며 과거제도를 폐지했다. 이 시기에 다량의 국외 법률저서와 성문법률을 번역했고 외국전문가를 법률제정고문으로 초빙하여 헌법 초안을 제정하는 등 각종 입법 활동을 진행했다.

- **중화민국시기 제헌과 입법 활동(1911~1949):** 이 시기의 중국은 다시 난징南京임시정부, 북양北洋정부와 난징南京 국민정부의 세 시기로 구분된다. 각 정권은 청말의 제헌과 법률 개정 활동을 계승하여 각종 성문법을 기초하고 제정함으로써 점차 근대 사법체제를 완비해나갔다. 1946년에 공포된 〈중화민국 헌법〉은 중국 역사상 최초의 공식 성문헌법전이다. 헌법 외, 기타 각종 성문법전의 연이은 제정과 반포로 중국의 성문법체계가 기본적으로 완성되었다. 이러한 입법과정에서 중국은 주로 일본의 경험을 본보기로 삼아 대륙법국가의 법률체제를 모방했다.

사회주의 중국: 사회주의 법제 건설

1949년 이후 중국 사회주의 법제의 발전은 대체로 다음과 같은 세 단계로 구분할 수 있다.

- **사회주의 법제의 창립 단계(1949년~1950년대 후반):** 1949년 이후 중국은 사회주의를 향해 나아갔다. 공산당정부는 국민당정부 시기의 입법과 법제를 철저히 폐기하고 소련을 모방하여 사회주의 법률체계와 법제를 수립할 것을 요구했다. 1954년 제정한 첫 번째 사회주의헌법전이 바로 〈중화인민공화국 헌법〉이다. '54헌법五四憲法'이라고 불리는 이 헌법은 주로 소련헌법 등 사회주의 국가의 헌법을 참조했다. 이

밖에 '전국인민대표대회조직법' 등의 기본 법률도 제정되었다.

- **사회주의 법제 건설의 좌절과 혼란기**(1950년대 중반~1978년): 1950년대 중반 이후 중국이 각종 정치투쟁에 휩쓸리기 시작하면서 막 시작한 법제 수립 역시 부득이하게 중단되었다. 법제 영역에서 법률허무주의가 지배사상으로 대두되면서 각종 입법사업과 법률초안 기초작업의 중단, 법학교육과 법학연구의 중지, 법원과 검찰원의 폐쇄 등으로 이어졌다. 소위 '공안기관, 검찰원, 인민법원을 깨부수자(砸爛公檢法)'는 당시 중국의 법제 현황을 상징하는 구호 중의 하나였다.

- **사회주의 법제국가의 건설 시기**(1978년 이후~현재까지): 1978년 중공 11차 3중전회의 소집은 사회주의 중국이 또 다른 새로운 시대에 접어들었음을 상징한다. 중국공산당은 덩샤오핑의 지도하에 개혁개방정책을 실시하고 세계를 향해 문호를 개방하면서 각종 제도를 개혁했다. 법제 영역에서는 의법치국과 사회주의 법제 건설을 가장 중요한 목표로 삼았다. 형법과 형사소송법(1979)을 시작으로 기본적인 법률들이 제정되기 시작했다. 1980년대 이후, 서양의 법사상과 이론이 재차 중국에 소개되며 도입되었다. 입법과정에서는 대만, 일본, 독일 등 대륙법계의 입법 경험이 주된 모방대상이 되었다.

85

법원 조직

김영미

개관

중국의 법원은 최고인민법원, 고급인민법원(성급省級), 중급인민법원(시급市級), 기층基層인민법원(현급縣級)의 네 개 등급으로 구분된다. 이밖에 군사법원, 해사海事법원, 철로운수鐵路運輸법원 등 전문 인민법원이 설치되어 있다. 현재 중국의 각급 인민법원은 총 3,500개 정도이다.

심급관할

인민법원의 관할권은 주로 사건의 성질, 사건의 복잡성, 사건의 영향 범위에 따라 심급별로 규정되어 있다. 법률에 별도의 규정이 있는 경우를 제외하고, 기층인민법원이 1심 사건을 관할한다. 중급인민법원은 중대한 섭외사건, 해당 관할구역에 중대한 영향을 미치는 사건 및 최고인민법원이 중급인민법원의 관할로 확정한 사건을 관할한다. 고급인민법원은 해당 관할구역에 중대한 영향을 미치는 1심 사건을 관할하는데, 중대한 영향을 미치는지 여부를 어떻게 인정할 것인가에 관해서는 통일된

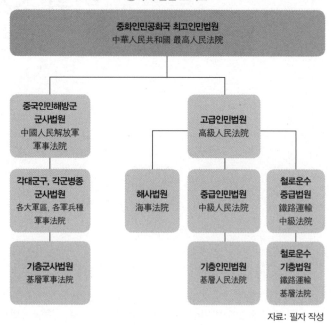

중국의 법원 조직도

중화인민공화국 최고인민법원
中華人民共和國 最高人民法院

중국인민해방군
군사법원
中國人民解放軍
軍事法院

고급인민법원
高級人民法院

각대군구, 각군병종
군사법원
各大軍區, 各軍兵種
軍事法院

해사법원
海事法院

중급인민법원
中級人民法院

철로운수
중급법원
鐵路運輸
中級法院

기층군사법원
基層軍事法院

기층인민법원
基層人民法院

철로운수
기층법원
鐵路運輸
基層法院

자료: 필자 작성

기준이 없다. 일반적으로 소송목적의 값이 하나의 중요한 참고요소라고 알려져 있다. 최고인민법원은 전국적으로 중대한 영향을 미치는 사건과 반드시 최고인민법원이 심리해야 한다고 판단한 사건을 관할한다.

인민법원의 내부기구

인민법원의 내부기구는 대체로 심판기구와 행정기구로 구분된다. 심판기구는 관할 사건에 따라 민사심판정, 형사심판정, 환경자원심판정, 행정심판정, 지식재산권심판정, 입안정立案庭 등으로 구분한다. 민사심판정과 같이 업무량이 많은 부서는 수요에 따라 다시 민사 제1심판정民事審判第一庭, 민사 제2심판정(약칭 '민1정民一庭', '민2정') 등으로 구분하기도 한다.

구체적인 심판기구는 구성에 따라 단독정, 합의정 및 심판위원회로 구분할 수 있다. 그중 심판위원회의 임무는 심판경험을 총괄하고, 중대하거나 해결이 곤란한 사건 및 기타 심판사무와 관련된 문제를 토론하는 것이다. 심판위원회는 해당 법원의 원장, 부원장, 각 심판정의 심판장庭長, 연구실 주임으로 구성된다. 이러한 심판위원회 체제하에서 판사와, 판사로 구성된 합의정이 사건을 독립적으로 심리할 수 있는지 여부가 문제가 되고 있다. 인민법원의 행정기구로는 사무처辦公廳, 정치부政治部, 감찰국監察局, 연구실 등이 있다.

인민법원의 수평지도체제

최고법원의 원장은 전국인민대표대회의 선출로 임명되고, 부원장, 심판위원회 위원, 심판장, 판사審判員는 전국인민대표대회 상무위원회가 임면한다. 지방 각급 인민법원의 원장은 각급 인민대표대회가 선출하며, 부원장, 심판위원회 위원, 심판장, 판사는 각급 인민대표대회 상무위원회가 임면한다.

따라서 중국의 각급 법원조직은 상하 수직지도체제가 아닌 수평지도체제의 특징을 띠고 있다. 즉, 각급 인민법원 법원장과 판사는 형식상 상급 법원이나 최고인민법원이 아닌, 각급 인민대표대회와 인민대표대회 상무위원회가 임면하며 그에 대하여 책임을 진다. 이러한 제도는 소위 '지방보호주의地方保護主義'라는 현상이 생기게 되는 원인 중 하나가 되었다.

심판의 기본원칙

심판의 기본원칙으로는 주로 2심제兩審終審 원칙(한국의 3심제와는 다름), 공개심판 원칙, 합의제合議制 원칙, 해당 민족어本民族語言 사용 원칙과 독립심판 원칙이 있다. 그중 독립심판 원칙은, 각 판사가 독립적으로 사건을 심리한다는 의미가 아니라 인민법원이 기타 행정기관, 사회단체 및 개인으로부터 독립적이라는 의미다.

순회법정 제도의 도입

2014년 10월 중국공산당은 18기 4중 전회에서 최고인민법원 순회법정을 설립할 것을 요구했다. 이에 근거하여 최고인민법원은 2015년 1월 '최고인민법원 순회법정 사건 심리에서의 약간의 문제에 관한 규정'을 제정하고, 순회법정을 개정하였다.

순회법정은 최고인민법원에서 파견한 판사들로 구성된 상설심판기구이다. 순회법정이 내린 판결·재정裁定 및 결정은 최고인민법원의 판결·재정 및 결정이다. 순회법정의 설치는 중국 법원조직체계의 중대한 개혁이었다. 순회법정의 설립이 중국의 사법체제에 어떠한 영향을 가져올지는 향후 더 관찰이 필요하다.

최고인민법원 순회법정 개정 내역

구분	개정일	개정장소	순회지역
최고인민법원 제1순회법정	2015. 1. 28.	광둥성 선전시 (廣東省 深圳市)	후난(湖南), 광둥(廣東), 광시(廣西), 하이난(海南)
최고인민법원 제2순회법정	2015. 1. 31.	랴오닝성 선양시 (遼寧省 瀋陽市)	랴오닝(遼寧), 지린(吉林), 헤이룽장(黑龍江)
최고인민법원 제3순회법정	2016. 12. 28.	장쑤성 난징시 (江蘇省 南京市)	장쑤(江蘇), 상하이(上海), 저장(浙江), 푸젠(福建), 장시(江西)
최고인민법원 제4순회법정	2016. 12. 28.	허난성 정저우시 (河南省 鄭州市)	허난(河南), 산시(山西), 후베이(湖北), 안후이(安徽)
최고인민법원 제5순회법정	2016. 12. 29.	충칭시 장베이구 (重慶市 江北區)	충칭(重慶), 쓰촨(四川), 구이저우(貴州), 윈난(云南), 시짱(西藏)
최고인민법원 제6순회법정	2016. 12. 29.	시안시 우주기지 (西安市 航天基地)	산시(陝西), 간쑤(甘肅), 칭하이(青海), 닝샤(寧夏), 신장(新疆)

자료: 필자 작성

86

헌법

김준영

한 국가의 법체계에서 가장 핵심을 이루는 헌법憲法은 국가의 기본법基本法 또는 근본법根本法으로 불린다. 이는 사회주의 국가인 중국도 마찬가지다. 헌법 제1조는 노동자계급이 영도하는 사회주의제도가 중화인민공화국의 근본제도임을 밝히고 있다. 또한 중국 헌법은 인민주권론에 입각한 인민주권人民主權의 원칙을 규정하고 있다. 헌법 제2조에서 '중화인민공화국의 모든 권력은 인민에 속한다'고 규정하여 이를 분명히 한다.

중국 헌법사

중국 헌법은 1949년 9월 29일 중국공산당과 일부 민주인사 등으로 구성된 '중국인민정치협상회의中國人民政治協商會議'를 통과한 과도기적 헌법성 문건인 〈공동강령共同綱領〉으로 소급할 수 있다. 공동강령은 공산혁명으로 등장한 새로운 중국의 법률체계에서 모법母法의 기능을 수행했다. 그러나 실질적인 최초의 사회주의 헌법은 1949년 10월 1일 중화인민공화국 성립 후 1954년 전국인민대표대회(이하 '전국인대')에서 제정되었다. 이후 중국은 1975년, 1978년, 1982년에 각각 헌법을 전반적으로 개정했다.

'1954년 헌법'은 소련 헌법과 기타 사회주의 국가 헌법을 모델로 제정되었다. 1954년 9월 20일 전국인대 1차 회의에서 공산당이 영도하는 다당합작 및 정치협상제도, 인민대표대회제도, 민족구역자치제도, 사회주의 경제제도 등 사회주의제도의 기본 틀을 반영하여 제정되었다. '1975년 헌법'은 문화대혁명의 산물로 국가주석제의 취소, 혁명위원회의 지위 확인, 검찰기관 폐지, 법률 앞에서 공민의 평등이 삭제되었다. '1978년 헌법'은 문화대혁명이 막을 내린 후 '1975년 헌법'의 '좌左' 편향적 성격을 바로잡고, 검찰기관과 재판 공개 및 변호제도의 회복, 공민의 권리와 의무 조항 등을 보충했다.

'1982년 헌법八二憲法'은 1954년 헌법의 주요 정신을 계승하고, 1978년 헌법의 흠결을 기본적으로 바로잡는 개헌이었다. 개혁개방에 따른 시장경제 도입, 문화건설과 사상건설의 목표 등을 규정했다. '1982년 헌법'의 특징은 사회주의 민주화와 법제화의 정신에 따라서 '공민公民의 기본 권리와 의무(제2장)'를 '국가기구(제3장)'에 관한 조항보다 우선 배치하고, 이를 보다 상세하게 규정했다는 점이다. 그리고 과거의 '무산계급 독재專政'라는 국가정체를 '인민민주 독재專政'로 고치고, 국가주석제를 부활시켰으며, 개체경제個體經制의 합법적인 권익을 인정했다는 특징이 있다.

'1982년 헌법'은 오늘날까지 중국 사회주의 법률체계의 토대가 되고 있으며 이후 1988년, 1993년, 1999년, 2004년, 2018년까지 5회에 걸쳐 '헌법 수정안憲法修正案'의 방식으로 부분 수정했다. 1987년 제13차 당대회의 결정을 1988년 수정안(2개 조항)에, 1993년은 톈안먼 사건과 남순강화南巡講話 그리고 1992년 제14차 당대회 결정을 반영한 수정안(9개 조항)이, 1999년은 1997년 제15차 당대회 결정의 수정안(6개 조항)이, 2004년

	1954년 헌법 (制定憲法)	1975년 헌법	1978년 헌법	1982년 헌법 (현행 헌법)
서언(序言)	○	×	○	○
장(章) 수	4		4	4
조항 수	106	30	60	138
기본권 조항 수	15	2	2	18
경제 조항 수	12	6	8	13
부칙	×	×	×	×
헌법 수정안 (修正案) 수			2회 일부 개헌 (1978/1980)	5회 일부 개헌 (1988/1993/ 1999/2004/ 2018)

자료: 필자 작성

에는 2002년 제16차 당대회의 결정을 수용한 3개 대표론과 사유재산권이 포함된 수정안(14개 조항)이, 2018년에는 2017년 제19차 당대회의 결정을 기초로 헌법 수정안(21개 조항)에 이를 반영했다.

공산당과 헌법, 그리고 의헌치국

중국공산당의 주도로 1949년 건설된 중화인민공화국은 당-국가 체제, 즉 중국공산당을 중심으로 국가와 사회를 지배하는 정치체제이다. 헌법에 따르면, 중국공산당은 중국사회와 중국인민을 영도하는 유일한 집권당執權黨인바, 헌법 개정 역시 공산당대회에서 결정한 '당장黨章'과 기타 방침을 헌법에 반영하고 일련의 개혁을 추인하기 위한 작업이다. 그동안 중국의 헌법 개정 작업은 중국공산당이 비밀리에 작성하고 결정했기 때문에 헌법 개정권改正權을 가진 전국인대에서는 별다른 논의 없이 형식적으로 통과하는 방식으로 진행되었다. 즉 헌법 개정 내용에 대한 공개와 충분한 논의는 거의 이루어지지 않았다. 그러나 2018년 '헌법 수정안修正案'의 논의 과정을 살펴보면 과거보다 공개적으로 전개되었을 뿐만 아니라, 그 내용의 일부분은 전국인대의 표결 전에 미리 헌법학계에서 치열한 논쟁을 통해 장단점을 확인하는 등 과거와는 사뭇 다른 분위기로 개정 작업이 진행되었다.

시진핑 정부 이후 '의헌치국依憲治國'이 강조되면서 헌법의 중요성이 어느 때보다 강하게 나타나고 있다. 전국인대 상무위원회는 2014년 7월 '헌법선서憲法宣誓 제도시행에 관한 결정'(2018년 2월 개정)을 통과시켰고, 주요 공직 취임 시에 공개적으로 헌법선서를 하도록 의무화했다(헌법 제27조 3항). 이와 함께 중국공산당 18기 중앙위원회 제4차 전체회의(2014)에서 '헌법통치'를 공식 선언한 뒤에 매년 12월 4일을 '국가헌법일國家憲法日'로 제정했다.

헌법의 구성과 그 체계

중국 헌법은 서언, 제1장 총강, 제2장 공민의 기본 권리와 의무, 제3장 국가기구, 제4장 국기·국가·국가휘장·수도 등 총 4장 143조항으로 구성되어 있다. 그중에서 국가기구을 살펴보면 헌법 제3장에 최고입법권을 가진 전국인대를 중심으로 국가원수인 국가주석, 최고행정기관인 국무원, 최고인민법원, 최고인민검찰원, 중앙군사위원회, 감찰위원회 등으로 구성되어 있다. 전국인대는 헌법상 최고국가권력기관으로 '민주집중제民主集中制(민주를 기초로 하는 권력 집중)'로 운영되는 국가권력의 정점이다(헌법 제3조). 즉 인민을 대표하는 민주성과 모든 국가권력이 인민대표대회에 집중되는 것이다.

2018년 헌법 수정안의 주요 내용

2018년 중국 헌법 수정안은 2004년 이후 약 14년 만의 개정이다.

2018년 1월 19일 공산당 19기 중앙위원회 2차 전체회의에서 '시진핑 신시대 중국 특색 사회주의 사상'을 개헌안으로 결정했고, 2018년 2월 27일 공산당 19기 중앙위원회 3차 전체회의에서 '헌법 수정안'을 전국인대에 건의했다. 2018년 3월 11일 13기 전국인대 전체회의에서 헌법 수정안이 절대적인 찬성으로 통과되었다. 헌법 수정안의 주요 내용으로는 '과학발전관'과 '시진핑 신시대 중국 특색 사회주의 사상' 명기, 국가주석 3연임 금지 조항의 삭제(제79조 3항), '감찰위원회' 제도 신설(제7절, 123~127조) 등을 그 핵심적 내용으로 하고 있다. 특히 헌법 제1조 2항 후단에 "중국공산당 영도는 중국 특색 사회주의 최고의 본질적 특징이다"라고 명시하여 중국공산당을 헌법상의 영구집권당으로 새로 규정했다. 그리고 인류운명공동체(서언), 사회주의 핵심가치관(헌법 제24조 2항), 헌법선서(헌법 제27조 3항), 구區가 있는 시의 지방성법규 제정권(헌법 제100조 2항) 등이 수정안의 주요 내용이다.

행정법

87

정이근

행정법의 발전

행정법은 행정행위를 중심적 개념으로 하는 행정의 조직, 작용 및 구제에 관한 국내공법으로 이해할 수 있다. 중국의 행정법은 개혁개방 시기에서부터 오늘에 이르기까지 약 40년의 형성과 발전과정을 거쳤다. 대개 세 단계로 구분하는데, 기본적인 규범의 입법을 통하여 행정 감독권을 정립하고 공민의 권리를 보호하기 위한 행정법 발전의 초기 단계, 행정관리의 제도화와 규범화 및 절차적 규범을 마련하여 법치행정의 능력과 수준을 제고하는 전면적 발전 단계, 정치적 민주화와 경제체제의 시장화 및 사회적 화합을 비롯하여 과학적 발전을 위한, 소위 '법제'에서 '법치'로의 발전 단계를 거치고 있다.

전면적 발전 단계에서는 시장경제의 발전을 견인하기 위한 행정의 중요성과 행정기관의 개혁 및 정부 관리수단의 전환이 요청되었다. 이에 새로운 행정법제 건설을 위한 요청에 따라 일련의 행정법규가 입법되었다. 행정소송법, 국가배상법, 행정처벌법, 행정감찰법, 행정심판법, 입법법 등이 제정되어 기본적인 행정법 체계를 이루게 되었다.

소위 '법제'에서 '법치'로의 발전 단계에서는 (특히 중국이 WTO에 가입한 이후에는) 행정기관의 역할 가운데 서비스 제공자로서의 역할이 강조되었고 이에 부합하는 새로운 행정법규가 제정되었다. 예컨대, 행정 절차법에 해당하는 행정허가법과 국무원이 제정한 행정법규로서 행정정보공개 조례 등이 있다. 이와 더불어, 국가 사회적 환경 변화에 따른 개혁입법과 국제적 규범의 승인에 따른 국내 행정법규의 보완이 지속적으로 이루어지고 있다.

행정법의 이념과 기본원칙

행정법이 지향하는 가치에 대한 이념은 관리론, 통제론 및 평형론으로 나타난다. 관리론은 행정법을 주로 관리의 수단으로 보며, 통제론은 행정권에 대한 통제에 초점을 맞추고, 평형론은 평형의 원리로써 행정주체와 상대방인 국민의 권리·의무 관계의 평형유지라는 가치를 강조한다. 이념적 가치의 지향에서 보면 관리론은 국가적 이익을 중시하고, 통제론은 개인의 이익에 무게를 두며, 평형론은 공익과 사익의 평형을 지향한다. 행정상 권리·의무에 관한 문제에서의 관리론은 행정주체의 권력 내지 국민의 의무를 본위로 하고, 통제론은 국민의 권리를 본위로 하며, 평형론은 행정법주체 상호 간 권리·의무의 평형을 추구한다. 또한 권리구제 측면에서의 관리론은 행정상 구제나 이의신청 등 행정 계통 내부에서의 구제에 중점을 두고, 통제론은 법원의 사법적 심사에 중점을 두며, 평형론은 행정상 또는 사법적 구제 등 다양한 구제방법을 제시한다.

행정법이 지향하는 이념은 위와 같은 이론적 배경을 근간으로 개별 법규에서 구체적으로 나타난다. 예컨대, 중국의 행정처벌법은 관리론이 추구하는 이념에 가까운 입법이고, 행정절차에 관한 법률인 행정허가법은 통제론이 추구하는 이념에 가까운 입법이며, 행정소송법이나 행정배상법은 평형론이 추구하는 이념에 가깝다. 한편 중국의 저명 행정법학자의 저술에 의하면 중국 행정법의 기본원칙은 실체적 기본원칙과 절차적 기본원칙으로 대별된다. 행정법상 실체적 기본원칙은 실체적 권리의무의 관계를 지배하는 원칙으로서, 법에 의한 행정의 원칙, 인권의 존중과 보장의 원칙, 월권무효의 원칙 및 신뢰보호의 원칙이다. 절차적 기본원칙은 정당절차의 원칙, 행정공개의 원칙, 행정공정의 원칙 및 행정공평의 원칙이다. 중국의 행정법 영역에서 이러한 기본원칙이 판결의 직접적인 근거가 되는가에 대해서는 명확하지 않다.

행정법의 체계

행정법은 행정에 관한 법을 통칭하는 것이며 통일적인 성문법전을 가진 것은 아니다. 행정법은 그 규범의 성질에 따라 대략 행정조직법, 행정작용법 및 행정구제법으로 부류를 구분할 수 있다. 즉 행정조직에 관한 법, 행정작용에 관한 법 및 행정구제에 관한 법으로 이해한다. 행정조직법은 행정기관 또는 행정주체의 조직 원리, 법적 지위, 권한 등에 관한 것을 규율하는 것으로, 공무원법과 국무원조직법 및 인민정부조직법 등이 그 전형적인 예라 할 수 있다. 행정작용법에 속하는 법규범은 주로 행정주체가 행하는 행정행위의 절차를 규정하는 것으로, 행정처벌법과 행정허가법이 이에 해당하며, 입법법의 일부 내용도 행정작용법에 속하는 것으로 볼 수 있다. 행정구제법은 행정기관의 행정작용으로 인하여 손실 또는 손해를 입은 자에게 구제의 기회를 제공하기 위한 규범으로 행정소송법, 행정심판법 및 국가배상법 등이 이에 속한다.

위와 같은 전국인민대표대회 또는 그 상무위원회에서 정한 법률 외에도 국무원을 비롯한 행정주체가 제정한 행정입법도 행정법의 범주에 속한다. 국무원이 정하는 행정법규 외에 각 중앙 부처의 규장, 지방 각급 인민대표대회 및 인민정부가 정하는 지방성법규와 지방정부의 규장, 자치구의 자치조례 및 단행조례, 경제특구의 법규 및 규장 등이 형식적 법체계를 이루고 있다. 이들 법체계는 대륙법계 국가가 일반적으로 유지하는 법체계와 효력 순위를 유지하고 있으며, 중국의 행정입법 위계는 원칙상 그 법규를 제정한 기관의 지위를 기준으로 한다. 법규의 효력 우선순위는 상위법 우선, 신법 우선 및 특별법 우선의 순위에 의함은 물론이다.

중국 행정법의 중요한 특징은 형식적 법체계를 이루는 행정입법이 언제나 전국인민대표대회 또는 그 상무위원회가 정한 법률의 존재를 전제로 하는 것은 아니라는 점이다. 중국의 국가 최고행정기관인 국무원은 상위 법률의 근거 없이도 필요에 따라 조례로써 법률에 상응하는 규범적 효력을 가지는 행정법규를 제정할 수 있다. 즉 법률의 근거 없이 국무원 조례를 먼저 제정 시행하고 여건이 성숙되면 법률 차원의 상위 규범을 제정하는, 소위 아래로부터 위로의 입법이 가능하다.

개정 행정소송법의 특징과 과제

행정법 영역에는 많은 법률이 존재하나, 특히 행정소송법은 행정행위로 인하여 침해된 국민의 권리를 구제하기 위한 절차를 정하고 있다는 점에서 여타 어떠한 행정 관련 법률에 비하여 중요한 의미를 가진다.

1989년에 제정된 중국의 행정소송법은 제정 후 25년이 지난 2014년 개정되어 2015년부터 시행되고 있다. 몇 가지 핵심적 개정 내용에 한하여 살펴보면, 2014년 개정된 중국의 행정소송법은 우리가 흔히 말하는 처분성이 인정되는 행위인 "구체적 행정행위" 개념을 모두 "행정행위"로 변경하여 법적 개념을 통일했고, 행정행위의 효력 판단에서 "중대하고 명백한 위법", "일반적 위법" 및 "경미한 위법"이라는 3차원적 상태를 설정했다. 행정에 대한 법률적 감독의 강화 및 판결의 이행에 관한 인민법원의 권한 강화가 이루어졌다. 또한 행정소송법 제12조는 인민법원에 행정소송을 제기할 수 있는 기존의 8가지 대상 항목을 12가지 열거

항목으로 확대했다.

소송의 제기와 관련하여, 예컨대 "소의 이익"이 있는 자가 행정소송을 제기할 수 있는 우리 행정소송법의 태도와 달리, 중국에서 행정소송을 제기하려면 행정소송법이 열거하고 있는 법원의 사건 수리범위에 해당해야 하고(대상적격), 행정행위와 이해관계가 있는(원고적격) 국민 등의 요건을 갖추어야 한다. 이러한 점에서 행정소송의 제기는 여전히 제한적이며 학자들의 비판을 받고 있다.

88

형사법

한상돈

형사법은 주로 형법과 형사소송법을 일컫는다. 중국의 형법과 형사소송법은 중국이 건국된 후 30년이 지난 1979년에야 비로서 제정되었다. 건국 후 바로 기초 작업에 들어갔지만 반反우파운동, 문화대혁명 등 정치적·사회적 혼란을 겪으면서 형사법 제정이 늦어졌다.

중국 최초의 '79형법'

중국의 최초 형법은 1979년 7월 1일 제정되었고, 1980년 1월 1일부터 시행되었다. 이를 보통 '79형법'이라 부른다. 법조문 수가 192개에 불과했고, 여러 가지 미흡한 부분이 많았다. 예컨대, 형법 조문에 처벌규정이 없더라도 가장 유사한 조문에 비추어 죄와 형을 선고할 수 있다는 '유추해석' 근거조항을 두었다는 점을 지적할 수 있다.

대폭 개정된 '97형법'

1997년 전국인민대표대회는 '79형법'을 전반적으로 개정했다. 총칙에서 죄형법정원칙(제3조)에 관한 규정을 두었으며, 평등적용원칙(제4조), 죄형상응원칙(제5조) 등 세 가지 기본원칙을 정립했다. '79형법' 시행 이후 제정된 25건의 특별형법(일명 단행형법), 형법이 아닌 일반 법률에 규정된 107건의 형법규범(일명 부속형법)이 '97형법'에 반영되었다. '97형법'은 현재까지 10차례의 부분개정이 이루어졌다.

중국형법	형법전	79형법	1979년 제정(최초 형법), 192개 조문, 128개 죄명
		97형법	1997년 개정(현행 형법), 452개 조문, 450개 죄명, 10회 개정
	단행형법	일종의 특별형법 예) '외환사기, 외화도피 및 불법외환거래범죄의 처벌에 관한 결정'(1998)	
	부속형법	일종의 부대형법 예) 비형사법률에 '범죄를 구성하는 경우 형법에 따라 형사책임을 추궁한다'	

자료: 필자 작성

이 밖에 형법 조문에 관한 '입법해석'과 '사법해석' 역시 중국형법의 법원法源이 된다. 입법해석은 전국인민대표대회 상무위원회에서 결정하고, 사법해석은 최고인민법원 및 최고인민검찰원에서 마련한다. '사법해석'이 입법영역을 침범하는 경우가 있는데, 이러한 점은 해결해야 할 과제이다.

형사소송법 개관

중국의 형사소송법은 1979년 7월 1일 제정되었고, 동시에 시행되었다. 1996년에 '무죄추정의 원칙'에 관한 규정을 신설하는 등 전면적으로 개정했다. 이를 '96형사소송법'이라 일컫는데, 중국의 '현행 형사소송법'이다. 2012년에는 강요에 의한 범죄인정 금지에 관한 규정(제50조)을 신설하여 피의자의 인권보장을 강화했다. 그러나 범죄피의자의 묵비권에 관한 규정을 두지 않았고, 범죄피의자에게 '사실대로 답할 의무' 규정(제118조)을 두어 뜨거운 쟁점 중의 하나가 되고 있다.

형사소송의 특징

중국의 형사소송에는 다음과 같은 특징이 있다. 첫째, 변호사가 아니더라도 인민단체 혹은 범죄피의자의 소속기관이 추천한 자, 범죄피의자의 후견인, 친척 혹은 친구 등도 소송대리인이나 변호인이 될 수 있다. 둘째, 중국은 한족과 55개 소수민족으로 구성된 다민족 국가인바, 형사소송에 있어 각 민족은 자신의 민족언어로 소송을 진행할 수 있다. 따라서 소수민족 지역에서의 재판은 그 지역의 민족언어로 통역되면서 진행되는 것을 볼 수 있다. 셋째, 중국의 형사소송 진행기관으로는 소위 일컫는 공·검·법, 즉 공안기관, 인민검찰원, 인민법원이 있다. 이들 기관은 소송절차를 분담하고 상호 협력하며 견제한다. 공·검·법 세 기관은 상하급 관계가 아니라, 서로 독립된 기관이다.

중국의 형벌 유형

중국에서 집행되고 있는 형벌은 아래와 같이 9가지 유형이 있다.

중국 형벌			기한	집행기관	비고
주형	관제(管制)		3개월~2년, 최고 3년	공안기관	거주제한, 지역사회 교정
	구역(拘役)		1~6개월, 최고 1년	공안기관	인신자유박탈, 노동개조
	유기징역		6개월~15년, 최고 25년	교정기관	수감 중 작업
	무기징역		감형 경우 최하 13년	교정기관	수감 중 작업
	사형	즉시 집행	7일 이내	원심법원	최고인민법원 비준
		집행 유예	2년 유예	교정기관	2년간 범행 없으면 무기징역 2년간 공적 있으면 25년 징역
부가형	벌금		–	인민법원	단독적용 가능 부가적용 가능
	재산몰수		–	인민법원	
	정치권리박탈		1~5년, 3~10년	공안기관	
	국외추방		–	공안기관	외국 국적자

자료: 필자 작성

민사소송법

89

전대규

중국민사소송법의 제(개)정

중국의 성립 이후 민사소송절차를 규정한 최초의 법은 1982년 3월 8일 제정된 '중화인민공화국민사소송법(시행)'이었다. 이후 1991년 4월 9일 '중화인민공화국민사소송법'(이하 '중국민사소송법')이 제정됨과 동시에 위 민사소송법(시행)은 폐지되었다. 중국민사소송법은 2007년 10월과 2012년 8월에 각각 개정되어 현재에 이르고 있다. 중국민사소송법은 총 4편 27장 284조로 구성되어 있다.

중국민사소송 절차의 종류

중국의 민사소송 절차에는 크게 1심 절차, 2심 절차 및 재판감독절차가 있다. 중국은 2심제를 실시하고 있기 때문에 3심 절차는 존재하지 않는다.

1심 절차는 1심 재판에 적용되는 절차로 보통절차, 간이절차(소액소송절차를 포함한다), 특별절차가 있다. 보통절차는 법원이 1심 민사사건을 심리할 때 일반적으로 적용되는 절차이다. 여러 명(통상 3명)의 판사가 재판하는 합의제로 운영된다. 간이절차는 기층인민법원(한국의 지방법원에 해당) 및 그 파출법정(인민법정, 한국의 시군법원에 해당)이 사실이 명백하고 권리의무관계가 명확해 다툼이 크지 않은 간단한 사건이나 당사자 쌍방이 간이절차를 적용하기로 약정한 사건을 심리할 때 적용되는 절차이다. 간이절차는 보통절차와 비교해 소제기나 소환의 방식이 간단하고, 재판절차가 간이하며, 판사 1인이 재판하는 특징이 있다. 소액사건 등과 같이 일정한 사건에 대해서는 반드시 조정을 먼저 거쳐야 한다(조정전치주의). 소액소송절차는 소가가 각 성, 자치구, 직할시 전년도 취업자 연 평균 임금의 100분의 30 이하인 경우에 적용되는 절차로 1심제로 운영된다. 소액사건에 관한 분쟁의 신속한 해결이라는 사회적 요구를 반영하여 2012년에 도입된 제도이다. 특별절차는 선거인명부사건, 실종선고·사망선고사건, 민사행위무능력 또는 제한민사행위능력 인정사건, 무주재산 인정사건, 조정합의확인사건, 담보물권실행사건 등에 적용되는 특수한 절차이다.

보통절차와 소액소송절차를 제외한 간이절차는 불복(상소)이 허용되나, 소액소송절차와 특별절차는 불복이 허용되지 아니한다(1심제). 보통절차가 기본이 되는 절차로 각종 절차에 정함이 없는 사항에 관해서는 보통절차의 규정에 따른다.

2심 절차는 1심 당사자가 법원의 재판에 불복하여 상소를 제기한 경우 해당 사건을 심리하는 절차로 보통절차만 적용된다. 상소심절차라고도 부른다.

재판감독절차는 종결된 재판에 잘못이 있음이 확실하다고 인정되는 경우에 실시되는 절차로 재심절차라고도 부른다. 한국의 재심에 해당하는 절차이나 많은 차이가 있다. 한국에서는 재심을 시작하기 위한 조건이 매우 엄격하고 당사자의 신청에 의해서만 시작될 수 있다. 이로 인해 재심사건은 아주 적은 편이다. 반면 중국의 경우는 재심을 제기하는 주체도 법원, 당사자, 검찰로 다양하고(검찰이 재판감독 절차에 따라 불복하는 것을 '항소'라 한다) 재심을 신청할 수 있는 사유도 광범위하다. 이로 인해 재판이 끝없이 반복되는 폐단이 있다. 이외에 한국과 마찬가지로 독촉절차, 공시최고절차가 있다.

중국민사소송법의 특징

첫째, 중국의 민사소송법은 한국의 민사소송법과 비교해 포괄하고 있는 내용이 광범위하다. 통상의 소송절차 이외에 앞에서 본 바와 같이 특별절차는 물론 독촉절차와 공시최고절차도 규정하고 있다. 더 나아가 집행절차, 섭외민사소송절차, 사법공조는 물론 공익소송에 관한 내용도 규정하고 있다. 이는 한국과 달리 중국민사소송법이 아직 순수한 소송절차만을 규정하는 법으로 진화하지 못하고 있음을 보여준다. 또한 중국의 민사소송법은 한국과 달리 민사, 상사사건은 물론 가사사건에까지 적용된다. 즉 중국은 아직 별도의 가사소송법이 존재하지 않는다.

둘째, 중국의 재판은 4급 2심제로 운영되고 있다. 중국의 법원체계는 기층인민법원, 중급인민법원, 고급인민법원, 최고인민법원의 4급으로 구성되어 있다. 4급 2심제란 민사사건이 위와 같은 4급의 법원에서 두 심급의 심리를 거쳐 종결하는 제도를 말한다. 4급의 법원은 모두 1심으로 민사사건을 심리할 수 있고, 1회에 한하여 불복(상소)이 허용된다. 중국의 경우 대부분의 사건이 기층인민법원에서 1심, 중급인민법원에서 2심을 함으로써 종결된다. 이로 인해 최고인민법원에 의한 판례 형성은 기대하기 어려워 한국과 달리 중국에서는 판례가 큰 역할을 하지 못한다. 그 대신 최고인민법원의 사법해석이 그 역할을 하고 있다. 사법해석이란 최고인민법원이 법률을 적용하는 과정에서 발생하는 구체적인 법률 운용에 관하여 한 해석 또는 개별사건의 처리에 관한 지침으로 중국의 민사소송실무는 사법해석에 따라 운용될 만큼 중요한 역할을 하고 있다.

셋째, 중국의 민사소송법은 수리(입안)절차와 재판절차가 분리되어 있다. 재판의 시작에 있어 한국과 중국의 가장 큰 차이점은 수리절차에 있다. 수리란 법원이 원고가 소를 제기하면 이를 심사하여 소제기 조건에 부합한다고 인정되는 경우 입안(접수)하는 재판행위를 말한다. 원고가 소를 제기했다고 하여 필연적으로 재판절차가 시작되는 것은 아니다. 당사자가 소장을 제출하고, 법원이 수리결정을 해야 비로소 재판절차가 시작된다. 이와 달리 한국에서는 당사자가 소장을 제출하면 재판절차가 시작된다.

넷째, 중국의 민사소송법은 법관의 독립이 아닌 법원의 독립을 인정하고 있다. 한국의 헌법 제103조는 "법관은 헌법과 법률에 의하여 그 양심에 따라 독립하여 심판한다"라고 규정하여 법관의 독립을 선언하고 있는 반면, 중국은 법원의 독립을 표방한다. 이것은 각종 소송에 있어서 법원장과 판사와의 관계에서 한국과는 매우 다른 관계를 형성하게 한다. 한국에서는 사법행정에 관한 사항 이외에는 법원장이 판사의 재판에 관여하지 못하나, 중국에서는 법원장에게 재판의 감독에 관한 강력한 권한을 부여한다. 판결문에 있어서도 한국에서는 판사가 서명한 후 날인하나, 중국은 판사가 기명한 후 법원 도장이 날인된다.

다섯째, 중국의 민사소송법은 검찰의 재판에 대한 감독권을 인정하고 있다. 앞에서 본 바와 같이 중국은 재판감독절차(항소)를 통하여 법원의 재판을 감독할 수 있다. 이는 법원의 재판을 신뢰하지 못하는 전통적인 관념과 권력 상호간에는 견제를 통하여 감독해야 한다는 인식에서 비롯된 것이다.

이 외에도 많은 특징들이 있다. 먼저, 법원의 직접적인 관여가 많다. 원래 민사소송은 당사자가 주장하고 증명하는 것에 따라 판단하는 것이나, 중국은 법원이 직권으로 재판을 진행하는 경우가 많다. 다음으로, 불이익변경금지원칙이 적용되지 않는다. 당사자가 재판에 불복한 경우 상급심은 불복한 자에게 원래의 것과 비교하여 불리한 재판을 할 수 없다. 이를 불이익변경금지원칙이라 하는데, 재판에 대해 불복할 수 있는 권리를 보장하기 위한 것이다. 한국에서는 이를 인정하고 있지만, 중국은 이 원칙을 인정하지 않는다. 이는 전통적으로 정당한 권리는 보호받아야 한다는 강한 인식에서 비롯된 것으로 보인다. 한편 중국은 인민배심제를 시행하고 있다. 다만 실무적으로는 배심재판이 많지는 않다고 한다. 재판부 구성에 있어서 한국은 판사 1인이 재판하는 단독제가 원칙이나, 중국은 판사 여러 명이 재판하는 합의제가 원칙이다. 마지막으로 재판의 형식이나 불복 여부에 있어서도 차이가 있다. 재판의 형식으로 우리나라는 판결과 결정이 있으나, 중국은 이외에 재정이 있다. 재정은 결정과 유사하나 개별적으로 규정되어 있다. 한국에서는 판결이든 결정이든 모두 불복이 가능하나, 중국은 판결에 대하여만 불복이 가능하다. 다만 일부 재정에 대해서는 불복할 수 있다고 규정하고 있다. 결국 중국은 판결과 불복할 수 있다고 규정된 일부 재정에 대해서만 불복이 가능하고, 나머지 재정과 결정에 대해서는 불복할 수 없다.

90

기업법

정영진

국유기업과 집체소유제기업

중국의 기업법은 1978년 12월 중국공산당 11기 제3차 중앙위원회 전체회의에서 개혁개방을 결정하고 '사회주의 법제'를 강조하면서 발전하기 시작했다. 개혁개방 이전에도 사회주의 공유제기업인 국영기업과 집체소유제기업이 존재했지만 이에 대한 법률이 제정되지는 않았다.

국유기업은 1993년 헌법 개정으로 국영기업에서 국유기업으로 명칭이 변경되었는데, 이는 "국가가 소유와 경영을 하는 기업"인 국영기업에서 "국가는 소유는 하되 경영은 기업 자신이 자주적으로 하는 기업"인 국유기업으로의 전환을 의미한다. 국유기업의 정식명칭은 "전민소유제공업기업"인데, 전체 인민이 소유한 기업을 의미한다. 인민이란 정치적인 개념으로, 중국 국적을 가진 자연인을 의미하는 공민公民과 구별된다. 전민소유제공업기업에 관한 법률로서 '전민소유제공업기업법'(1988년 제정, 2009년 개정)이 있다.

공유제기업의 또 다른 형태인 집체소유기업에서 집체集體란 집단을 의미하는데, 농촌鄕村에서는 일정한 지역을 기반으로 조직되었고, 도시城鎭에서는 일정한 직업(수공업, 건축업, 운송업, 상업, 서비스업 등)을 기반으로 조직되었다. 농촌에 설립된 집체소유제기업에 관한 법령으로 '향촌집체소유제기업조례'(1990년 제정, 2011년 개정)가 있고, 도시에 설립된 집체소유제기업에 관한 법령으로 '성진집체소유제기업조례'(1991년 제정, 2011년 개정)가 있다.

중국기업법의 발전 방향

개혁개방 이후 기업법의 발전은 크게 두 가지 방향으로 이루어졌다. 하나는 외자유치 관련 법령이고, 다른 하나는 비공유제기업 및 국유기업의 회사화 관련 법령이다.

기업에 관한 최초의 법률은 외자를 도입하기 위하여 1979년 제정된 '중외합자경영기업법'(2001년 개정)이다. 이후 '외자기업법'(1986년 제정, 2000년 개정)과 '중외합작경영기업법'(1988년 제정, 2000년 개정)이 제정되어, 소위 "3자기업법" 체제가 확립되었다. 외자기업법에 명시된 외자기업은 외상투자자의 지분이 100%인 기업을 의미하며 통상 외상독자기업이라고 한다. "3자기업법"은 외상투자기업에 대한 기본법인데, 외상투자기업이란 외상투자자外商投資者가 중국 경내에 설립한 기업을 지칭한다. 여기에서 외상투자자는 외국투자자 외에 홍콩·마카오, 대만의 투자자도 포함되며, 경내란 홍콩·마카오를 제외한 중국 본토를 의미한다. 중국은 현재 3자기업법과 회사법을 통합하기 위해, 2015년 '외국투자법' 초안을 공개하여 의견을 수렴 중이다.

비공유제기업 관련 법령으로는 1988년 제정된 '사영기업 잠행조례'가 있다. 동 조례의 제6조에 따르면, 사영기업에는 독자기업, 조합기업, 유한회사가 있다. 독자기업과 조합기업은 법인격이 없고, 유한회사는 법인격이 있다. 사영기업 중 독자기업은 '개인독자기업법'(1999년 제정)에 의한 개인독자기업으로, 조합기업은 '조합기업법'(1997년 제정, 2006년 개정)에 의한 조합기업으로, 유한회사는 '회사법'(1993년 제정, 1999년·2004년·2005년·2013년 개정)에 의한 유한회사로 대부분 전환되었다.

'회사법' 제2조에 따르면 회사에는 유한책임회사有限責任會社와 주식유한회사股份有限會社가 있다. 한국 상법에서는 유한책임회사와 유한회사를 구분하고 있는데, 중국법상 유한책임회사는 한국의 유한회사와 유사하므로 통상 유한회사로 번역하고, 중국법상 주식유한회사는 한국법상 주식회사에 해당하므로 주식회사로 번역한다.

중국기업과 영업집조

중국은 1993년 헌법에서 "사회주의 시장경제"를 채택했지만(제15조 제1항), 자연인과 법인의 영업행위를 금지하고 법령에 근거하여 성립된 "기업"에게만 영업행위를 허용하고 있다. 한국의 경우 헌법상 보장된 직업자유의 한 내용으로, 영업의 자유와 기업의 자유가 인정되므로(헌법재판소 1996. 12. 26. 선고 96헌가18 결정) 영업행위를 하기 위해 기업을 설립할 필요가 없다.

중국에서 기업은 등기기관, 즉 국무원 직속기관인 국가공상행정관리총국으로부터 영업집조營業執照를 발급받은 후에 영업을 개시할 수 있는데, 통상 영업집조를 영업허가증으로 번역하고 있다. 그러나 기업의 설립 전 또는 후에 특정 업종 영위를 위해 필요한 영업허가증과 혼동될 수 있고, 중국 회사법상 회사설립에 준칙주의를 취하고 있는데(제6조), 영업집조를 영업허가증으로 이해하면 회사설립에 허가주의를 취한 것으로 오해할 우려가 있다. 따라서 중국의 특유한 제도인 영업집조는 별개의 개념으로 이해하는 것이 타당하다.

예를 들면, '민법총칙民法總則'(2017년 제정)에 따르면, 개인 또는 가족은 한국의 개인사업자에 해당하는 개체공상호個體工商戶로 등기할 수 있는

데(제54조), 개체는 개인과 가족을 포함하는 개념이다. 즉, 개인이 경영하면 개인재산으로 책임을 지고, 가족이 경영하면 가족재산으로 책임을 진다(제56조 제1항). 2011년 제정된 '개체공상호 등기관리방법'(2014년 개정)에 따르면 등기기관이 개체공상호 등기를 마치더라도, 개체공상호는 영업집조를 발급받을 때까지는 영업을 개시할 수 없다(제2조, 제22조). 그리고 개체공상호는 영업장에 다른 사람이 쉽게 볼 수 있는 곳에 영업집조를 비치해야 한다(제25조).

중국기업의 종류

2017년 제정된 민법총칙에 따르면 민사주체를 자연인과 법인, 비법인 조직으로 구분하고 있는데, 이에 따라 기업을 개인기업, 법인기업, 비법인기업으로 분류하면 다음과 같다.

구분	종류	근거법령
개인 기업	개체공상호	민법총칙
	개인독자기업	개인독자기업법
법인 기업	유한회사·주식회사	회사법
	전민소유제공업기업 집체소유제기업 향진기업 농민전업합작사	전민소유제공업기업법 집체소유제기업조례 향진기업법 농민전업합작사법
	법인형 3자기업 외상투자주식회사 외상투자성회사	3자기업법 외상투자주식회사설립 잠행규정 외상투자성회사설립 잠행규정
비법인 기업	조합기업	조합기업법
	농촌집체소유제기업	집체소유제기업조례
	비법인형 3자기업 외상투자조합기업	3자기업법 외상투자조합기업설립 관리방법

주 | ①향진기업법(鄕鎭企業法, 1996년 제정) ②농민전업합작사법(農民專業合作社法, 2006년 제정) ③외상투자주식회사설립 잠행규정(關於設立外商投資股份有限會社若干問題的潛行規定, 1995년 제정, 2015년 개정) ④외상투자성회사설립 잠행규정(關於外商投資擧辦投資性公司的規定, 2003년 제정, 2004년 개정) ⑤외상투자조합기업설립 관리방법(外國企業或者個人在中國境內設立合伙企業管理方法, 2009년 제정)

자료: 民法總則(2017) 정리

노동법

91

황경진

중국 노동법제의 발전과정

선명한 중국적 특색을 갖고 있는 중국의 노동법제는 경제발전 과정에서 자연적으로 발생한 것이 아니라 경제체제 개혁과정에서 그 필요에 따라 변화하고 발전해왔다. 계획경제 시기 중국은 국가가 전체 노동력을 관리하고 일자리를 배분하는 '통포통배统包统配'고용정책을 실시했다. 따라서 중국에는 노동력이 자유롭게 이동할 수 있는 노동시장이 존재하지 않았고 그 결과 노동자는 직업선택 및 이직의 자유가 없었으며 기업도 노동자를 해고할 수 없었다.

1978년 개혁개방정책의 시작과 함께 중국정부는 국영기업의 잉여 노동력을 해소하기 위해 두 가지 고용정책, 즉 노동계약제와 하강下崗을 통해 사망할 때까지 고용이 유지되던 종신고용제를 철폐했다. 먼저 중국의 노동계약제는 1986년 '국영기업 노동계약제 시행 임시규정'을 통해 신규로 채용되는 노동자를 대상으로 도입되었고, 1992년부터는 간부를 포함한 모든 노동자로 대상이 확대되었다. 그리고 1994년 우리나라의 '근로기준법'에 해당하는 '노동법'이 제정되면서 노동계약제를 전면적으로 추진했다. 즉, 중국정부는 철밥통으로 불리던 국유기업의 잉여 노동력을 해소하기 위한 수단의 하나로 노동계약제를 도입했다. 결국 중국 노동계약제는 노동자의 신분을 주인공에서 임금노동자로 전환시키고, 고용유연성을 높여 경제성장에 도움을 주기 위해 도입되었다고 볼 수 있다. 1990년대 말부터는 노동계약제 도입에서 한 걸음 더 나아가 보다 적극적인 고용정책, 즉 중국식 정리해고인 하강을 통해 국유기업의 대규모 잉여 노동력을 퇴출시켰다. 공식적인 통계자료에 의하면, 1998년부터 2002년까지 3,000만 명 이상의 노동자가 국유기업에서 퇴출되었다.

한편, 중국정부는 1994년 '노동법' 제정을 통해 고용유연성을 높이면서 동시에 개별노동자의 권익보호에도 관심을 갖기 시작했다. 하지만 고용유연성을 높이기 위해 도입된 노동계약제가 왜곡되면서 초단기 노동계약 등 고용불안정이 사회문제로 대두되었다. 이에 따라 중국정부는 장기고용관행을 촉진하기 위해 2008년 '노동계약법'을 제정·시행했다. '노동계약법'은 노동자가 당해 고용단위에 연속 10년 이상 근무한 경우, 연속 2번 기간의 정함이 있는 노동계약을 체결한 경우, 노동자가 사용자에게 기간의 정함이 없는 노동계약 체결을 요구하는 경우, 사용자가 이를 수락해야 한다고 규정했다.

중국 노동법제의 한계점

중국 노동법제는 기본적으로 경제체제 개혁정책에 종속된 하위정책의 역할을 했다. 노동계약제를 통해 노동력의 이동이 자유로운 노동시장이 어느 정도 형성된 이후에야 노동자 권익보호와 관련된 노동정책이 본격적으로 추진되었다. 하지만 중국 노동법제의 규제대상은 여전히 노동기준 강화 등 개별적 노사관계법 영역에 국한되어 있다. 이러한 한계성은 단결권, 단체교섭권 및 단체행동권 등 노동기본권 보장에 영향을 미쳤다.

먼저 단결권과 관련해서 우리나라의 '노동조합 및 노사관계조정법'에 해당하는 중국 '공회법'은 공회(노동조합)를 노동자들이 자발적으로 결성한 노동자계급의 대중조직이라고 규정하고 있지만, 실상은 정부조직에 불과하고 공회 이외의 노동자의 자발적인 단체를 인정하지 않고 있다. 다음으로 단체교섭권의 경우, 2010년 이후 파업이 급증함에 따라 중국정부는 노사 간 단체교섭을 통해 노사관계의 안정화를 시도하고 있다. 하지만 중국의 단체교섭은 정부당국의 주도하에 추진되며 하달된 목표량을 채우기 위한 형식적인 단체교섭에 불과하다. 마지막으로 단체행동권과 관련된 내용을 살펴보면, 2010년 난하이혼다 자동차 부품회사에서 발생한 파업이 중국정부의 지원하에 원만하게 해결되면서 파업의 정당성이 대중적으로 어느 정도 확인되었지만, 합법성 문제까지 완전히 해결된 것은 아니다.

중국정부가 파업과 관련된 공식적인 통계를 발표하지 않아 정확한 수치는 알 수 없지만, 현재 중국에서 파업은 일상적으로 일어나고 있다. 현행 중국법은 파업에 대한 명문규정이 없어 파업권을 둘러싼 견해의 차이가 있다. 파업이 불법이라고 주장하는 견해는 현행 헌법인 1982년 헌법이 1975년, 1978년 헌법이 파업을 공민의 기본권리 중 하나로 인정했던 규정을 삭제했다는 점에 주목하고 있다. 이와 반대로 파업이 합법이라고 주장하는 견해는 파업권에 대한 명문규정이 없지만 금지하는 규정도 없다며 합법에 대한 주장으로 다음의 근거를 제시하고 있다. 2001년 2월 중국정부가 비준한 '경제적·사회적 및 문화적 권리에 관한 국제협약 International Covenant on Economic, Social and Cultural Rights' 제8조에서는 파업권 등을 노동기본권으로 규정하고 있는데, 중국정부가 국제협약의 비준 시 이 조항에 대한 유보권을 제시하지 않았다는 점, 중국 '공회법' 제27조에서 조업중단이나 태업이 발생하면 공회가 노동자를 대표해 해결에 나서야 한다고 규정하고 있다는 점, 그리고 '공회법' 영문해설집에

'공회법' 제27조의 '태업'을 사보타주Sabotage가 아닌 스트라이크Strike로 해석했다는 점 등을 근거로 제시했다.

파업권에 대한 논쟁은 중국법이 파업에 대한 모호한 태도를 취하고 있기 때문에 발생했다. 즉, 현행 중국 헌법, 노동법 등은 파업을 노동자와 공회의 권리로 적극적으로 인정하고 있지는 않지만, 일종의 소극적인 방법으로 파업을 용인하고 있다고 볼 수 있다.

중국 노동법제의 향후 전망

계획개방 이후 중국 노동법제는 노동계약제를 통해 노동유연성을 높이는 방향으로 나아갔으며, 노동시장, 노사관계가 어느 정도 형성된 후 노동법, 노동분쟁조정중재법, 취업촉진법, 사회보장법, 안전생산법, 최저임금규정 등 개별노동자의 권익보호를 위한 관련 법률들이 마련되었다.

2010년 난하이혼다 자동차 부품회사 파업을 계기로 중국 노동자들의 권리의식이 빠르게 성장했고, 노동자와 사용자 간의 대립은 격화되고 분쟁이 복잡해졌다. 이에 따라 그동안 경제체제 개혁과정에서 보조적인 역할을 해왔던 노동정책과 노동법제가 핵심주제로 등장했고, 개별적 노사관계 영역에서 집단적 노사관계 영역으로 정부가 추진하는 노동정책의 중심이 이동하면서, 기업공회의 자주성 강화, 단체협상제도의 실질화 등 노동기본권을 강화하려는 정책이 계속해서 시도되었다. 하지만 뉴노멀New Normal 시대를 맞이하여 중국의 노동정책이 노동기준 규제완화, 노동시장 유연화로 선회하고 있고, 이에 따라 중국 노동시장, 노사관계는 불안정한 상태가 지속될 것으로 예상되는바, 집단적 노동관계와 관련된 정책과 법제들이 어떻게 변화해나갈지 지켜볼 필요가 있다.

문화

8부

중화사상

고영희

개념의 기원

중화中華사상은 중국이 세계(천하)의 중심이라는 세계관이다. 천자가 통치하는 화하華夏족은 우월한 문화를 가지고 있으며, 화하족 이외의 문화는 야만적이라고 구분하기 때문에 화이사상華夷思想이라고도 한다. 이처럼 자신과 타자를 문명과 야만으로 구분하는 화이사상의 시초는 춘추전국시대이다. 화하족은 한漢족의 원류로서 황허黃河 중하류 지역인 중원中原에서 왕조국가를 수립하고 독자적인 정치·문화 제도를 발전시켰다. 이러한 정치·문화는 유교사상의 성립과 함께 주변국가와 자국을 구분 짓는 화이관華夷觀을 형성했다. 공자는 제환공齊桓公의 재상이었던 관중管仲의 '존왕양이尊王攘夷(주나라 임금을 숭상하고 오랑캐를 물리침)'를 찬탄하며, "관중이 아니었다면 나도 오랑캐의 복장을 하고 있었을 것이다(微管仲, 吾其被发左衽矣)"라고 했고, "오랑캐들에게 임금이 있는 것은 중원에 임금이 없는 것보다 못하다(夷狄之有君, 不如諸夏之亡也)"라고도 했다.

문명과 야만의 기준

문명과 야만의 기준은 본래 고정되지 않고 유동적이다. 즉 공자처럼 덕치德治와 예교禮敎의 유무를 중요시하는 문화적인 기준이 있을 수 있고, 왕부지王夫之처럼 한족 여부를 중요시하는 지리적·종족적 기준이 있을 수 있다.

문화적인 기준의 경우, 오랑캐도 덕치와 예교를 수용하면 문명에 편입될 수 있는 개방적인 성격을 가진다. 맹자는 '용하변이用夏變夷(중국의 문화로 오랑캐를 변화시킴)'라고 했는데, 이러한 사상은 후대에도 지속적으로 계승되었다. 예컨대 당대唐代의 한유韓愈는 "중국(제후)이 오랑캐의 예를 쓰면 오랑캐가 되고, 오랑캐가 중국의 예를 쓰면 중국이 된다(諸侯用夷禮則夷之, 夷而進於中國則中國之)"고 했다. 원대元代의 한족 학자인 학경郝經은 몽골족에 대해 "중국의 도를 행할 수 있다면, 중국의 통치자다(能行中國之道, 則中國之主也)"라고 하면서 정권의 합법성을 제공하기도 했다. 청대淸代의 캉유웨이康有爲 역시 만주족과 한족은 출신지籍貫가 다를 뿐, 중국문화로 인해 한 나라가 된 지 오래라고 주장했다.

반면 지리적·종족적 기준은 문화적 기준보다 폐쇄적이다. 서진西晉의 강통江統은 흉노 등 오랑캐들이 중원으로 이주해 한족의 문화가 뒤섞이는 문제가 발생했다고 지적하면서 오랑캐를 중원에서 내쫓아야 한다고 주장했다. 이후 명말청초明末淸初의 왕부지는 "중국과 오랑캐는 군자와 소인의 나라다. 일찍이 구분이 없던 적이 없었다. … 오랑캐와 중국은 지형이 다르고, 기질이 다르며, 습성도 다르다(中國夷狄也, 君子小人也. 非本末有別. … 夷狄之與華夏, 其地異, 其氣異矣, 氣異而習異)"라고 주장했다.

근대적 변용

중국의 지식인들이 서양을 중국 중심의 화이華夷가 아닌 가치중립적인 개념인 중서中西로 인식하기까지는 꽤 긴 과정이 필요했다. 서구의 자연과학 지식이 중국에서 기원했다는 '서학중원설西學中源說'과 서구의 학문을 부분적으로 수용하는 '중체서용中體西用(중국의 학문을 근본으로 삼고 서양의 학문을 이용함)' 등의 인식과정을 거쳐야 했기 때문이다.

명말청초 서양의 선교사가 자연과학 지식을 중국에 전하자 황종희黃宗羲는 "구고勾股(피타고라스의 정리)법은 주공周公과 상고商高가 물려준 것이지만, 후세 사람들이 그것을 잃어버려 서양인이 몰래 계승하게 되었다(勾股之術乃周公商高之遺, 而後人失之, 使西人得以竊其傳)"라고 했고, 왕부지는 "서양에서 취할 만한 것은 오직 원근 측량법 하나이며, 그 나머지는 모두 중국에서 실마리를 베낀 것이다(蓋西夷之可取者, 唯遠近測法一術, 其他皆剽竊中國之緒餘)"라고 했다.

이러한 '서학중원설'은 서양의 선교활동이 금지되자 잠시 종적을 감췄다가 아편전쟁(1840~1842) 이후 다시 대두되었다. 예컨대 임창이林昌彝는 서구의 선진문물을 인정하면서도 "서양 오랑캐의 신기한 기물은 모두 중국에서 시작되었다. 이후 중국에는 전해지지 않았지만 서양 오랑캐가 그것을 계승했다(外夷奇器, 其始皆出中華, 久之中華失其傳, 而外夷襲之)"고 말해 당시 중국 지식인들의 모순된 심리를 잘 나타냈다.

한편 서계여徐繼畬는 이러한 사회적 분위기를 너무 앞섰기 때문에 당시 지식인들의 거센 반발을 샀다. 그는 지리서적인《영환지략瀛環志略》(1849)에서 처음으로 서구를 오랑캐夷가 아닌 '양洋' 혹은 '서양'으로 지칭하면서 조지 워싱턴의 민주제도 제안을 높이 평가했다. 그러나 당시 지식인들은 서계여가 서양 오랑캐를 미화한다고 비판했다. 서구 문명을 수용하는 것은 '용이변하用夷變夏(오랑캐의 문화로 중국을 변화시킴)'와 다름이 없었기 때문이었다.

이에 비해 위원魏源은 수구파 지식인도 수긍할 수 있는 접근법을 취했다. 그는 일찍이《해국도지海國圖志》(1842)에서 "오랑캐의 장점을 배워 오랑캐를 제압해야 한다(師夷之長技以制夷)"고 주장했다. 이러한 주장은 양무파洋務派의 주요 인물인 장지동張之洞에 의해 계승되어 '중체서용' 사상의 기반이 되었으며, 이후 중국 근대화의 길을 여는 데 기여했다.

현대적 의미

중화사상은 서구중심주의Euro-centrism와 비교되어 중화주의Sino-centrism라고도 불린다. 내용상의 차이에도 불구하고 양자 모두 중국과 서구라는 지리적 개념에서 출발해 정치적·문화적 개념으로 발전했기 때문이다. 서구중심주의가 근대화를 통해 세계질서를 만들었다면, 중화사상은 근대화 이전 동아시아에서 유교적 가치체계와 조공체제를 통해 존속되었다.

21세기 G2로 부상한 중국은 2012년 '중국의 꿈中國夢'인 중화민족의 위대한 부흥을 목표로 국정을 운영하고 있다. 중국은 경제협력을 통해 국제적 위상을 제고하고 나아가 지역질서와 국제질서를 재편하기 위해 2050년까지 '일대일로'라는 거대한 프로젝트를 추진할 계획이다. 이를 두고 일각에서는 중국 중심의 세계질서 재편이라고 비판하지만, 중국은 '인류의 운명공동체 구축'이라고 주장하고 있다. 향후 중국이 자국 중심의 중화주의를 넘어서 인류의 미래에 어떻게 기여할지에 대해 세계가 주목하고 있다.

전통명절과 법정휴무일

93

김광일

'중화' '인민' '공화국'의 법정휴무일: 휴무 시행법의 제정

현재 중국에서는 '전국 명절 및 기념일 휴무 시행법'(이하 휴무 시행법)을 통해 법정휴무일을 지정하고 있다. 1949년 12월 23일 정무원政務院에서 반포한 최초의 '휴무 시행법'에서는 중국 공민公民 전체가 누리는 휴무일을 다음과 같이 정했다.

- 신년新年: 하루 휴무, 1월 1일
- 춘절春節: 사흘 휴무, 음력夏曆 정월 초하루, 초이틀, 초사흘
- 노동절勞動節: 하루 휴무, 5월 1일
- 국경기념일國慶記念日: 이틀 휴무, 10월 1~2일

이 가운데 양력의 '신년'과 더불어 음력의 '춘절'을 법정휴무일로 지정한 것에 주목할 만하다. 사실 '신년'이 한 해의 형식적인 기점으로 기능한데 비해, 춘절은 공식적인 휴무 일수인 사흘을 훌쩍 넘겨 대보름元宵節까

지 지속된 인민 전체의 축제였다. 1912년 중화민국 수립 이후 민국기년民國紀年을 사용함과 동시에 공식적으로는 양력 1월 1일만을 인정했지만 민간에서는 전통적으로 사용하던 음력 정월 초하루를 계속 쇠었다. 그 때문에 위안스카이袁世凱의 베이징정부는 '중국의 전통적인 관습'이라는 이유로 1913년부터 음력 정월 초하루를 '춘절'로 명명하고 하루를 휴일로 지정했다. 중화인민공화국 수립 후에는 '춘절'을 법정휴무일로 지정했을 뿐만 아니라 공식휴무기간을 사흘로 늘렸다. 이를테면 '노동절'과 '국경기념일'이 각각 '인민'과 '공화국'을 기념한다면 '춘절'은 '중화'의 정체성을 대변했던 것이다.

'황금연휴'의 탄생: 1999년 '휴무 시행법'의 제1차 개정

'휴무 시행법'은 이후 50년 동안 변함없다가 국무원의 결의를 통해 1999년 9월 18일 처음으로 개정되었고(제1차 개정), 얼마 후 2007년 12월 14일 다시 개정되었다(제2차 개정). '휴무 시행법'의 이러한 두 차례 개정은 시장경제의 도입 이후 중국의 급격한 사회변동과 밀접한 관련이 있다.

1999년 국무원은 '휴무 시행법' 제1차 개정을 통해 '국경기념일'의 명칭을 '국경절國慶節'로 바꾸었으며 '노동절'과 국경일의 휴무기간을 이틀에서 사흘로 연장했다. 이때부터 '노동'과 '건국'을 환기하던 '노동절'과 '국경절'은 각각 '5·1 황금연휴'와 '10·1 황금연휴'로 호명되기 시작한다. '황금연휴'라는 말은 일본에서 만든 영어식 표현인 '골든 위크golden week'를 직역한 것으로서, 자본주의적 소비와 유흥의 기회를 상징하고 있다. 중국의 매체에서는 인민들에게 '노동절', '국경절'의 공식휴무일과 그 전후의 주말을 연결한 일주일간의 '황금연휴'를 이용하여 자본주의적 소비와 유흥의 기회를 누릴 것을 적극적으로 격려했는데, 이를 통한 소비의 진작은 1990년대 이후 시장경제를 적극 채용한 중국의 내수시장 규모를 확대하는 데에 크게 기여했다.

전통명절의 부상: 2007년 '휴무 시행법'의 제2차 개정

2007년의 '휴무 시행법' 제2차 개정에서는 법정휴무일의 종류가 다음과 같이 늘어났다.

- 신년: 1일 휴무(1월 1일)
- 춘절: 3일 휴무(음력 섣달그믐, 정월 초하루, 정월 초이틀)
- 청명절清明節: 1일 휴무(음력 청명 당일)
- 노동절: 1일 휴무(5월 1일)
- 단오절端午節: 1일 휴무(음력 단오 당일)
- 중추절中秋節: 1일 휴무(음력 중추절 당일)
- 국경절: 3일 휴무(10월 1~3일)

이러한 제2차 개정에서 가장 눈에 띄는 점은 민간의 전통적인 명절이 대거 국가의 법정휴무일로 지정되었다는 것이다. '청명절', '단오절', '중추절'이 새롭게 휴무일로 지정됨에 따라 전국적인 법정휴무일의 종류가 일곱 개로 늘었으며, 기존의 춘절을 포함하면 전통 명절의 비율이 법정휴무일의 과반을 차지하게 되었다.

이렇게 전통 명절이 법정휴무일로 대량으로 지정된 데에는 흥미롭게도 한국의 '강릉단오제'가 어느 정도 영향을 미친 듯하다. '강릉단오제'는 단오절을 전후로 강릉지방에서 약 보름 동안 진행되는 일련의 향토신 제사 의식儀式으로서, 2005년 유네스코 세계무형문화유산으로 등재되었다. 이 소식을 접한 중국의 인민들은 특정한 명절端午'節'과 특정한 의식端午'祭'의 차이를 무의식적으로, 혹은 의식적으로 혼동해 한국이 중국의 전통 명절을 강탈한다고 분노했다. 이것이 결국 중국정부가 전통 명절을 법정휴무일로 지정하는 데에 적지 않은 압력으로 작용했다.

국무원은 '휴무 시행법' 제2차 개정에 앞서 2006년 5월 20일 '제1차 국가급 무형문화유산 명단'을 발표했는데, 그중 민속 항목에 '춘절', '청명절', '단오절', '칠석절七夕節', '중추절', '중양절重陽節', 묘족苗族의 '자매절姊妹節' 등 한족과 여러 소수민족의 70가지 명절을 등재했다. 바로 그 이듬해 '청명절', '단오절', '중추절'이 전국적인 법정휴무일로 지정되어 중국의 인민 전체가 누리는 명절로 부상했다.

새로운 정체성

2007년 '휴무 시행법' 제2차 개정을 통한 전통명절의 법정휴무일 지정은 근본적으로 20세기 이후 사회주의 이념이 퇴조해 그 대안으로 전통적인 문화와 가치에 대한 강조를 통해 단일한 중국의 정체성을 확보하려는 움직임의 일환으로 파악하는 것이 타당하다.

이와 관련하여 제2차 개정에서 '노동절'의 위상이 크게 하락했다는 점은 시사하는 바가 매우 크다. '노동절'은 중화인민공화국이 성립한 이래 최대 기념일 가운데 하나였고, 1999년 제1차 개정에서는 그 휴무기간을 사흘로 확대하기도 했지만, 제2차 개정에서는 다시 하루로 줄어들었다.

미국 노동자들의 총파업을 기념하고 세계 노동자들의 연대를 고취하기 위해 1889년 파리 제2인터내셔널에서 제정한 노동절을 형해화하고, 이를 대체하여 역사적 기원도 모호하고 지역적 형식도 다양한 전통명절이 20세기에 들어 국가에 의해 공식적으로 '전국 휴무일'로 지정되었다는 점이 '휴무 시행법' 제2차 개정의 가장 두드러진 특징이다. 이로써 중국의 인민들은 법정휴무일을 즐기면서 '노동자'로서의 정체성을 상기하기보다는, 특정한 전통과 축제를 공유한 '중화' 공동체의 일원으로 다시 태어나게 된다.

지식인

94

이욱연

지식인의 회귀

중국의 개혁개방은 '돌아온 지식인'들과 더불어 시작되었다. 마오쩌둥 시대의 지식인들은 재교육이나 사상 개조를 위해서, 혹은 인민과 결합하기 위해 자의나 타의로 도시를 떠나 농촌과 산골로 갔다. 그들은 도시를 떠났을 뿐만 아니라 지식인의 정체성도 버렸다. 마오쩌둥이 죽고(1976) 개혁개방정책이 시작되면서 1978년을 전후해 이들 지식인들이 도시로 돌아왔고, 과거 마오 시대에 우파나 반혁명 분자로 몰렸던 지식인들이 대거 복권되었다. 개혁개방과 더불어 지식인의 집단이 다시 형성된 것이다. 덩샤오핑 시대에 중국 지식인들은 개혁개방의 가장 열성적인 전도사이자 지지자였다. 이들은 마오 시대 사회주의를 봉건사회주의로 규정하였고, 계몽과 근대성modernity을 전파하면서 자신의 정체성을 찾았다. 철학자 리쩌허우李澤厚의 주장처럼, 중국 사회주의 혁명은 제국주의 열강으로부터 중국 민족을 구하고 새로운 국가를 건립하는 데는 성공했지만 중국 근대의 또 다른 과제인 계몽의 과제를 달성하는 데는 실패했고, 중국은 여전히 봉건주의 단계에 처해 있다는 인식이 주류를 이룬 것이다. 1980년대를 가리켜 '제2의 5·4시대', '제2의 계몽시대' 혹은 '신계몽시대'라고 부르는 것은 중국 지식인 사회의 이러한 현실인식을 바탕으로 한다.

지식인 사회의 분화

계몽과 근대성의 실현이라는 공동의 인식을 가지고 단일한 대오를 이루었던 개혁개방 초기 중국 지식인 사회는 1992년부터 사회주의 시장경제체제가 가동되면서 분화하기 시작했다. 중국경제가 고속성장하고 시장화·현대화·세속화가 빠르게 진행되면서 중국 지식인의 현실인식도 다양해진 것이다. 중국에서 진행되는 시장화와 현대화, 세속화의 거대한 물결을 어떻게 볼 것인지가 핵심적인 문제였다. 1995년에 일어난 '인문정신 논쟁'에서는 갈수록 시장화·세속화되어 가는 중국 현실을 비판하면서 인문 정신의 회복을 주장하는 지식인들과 숭고함이나 지나친 이상주의, 도덕주의를 강조할 경우 다시 문혁 시대의 정서로 되돌아갈 수 있다면서 중국사회에서 진행되는 세속화 경향에 찬성하는 지식인들이 논쟁했다.

시장의 가치와 자유주의, 서구화를 추구하는 중국 지식인 사회의 지적 흐름이 중국정부의 사회주의 시장경제정책과 맞물리면서 주류 담론으로 자리 잡은 가운데, 여기에 대한 일부 중국 지식인들의 문제 제기가 1990년대 후반부터 나오기 시작했다. 왕후이汪暉, 추이쯔위안崔之元 등 이른바 '신좌파' 지식인들이 등장하면서, 기존의 계몽주의 혹은 자유주의 지식인 대오는 자유주의와 신좌파로 분화하게 된다. 신좌파는 중국경제의 성장과정에서 야기된 빈부격차의 확대, 국유재산 민영화 과정에서 일어나는 대량 실업과 특정 집단의 이익 독점, 농촌 문제, 세계적 차원의 신자유주의에 대한 반발 등이 맞물려 대두했다. 신좌파는 국가가 시장을 적절히 통제할 것과 경제 민주화, 인민 민주주의, 마오 시대의 합리적 요소의 재평가 등을 주장하면서 시장화를 추진하는 자유주의 지식인과 중국 정부가 시장 만능주의에 사로잡혀 있다고 비판했다. 자유주의 지식인들과 신좌파 지식인들은 계몽의 가치와 한계, 국유기업 민영화, 마오 시대에 대한 평가 등을 둘러싸고 논쟁을 주고받았다.

지식인의 사상 조류: 중국적 의미와 가치의 추구

신좌파와 자유주의의 분화가 지속되는 가운데, 2000년대 이후 베이징 올림픽의 성공적 개최, 중국정부의 문화대국 건설 전략 채택, 중국모델론의 등장, 그리고 중국이 G2의 주역으로 부상하는 새로운 상황 속에서 중국 지식인 사회에 새로운 변화가 일어났다. 아편전쟁 이후 중국이 서구와 일본 제국주의 침략으로 인해 겪었던 민족적 굴욕감은 현대 중국인의 의식에 뿌리 깊은 상처로 자리 잡았지만, 2000년대 이후 중국이 대국으로 성장하면서 그 상처를 씻을 계기가 마련되었고, 이는 중국 지식인의 인식에도 영향을 미쳤다. 서구사회와 서구 지식체계를 모델로 생각하던 경향에서 차츰 벗어나서 중국의 역사 경험과 제도, 중국의 가치와 사상 등 이른바 중국적인 것의 의미를 재발견하게 된 것이다.

2000년대 이후 중국 지식인 사회에서 중국적인 것을 재발견하는 사상 조류는 크게 나누면 세 가지로 분류할 수 있다. 첫째는 서구 근대성에 대한 비판을 바탕으로 중국 근대성을 재발견하는 그룹으로, 주로 신좌파 경향의 지식인들이 여기에 해당한다. 둘째는 중국 전통사상과 유교를 재발견하는 그룹으로, 문화 보수주의를 주창하는 지식인들이 주로 해당한다. 유교를 일종의 국민종교 차원으로 부활시켜야 한다고 주장하거나 정치체제를 유교 기반으로 바꾸어야 한다고 주장하기도 한다. 셋째는 정치와 경제, 사회조직을 망라하여, 중국 전통적 질서와 사회, 체제의 가치를 재발견하는 지식인들이다. 이들은 주로 서구 정치, 경제, 사회체제와 중국 전통 질서를 비교하면서 현대 서구사회가 이상적이지 않으며 서구가 노정하고 있는 병폐를 피하기 위해서는 중국 전통적인 정치, 경제, 사회 체제의 가치를 재발견해야 한다고 주장한다.

2000년대 이후 중국 지식인 사회에서 중국적인 것을 재발견하려는 이러한 지적 흐름은 중국이 서구의 길을 추종하는 것이 아니라 서구와 다른 중국의 길을 가야 한다는 지적 시도에서 나왔다. 이는 중국정부와 중국공산당이 추구하는 대국전략과 큰 흐름을 같이한다. 2000년대 중국 지식인 사회가 보수화되고 민족주의 경향을 보인다고 비판하는 시각이 있는 것은 이 때문이다.

95

현대미술

김지연

세계 경매시장에서 중국 현대미술의 위력을 확인하는 것은 이제 새로운 일이 아니다. 중국 미술에 거품이 끼었다는 우려에도 불구하고 중국 미술시장은 엄청난 규모로 성장했다. 2014년 중국의 시장 점유율은 24%로, 2년 연속 글로벌 아트마켓에서 세계 2위에 진입한 이후 미술 강국인 미국, 영국과 어깨를 나란히 하며 현재까지 3위권 내의 지위를 유지하고 있다. 서양미술사의 100년을 불과 몇십 년 만에 따라잡은 중국 현대미술의 저력은 어디에 있을까?

일단 서구권과 차별화되는 작가들의 뛰어난 기량에서 찾을 수 있다. 시각적으로 참신한 발상과 형식, 현란한 색감과 더불어 상상을 초월하는 엄청난 스케일이 관객을 압도한다. 두 번째로 중국의 놀라운 경제성장도 중국 현대미술 발전의 견인차 노릇을 했다. 중국에서는 1조 이상의 자산을 보유한 슈퍼 리치에 이어 슈퍼 컬렉터가 점차 증가하는 추세이다. 세 번째로 미술산업에 대한 중국정부의 꾸준한 지원도 뒷심으로 작용했다.

중국의 근현대미술은 그 역사적 배경을 이해하지 않고서는 제대로 알기 어렵다. 제국열강의 침략, 사회주의 혁명과 신新중국 건립 후 아시아에서 최초의 사회주의 노선의 실험, 문화대혁명과 개혁개방으로 인한 자본주의 시장경제 도입 등 중국의 20세기는 숨가쁘게 돌아갔다. 정치적 격동과 인민들의 파란만장한 삶은 중국 전위 미술가들에게는 고유한 예술적 자원이 되었다.

중국 근현대미술의 탄생(20세기 초반~1940년대)

중국 근현대미술은 19세기 후반 중국사회가 서구열강에 의해 근대로 진입하면서 태동했다. 민국民國 성립 이후 유럽과 일본에서 돌아온 유학파들이 세운 서양식 미술학교와 미술교육을 통해 본격적으로 시작되었다. 이 시기 상하이를 중심으로 인상파, 야수파, 입체파 등 서구 미술사조가 중국에 유입되어 다양한 작품을 선보이기도 했다.

신중국 건립 이후 미술정책(1949~1976)

1949년 이후 사회주의 리얼리즘 양식이 신중국미술정책의 근간이 되었다. 특히 문화대혁명 시기는 소위 '마오쩌둥 양식'으로 대변되는 사회주의 리얼리즘 양식만이 유일한 조형언어로 인정되었다. 이 시기 도시 곳곳에 마오쩌둥이나 혁명영웅의 모습과 투쟁사를 기록한 역사화와 조각 작품들이 대거 제작되었다. 베이징 톈안먼 광장 주변과 중국국가박물관에서 이러한 작품들을 대거 만날 수 있다.

문혁 이후의 전위미술의 태동(1976~1984)

일반적으로 "포스트 문혁文革"이라 불리는 이 시기에 문혁의 병폐와 후유증을 폭로하는 상흔미술과 향토리얼리즘 사조가 출현했다. 젊은 예술가들은 근 30년간 이어진 틀에 박힌 사회주의 리얼리즘 예술형식에 염증을 느끼고, 각종 미술단체를 조직해 전위미술운동을 이끌었다. 그 신호탄이 바로 1979년 베이징 아마추어 화가들이 선보인 "싱싱미전星星美展"
이었다. 이 전시를 통해 문혁기간 동안 상상도 할 수 없는 다양한 주제와
양식의 작품들이 선보였다.

85미술운동(85新潮, 1985~1989)

전위미술운동의 전초전 격인 "싱싱미전"이 개최된 지 6년 만인 1985년,
중국 전역에서 관방미술을 비판하는 청년 미술가들이 미술단체와 전람
회를 조직하여 파격적인 작품을 선보였다. 이 같은 전국적 흐름은 '85미
술운동(85新潮)'으로 불렸고, 1989년 베이징 중국미술관에서 열린 '차이
나/아방가르드전'의 성공을 계기로 중국 현대미술사에서 가장 중요한 아
방가르드 미술운동으로 기록되었다.

폴리티컬 팝과 시니컬 리얼리즘의 등장(1990년대)

제2차 톈안먼 사건(1989)으로 인해 표현의 자유와 민주주의를 추구하
던 수많은 중국 청년들은 좌절하였다. 많은 예술가들이 냉소주의로 돌아
서, 소위 '시니컬 리얼리즘(완세주의)'이라는 독특한 장르가 탄생했다. 이
들은 주로 인물군상을 통해 급변하는 시대의 심리적인 불안감, 이상과
현실의 간극으로 인한 소외감 등 복잡한 심리를 담았다. 정부의 탄압으
로 도심 외곽으로 흩어진 일군의 예술가들은 다소 엽기적이고 과격한 퍼
포먼스를 선보이며 기존 미술과 체제에 대한 거부감을 드러냈다. 또한
문혁 시기의 정치 선전화를 패러디하고 키치화시킨 '폴리티컬 팝'이라
는 장르도 서구 미술계에 신선한 반향을 일으켰다. 기존 정부의 탄압을
피해 해외로 떠났던 중국 작가들이 1990년대에 들어 베니스 비엔날레에
초대되면서 바야흐로 국제 미술무대에서 중국 미술의 전성기가 시작되
었다.

2000년대 이후~현재

중국의 전위 미술가들이 해외에서 주목받고 중국 현대미술 열풍이 불자 전 세계적으로 관련 전시가 줄을 이뤘다. 같은 시기 중국정부도 개혁개방으로 인한 고도성장을 따라오지 못하고 있던 빈약한 문화적 인프라의 간극을 메우기 위해 소위 '문화창의산업'을 육성했다. 그 일환으로 2008년 베이징올림픽 이후 '따산즈大山子 798예술구'에 별도의 예산을 배정해 주변 경관을 대대적으로 정비하는 등 미술을 중요한 국가산업으로 인식하기 시작했다. 베이징 외곽의 차오창디草倉地, 쑹좡宋莊은 물론 상하이 와이탄外灘예술구, 모간산루莫干山路 50번지, 홍팡紅坊 등 전국 대도시에 예술특구와 미술관이 연이어 조성되었다. 그 외에도 각종 국제 미술전(상하이 비엔날레, 광저우 트리엔날레, 베이징 비엔날레)과 아트페어를 개최하면서 중국 미술은 점차 국제화·다양화되고 있다.

주목할 만한 작가

지난 20여 년간 해외경매시장에서 장샤오강張曉剛, 정판즈曾梵志, 위에민쥔岳敏君, 왕광이王廣義 등 블루칩 작가들의 활약이 두드러졌다. 끊임없는 체제 비판과 도발적인 작품으로 중국정부와 불화를 겪고 있는 아이웨이웨이艾未未도 국제 미술계 파워 100인 중 늘 상위권에 이름을 올리고 있다(2011년 1위). 1960년대 전후에 태어난 이들의 작품에서는 문화대혁명, 개혁개방 등 격동적인 중국 현대사의 시대성이 뒷받침되어 있었다. 최근에는 10대에 문화대혁명을 겪고 1989년 톈안먼 사건을 경험한 포스트 89세대들에 이어 1980년 이후 태어난 바링허우(80後) 세대들이 전 세대와는 또 다른 사회적, 문화적 경험과 조형감각, 각자의 미적 감수성이 조합된 새로운 작품들을 선보이고 있다. 정치적 격변을 겪지 않은 이들 젊은 작가들은 상대적으로 정치, 이데올로기에서 자유롭다. 대신 대중문화, 환경문제 등 다양한 개인적, 사회적 관심사를 작품 속에 반영한다. 주요 작가로는 전통 매체인 수묵화를 현대적으로 재해석란 쑨쉰孫遜과 사회적 금기나 정치적 이슈를 도발적인 이미지로 풀어내는 쉬쩐徐震, 분필이나 마커와 같은 재료로 일정한 크기의 색점들을 반복, 나열하는 작업으로 알려진 동따웨이董大爲 등이 있다.

96

영화

임대근

영화 산업의 급속한 성장

2017년 기준 중국 영화시장의 박스오피스는 559.11억 위안(한화 약 10조 원)으로 집계됐다. 이는 전년 대비 13.45%가 증가한 수치다. 2007년 도에는 이 수치가 33.27억 위안이었다. 10년 만에 약 16.8배가 늘어난 것이다. 특히 〈전랑戰狼2〉는 단일 영화로는 사상 처음으로 56.8억 위안(한화 약 1조 원)을 기록했다. 〈전랑2〉는 애국주의와 세계주의를 주제로 아프리카에서 활약하는 중국인 특수부대원의 영웅적 액션을 그렸다. 중국인은 새로운 영웅의 등장에 열광했다. 이렇듯 중국 영화산업의 가파른 성장은 내수시장이 커졌기 때문이다. 시장이 커지면서 인프라도 대규모화하고 있다. 2017년 전국에 새로 생긴 스크린은 9,597개로, 하루 평균 26개가 넘는 스크린이 생겨났다. 중국 전역의 스크린은 5만 776개로, 이는 중국인이 영화를 전보다 더 보기 시작했음을 뜻한다.

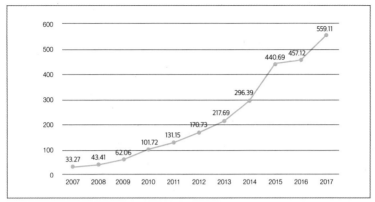

중국 영화 박스오피스(2007~2017)　　　　(단위: 억 위안)

자료: 中國國家電影局

영화를 보기 시작한 중국

중국은 인구가 매우 많아 전국 관객 수를 정확하게 집계하지 못한다. 대신 도시 관객 수만 집계하고 있다. 2017년 기준 도시 관객 수는 16억 2,000만 명이었다. 이는 2016년 14억 명에 비해 2억 2,000만 명이 늘어난 수치다. 중국 전체 인구를 14억 명이라고 간주하면, 1인당 연평균 관람 횟수가 1.15편이 된다(참고로 우리나라는 1인당 연평균 관람 횟수가 4.2편으로 세계 최고다). 영화를 보는 횟수가 늘어난다는 것은 영화 관람 경험이 축적된다는 의미이다. 경험이 축적되면 영화를 평가하는 기준이 높아진다. 즉 이는 중국 영화의 질적 수준이 점점 높아지게 될 것임을 의미하며 중국 영화시장의 성장이 양적인 측면뿐 아니라 질적 변화까지도 이끌어 내고 있다는 중요한 현상임을 의미한다. 이제 중국 영화는 자국의 경계를 넘어 아시아 시장으로 진출하기 위해 꿈틀거리고 있다.

중국 영화는 변신 중

영화의 질적 변화는 중국 당국의 큰 바람이기도 하다. 중국 국가언론

출판라디오영화텔레비전총국(2018년 4월 이후 국가영화국國家電影局으로 개편)은 2017년을 '영화의 질을 높이는 해電影質量促進年'로 규정할 정도였다. 물론 이것은 2017년이 중국공산당의 제19차 전국대표대회와 인민해방군 건군 90주년을 기념하면서 주선율主旋律(통치 이데올로기를 선전하기 위해 공산당과 정부가 제작을 지원하는 영화)의 새로운 기준을 제시하기 위함이었다. 새로운 기준이란 제재와 장르를 다양화함으로써 영화의 질적 변화를 이끌자는 것이다. 이런 당국의 시도가 매우 성공했다고 평가하기는 어렵다. 2017년 기준, 중국에서 상영된 영화는 모두 474편인데, 이 가운데 코미디 73편, 액션 51편으로 여전히 가벼운 오락거리를 즐기는 것으로 나타났기 때문이다. 2017년 박스오피스 상위권에 오른 영화들을 보면 자국영화든 외국영화든 막론하고 대부분이 이런 장르에 속한다.

2017년 박스오피스 상위권 영화

(단위: 억 위안)

순위	자국영화	박스오피스	외국영화	박스오피스
1	전랑2(戰狼2)	56.8	분노의 질주8	26.7
2	수줍은 철권(羞羞的鐵拳)	22.0	트랜스포머5	15.5
3	쿵푸요가(功夫瑜伽)	17.5	당갈	13.0
4	서유 복요편(西遊伏妖篇)	16.6	캐리비안의 해적5	11.8
5	승풍파랑(乘風破浪)	10.5	콩: 스컬아일랜드	11.6
6	팡화(芳華)	10.2	트리플 액션 리턴즈	11.3
7	대요천축(大鬧天竺)	7.6	코코	11.2
8	오공전(悟空傳)	7.0	레지던트 이블: 파멸의 날	11.1
9	추룡(追龍)	5.7	슈퍼배드3	10.4
10	정성(情聖)	5.5	스파이더맨: 홈커밍	7.7
	평균	15.94	평균	13.03

자료: 藝恩智庫

제도와 정책의 뒷받침

영화 내용의 수준 향상과 더불어 영화시장의 고질적 병폐를 바로잡으려는 노력이 계속되고 있다. 인터넷에서 티켓을 큰 폭으로 할인하여 덤핑 판매함으로써 입소문을 내는 전략인 '퍄오부票補' 행위를 집중 단속하고 있다. 2000년대 이후 중국 영화는 제작과 배급, 상영 등 산업의 전 영역에서 성장해왔다. 이제는 성장의 이면에 가려진 불공정한 관행까지 수정함으로써 건강한 산업 구조를 만들기 위해 노력하고 있다.

더욱이 2016년에는 제정 논의를 시작한 지 12년 만에 드디어 '중국영화산업촉진법'이 통과되어 제도적 장치도 보완됐다(2017년부터 시행). 이는 문화산업과 관련해서는 중국에서 최초로 제정된 법률로서 영화의 공익성을 최우선으로 하되 산업도 장려하겠다는 의지를 보여준다.

중국 영화 총 생산량(2007~2017)

(단위: 편)

연도	드라마	애니메이션	다큐멘터리	과학교육	특수영화	계
2007	402	6	9	34	9	460
2008	406	16	16	39	2	479
2009	456	27	19	52	4	558
2010	526	16	16	54	9	621
2011	558	24	26	76	5	689
2012	653	33	15	74	26	801
2013	638	29	18	121	18	824
2014	618	40	25	52	23	758
2015	686	51	38	96	17	888
2016	772	49	32	67	24	944
2017	798	32	44	68	28	970

자료: 中國國家電影局

향후 과제

중국 영화는 눈부시게 발전하고 있다. 그러나 과제도 적지 않다. 예컨 대 자국영화와 외국영화 사이의 박스오피스 편차가 여전히 크다. 2017년 기준 자국영화 박스오피스는 301억 400만 위안으로 전체 대비 53.84% 를 차지했고 외국영화는 258억 700만 위안으로 전체 대비 46.16%를 차 지했다. 자국영화 점유율이 2016년 58%에서 약간 낮아진 것도 문제지 만, 더 큰 문제는 1편당 계산을 해보면 외국영화의 박스오피스가 자국영 화의 3.7배에 이른다는 것이다. 즉 자국영화는 모두 376편을 상영했으므 로 1편 기준 8,000만 위안인데 비해, 외국영화는 98편을 상영했으므로 1편 기준 2억 6,300만 위안을 기록했다. 중국 영화는 이 격차를 줄여야 하는 과제를 안고 있다.

또한 2017년 한 해 동안 박스오피스가 10억 위안을 넘은 영화가 15편, 20억 위안을 넘은 영화는 2편이나 되지만, 1,000만 위안도 되지 않는 영 화가 60% 이상이라는 점도 부담이다. 영화산업의 "부익부 빈익빈", 즉 양극화가 지속되고 있다. 작은 영화들이 어떻게 시장에 진입하고 살아남 느냐에 따라 건강한 산업 생태계가 형성될 수 있기 때문에, 이 또한 중국 영화가 갖고 있는 중요한 과제 중 하나다.

97

대중음악

우완영 于婉瑩

대중음악의 탄생

중국의 대중음악은 1920년대 상하이로부터 시작되었다고 볼 수 있다. 열강들의 식민지 확장과 함께 본격적으로 음반 산업이 나타났고, 이후 클래식, 재즈 및 중국 전통 민간소조民間小調 대부분이 상하이에서 융합되어 전파되기 시작했다. 중국 대중음악의 선두자인 리진후이黎錦暉는 1927년 상하이에서 중국의 첫 대중가요인 〈모모우毛毛雨(가랑비)〉를 작곡했고, 〈야상해夜上海〉, 〈천애가여天涯歌女〉 등 영향력 있는 명반들을 제작했다. 이후 일본의 침략으로 인해 중국 대중음악의 발전은 억압과 함께 침체기를 겪기도 했으나 한편으로 이것이 중국 대중음악계의 변곡점이 되면서 〈황하대합창黃河大合唱〉, 〈대도진행곡大刀進行曲〉과 같은 음악들이 유행하기도 했다.

홍콩, 대만 가요의 전성기

신중국 성립 이후 1960년대 중국의 대중음악은 진보음악이 주류를 이루었다. 당시 대중음악의 발전을 위해 많은 가수들이 홍콩에서 활동을 시작했다. 그러나 1960년대 후반부터 홍콩 내에서 표준어普通話 대중가요가 점차 쇠락하는 흐름을 보인 반면, 광둥어 대중가요가 흥행하기 시작하면서 중국 대중음악계에서 중요한 위치를 차지하게 되었다. 당시 대표적인 가수는 쉬관지에許冠傑이다.

1960년대 이후 점차 쇠락하는 홍콩 가요계를 대신하여 대만의 대중음악이 유행하기 시작했다. 당시 셰레이謝雷의 〈만리曼麗〉와 야오수룽姚蘇蓉의 〈금천부회가今天不回家(오늘은 집에 돌아가지 않아)〉는 동남아를 포함한 중화권에서 상당한 인기를 얻었고, 1977년 대외개방과 함께 덩리쥔鄧麗君, 페이위칭費玉清, 룽퍄오퍄오龍飄飄 등의 가수들이 대중들로부터 많은 사랑을 받았다.

개혁개방 이후 중국의 대중음악은 기존의 전통에서 벗어나 서구로부터 많은 영향을 받았다. 1980년대 뤄다여우羅大佑의 〈지호자야知乎者也〉와 수루이蘇芮의 〈탑착차搭錯車〉는 기존의 대만 대중음악과는 전혀 다른 느낌을 선보이며 대중음악의 새로운 기틀을 마련했다. 이후 1980년대부터 2000년대까지 탄융린譚詠麟, 장궈룽張國榮, 왕페이王菲, 치친齊秦, 장신저張信哲 등이 홍콩 및 대만에서 많은 인기를 얻었다. 특히 4대 천황이라 불린 장쉐여우張學友, 리밍黎明, 궈푸청郭富城, 류더화劉德華는 홍콩 연예계의 상징이 될 정도로 폭발적인 인기를 얻으며 홍콩음악의 재전성기를 이끌었다.

유행의 다원화

1986년 추이젠崔健의 〈일무소유一無所有〉는 중국대륙 록음악의 부상을 상징한다. 당시 헤이바오黑豹, 탕차오唐朝, 차오자이超載 등 실력파 밴드들이 주목을 받았지만 록음악의 인기가 지속되지는 않았다. 1990년대는 중국 서북 지역과 광둥의 대중음악이 발전한 동시에, 마오닝毛寧 , 양위잉楊

鈺瑩 등 발라드 가수들이 전국적으로 많은 사랑을 받았다. 2000년대 이후에는 저우제룬周傑倫, 타오저陶喆, 왕리훙王力宏 등이 등장하며 R&B 장르의 음악들이 대중들로부터 많은 사랑을 받기 시작했다. 지금도 인기 있는 린쥔제林俊傑, 장사오한張韶涵, 순옌쯔孫燕姿 등도 이 시기에 등장했다.

온라인 음악과 오디션 가수의 부상

인터넷의 발전과 함께 2000년대부터 〈노서애대미老鼠愛大米(쥐가 쌀을 좋아하듯이)〉를 대표로 한 온라인 대중음악이 많은 인기를 얻었다. 당시 대표적인 가수는 팡룽龐龍, 다오랑刀郎 등이 있다. 이후로 평황추안치鳳凰傳奇, 콰이즈슝디筷子兄弟 등 온라인에서 인기를 얻은 가수들이 오프라인에서 광장무廣場舞 형식의 무대를 선보이며 유행을 선도했다. 특히 최근 중국에서 생방송플랫폼直播平台이 발전하면서 한마이喊麥(원래는 소수민족의 민간음악인 후마이呼麥에서 유래된 랩과 같은 형식의 음악)가 새로운 장르로 부상하고 있다.

2004년 후난 TV에서는 여성을 대상으로 하는 가수 오디션 프로그램이 방송되기 시작했고, 2005년에 방영된 〈슈퍼여가수超級女聲〉가 폭발적인 인기를 얻으며 대중들로부터 많은 사랑을 받았다. 이를 기점으로 중국 내에서 오디션 프로그램이 상당한 인기를 얻게 되었고, 오디션을 기반으로 데뷔한 가수들이 중국 대중가요계에 새로운 활력을 불어넣었다. 이와 함께 2013년 방영된 〈나는 가수다我是歌手〉, 2015년 방영된 〈보이스 오브 차이나中國好聲音〉 등 경쟁 프로그램을 통해서도 많은 가수들이 등장했다. 최근에는 힙합, EDM 등의 장르가 대중들에게 많은 사랑을 받는 등 유형화가 뚜렷해지는 추세를 보이고 있다.

여가생활

우완영 于婉瑩

중국의 여가활동은 매우 다양하며 민족, 지역, 성별, 나이 등에 따라 많은 차이가 있다. 변화된 생활환경 속에서 여가활동은 매우 중요해지고 있으며 과거와 비교해도 보다 많은 여가활동이 중국인들의 삶 속에 스며들어 있다. 2013년에 발표된 〈중국국민여가상황조사보고〉에 따르면 중국인들이 자주하는 여가활동으로 TV시청, 쇼핑, 운동, 독서 및 신문 읽기, 인터넷 등이 집계되었다. 한편, 개혁개방 이후 명절 등 연휴를 활용하여 여행하는 인구가 늘어나며 여행과 관광이 중국 여가문화의 중요한 부분으로 자리 잡았다. 2017년 〈중국여가생활발전연도보고〉에 따르면 중국 내 도시거주자 중 주말과 명절을 활용하여 여행하는 여행객은 각각 21.9%와 34.4%로 집계되었다. 2017년 중국국가통계국의 통계에 따르면 중국 국내 여행자는 총 50억 명으로, 10년 전에 비해 약 3배가 증가한 것을 확인할 수 있다. 뿐만 아니라 2017년도 〈중국 해외여행 빅데이터〉에 따르면 2017년 기준 총 1억 3,000명이 해외여행을 다녀온 것으로 확인되었다. 최근 영화산업의 발전에 따라 2017년도 기준 중국의 영화 흥행수입은 약 560억 위안에 육박했으며 중국 최대 명절인 춘절기간 동안 (2018년 2월 16~21일) 1억 4,000만 명의 중국인이 영화를 관람한 결과, 56억 위안의 흥행수익을 달성하기도 했다. 이 외에도 중국인들은 태극권, 광장무, 마작 및 장기 등 다양한 여가생활을 즐기고 있다.

태극권

이른 아침이면 공원, 학교 등 다양한 장소에서 태극권太極拳을 수련하는 이들을 쉽게 발견할 수 있다. 한가로워 보이지만 열정적인 경우가 많은데, 때로는 혼자 하기도 하고 두서너 명이 짝을 이루기도 하며 수십 명이 같이 하기도 한다. 태극검太極劍을 수련하거나, 태극선太極扇, 태극곤太極棍을 연마하는 이들도 있다. 태극권은 17세기 무렵 중국 전통 무술에서 기원한 것으로 알려져 있다. 수많은 유파들이 존재하지만 품성 수양과 신체 단련을 추구한다는 점은 대부분 일치한다. 현재 태극권은 체조뿐 아니라 경연, 시합 등이 치러지기도 하며, 일부 대학에서는 태극권을 필수 체육 교과목으로 편성했다. 따라서 태극권은 무술이라기보다 일반인들도 가볍게 즐기는 여가활동으로 보는 편이 적합하다. 특히 중장년층으로부터 사랑받는데, 매일 아침 정해진 시간에 태극권을 수련하는 것이 그들의 생활 습관으로 자리 잡은 지 오래이다.

앙가대와 광장무

저녁 식사 이후 공원과 광장에는 많은 사람들이 모인다. 산책을 즐기는 이들도 있지만, 그들 중에는 음악에 맞춰 줄지어 춤을 추는 사람들도 있다. 일반적으로 이들을 앙가대秧歌隊라고 부르는데, 앙가는 긴 역사를 지닌 전통 무도로, 주로 중국 북부 지역에서 유행하던 것이었다. 앙가대의 기원과 관련하여 농경생활 중 노동의 수고를 달래고자 자연스럽게 형성되었다는 설도 있고, 중요한 절기에 풍작을 기원하며 행해졌던 의식이라는 설도 있다. 이들은 화려한 복장에 각종 장식을 착용한 경우가 많으며, 전통연극에서 흔히 볼 수 있는 칼이나 부채와 같은 소도구들을 활용하기도 한다. 복장이나 도구는 일반인들도 행렬에 참여해 리듬에 맞춰 동작을 취하기만 하면 된다.

주로 저녁 시간대에 광장에서 행해지는 광장무는 특정 조직, 예컨대 회사나 주민위원회가 주도하는 것이 아닌 자발적인 참여로 이뤄진다. 광장무廣場舞는 말 그대로 광장에서 춤을 추는 것으로, 주로 음향기기가 사용되며 그 음악에 맞춰 사람들이 모여들면서 시작된다. 춤도 매우 다양해 사교댄스도 있지만 체조의 형태를 취하는 경우도 있고, 발레와 유사한 동작이 있기도 하다. 이러한 광장무는 비교적 즉흥적이며, 어떤 특별한 기술이 필요한 것도 아니어서 특정 연령대로 국한되지 않는 것이 일반적이다.

보드게임

장기, 바둑, 마장麻將, 마조馬吊 등은 중국의 대표적인 전통 보드게임으로 오랜 역사를 지니고 있다. 대표적으로 마장은 4명이 모여서 사각형으로 된 패牌에 그려진 그림을 맞춰가는 게임으로 중국 내에서 매우 인기있는 여가활동 중 하나이다. 지역마다 규칙이 다르며, 광둥과 홍콩, 마카오 지역에서는 마작麻雀으로 불리기도 한다. 2017년 국제마인드스포츠협회IMSA는 마장을 세계마인드스포츠게임즈 공식종목으로 채택했으며, 현재는 게임산업의 발전과 함께 핸드폰이나 컴퓨터로 마장을 즐기는 이용자가 증가하는 추세에 있다. 전통 게임 이외에도 2000년대 말부터 대학생들 사이에서 홍행하기 시작한 '삼국살三國殺'은 삼국지에 등장하는 인물을 기반으로 개발된 인기 오프라인 카드게임으로, 현재 온라인 버전도 출시되어 중국 청년들 사이에서 인기가 높다.

99

음식

주영하

중국인들이 소비하는 음식을 이해하려면 먼저 그들이 사용하는 '인스 飮食'라는 말의 뜻을 알아야 한다. '인스'란 문자 그대로 '마시고 먹는' 행위를 가리킨다. 곧 중국음식의 기본 구조는 '마시는 것과 먹는 것'으로 이루어져 있다는 뜻이다. 마시는 것은 다시 '차茶'와 '지우酒'로 구성된다. 차는 중국인의 식사는 물론이고 일상의 음료인 동시에 손님 접대의 기본인 음료이다. '지우'는 차와 함께 손님 접대에 주로 쓰인다. 술의 종류는 나라의 크기만큼 다양하여 중국인 스스로도 먼 지방의 술 이름을 모를 정도이다. 최근에는 주류회사마다 새로운 술을 개발하여 상품으로 내놓아 더욱 그러하다.

지역별 특징

먹는 것은 '판飯'과 '차이菜'가 기본을 이룬다. 얼핏 보기에 이 말들을 한국어로 옮긴다면 밥과 반찬이 될 것 같다. 하지만 중국의 '판'과 '차이'는 한국의 그것과 사뭇 다르다. 한국인은 주식인 쌀밥을 맛있게 먹기 위해서 반찬을 먹는다. 그만큼 반찬은 밥에 예속되어 있다. 이에 비해 중국의 '판'과 '차이'는 모두 독립된 하나의 요리이다. '판'에 속하는 '미판米飯(쌀밥)'만이 최소한 다른 한 가지의 '차이'를 필요로 할 뿐, '몐탸오麵條(국수)'나 '만터우饅頭(찐빵)', '자오쯔餃子(물만두)' 그리고 '차오판炒飯(볶음밥)'은 별도의 반찬을 필요로 하지 않는다.

'차이'는 '판'의 종류에 비해 훨씬 많다. 중국을 요리의 대국이라 말하는 것도 너무나 많은 종류의 '차이' 때문이다. 역사상 일찌감치 상업이 발달한 지역에서는 그곳만의 특색 있는 '차이'를 많이 만들어냈다. 중국 대륙의 어느 곳에서나 만날 수 있는 음식점은 '촨차이川菜'로 알려진 쓰촨성 음식을 판매하는 곳이다. 이곳의 음식은 매운맛이 강한 편이다. 16세기에 아메리카 대륙 원산의 고추가 들어와서 이전의 후추·천초와 함께 매운맛을 더욱 강화시켰다. 겨울에도 영상의 날씨를 보이는 쓰촨 분지는 습한 기후로 유명하다. 겨울의 습한 냉기를 해결하기 위해서 매운 음식이 발달했다.

이에 비해 광둥은 중국 요리의 메카라 할 정도로 조리법과 음식의 종류가 많고 특이하다. 일명 '웨차이粤菜'로 불리는 이곳의 음식은 그 원료의 범위가 매우 넓어 해산물에서 짐승류, 그리고 조류에 이르기까지 다리가 있는 것은 식탁과 사람을 빼놓고는 쓰이지 않는 것이 없다. 특히 음식의 맛이 매우 담백하다. 그런데 이 담백한 맛의 비밀은 새우젓, 굴소스蠔油, 피쉬소스魚露와 같은 조미료에서 나온다. 특히 이 지역은 원나라 때부터 유럽과 해양을 통해 교류가 많았던 탓에 유럽음식의 영향을 많이 받아 소스류가 발달했다. 이외에도 기름을 많이 사용하는 산둥 지역의 '루차이魯菜', 단맛이 강한 상하이의 '하이차이海菜', 궁중음식의 흔적이 남아 있는 베이징의 '징차이京菜', 볶음밥의 대명사인 양저우揚州의 '후아이양차이淮揚菜'처럼 지역마다 오래된 역사를 지닌 음식들이 많다.

중국음식과 한국인

그런데 한국인들은 중국음식이 매우 느끼하여 먹고 나서 개운치 않다고 생각한다. 중국음식은 불에 데운 기름의 높은 온도를 이용하여 만들어지기 때문에 분명 느끼하다. 사실 기름을 많이 쓰는 조리법은 건조하고 먼지가 많은 창장長江 이북 지역의 자연환경으로 인해서 생겨난 것이다. 또 역사상 왕조가 생기고 망하는 과정에서 피란을 자주 다녀야 했던 창장 이북 사람들은 기름으로 요리를 하여 음식을 오랫동안 보존하기도 했다. 기름에 볶는다는 것은 150도가 넘는 온도에서 겉을 순간적으로 익히는 방식이다. 일종의 코팅을 통해 맛뿐 아니라 보존성을 높이는 전략이 여기에 담겨 있다.

중국음식과 기름은 건강에 좋지 않을 수 있다. 하지만 기름이 많이 사용된 음식을 먹으면서 중국인들은 '차茶'를 빠트리지 않는다. 차는 알칼리성 음료이기 때문에 기름을 많이 섭취하여 산성화된 몸을 중화시켜 준다. 그래서 음식을 먹을 때나 일상생활 속에서 차는 중국인들의 건강 지킴에서 빠질 수 없는 음료이다. 중국인들이 '인스飮食'라는 말로 그들의 식사를 구조화시켜 놓은 이유 역시 '차'와 '차이'의 상호 보완 관계 때문이다. 그러니 중국대륙의 음식점에서 당황하지 말자. 한자만 조금 안다면 요리이름에 주재료와 조리법이 담겨 있음을 알 수 있다. 주재료와 조리법이 중복되지 않도록 주문만 하면 당신은 중국음식 전문가 자격이 있다. 이것을 알고 실천하면 중국음식이 제대로 보여 맛있다. 그만큼 중국인에 대한 이해도 깊어진다.

차와 술

100

우완영 于婉瑩

차의 역사와 종류

신농神農시대부터 차를 즐기기 시작한 것으로 알려진 중국은 차의 고향으로 4,000여 년의 역사를 가지고 있다. 또한 중국은 전 세계에서 최초로 차를 재배하고 이용하여 차 산업을 발전시킨 국가이기도 하다. 차 문화는 초기에 귀족을 중심으로 형성되어 있었지만 차츰 대중적인 문화로 확산되어 나갔다. 차를 마시는 습관은 당唐나라 때 전국적으로 확산되기 시작했으며, 송宋, 명明 시기에는 전성기에 이르렀다. 차성茶聖이라고 불리는 당나라의 육우陸羽가 집필한 《차경茶經》은 세계 최초의 차 전문서적이며, 다도의 초석을 마련한 것으로 평가받는다. 이후 중국의 차 문화가 주변으로 전파되기 시작하면서 현재 세계 100여 개 국가가 차를 즐겨 마시고 있다.

중국의 차는 생산지와 발효 정도에 따라 100여 개 이상으로 분류된다. 대표적으로 녹차綠茶, 청차靑茶, 백차白茶, 황차黃茶, 홍차紅茶, 흑차黑茶는 중국의 6대 차로 불린다. 발효 정도로 보면 녹차는 비발효차이며, 백차와 황차는 경발효차, 청차는 반발효차, 홍차는 완전발효차, 흑차는 후발효차이다. 특히 이 중에서 녹차는 중국에서 가장 많이 생산되는 차로 매년 중국 '10대 명차'에 손꼽히고 있다. '10대 명차'는 매년 선정되는 종류가 달라지지만 대체적으로 시후롱징西湖龍井, 비뤄춘碧螺春, 신양마오젠信陽毛尖, 쥔산인전君山銀針, 황산마오펑黃山毛峰, 우이옌차武夷岩茶, 치먼홍차祁門紅茶, 두윈마오지엔都勻毛尖, 티에관인鐵觀音, 루안과피엔六安瓜片이 꼽히고 있다. 이 외에도 둥딩우롱凍頂烏龍, 윈난푸얼雲南普洱, 루산윈우廬山雲霧 또한 명차로 불린다. 그 밖에 모리화차茉莉花茶, 쥐화차菊花茶 등 꽃을 주재료로 한 화차 또한 중국에서 많은 인기를 얻고 있다.

중국인의 차 문화

차 문화는 중국의 대표적 전통문화로서 지역별, 민족별로 다양하다. 이 과정에서 유가사상, 도가사상, 불교사상이 차 문화와 융합되면서, 차는 단지 음료가 아닌 다도 및 다예와 같은 예법禮法 문화를 형성하기도 했다. 즉 찻잎과 그에 맞는 다구의 선택, 그리고 차를 우려내는 방법 등에서 나름의 예절 문화가 형성되었다. 다구는 도자기로 만든 것들이 많은데 특히 경덕진景德鎭의 도자기는 국내뿐만 아니라 해외에서도 많은 호평을 받고 있다.

중국인들은 선물할 때 대체적으로 차를 선택하는 경향이 있다. 결혼할 때 전통적으로 차를 예물로 주기도 하는데, 이를 중국에서는 차례茶禮라고 한다. 오늘날에도 중국 결혼식에는 웃어른에게 차를 올리는 경차敬茶의 풍속이 남아 있다. 한편으로 중국은 오늘날의 커피전문점과 같은 차관茶館에서 차를 마시며 전통극과 같은 공연을 즐기거나 친목을 갖는 등의 문화를 형성해왔다. 남부 지역의 사람들은 일반적으로 딤섬과 함께 '자오차早茶'나 'Afternoon Tea 下午茶' 등을 즐기는데, 이때 차는 본인이 직접 준비하는 문화를 갖고 있다. 근대 이후로 중국의 차 문화는 커피전문점의 등장과 함께 한때 쇠퇴하기도 했지만, 새로운 차를 개발하거나 고급화하여 시장을 개척하면서 중국을 대표하는 음료로 명맥을 유지하고 있다.

술의 역사와 종류

중국은 세계에서 가장 일찍 술을 제조한 국가 중 하나로, 술 문화의 발상지라고 할 수 있다. 하夏나라의 두강杜康이 고량주를 개발했다고 전해지면서 두강은 술의 별칭이 되었다. 중국의 술은 맛과 색, 주조 방식, 생산지 등에 따라 특색 있는 명칭들을 가지고 있다. 일반적으로 생산량이 가장 많고 인기 있는 술은 곡물을 주원료로 하는 백주白酒로, 대표적으로 고량주가 있으며 보통 도수가 높고 무색투명한 특징을 가지고 있다.

전통적으로는 구이저우마오타이貴州茅台, 우량예五糧液, 펀지우汾酒, 시평지우西鳳酒, 루저우라오자오瀘州老窖, 구징궁지우古井貢酒 등이 유명하다. 백주의 포장을 자세하게 들여다보면 도수 이외에도 장향형醬香型, 농향형濃香型, 청향형清香型, 미향형米香型, 약향형藥香型 등 향형(향의 종류)이 표기되어 있다. 마오타이는 장향형 백주로 술을 마신 후 비운 잔의 향기가 오래 유지되는 것이 특징이다. 루저우라오자오는 농향형, 얼궈터우二鍋頭와 펀지우汾酒는 청향형, 시평지우西鳳酒는 기타 향형에 속한다. 백주의 도수는 40~65도 사이가 가장 일반적이며 70도 이상으로 유명한 백주는 '랑야타이琅琊台' 등이 있다. 최근 40도 이하의 낮은 도수의 술과 젊은 사람들이 즐겨 마시는 술이 많이 출시되어 인기를 얻고 있다.

중국인의 술 문화

차와 마찬가지로, 술 문화 역시 상고시대부터 이어진 것으로 알려져 있다. 술과 관련된 '주덕酒德'과 '주례酒禮' 풍습들이 지역과 민족에 따라 다양하게 변형되어 계승되었다. 중요한 명절이나 제사에는 반드시 술이

준비되어 있어야 하며 결혼식 때 신혼부부가 마시는 '합환주(合歡酒 또는 交杯酒)', 아이의 출생을 축하하기 위한 '만월주滿月酒'와 '백일주百日酒' 등 이 대표적인 풍습이다. 오늘날에도 술은 중국사회에서 손님 접대나 중요 한 모임에서 없어서는 안 될 중요한 교제와 사교의 수단이다.

술은 중국의 문화에도 큰 영향을 미쳤다. 술을 좋아하는 것으로 유명 한 당나라 시인 이백李白은 술을 마시며 지은 〈월하독작月下獨酌〉 등 수많 은 명작을 남겼다. 당나라 양귀비楊貴妃의 술에 취한 모습과 연인을 기다 리는 심리를 잘 표현한 〈귀비취주貴妃醉酒〉는 중국의 가장 유명한 전통경 극 중 하나이다. 이외에도 술과 관련된 다양한 작품들이 있다.

101

종교

고영희

중국 특색의 관리체제

중국은 당과 정부가 종교를 관리한다. 중국공산당 통일전선부의 민족·종교사무국은 당에 대한 종교정책 제안, 정부에 대한 종교문제 처리 지도·지원, 종교 지도자와의 네트워크 등 당·정부·민간단체의 종교관련 업무를 맡는다. 이와 함께 국무원 국가종교사무국은 종교법규·정책의 초안 작성과 종교관련 행정업무를 전담하고, 민정부民政部가 종교단체의 허가·관리를 담당한다. 중국은 당이 정부를 영도하는以黨領政 체제이기 때문에 통일전선부가 국가종교사무국과 민정부를 지도한다. 이에 따라 현재까지 역대 종교사무국장(1954~2018)은 모두 공산당 통일전선부 출신이다. 중국정부가 공인하는 종교는 도교, 불교, 이슬람교, 천주교, 기독교 등 5대 종교이며, 합법적인 전국 규모의 종교단체는 중국 불교협회를 포함해 총 7개이다.

종교	명칭(설립)	본부	비고
불교	중국 불교협회(1953)	베이징	한어계, 티베트어계, 팔리어계 등 3대 언어계 불교 포함
이슬람교	중국 이슬람교협회(1953)		-
도교	중국 도교협회(1957)		-
개신교	중국 기독교 삼자(三自) 애국운동위원회(1954)	상하이	삼자애국운동위원회와 기독교협회를 '중국 기독교 양회(中國基督敎兩會)'로 칭함
	중국 기독교협회(1980)		
가톨릭교	중국 천주교 애국회(1957)	베이징	1980년에 설립된 중국 천주교 교무위원회는 1992년 중국 천주교 주교단 산하로 편입되었음. 현재 애국회와 주교단을 '천주교 일회일단(天主敎一會一團)'으로 칭함
	중국 천주교 주교단(1980)		

자료: 《中國宗敎槪況》

이들 종교단체는 주로 1953~1957년 당·정부의 주도로 발족되었다. 개혁개방 이후 개신교와 천주교에서 각각 기독교협회와 천주교 주교단을 설립했는데, 이 가운데 기독교협회는 "자치自治·경제적 자립自養·자체적 선교自傳"를 의미하는 삼자三自애국운동위원회에 소속된 교회 연합체이며, 천주교 주교단은 주교들의 협의체이다.

종교의 자유와 제한

종교의 자유는 현행 헌법(1982) 제36조 "중화인민공화국 공민은 종교 신앙의 자유를 가진다. 어떠한 국가기관, 사회단체, 개인이든지 공민에게 종교를 믿거나 믿지 못하도록 강요할 수 없으며, 종교를 믿는 공민과 종교를 믿지 않는 공민을 차별할 수 없다. 국가는 정상적인 종교활동을 보호한다. 누구든지 종교를 이용하여 사회질서를 파괴하거나 공민의 신체 건강에 해를 끼치거나 국가 교육제도를 방해하는 활동을 할 수 없다.

종교단체와 종교사무는 외국세력의 지배를 받지 않는다"에 근거한다.

'정상적인 종교활동'은 중국정부가 허용하는 범위 내 활동을 말한다. 따라서 애국 종교단체에 속하지 않은 개신교 및 천주교의 '지하교회' 활동은 '정상적인 종교활동'이 아니기 때문에 보호받을 수 없다. 정부에 등록된 합법적인 종교단체도 '종교사무조례宗敎事務條例'(2004년 제정, 2017년 수정)와 '사회단체 등록관리 조례社會團體登記管理條例'(1998)에 따라 매년 법규준수 여부, 활동상황, 재무관리, 등록항목 변경 등을 심사받아야 한다. 또한 종교활동은 "지정된 구역定片, 지정된 장소定點, 지정된 사람定人"이라는 삼정三定 원칙에 따라야 한다.

한편, 공산당원은 공산주의 실현을 위한 무신론자로서 일반 공민과 달리 종교가 허용되지 않는다. 1991년 공산당 중앙조직부가 발표한 〈공산당원의 종교 신앙 문제를 적절하게 해결함에 관한 통지〉는 공산당원의 종교활동에 대한 처벌 내용을 최초로 명문화한 문건이다. 2015년 중국공산당이 발표한 '중국공산당 기율 처분 조례中國共產黨紀律處分條例' 제55조에서는 당원의 종교활동 처분 내용을 다음과 같이 규정한다.

공산당원의 종교활동에 관한 처분

위반 내용		처리 방법
종교활동을 통해 당의 노선·방침·정책을 반대하며, 국가 통일과 민족단결을 파괴한 자	주모자·중요 인물	제명하지 않고 당내 관찰 또는 당적 박탈
	가담자	• 경미: 경고 또는 엄중 경고 • 심각: 당내 직무 철회 또는 제명하지 않고 당내 관찰 • 매우 심각: 당적 박탈
	연루자	비판교육 후 뉘우치면 처분 면제 또는 불처분
기타 당과 국가의 종교정책을 위반한 자		• 경미: 경고 또는 엄중 경고 • 심각: 당 내 직무 철회 또는 제명하지 않고 당내 관찰 • 매우 심각: 당적 박탈

주 | 처분은 다섯 가지로서 경고, 엄중 경고, 당내 직무 철회, 제명하지 않고 당내 관찰, 당적 박탈순
자료: 〈中國共產黨紀律處分條例〉(2015)

정책의 지속과 변화

중국의 종교정책은 통일전선 사업의 일환으로 전개되었다. 즉 '사회주의 사회가 건설되면 종교는 자연히 소멸한다'는 막시즘의 전제에서 사회주의 국가건설이라는 목표를 달성하기 위해 종교계와 일시적으로 연합하는 것이다. 시기별로 보면 다음과 같다.

마오쩌둥 시기(1949~1976) 중국공산당은 신민주주의 건설과 사회주의 확립을 위해 종교계와 연대했다. 이 과정에서 종교의 자유를 허용하는 한편 정치적 목적에 부합하도록 종교계를 개조했다. 특히 외세 침략의 도구가 될 수 있는 개신교와 천주교에 대해서는 외국과의 단절을 요구했다. 하지만 1957년 반反우파 투쟁 이후 통일전선이 결렬되자 종교계는 오히려 공격의 대상이 되었고 문화대혁명 시기 모든 종교활동이 금지되었다.

덩샤오핑 시기(1976~1989)는 종교정책의 분기점으로서 현재 종교정책의 기초가 되는 〈중국 사회주의시기 종교문제의 기본관점과 기본정책〉(1982년, 이하 '19호 문건')과 종교 신앙의 자유를 명기한 헌법 개정안(1982)이 공포되었다. 특히 〈19호 문건〉에서는 "마르크스주의자는 유신론을 반대하지만 사회주의 현대화 건설을 위해 정치적 행동에서 애국 종교신자와 통일전선을 형성할 수 있으며 반드시 결성해야" 하고 "사회주의·공산주의로 발전하면 종교가 자연 소멸하겠지만 그때까지는 종교 신앙의 자유를 존중·보호해야 한다"고 명시했다. 하지만 종교를 믿지 않을 자유도 강조하며 종교가 국가행정, 사법, 학교 교육, 사회 공공교육에 관여하거나 18세 이하 청년의 세례, 출가를 금지하는 등 선교활동을 불법 행위로 규정했다.

장쩌민 시기(1989~2002)에는 종교 사무 법제화와 함께 종교계가 사회주의에 맞게 상호 '적응'하도록 유도하는 작업이 강조되었다. 이러한 배경에는 1989년 이후 구소련과 동유럽 지역에서의 사회주의 정권 붕괴,

중국 내의 톈안먼 사건과 티베트 독립 시위가 있다. 종교 사무 법제화의 경우, 1994년 '중화인민공화국 내 외국인 종교활동 관리 규정'과 '종교활동 장소 관리조례'가 제정되었다. 종교계와 사회주의 사회의 상호 '적응'의 경우, 장쩌민은 "종교가 결국에는 소멸하겠지만 계급·국가의 소멸보다 오래 걸릴 수 있어" 종교의 장기적 존재 사실을 인정했다. 이 과정에서 중국공산당은 종교와 사회주의 사회가 서로 충돌하지 않고 '적응'하기 위해 종교계가 애국과 애교愛敎를 결합하도록 하고 종교활동을 헌법과 법률이라는 제도권으로 이끌어내야 한다고 강조했다.

후진타오 시기(2002~2012)에는 장쩌민의 종교사무 법제화와 종교계·사회주의 사회의 상호 '적응' 작업을 지속하는 한편, 종교가 조화로운 사회和諧社會 건설에 적극적인 역할을 하도록 강조했다. 2004년 제정되고 2005년부터 시행된 '종교사무조례'는 중국 최초의 종교행정법규로서 종교단체, 종교활동 장소, 종교 교직자, 종교재산, 법률책임 등 총 7장, 48개 조항으로 구성되었다. 이를 통해 종교에 대한 구체적인 관리와 통제를 실시했다. 한편 2007년 공산당 당장黨章 개정안에는 최초로 "당의 종교업무 기본방침을 전면적으로 철저히 실행하고 종교신자들과 단결하여 경제사회 발전에 기여한다"고 명시해 높아진 종교의 전략적 지위가 반영되었다.

시진핑 시기(2012~현재)에는 종교의 중국화와 13년 만에 개정된 '종교사무조례'에 주목할 만하다. 2015년부터 시진핑은 '종교의 중국화'를 강조했는데, 여기서 '중국화'란 중국정치 인정, 중국사회 적응, 중화문화 표현이라고 할 수 있다. 즉 종교계가 사회주의 핵심가치관을 실천하고 중국 발전에 필요한 요구에 부합하며 중화문화적 해석에 부합하여 사회주의 현대화 건설에 헌신하고 중화민족의 위대한 부흥인 '중국몽' 실현에 기여하는 것이다. 한편, 2017년 제정되고 2018년 2월부터 시행된 '종교사무조례' 개정안은 총 9장(기존 7장에서 종교학교와 종교활동 분야

추가) 77개 조항으로 구성되어 있다. 특히 종교관련 업무 권한이 기존의 현縣급에서 향郷급으로 하향 조정되어 실질적인 감독이 가능하도록 했다. 또한 각종 불법 종교활동에 대해 명확한 벌금을 부과하고 종교인사의 해외 연수·회의·성지순례를 금지하는 등 향후 종교의 높아진 전략적 지위만큼 더욱 강력한 관리·규제와 치밀한 포섭이 이루어질 것으로 보인다.

과학기술

102

노성호

중국 과학기술 분야의 역량과 성과

중국 과학기술 분야의 역량이 빠르게 성장하고 있으며 그 성과가 축적되고 있다. 우선 중국의 연구개발 인력은 2016년 집계된 바에 의하면 400만 명에 이른다. 이는 EU회원국과 일본의 연구개발 인력을 합한 것보다 많은 숫자이다. 또한 연구개발 경비투입이 세계 2위 수준이다. 2016년 중국 전국에 투입된 연구개발 경비는 1조 5,676억여 위안이다. 이는 GDP대비 2.11% 수준으로 개발도상국으로는 매우 높은 수치이며 연구개발 인력 1인당 연구개발비도 40만 4,000여 위안이다. 과학기술 분야 논문 수로도 이를 판단할 수 있다. 중국과학기술정보연구소의 데이터에 의하면 2016년 중국의 SCI 수록 논문 수는 32만 4,200여 편으로 미국에 이어 2위를 차지하고 있으며, 8년째 2위 자리를 유지하고 있다. 중국 과학자가 제1저자인 논문 수도 증가하는 추세이다. 또한 특허와 같은 지식재산권도 빠르게 축적되고 있다. 2017년 발명특허 등록건수는 총 42만 건인데, 이 중 국내 특허가 32만 7,000여 건으로 전년 대비 8.2% 증가했다. 특허 등록 수로 중국국가전력망(3,622건), 화웨이華為기술유한회사(3,293건) 등 기업이 상위에 랭크되어 있으며 어우포歐珀(OPPO)모바일통신유한회사, 다장大疆(DJI)혁신과학기술유한회사 같은 경우는 해외 특허 획득 수 증가 속도가 각각 142.3%, 46.9%이다. 세계지식재산권기구와 코넬대학 등 기관이 공동으로 발표하는 2017년 세계혁신지수 평가에서 중국은 22위 수준으로, 개발도상국으로는 놀라운 수준을 보였다.

양적으로 볼 수 있는 역량 성장과 성과 축적뿐 아니라 질적인 측면을 봐도 이러한 추세가 확인된다. 2016년 중국의 선웨이타이후라이트 Sunway TaihuLight(神威太湖之光)는 1초당 9경 3,000조 회의 연산횟수로 세계에서 가장 빠른 슈퍼컴퓨터로 선정되었다. 2017년에는 세계 최초로 광양자photon 컴퓨터 개발이 발표되었다. 중국의 많은 슈퍼컴퓨터는 신약 개발, 유전자 분석, 기상 분석 등에 활용되어 다른 과학기술 분야 혁신을 선도하고 있다. 2016년 중국은 세계 최초의 양자통신위성 모쯔墨子호를 간쑤성 주취안 위성발사센터에서 발사했다. 수년간 위성을 쏘아 올린 끝에 베이더우北斗 위성위치확인시스템GPS을 독자적으로 구축했다. 2015년에는 최초로 과학기술(생리의학) 분야 노벨상 수상자를 배출했으며 세계 각국에 진출해 있는 젊은 중국 과학기술자들의 성과도 뛰어난 수준이다. 피인용지수가 높은 과학자도 빠르게 증가하고 있는데, 그 수는 2017년 3,000명 중 344명으로 미국, 영국에 이어 세계 3위 수준이다. 인공지능, 빅데이터, 핀테크, 차세대자동차, 에너지, 나노과학, 그래핀graphene 소재, 위성항법 등 많은 분야에서 중국 과학기술은 뚜렷한 성과를 보이고 있으며 산업에서도 선진국을 빠르게 추격·추월하고 있다.

중국 과학기술 분야에 대한 국가적 차원의 전략

이러한 과학기술 분야의 발전은 중국정부의 과학기술 육성 의지가 크게 작용했다. 신중국 성립 후 얼마 되지 않아 구소련과의 과학기술 교류가 단절되자 중국은 공장 위주의 생산조직에 편성된 연구개발 센터를 독립시켜 각 분야의 과학기술 발전을 모색했다. 대륙간탄도미사일, 핵무기와 같이 국가 전략적으로 비대칭 전력 개발에 우선 자원을 투입해서 연구개발 조직을 구축했다. 특정 분야에서 목표는 달성했지만 이후 10여 년간 지속된 문화대혁명 기간 동안 과학기술 역량 발전을 위한 기반이 훼손되었다.

1978년 개혁개방이 시작된 이후에는 우선 과학기술 생산력을 강조하고 교육의 본질에 대한 사상적 기반을 다지며 개인책임제, 기술계약, 기술시장 등 시장 요소를 도입하는 실험을 했다. 개혁개방 이후 대학입학 시험이 재개되자 1985년부터는 과학기술체제 개혁과 교육체제 개혁에 대한 중기계획이 마련되어 연구원 초빙, 해외유학, 중점학과, 국가중점 실험실 등 제도가 신설되었다. 특히 1986년 3월 시작되어 '863계획'이라 불리는 자연과학기술 R&D 지원기금을 통해 바이오, 우주, 전자기기 등 첨단기술 프로젝트에 대한 국가차원의 지원이 이뤄졌다. 1988년 8월에는 '횃불계획火炬計劃'을 수립하여 하이테크 산업기술 개발 관련 지원도 시작했다. 톈안먼 사건과 경제 불안, 뒤이은 체제논쟁을 정리한 후 1993년부터 시장제도 개혁을 가속화한 중국은 1995년부터 재차 과학기술 혁신 정책 방향을 정하고 고등교육기관 효율개선, 하이테크기술개발구 지정, 국립연구기관 개혁, 산학연 확대 등 제도 개혁을 추진했다. 특히 1999~2001년까지 이뤄진 정부산하 연구기관의 체제전환이 중요하다. 당시 1,200여 개의 정부산하 연구기관 대부분이 체제를 바꾸었는데 300여 개는 다른 기관에 편입되고 600여 개는 공공기관이 아닌 영리법인으로 전환됐다. 이와 함께 정부보조금을 줄이며 연구개발기구가 기업 등 시장에서 스스로 프로젝트를 수주해서 연구개발 활동을 지속하도록 했다.

WTO 가입 이후에는 해외기업들과 경쟁 협력을 유도하면서 중국 과학기술 혁신주체들의 역량 제고를 도모했다. '11차 5개년 계획', '12차 5개년 계획'을 통해 정부조달, 연구개발비용 지원 분야를 선정하고 지원을 추진했으며 자주적 혁신自主創新을 강조해서 중국 내 대학과 연구기구, 기업들의 역량을 강화했다. 특히 2006년 2월에는 2,000여 명에 달하는 산학연 각계 전문가의 자문을 거쳐 '국가중장기과학기술발전계획강요(2006~2020)'를 발표함으로써 정부의 지속적인 과학기술 지원 전략을 수립했다. 최근에는 '13차 5개년 계획(2016~2020)'에서 '혁신주도형 발전전략國家創新驅動發展戰略'을 천명하고 '중국제조 2025', '인터넷 플러스' 행동계획, 대중창업 만중혁신 등 세부 전략을 수립해서 과학기술 분야 발전의 의지를 더 강하게 드러내고 있다. 중국의 과학기술 분야 목표는 제조기술 추격을 넘어 국제질서하에서 과학기술 헤게모니를 형성하고 이 분야 최강국으로 발돋움하려는 것으로 점차 전환되고 있다.

민간 과학기술 역량 강화와 혁신지역의 형성 발전

중국정부가 과학기술 분야 육성 지원을 대대적으로 추진함에 따라 민간 과학기술 혁신주체들의 역할도 커지고 있다. 2016년 말을 기준으로, 해외 유학 후 귀국한 유학생 수는 265만 1,100명으로, 학업을 마친 전체 인원의 80% 이상이 되는 숫자이다. 이들 중 특히 2008년부터 시작된 '천인계획'을 통해 귀국한 고급인재들은 6,074명에 이르고 '창장長江학자장려계획'을 통해 귀국한 고급인재도 1,094명에 이른다. 이들은 중국 과학기술 분야에서도 활약하며 중국의 과학기술 혁신역량을 한 단계 높이고 있다.

2016년 기준 정부산하기업(연구기관 및 고등교육기관 제외)이 지출한 연구개발경비는 1조 2,144억 위안으로, 전체 연구개발경비의 77.5%를 차지할 정도로 높다. 2003년에 전체 연구개발경비 지출 중 기업의 지출 비중은 62.4%에 불과했다. 과학기술 분야에서 기업의 역할과 비중이 점점 더 커지고 있다. 기업의 연구개발 투자는 애초에 사업화와 상업성에 목표를 두고 진행되기 때문에 파급효과가 크고 경제적 효율이 높다. 연구개발과 혁신활동을 통해 첨단산업 분야에서 세계적 수준의 민간기업이 발전하고 있다. 예를 들면 세계적인 상거래 플랫폼 기업인 알리바바는 인공지능, 클라우드 컴퓨팅, 빅데이터 등 첨단 분야를 선도하고 있다. 특히 알리클라우드에서 개발한 인공지능 'ET'는 기계학습, 스마트 언어교환, 생물식별, 감정분석 등 기초적인 소통 능력을 갖추고 도시행정, 제조업, 안보, 의료, 환경보호, 금융, 항공, 물류 등에 활용되고 있다.

지역적으로도 지식파급효과가 극대화되며 과학기술 혁신이 빠르게 이뤄지는 중심지역이 형성되고 있다. 베이징과 상하이를 중심으로 발전하는 지역과 함께 최근에는 광둥성과 홍콩, 마카오를 아우르는 혁신지역粤港澳大湾区이 주목받고 있다. 이 지역에는 세계 500대 기업 중 17개 기업의 본사가 위치하여 288개 기업이 투자하고 있다. 홍콩에는 QS세계 대학평가기준 100위 내 대학이 4곳이나 집중되어 있다. 선전에는 텐센트, 화웨이, 다장DJI 등 중국 최고기업들이 밀집되어 있다. 또한 행정중심이 되는 광저우의 시장, 포산佛山과 동관東莞의 제조업 기반이 상호 시너지를 내면서 중국뿐만이 아닌 세계의 혁신센터로 발돋움하고 있다.

103

세대

하남석

세대世代(generation)라는 개념은 생물학적으로 한 생물이 태어나서 생명을 마칠 때까지의 기간을 의미하지만, 사회학적으로는 특정한 시기에 비슷한 경험을 하여 일정한 경향성을 갖게 된 연령 집단을 의미한다. 즉, 각 세대는 특정한 역사적 경험을 통해 다른 세대와는 구별되는 정체성 혹은 집합의식을 공유하게 된다. 그렇기에 어떤 나라든 '세대'라는 틀을 통해서 그 사회가 가지고 있는 여러 문제의 특성을 더 잘 이해할 수 있다. 중국은 그 규모로 인해 지역별로 문화적 특성이 다양하고 계층별로 격차가 심한 편이라고 할 수 있는데, 세대별로도 그 정체성이 확연하게 구분된다. 그 이유는 무엇보다도 중국이 문화대혁명에서 개혁개방에 이르기까지 급격한 사회적 전환을 경험했으며, 다른 어떤 나라보다도 압축적인 근대화 과정을 거쳐 왔기 때문이다.

라오싼제와 신싼제

중국에서 청년기에 문화대혁명을 경험했던 지금의 기성세대는 보통

라오싼제老三屆와 신싼제新三屆 세대로 일컬어진다. 라오싼제 세대는 문화대혁명이 발발하여 그 절정기였던 1966년에서 1968년 사이에 중·고등학교를 졸업한 세대를 지칭하는 표현으로, 이들은 주로 그 시기에 홍위병으로 활동했고 그 직후에는 지식청년知靑이라 불리며 농촌으로 하방下放되어 농민들과 함께 생활했다. 그 시기 동안 대학이 폐교하며 이들은 학업을 그만두거나 독학을 할 수밖에 없었다. 신싼제 세대는 문화대혁명이 종결된 후, 대학입시高考가 부활하면서 1977년부터 1979년까지 3년간 입시를 치르고 대학에 입학하게 된 세대를 일컫는 말이다.

이들 세대는 비록 청소년기, 혹은 청년기에 제대로 된 교육을 받지 못했다고 여겨지지만, 농촌 지역에서 기층 인민들과 함께 고생하면서 중국의 낙후한 현실과 민생의 어려움에 대하여 누구보다도 뼈저리게 깨달은 실용적 세대로 평가받기도 한다. 그렇기에 이들은 정규교육은 제대로 받지 못했어도 적극적으로 정치에 참여한 경험이 있기에 향후 중국이 나아가야 할 길에 대하여 문제의식을 가지고 젊은 시기부터 격렬한 논쟁을 벌여온 세대이기도 하다. 이들 세대는 이후 중국의 개혁개방을 주도해 성과를 이끌어낸 주축 세대로, 현재 정치, 문화, 기업계 등 각 방면에서 큰 지위를 차지하고 있기도 하다.

바링허우(80허우)와 주링허우(90허우)

개혁개방 이후 출현한 세대는 보통 출생년도를 기준으로 10년 단위로 끊어서 1980년대 출생자들을 바링허우(80後), 1990년대 출생자들을 주링허우(90後) 세대로 호명한다. 이들 세대는 개혁개방 직후인 1979년부터 실행된 국가의 계획생육計劃生育, 즉 한 가구 한 자녀 정책으로 인해 대부분 외동으로 태어나 형제자매 없이 성장했다는 공통의 경험을 가지고 있다. 그리고 1990년대에서 2000년대에 이르기까지 중국이 경제적으로 급격하게 성장하던 시기에 비교적 풍요로운 청소년기를 보내 기성세대와는 달리 시장경제와 소비문화에도 익숙한 세대이다. 이 시기에 중국에서 대중매체와 인터넷 등이 발달하여 이들 세대는 해외의 대중문화를 즐기며 자라났고, 웨이보와 위챗을 비롯해 각종 SNS를 적극적으로 활용하는 등 IT 문화에도 능숙한 세대이다. 그렇기에 이들은 개성이 강하고 다양한 문화적 소양을 지니고 있으며, 탈권위적이라고 평가받지만, 때때로 소비에 탐닉하고 서구화되어 개인주의에 빠져 있으며, 어려움을 겪지 않아 자립심이 약하다는 비판을 받기도 한다.

문혁 세대와 포스트-개혁개방 세대 비교

한편, 라오싼제 등 기성세대인 문혁 세대가 문화대혁명이라는 국가의 정치적 동원에서 어려움을 겪었다면, 이들 바링허우와 주링허우 등 개혁개방 이후 세대는 시장에서의 무한 경쟁이라고 하는 다른 종류의 문제에 직면해 있기도 하다. 또 다른 측면에서 문혁 세대가 비교적 동질적인 경제적, 문화적 조건 속에서 비슷한 역사적 경험을 한 반면에, 바링허우와 주링허우 세대들은 개혁개방 이후 분화한 경제적·지역적 조건 속에서 다양한 계층적 기반으로 나뉘지기에 하나의 동질적인 집단으로 구분하기 어렵다는 측면이 존재하기도 한다. 이렇듯 문혁 세대와 포스트-개혁개방 세대는 분명히 여러 지점에서 차이가 확연하게 드러나지만, 중국은 다른 나라와 비교할 때 기성세대와 청년세대와의 갈등이 두드러지게 나타나지는 않는다. 다만 현재 중국의 경제성장이 점차 둔화하는 동시에 노령화가 가속화되는 조건 속에서 청년 실업이 늘어나는 추세이기에 향후 다른 나라처럼 경제적 자원의 독점을 놓고 세대 갈등이 불거질 것인지 여부는 지켜볼 필요가 있다.

한국화교

104

송승석

촹까오리: 초행길

대다수 한국화교들의 원향이라 할 수 있는 중국 산둥은 유달리 재난과 전란이 끊이지 않던 곳이다. 그래서 역사적으로 산둥사람들은 가뭄, 홍수, 내전 등으로 황폐해진 고향을 떠나 다른 지역으로 이주하는 경향이 높았다. 그들이 주로 옮겨간 곳은 중국의 관동關東, 지금의 동북 3성이다. 우리에게도 익숙한 만주가 바로 그곳이다. 1651년부터 1949년까지 299년간 이 지역으로 삶의 거처를 옮긴 산둥 사람들의 수가 2,500만 명이었다고 하니, 그 수에 새삼 놀라지 않을 수 없다. 중국 사람들은 이를 일컬어 '촹관동闖關東'이라 한다.

그런데 그들이 새로운 보금자리로 여기고 찾아갔던 중국 동북 지역마저 러일전쟁 등 제국주의 간 다툼의 장으로 변하고 그에 따른 불안이 심화되면서, 19세기 말부터 촹관동 행렬의 일부가 자신들의 최종 행선지로 한반도를 선택하게 된다. 한국의 화교들은 이를 '고려'로 이주한다 해서 '촹까오리闖高麗'라 불렀다. 이들은 산둥의 웨이하이나 옌타이 등지에서 바닷길을 통해 인천으로 오거나 랴오닝의 안둥安東(지금의 단둥)을 통해 신의주로 혹은 광활한 만주벌판을 지나 조선 북부로 건너오는 육로를 택하기도 했다. 결국 자연재해로 인한 경작지의 유실, 의화단사건義和團事件 등에 따른 중국 화북 지역의 혼란, 군벌정치의 폭정, 열강의 침략에 의한 약탈과 실업이 산둥사람들을 물설고 낯선 이곳 한반도로 거처를 옮기게 한 것이다.

"낙엽귀근"에서 "낙지생근"으로: 타향살이

초창기 한반도로 이주한 화교들의 삶은 그리 녹록치 않았다. 이주가 그랬듯 거주 역시도 순조롭지 않았다. 개중에는 적극적인 판로 확장을 위해 배를 띄운 상인들도 있었고 경작을 위해 새로운 땅을 찾아온 농민들도 있었다. 그리고 호구의 책으로 무작정 일자리를 찾아 이 지역으로 건너온 무지렁이 쿨리苦力(coolie)들도 적지 않았다. 당초 이들은 조선 땅에서 많은 돈을 벌어 가벼운 걸음으로 고향 땅을 밟는 금의환향을 꿈꾸었을 것이다. 한때 화교의 전형적 특징으로 자주 거론되던 것이 이른바 "낙엽귀근落葉歸根"이다. 잎이 떨어지면 뿌리로 돌아간다는 뜻이다. 초창기 화교들이 봄에 왔다가 가을에 돌아가는 이른바 '철새이민', '계절이민'의 형태를 유지하고자 했던 것도 바로 이 때문이고, 뜻하지 않게 객지에서 유명을 달리하는 경우에 '죽어서라도 고향 땅에 묻히기'를 원하는 귀장歸葬의 풍습을 잃지 않았던 것도 결코 이와 무관치 않다.

하지만 그들의 상당수는 결국 돌아가지 못했고 돌아가지 않았다. 설혹 돌아갔다가도 대부분은 다시 돌아와야 했다. 청일전쟁, 완바오산萬寶山사건, 중일전쟁 등 잇따른 참화에도 불구하고 한반도 어딘가에는 본인들의 점포가 있었고 땅이 있었고 무엇보다 그들의 피와 땀이 진하게 배어있기에 그랬다. 미처 의식하지는 못했지만 어느새 한반도는 그들이 기어이 살아야만 하고 마땅히 죽어 묻혀야만 하는 "낙지생근落地生根"의 공간과 장소가 되었다.

중국적인 것Chineseness : 삶의 근원이자 생존전략

한국에 거주하는 화교들에게 "왜 당신은 그렇게 행동하는 것이지요?"라고 물으면, 그들에게선 어김없이 "그렇게 하는 게 우리 전통입니다"라는 대답이 돌아온다. 이처럼 화교사회의 구성원들은 자신들의 문화적 과거와 경험 즉, 전통을 통해 삶의 의미를 되찾으려는 욕망을 지니고 있고 그것을 실현하기 위해 꾸준히 노력해왔다. 또 그러한 과정을 통해 그들 나름의 '중국적' 정체성을 공유할 수 있었다.

물론, 한국화교는 더 이상 거대 이주민집단이 아니기에 중국의 전통적인 종족宗族 관념이 실제적인 조직이나 제대로 된 형식으로 남아 있다고는 볼 수 없다. 그럼에도 불구하고 화교들은 관혼상제, 세시풍속, 민간신앙 등에 의한 각종 모임들을 통해 적어도 화교사회라는 경계 즉 '화교다움'만큼은 여전히 허물어뜨리지 않고 있다. 더불어 화교사회는 혈연, 지연, 학연, 업연業緣 등으로 대표되는 이른바 중국의 '꽌시문화關係文化'를 오랜 세월 동안 유지하는 가운데 자신들의 삶을 구현하고 있다. 설령 그것이 국외자의 입장에서 볼 때 비합리적이고 전근대적인 것으로 비쳐진다 하더라도 그들이 처한 시대적 상황과 공간적 경험은 그러한 문화원리를 결코 포기할 수 없게 만들었다.

그러나 전통적 관행과 문화적 관습을 보존하고 유지하는 것은 화교사회 내부의 단결과 지속을 담보하는 데에는 유리할 수 있지만, 화교사회 외부라 할 수 있는 거주국사회의 이질적 문화구조와 접촉할 때는 장애요인으로 작용하는 경우도 있었다. 오늘날 젊은 세대 화교들이 그들의 부모세대가 각종 억압과 차별을 극복하는 방법으로 고수해왔던 전통적인 공동체의 문화원리와 가치체계에 대해 그 효용성을 의심하는 이유도 바로 이 때문이다. 하지만 화교를 바라보는 우리의 시선이 제대로 교정되지 않고, 한국사회가 강요하는 공적 시스템이 화교사회에 제대로 적용되지 않는 한, 그것은 새로운 현실과 구조상 일부 조정되고 보완될지언정 결코 화교사회에서 쉽게 자취를 감추지는 않을 것이다.

한중 관계

9부

이희옥

새로운 정상New Normal의 한중 관계

1992년 노태우 정부와 장쩌민 정부가 우호협력관계를 수립한 이후, 1998년 김대중 정부와 장쩌민 정부 사이에 협력동반자관계를 구축했다. 양국이 처음으로 '동반자partnership' 외교의 틀 속에서 작동하면서 관계가 격상되었다. 2003년 양국에서 각 출범한 노무현 정부와 후진타오 정부는 기존의 동반자관계를 '전면적' 협력동반자관계로 확대발전시켰다. 이어 2008년 이명박 정부와 후진타오 정부는 전략적 협력동반자관계를 구축했다. 양국이 '전략적' 관계로 격상된 것은 비단 양자관계뿐 아니라 지역과 국제문제에 대해서도 전략적 협력을 이룬다는 의미를 지니고 있었다. 이처럼 한중 관계는 주로 한국에서 정권이 변할 때마다 외교형식이 격상되었고 상호 전략적 가치가 증대되었으며 협력도 심화되었다. 2013년 박근혜 정부와 2017년 문재인 정부도 외교형식의 격상보다는 전략적 협력동반자관계의 내실화·실질화에 초점을 맞추었다.

구분	시기	한국	중국	특징
선린우호관계	1992	탈냉전, 북방정책, 남북관계, 경제협력	탈냉전, 개혁개방, 대만문제, 경제협력	노태우 정부-장쩌민 1기 체제
협력동반자관계	1998	금융위기, 남북관계, 북핵문제, 경제협력	책임대국론, 북핵문제, 경제협력	김대중 정부-장쩌민 2기 체제
전면적 협력동반자관계	2003	균형외교, 북핵문제, 경제협력, 역사문제	대국외교, 북핵문제, 경제협력	노무현 정부-후진타오 1기 체제
전략적 협력동반자관계	2008	다극화, 한미동맹견제, 경제협력	한미동맹강화, 경제협력	이명박 정부-후진타오 2기 체제
전략적 협력동반자관계	2013	북핵문제, 한중 FTA, 인문교류	북핵문제, 한중 FTA, 인문교류	박근혜 정부-시진핑 1기 체제
전략적 협력동반자관계	2017	한반도 신경제지도, 북핵문제, 사드문제, 경제협력, 인문교류	일대일로, 북핵문제, 사드문제, 경제협력, 인문교류	문재인 정부-시진핑 2기 체제

자료: 필자 작성

경제관계에서의 성과

이러한 관계발전의 성과는 무엇보다 경제관계에서 두드러졌다. 2017년 말 양국 간 교역규모는 2,400억 달러(홍콩과 마카오 등을 경유한 수입을 포함)로 1992년 수교 당시의 60억 달러에 비해 40배 정도 증가했다. 중국은 이미 한국의 최대수출국, 투자대상국이 되었고 한국도 중국의 제3의 교역국이자 4대 투자대상국이 되었다. 특히 한국의 입장에서 보면 현재 중국과의 교역규모가 미국·일본과의 교역규모 총합보다 크며, 그동안 한국경제의 성장은 중국경제에 힘입은 바 크다고 할 수 있다. 중국도 보완적 성격을 지닌 한중 교역을 통해 지속가능한 발전을 이룬 이른바 '윈-윈' 관계를 구축했다. 이어 2016년 말에는 한중 FTA가 공식 체결되어 새로운 경제관계로 도약했다. 그러나 2016년 한미 양국의 사드 배치 이후 양국 간 교역과 투자가 크게 위축되었으며, 2017년 10월 사드 문제에 관한 한중 양국의 협의결과를 발표하고 12월 한중정상회담을 통해 완화되었다.

다양해진 정치 소통의 채널

정치적으로는 2017년 말까지 약 70회 이상의 양자 또는 다자 무대에서 정상급 회담이 있었고, 시간이 갈수록 회동의 빈도가 늘었다. 특히 양국 정상 간 잦은 접촉과 대화는 소통부재에서 오는 위험을 예방하고, 문제가 발생하면 이를 신속히 처리할 수 있는 소통 메커니즘을 확보하는 데 기여했다. 여기에 한국의 국가안보실장과 중국의 외교담당 국무위원간 전략대화 채널이 구축되었고 차관급 전략대화가 정례적으로 개최되었다. 뿐만 아니라 다양한 형태의 의회교류와 정당 간 교류도 제도화·활성화되었다. 특히 이데올로기의 차이로 인해 양국관계의 가장 미묘한 영역이었던 군사·국방방면의 교류도 활성화되었다. 인사교류, 정책 실무교류 및 연구와 교육을 비롯한 모든 영역에서 발전했다. 수교 이후 2017년 말까지 국방장관급 회담, 합참의장급 회의, 각군 총장급 회의가 개최되고 있다. 2011년 이후 차관급 국방전략대화가 시작되어 제도화되었고 2013년 이후 국방차관과 중국 부총참모장 간 국방전략대화가 이뤄지고 있다. 2014년에는 한국군의 제안에 따라 중국군 유해송환사업이 시작되기도 했다.

문화적 교류의 활성화

문화적으로는 한중 양국의 인적교류가 연인원 1,000만 명에 달하며 매주 수십 곳의 도시에서 800여 편 이상의 항공기가 이착륙하고 있다. 그리고 방중규모가 방한규모를 압도했던 현상은 중국의 부상으로 인해 중국인의 방한규모가 폭발적으로 늘면서 균형을 찾고 있다. 중국에 상주하는 한국인 수는 약 50만 명에 달하고, 그 결과 베이징, 상하이, 칭다오 등의 주요 도시에는 이미 '코리안 타운'이 형성되어 있다. 지방자치단체 간 교류도 활성화되어 이미 130개 곳의 우호도시가 구축되었다. 중국에 체류하는 유학생은 약 6만 8,000여명이고, 한국에 온 중국 유학

역대 한국외교부(외교통상부) 장관 및 외교부장/역대 주중대사 및 주한대사

외교장관	재임기간	주중대사	재임기간	외교부장	재임기간	주한대사	재임기간
이상옥	1990. 12. ~1993. 2.	노재원	1991. 1. ~1993. 5.	첸치천 (錢其琛)	1988. 4. ~1998. 3.	장팅옌 (張庭延)	1992. 9. ~1998. 8.
한승주	1993. 2. ~1994. 12.	황병태	1993. 5. ~1995. 12.	탕자쉔 (唐家璇)	1998. 3. ~2003. 3.	우다웨이 (武大偉)	1998. 9. ~2001. 7.
공로명	1994. 12. ~1996. 11.	정종욱	1996. 2. ~1998. 4.	리자오싱 (李肇星)	2003. 3. ~2007. 4.	리빈 (李濱)	2001. 9. ~2005. 8.
유종하	1996. 11. ~1998. 3.	권병현	1998. 5. ~2000. 8.	양제츠 (楊潔篪)	2007. 4. ~2013. 3.	닝푸쿠이 (寧賦魁)	2005. 9. ~2008. 10.
박정수	1998. 3. ~1998. 8.	홍순영	2000. 8. ~2001. 9.	왕이 (王毅)	2013. 3 ~2018년 7월 말 현재	청융화 (程永華)	2008. 10. ~2010. 2.
홍순영	1998. 8. ~2000. 1.	김하중	2001. 10. ~2008. 3.			장신썬 (張鑫森)	2010. 3. ~2013. 12.
이정빈	2000. 1. ~2001. 3.	신정승	2008. 5. ~2009. 12.			추궈훙 (邱國洪)	2014. 2. ~2018년 7월 말 현재
한승수	2001. 3. ~2002. 2.	류우익	2009. 12. ~2011. 5.				
최성홍	2002. 2. ~2003. 2.	이규형	2011. 5. ~2013. 6.				
윤영관	2003. 2. ~2004. 1.	권영세	2013. 6. ~2015. 3.				
반기문	2004. 1. ~2006. 11.	김장수	2015. 3. ~2017. 9.				
송민순	2006. 11. ~2008. 2.	노영민	2017. 9. ~2018년 7월 말 현재				
유명환	2008. 2. ~2010. 9.						
김성환	2010. 10. ~2013. 3.						
윤병세	2013. 3. ~2017. 6						
강경화	2017. 06. ~2018년 7월 말 현재						

자료: 필자 작성

생도 약 7만 명을 상회한다. 이러한 양국 유학생 규모는 해당 국가에서 가장 높은 비중을 차지하고 있다. 한국에서는 중국어 배우기 열풍이 불고 있고, 실제로 중국어 수준고사인 HSK 시험을 가장 많이 치르는 국가이다. 특히 2013년부터 양국은 인문유대활동을 강화하기로 합의하고 차관급을 대표로 하는 한중인문교류 공동위원회를 구축하기도 했다. 이러한 사회문화적 교류를 제도적으로 지원하기 위해 한국은 중국대사관 관할 속에 상하이, 선양, 칭다오, 광저우, 청두, 시안, 우한, 홍콩 등 8곳에 총영사관이 있고 2012년에 다롄에 출장소를 설치했다. 한편 타이베이에는 한국 대표부가 개설되어 있다. 중국도 서울, 부산, 광주에 이어 제주에 총영사관을 설치해 영사업무를 수행 중이다.

106

한중 무역과 투자

양평섭

무역: 새로운 전환기에 진입한 한중 무역

한중 무역 규모는 1992년에 64억 달러에서 2017년에 2,400억 달러로 과거 25년간 38배로 확대되었다. 중국은 1992년 한국의 5위 교역대상국에서 2003년에는 일본을, 2004년에는 미국을 제치고 최대 교역대상국으로 부상했다. 한중 양국의 무역과 투자는 한중 수교(1992년 8월)-한국의 외환위기(1998년 말)-중국의 WTO 가입(2001년 11월)-글로벌 금융위기(2009년)-한중 FTA 발효(2015년 12월)로 이어지는 환경 변화에 따라 확대와 조정의 과정을 거치며 성장해왔다. 1990년대 후반 외환위기가 발생하기 전까지 양국 간 무역은 연평균 32.2%의 초고속성장세를 유지했다. 한국의 외환위기로 크게 둔화되었던 한중 교역은 중국이 WTO에 가입한 이후부터 글로벌 금융위기가 발발하기 이전까지 7년간 연평균 27.1%씩 급증했다.

그러나 글로벌 금융위기와 유럽 재정위기를 겪으면서 한중 무역이 새로운 위기를 맞이했다. △ 중국의 수입대체 추진, 중국경제의 중고속 성장기 진입 △ 글로벌 경기 침체와 교역 둔화 △ 중국 진출 한국기업의 현지화 강화 △ 경제외적 갈등 등 다양한 요인으로 인해 2009년부터 8년간 연평균 2.8% 증가한데 그쳤으며, 2015년과 2016년의 2년간에는 마이너스 증가율을 기록했다. 2017년에는 세계 경기와 무역 회복으로 한중 무역이 과거 2년간의 감소세를 벗어나 이전의 최고 수준을 회복했으나, 한국의 무역 파트너로서 중국의 중요도가 낮아지고 중국 수입시장에서 한국의 경쟁력도 하락했다.

단방향 투자에서 쌍방향 투자로 전환 중인 투자 협력

한국의 중국에 대한 투자액(잔액 기준)은 1992년 말 2억 달러에서 2004년 말에는 100억 달러를 넘어섰고, 2014년 말에는 500억 달러를 넘어섰으며, 2017년 9월 말에는 583억 달러로 과거 25년간 연평균 30%씩 증가했다. 그러나 한국의 해외투자대상국으로서 중국의 위상이 2000년대 중반까지 크게 제고되었으나 이후 점차 낮아지고 있다. 한국의 해외투자 중 중국이 차지하는 비중은 2000년대 초반의 40% 수준에서 2017년에는 5.5%로 하락했고, 제조업 분야의 해외투자에서 중국이 차지하는 비중도 2000년대 초반 60%대에서 2017년에는 24.7%로 하락했다. 중국의 투자여건악화로 노동집약적 산업을 중심으로 베트남 등 동남아 국가로 투자대상지역이 전환되고 있기 때문이다.

중국의 해외투자走出去 전략 추진으로 중국기업의 한국에 대한 투자가 증가하고 있다. 중국의 한국에 대한 직접투자액은 1992년 말 400여만 달러에서 2017년 말에는 110억 달러로 증가했다. 특히 중국기업의 해외투자가 급격히 증가한 2014~2016년 사이 중국기업의 한국에 대한 투자액은 52억 달러로 같은 기간 한국기업의 중국에 대한 투자액(127억 달러)의 40%에 달했다. 수교 이후 투자 협력은 한국기업의 중국에 대한 단방향 투자를 중심으로 확대되어 왔으나, 중국기업의 해외투자가 확대되

한중 교역액과 증감률 추이

(단위: 억 달러, %)

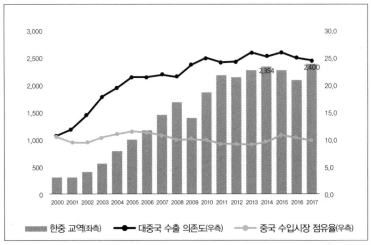

범례: 한중 교역(좌측) ■■■ 대중국 수출 의존도(우측) ━●━ 중국 수입시장 점유율(우측) ━●━

자료: 한국무역협회

한국의 대중국 투자와 중국의 해외투자 비중

(단위: 백만 달러, %)

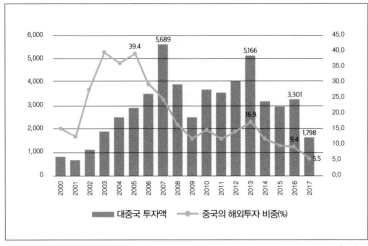

범례: 대중국 투자액 ■■■ 중국의 해외투자 비중(%) ━●━

주 | 2017년은 1～9월 기준

자료: 한국수출입은행

면서 쌍방향 투자로 전환되고 있음을 보여준다.

새로운 전환기에 들어선 한중 무역과 투자

　단기적으로 양국 간 경제외적 갈등 요인이 점차 해소되고, 세계경제와 중국경제가 안정적 성장세를 유지하는 가운데 한중 관계가 개선되며 양국 간 무역과 투자 협력은 안정되어갈 것이다. 그러나 한중 교역과 투자가 이미 성숙 단계에 진입했으며, 양국의 산업이 점차 경쟁적 관계로 변화하고, 중국을 중심으로 하는 새로운 밸류체인이 형성되면서 양국 간 경제협력은 지금과는 많이 다른 양상을 띨 것이다. 한중 양국의 산업 간 연계성이 약화되면서 중간재 제공자로서 한국의 역할이 약화되고, 그 결과 한국의 대중국 무역흑자 축소가 불가피해질 것이다. 전통적인 대중국 흑자 분야에서 중국의 경쟁력이 한국을 앞서고, 소비재 분야의 대한국 수출이 늘어나면서 한중 무역불균형이 점차 축소될 것이라 예측된다. 또한 신산업과 신소재 분야에서 중국에 대한 부품과 중간재 공급능력을 확충하지 못할 경우 한국의 대중 수출이 위기에 직면하게 될 것이다. 한국의 핵심 부품과 소재 분야에서 중국에 대한 투자가 완료되면서 한국 대중국 투자는 이미 성숙기에 진입했다. 중국을 가공무역기지로 활용하기 위해 진출한 한국기업의 중국 사업에 대한 구조조정도 불가피해질 전망이다.

107

한중 FTA

정환우

의의

자유무역협정Free Trade Agreement(이하 'FTA')이란 관련국 사이에 배타적인 경제적인 이익(상대국에게만 관세, 서비스 등 개방)을 상호 제공하고 높은 수준의 통상 규범을 준수하기로 약속하는 통상협정으로, 한중 FTA는 2015년 12월 발효되었다. 한중 FTA는 이제 한중 간 경제관계에 관련된 모든 권한과 의무를 결정하는 근본 규칙이 되었다. 한중이 FTA를 체결했다는 것은 양국이 바로 이처럼 특수한 경제협력 단계에 들어섰다는 것을 의미한다.

진행 현황

한중 FTA 협상을 준비하는 데 오래 걸렸으나, 실제 협상은 신속하게 진행됐다. 보다 심도 있는 경제관계를 구축하기 위해 따져볼 것이 많았으며, 거시적인 방향이 결정된 후에는 급속하게 진행시킬 수 있었다는 의미이다. 한중 경제관계가 심화되는 것이 대세임은 서로 부인할 수 없

일시	내용	비고
2004. 9.~2006. 11.	민간공동연구	
2006. 11.~2010. 5.	산·관·학 공동연구	총 6회 회의
2012. 2.	한중 FTA 공청회	서울
2012. 5.~2014. 11.	한중 FTA 협상	총 14회 협상
2015. 6.	한중 FTA 정식 서명	서울
2015. 12. 20.	한중 FTA 발효	
2017. 1.	한중 FTA 제1차 공동위원회	베이징
2018. 1.	한중 FTA 서비스· 투자 후속협상 공청회	서울 (협상 개시 후 2년 내 종료 예정)

자료: 필자 작성

지만 결단을 내리기 어려울 정도로 그 영향에 대한 두려움이 많았다는 뜻이기도 하다. 한중 FTA 산·관·학 공동연구(2006. 11.)로부터 타결(서명, 2015. 6.)에 이르기까지 9년 반의 시간이 소요되었지만, 본 협상은 2년 반 만에 종결되었다.

주요 내용과 성과

한중 FTA는 수준에서는 중간, 범위에서는 광범위, 즉 포괄적이라고 할 수 있다. 중간 수준의 포괄적인 협정이라는 의미이다. 수준이란 관세 철폐 및 서비스 개방 정도를 가리키는데, 한국은 한미 및 한-EU FTA 등 주요 기체결 FTA에 비해 낮은 수준으로, 중국은 기체결 FTA에 비해 비교적 높은 수준으로 개방했다. 수입액 기준으로, 중국은 대한국 수입의 85%(1,417억 달러)에 부과되는 관세를, 한국은 대중국 수입의 91%(736억 달러)에 부과되는 관세를 최장 20년 이내에 철폐하기로 했다. 관세 철폐 수준이 높지 않고, 이마저도 장기간에 걸쳐 철폐되는 품목이 많다고 이해하면 된다. 관세 철폐보다 중요하다고 볼 수 있는 서비스 분야는 일부(6개 업종)에서 추가 개방이 이루어졌지만 높은 수준은 아니다.

대신 한중 FTA에서 다루는 분야는 매우 넓다. 실제로 한국이 체결한 FTA는 물론 중국이 체결한 FTA 중에서 가장 포괄범위가 넓다. 총 22개 장chapter으로 구성된 협정문에는 상품무역 자유화(관세 철폐)는 물론 비관세장벽(통관, 위생, 기술장벽), 무역구제(덤핑, 보조금 등), 전자상거래, 경쟁, 지식재산권, 환경 등 국가 간 거래에 관련된 모든 이슈에 대한 상호 행동규칙을 규정하고 있다. 특히 한중 FTA에서는 경제협력을 증진하기로 노력한다는 규정을 넣기도 했다. 물론 포괄 범위가 넓다고 개방 수준이 높다는 의미는 아니다. 다루는 분야가 넓은 반면 실제 개방화·규범화는 충분치 못한 것이 한중 FTA의 특징이자 한계이다. 따라서 한중 FTA에서는 집행 및 감독 시스템 운용은 물론 후속 협상을 통한 보완과 추가 개방이 중요하다.

그렇다면 한중 FTA는 한중 경제교류에 얼마나 활용되었고, 얼마나 기여했을까? 만족스럽진 않지만 그런대로 양호한 수준으로 평가할 수 있다. 대중국 FTA 수출 활용률은 발효 3년차인 2017년 9월 기준 42.5%에 이르렀다. 한미 FTA, 한-EU FTA 등 우리가 체결한 높은 수준의 FTA에는 미치지 못하지만 무역구조가 비슷한 한-아세안 FTA의 경우 발효 9년차인 2015년에야 비로소 42.5%에 이르렀음을 볼 때 활용률이 높다는 사실을 알 수 있다. 산업부에 따르면, 실제로 FTA 관세 철폐 혜택 품목의 수출 증가율(19.2%)이 비혜택품목의 수출 증가율(12.6%)보다 높게 나타나 FTA가 수출 증가에 기여한 것으로 나타났다.

향후 계획과 과제

모든 FTA가 그렇듯, 더 나아가 모든 통상조약이 그렇듯 한중 FTA는 영원불변의 협정이 아니다. 더구나 '넓지만 낮은' 한중 FTA의 특성상 후속 작업과 협상을 통한 보완과 개선이 중요하다. 실제로 2015년 본 협정 체결 시, 양국은 발효 후 2년 이내에 서비스 및 투자 분야의 후속협상을 시작하기로 합의했지만 2018년 중으로 협상이 개시될 예정이다. 이와 별도로 협정을 이행하고 감독할 이행위원회와 집행 작업이 지속되고 있다. 한중 FTA의 진행과정과 내용을 보면 한중 경제관계가 이제 제도적인 측면에서 통합단계에 진입했다고 할 정도로 진전됐지만, 이 제도적 진전이 실제 내용을 갖추기 위해서는 여전히 할 일이 많다. 진전된 제도에 실제 내용을 채워넣는 일이 앞으로의 과제이다.

108

중국 내 한국기업

김윤희

중국의 WTO 가입 이후 대중국 투자 가속화, 2007년 정점 찍은 후 감소세

한국의 대중국 투자는 수교 25년간 급성장했다. 수교 당시인 1992년 말 174건, 1억 3,700만 달러에서 2017년 상반기 기준 2만 6,600여 건, 575억 달러로 증가해 건수기준으로는 153배, 금액기준으로 417배 급증했다. 다시 말해 건수기준으로는 우리기업의 전 세계 투자의 37%, 금액기준으로는 15%에 달하는 수치이다.

시기별로 살펴보면 1992년 수교 이후 1차 투자 붐이 일기 시작했다. 당시에는 노동집약 업종에 종사하는 중소기업 위주로 대부분 교포 밀집지역인 동북 3성이나 지리적으로 인접한 산둥성에 진출했다. 2001년 12월 중국의 WTO 가입 이후 대중국 투자가 가속화되면서 2차 투자 붐이 일었다. 이 시기에는 삼성, 현대 등 대기업이 투자를 주도했으며, 주로 징진지, 창장 삼각주, 주장 삼각주 등 연해지역에 대한 투자가 많았다. 2002년 대중국 투자는 처음으로 10억 달러를 돌파하며 중국은 미국을 제치고 우리나라의 최대 투자대상국으로 부상했다. 중국의 WTO 가입

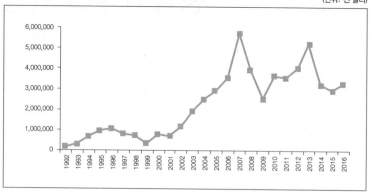

한국의 대중국 투자 동향

(단위: 천 달러)

주ㅣ대중국 직접 투자금액(실행기준)

자료: 한국 수출입은행

으로 한중 양국이 글로벌 가치사슬GVC의 중요한 협력파트너가 되면서 대중국 투자의 호황기를 맞이하게 된다. 2007년 대중국 투자는 사상 최대치(56억 9천만 달러)를 기록했다.

그러나 2008년 이후 글로벌 금융위기, 인건비 상승, 외자기업 투자우대 정책 축소 등에 따라 대중국 투자가 급감하면서 미국이 우리의 최대 투자대상국이 되었고, 중국은 2위로 내려앉았다. 대중국 투자는 2012년 이후 증가세를 보이다가 2014년 이후 다시 감소세를 보이고 있다. 또한 최근 한중 간 사드 등 정치적 이슈의 영향, 환경규제 강화, 경영비용 상승 등 중국 내 경영환경 악화로 인해, 2017년 상반기 대중국 투자는 건수기준 299건, 금액기준 10억 달러, 전 세계 투자 비중으로 살펴보면 건수기준 17.8%, 금액기준 4.9%로 수교 이후 사상 최저치를 기록하고 있다.

중국시장 급변에 따라 대중국 비즈니스 모델 업그레이드 필요

수교 25년 동안 한국기업의 대중국 투자는 빠른 성장을 보였지만 양적인 성장에 치우친 면이 있다. 중국 로컬기업의 급부상, 중국 소비시장의 빠른 변화에도 불구하고, 중간재 위주 수출과 가공무역형 투자구조 등 우리의 대중국 진출 모델과 중국시장 전략에는 큰 변화가 없어 보인다. 한때 25%에 육박하던 삼성휴대폰의 시장점유율이 지금은 2% 미만으로 떨어졌으며, 현대자동차도 전성기 당시 10%를 넘던 점유율이 지난해 5%에 그치고 있다. 몇 년 전만 해도 중국시장에서 성공사례였던 기업이 중국에서 철수하기도 하면서, 최근 급변하는 중국시장에서 고전하고 있는 외국기업 사례는 부지기수다.

이제는 급변하는 중국시장과 정부정책의 큰 흐름에 맞춰 질적인 성장으로 전환해야 한다. 중국경제가 고성장에서 고질량high-quality 성장 방식으로 전환하고 고부가가치 산업 고도화 정책을 시행함에 따라 양국기업은 "경쟁 속 협력"이 불가피하다. 따라서 중국의 글로벌 가치사슬 재편에 맞춰 한국기업들도 가치사슬 상단으로 이동해 고부가가치 기술과 서비스를 제공하면서 협력 공간을 찾아야 한다. 즉, 중국기업이 아쉬워하는 부분, 부족한 부분을 찾아서 새로운 연결고리linkage를 만들어 새로운 비즈니스 기회를 지속적으로 창출해나가야 할 것이다.

이를 위해서는 수출, 투자를 각자 별개로 하는 것이 아니라, 중국기업의 자본 투자를 받고, 한국 제품과 서비스Made In Korea를 중국에 제공하는 "무역＋투자 융복합 모델", 즉, "한중 공동창조共創 비즈니스 모델 Made In Korea WITH China"을 추진해야 한다. 내수시장, 자본력, 유통망을 보유한 중국기업과 한국기업의 기술력, 브랜드, 디자인 등을 결합시켜 시너지를 내는 전략이다. 대표적인 사례로 일본기업을 들 수 있다. 중국 화웨이는 2016년 말 도쿄 R&D 센터 투자에 이어 2017년에는 일본에 통신기기 설비 공장을 설립했다. 즉, 중국기업이 일본에 투자한 후, 중일

합작기업이 일본에서 연구개발한 "Made In Japan" 제품을 중국에 재수출하는 모델이라는 점에서 한국기업들이 눈여겨볼 필요가 있다.

109

한중 통상마찰

김동하

변화가 시작된 한중 무역구조

한중 양국이 수교를 체결한 이후 25년 동안 한중 간 무역구조는 중국의 WTO 가입(2001), 한중 FTA 체결(2015) 등 전환점을 맞이하여 왔다. 수교 이래 양국 무역의 형태는 중국에 중간재를 수출해 현지의 값싼 노동력을 이용하는 가공무역으로 제3시장에 수출하는 것이었다. 중국이 WTO에 가입하면서 중간재는 물론 소비재로도 우리에게 중요한 시장이 되었다. 1992년 우리나라의 5위 교역국이었던 중국은 2004년 1위 교역국으로 올라선 뒤 지금까지 최대 교역국 지위를 유지하고 있다. 2016년 기준 중국은 한국의 전체 수출시장의 4분의 1을 차지하고 있다. 이처럼 양국은 상호 보완적 관계를 유지하며 상품, 서비스, 투자 등에서 성장해왔다. 그러나 중간재는 중국의 산업고도화 및 홍색공급망(국산 부품으로 완제품 제조) 정책으로, 소비재는 사드 문제로 난관에 봉착했다.

홍색공급망으로 야기된 통상마찰

중국의 성장 기조가 투자에서 소비로, 제조업에서 서비스업으로 변화함에 따라 한국은 기존 가공무역 위주 교역구조를 유지하기 힘들어졌다. 중국의 제조업 굴기에 힘입어 한국산 중간재가 중국산 자체 생산 제품으로 대체되고 있다. 2013년 중국 GDP에서 소비와 투자 비중은 비슷한 수준이었으나 2017년 1/4분기에는 소비가 77.2%로 투자(18.6%)를 크게 웃돌았다. 2014년 제조업과 서비스업의 성장률은 7%대로 비슷했으나, 2017년 2/4분기 기준 서비스업은 7.6%로 제조업(6.4%)을 추월했다. 여기에 중국은 '중국제조 2025' 및 '인터넷 플러스' 정책을 통해, 기존 제조 방식에 ICT를 융합해 품질과 브랜드 가치 향상을 추진하고 있다.

통상마찰 현황

한국무역위원회에 따르면 전체 국가 중 중국에 대한 반덤핑 조사 신청이 중국이 WTO에 가입한 해(2001)를 기점으로 늘어나고 있다. 1987년부터 2017년 9월 말까지 한국기업들은 159건에 대해 반덤핑 무역구제를 신청했는데, 이중 48.4%인 77건이 중국이다. 2007년에는 87.5%까지 중국 비중이 증가했다. WTO 통계를 보더라도 한중 간 통상마찰은 두드러진다. 1995~2016년 동안 반덤핑으로 피소된 국가 중 1위가 중국(1,217건)이며, 그 뒤를 한국(398건)이 따르고 있다. 상계관세 역시 피소국 기준으로 중국이 1위(119건), 한국이 3위(28건)이다. 2017년 10월 기준으로 한국은 27개국으로부터 190건의 무역 규제(반덤핑, 상계관세)를 당하고 있는데, 이중 중국발 규제가 14건으로 인도(31건)와 미국(31건) 다음으로 많다.

세계 및 중국에 대한 한국의 반덤핑 조사 신청 현황 (단위: 건, %)

	2001	2002	2003	2004	2005	2006	2007	2008	2009	2010
세계	61*	11	7	5	4	6	8	3	6	6
중국	21	6	3	1	2	4	7	1	4	3
중국 비중	–	54.5%	42.9%	20%	50%	66.7%	87.5%	33.3%	66.7%	50%

	2011	2012	2013	2014	2015	2016	2017년 9월	합계
세계	6	5	5	10	4	5	7	159
중국	4	4	1	8	2	2	4	77
중국 비중	66.7%	80%	20%	80%	50%	40%	57.1%	48.4%

* 전체 수치는 1987년부터 2001년까지 누계. 당해연도 신청기준
** 중국 수치는 1992년(한중 수교)부터 2001년까지   자료: 산업통상자원부 무역위원회(2018)

사드 사태 이후 확대된 비관세장벽

현존하는 문제 해결을 위해서는 대중국 투자 비중을 기존 제조업 중심에서 서비스·소비재 관련 산업으로 확대해야 한다. 또한 중간재 중심 가공무역 수출구조에서 벗어나 고부가가치 소비재 수출 비중을 늘려야 한다. 문제는 이들 분야가 사드 보복의 주요 목표였다. 한국무역협회에 따르면 2016년 7월부터 2017년 6월까지 통관지연 및 거부, 계약파기 등이 111건에 달했으며 위생 및 검역과 기술 장벽 건수도 급증하고 있다. 또한, 사드 배치 결정 직후인 2016년 8월 중국이 수입통관 기준 위반으로 적발한 화장품과 식품은 236건이며 이중 한국산이 61건(25.8%)으로 가장 많았다. 특히 중국의 비관세장벽은 시행령을 통해 급히 변경되는 경우가 많아 한국기업은 피해를 호소하고 있다. 최근 트럼프와 시진핑 2기 정부 간 미중 통상 분쟁이 격화됨에 따라 중국 내 규제 및 비관세장벽 강화는 상당 기간 계속될 전망이다.

향후 전망

　중국 내 여러 환경의 변화에 따라 한중 간 통상관계도 변화할 전망이다. 향후 5년간 한국의 대중국 상품교역은 연평균 5.7% 증가한 반면, 서비스교역은 10% 내외의 증가율을 보일 것으로 예측됐다. 이는 향후 한중 간 통상마찰 구조가 제조업에서 비제조업으로 전환될 것을 의미한다. 실제 지식재산권 분쟁은 최근 들어 한중 간 새로운 통상마찰 요인으로 부상하고 있다. 반면, 2018년에 예정된 한중 FTA 서비스 협상이 원만히 진행되면 한국기업의 중국 서비스시장 진출이 확대될 전망이다. 한중 통상마찰 회피를 위해서는 산업고도화 분야를 중심으로 협력·진출해야 한다. 중국의 산업고도화 정책은 한국의 첨단 부품기업에게는 기회이기 때문이다.

110 한중 인적교류(관광과 유학생)

천천陳晨

1992년 한중 수교 이후 양국 간 인적교류는 급속히 증가해왔다. 지리적 접근성과 양국 간 문화의 유사성으로 인해 많은 중국인들이 관광 등의 목적으로 한국에 방문하거나 혹은 결혼 및 사업 등을 이유로 장기 체류하기도 한다. 특히 2000년대 이후의 한류열풍은 양국 간 인문교류의 증대를 불러왔으며, 한중 관계의 발전에 상당한 역할을 하기도 했다. 한국법무부 출입국사무소의 통계에 따르면 1992년 방한한 중국인*은 4만 5,187명이었으며, 이는 전체 방한 외국인의 1.81%에 불과한 수치였다. 하지만 2016년 방한한 중국인은 826만 8,262명으로, 전체 방한한 외국인의 47.5%를 차지하며 한중 수교 이후 최고치를 기록했다. 그러나 2017년 방한한 중국인은 439만 3,936명으로, 전년 대비 47%가 감소했다. 증가세를 보이던 방한 중국인이 감소세로 돌아선 것은 2016년의 사드 문제로부터 비롯된 양국관계의 갈등에 기인하는 것으로 해석할 수 있다.

---

* 중국인은 중국 국적 소지자를 칭하며, 한국계 중국인도 포함된다. 다만 통계에는 홍콩, 마카오, 대만 지역은 제외된다.

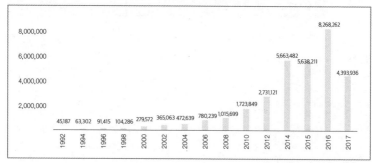

한국 장기 체류 중국인 규모 추이(1992~2017)

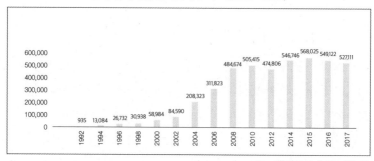

중국인들이 한국에 방문하는 목적은 매우 다양하다. 유형별로는 단기 체류와 장기 체류로 구분되는데, 단기 체류자는 관광객이 대부분이며 장기 체류자는 유학과 사업 및 취업을 목적으로 한 방문객이 대부분이다. 한국법무부 통계에 따르면 1992년 한중 수교 당시 한국에 체류하는 중국인은 935명이었으나 2004년에는 20만 명을 돌파했고 2010년에는 50만 명을 초과했다. 2017년을 기준으로, 약 52만 7,000여 명이 현재 한국에 체류 중인 것으로 집계된다. 재한 중국인의 민족 구성을 보면, 크게 조선

족과 조선족 제외 중국인으로 구분된다. 현재 한국에 장기 체류하는 중국인 중 60%는 조선족이다. 조선족이 한국에 방문하는 목적은 주로 사업 및 취업으로 조사되었으며, 조선족 제외 중국인의 경우에는 유학생의 비중이 가장 높은 것으로 조사됐다.

유학생

2017년도 통계 자료에 따르면, 한국 내 외국인 유학생은 약 12만 3,000명으로 집계되었다. 그중 중국인 유학생은 압도적인 비중을 차지한다. 비록 2008년 이후 중국인 유학생의 비중이 지속적으로 하락하는 추세를 보이고 있지만, 그럼에도 불구하고 2017년에 약 6만 8,000명으로 집계되는 등 한국 내 외국인 유학생 중 여전히 높은 비중을 차지한다. 학위별로 보면, 학위과정 및 비학위과정(어학연수 등)이 6:4의 비율을 보인다. 2017년 기준, 중국인 학위과정 유학생은 4만 4,606명으로 2위 베트남(4,698명)에 비해 약 9배가 많은 것으로 조사됐다.

다만 한국법무부 출입국정책사무소가 발표하는 유학생 통계는 '유학

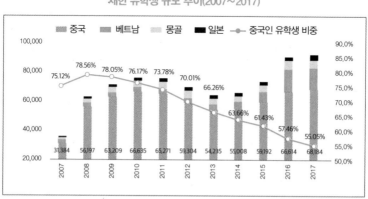

재한 유학생 규모 추이(2007~2017)

자료: 한국법무부 출입국정책본부

비자'를 소지한 외국인만을 대상으로 한다. 그런데 조선족을 포함한 한국계 외국인의 경우에는 체류 목적과는 상관없이 대부분 재외교포비자(F-4)를 소지하고 있다. 따라서 2016년 기준 한국에 체류하는 조선족이 34만 명, 특히 16~30세 조선족이 3만 명을 초과한다는 점을 고려할 때, 중국인 유학생의 규모는 더욱 클 것으로 예상된다.

관광

한국관광공사의 통계에 따르면 방한 중국인 관광객은 1993년 34만 4,473명에서 2016년 806만 7,722명으로, 23년 동안 약 23배가 증가했다. 대만, 홍콩까지 포함한다면 약 1,000만 명에 육박할 것으로 예상된다. 2012년 이전까지 한국을 가장 많이 방문한 국가는 일본이었으나 2013년부터는 중국이 1위를 차지하고 있다. 2003년 이후 방한한 중국인 관광객의 추이를 보면, 2008년부터 중국인 관광객이 급증하는 것을 확인할 수 있다. 이는 2008년부터 제주도를 방문하는 중국인에 한정하여

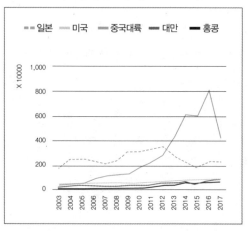

한국 관광객 규모 추이(2003~2017)

자료: 한국관광공사

제주 관광객 규모 추이(2003~2017)

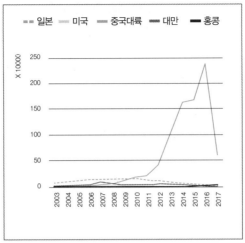

자료: 한국관광공사

비자를 면제하는 제도를 실시했기 때문이다.

2015년에 한국에서 발생한 메르스MERS의 영향으로 방한한 중국인 관광객 규모의 증가세는 잠시 주춤했으나, 2016년부터는 다시 급증하여 최초로 연인원 800만 명을 돌파했다. 하지만 이러한 증가 추세는 2017년 사드 배치로 인해 감소세로 전환되었다. 전년 대비 약 50%가 감소한 약 417만 명만이 한국을 방문했으며, 나아가 인문교류 또한 상당 부분 축소되는 현상이 나타났다.

조선족의 글로벌화

111

김윤태

중국 내 도시로 이동하는 조선족

중국의 개혁개방은 조선족을 재구성시켰다. 동북 3성의 전통적 집거 지역을 떠나 중국의 연해도시로 대거 이동하게 했다. 중국의 인구조사 결과에 의하면, 동북 지역의 조선족 인구는 1990년 186만 8,000명에서 2010년 160만 8,000명으로 약 13.9% 감소되었다. 한편 동북 3성을 제외한 타 지역에서의 조선족 인구는 5만 5,000명에서 22만 3,000명으로 약 305.5%나 증가되었다. 그러나 실제는 이러한 인구조사 통계치를 훨씬 웃돌 것으로 추정된다. 호적제도가 여전히 존치하는 중국의 특성상 통계에 잡히지 않는 유동인구가 훨씬 많기 때문이다. 이제 동북 3성에는 어린이와 노인만 남아 있고, 젊은이는 대부분 중국 연해 대도시 혹은 한국이나 미국, 일본 등지로 진출했다.

조선족의 동남 연해도시로의 확산은 사실상 한국기업의 중국진출 지도와 상당 부분 일치한다. 재중 한국인 사회와 마찬가지로 조선족 사회 역시 산둥성, 광둥성, 베이징, 톈진, 상하이를 중심으로 형성되고 있으며, 그 규모 또한 재중한국인 사회의 규모(4~50만 명 추정)를 초월할 정도이다. 또한 한국으로 진출한 조선족(재한 조선족) 역시 이미 70만 명에 이르고 있다. 이러한 사실을 근거로 추산한다면, 조선족 총인구 183만 명 중 30%가량은 중국 연해도시를 비롯한 전국 각지로, 또 다른 30~40%는 한국, 일본, 미국 등 글로벌 지역으로 진출하여, 정작 집거지인 동북 3성에는 겨우 30~40% 정도만 남아 있다는 추산이 가능하다.

재한 조선족

조선족이 처음으로 한국을 방문한 시기는 한중 수교 이전이었다. 그 당시 한중 양국은 이념을 달리 하고 있었기 때문에 공식적인 인적교류를 할 수 없었다. 그러나 한국정부는 조선족에 대해 같은 민족이라는 인식 하에 적극적으로 수용하는 정책을 추진했다. 초기 방문자들이 여권조차 휴대하고 있지 않더라도 임시 서류로 대체했고, 체류기간과 입국 회수에 제한을 두지 않았다. 한국인 연고자의 초청이 있으면 간단한 확인만으로 입국을 허용했다.

이렇게 시작된 조선족의 한국 방문은 한중 수교를 맞아 공식적 방문이 가능하게 되었다. 혹자는 친인척 방문으로, 혹자는 방문취업비자H2로, 결혼이민이나 유학생, 산업연수생 자격으로, 혹은 투자기업 자격으로 한국에서 합법적으로 장단기 거주하기 시작했다. 한국에 체류하고 있는 조선족 수는 이미 약 70만 명에 이른다. 한국국적 회복자가 7만여 명, 장단기 체류자가 60여만 명으로 지난 25년간 비약적으로 늘어났다.

재일 조선족

조선족의 한국으로의 재이주 외에 일본이나 미국 등지로의 재이주 현상도 뚜렷하게 나타나고 있다. 그러나 한국 외의 다른 해외에서 조선족의 인구를 정확하게 집계하기는 쉽지 않다. 이들이 소지하고 있는 중국

여권에 조선족이라는 민족명까지 표시하지 않기 때문이다.

　지금까지 미디어에서 추정하는 일본 체류 조선족 총수는 5만 명 내지 10만 명으로 정확지 않다. 최초 조선족의 일본으로의 진출은 국비 유학생의 유학으로 알려져 있다. 그 후 대학교수, 연구원 또는 일본사회에 연고가 있는 조선족들이 국비 혹은 자비 유학을 통해 지속적으로 일본으로 건너갔다. 고학력자인 극소수 엘리트층이 먼저 도일한 후, 점진적으로 일반 유학생으로 확산되었다. 임기 만료나 학위 취득 후 일본에서 취직을 하거나 회사를 설립하고 정착한 경우를 비롯하여, 경제계, 학술계, 법조계, 의료계 등 다양한 분야에서 활동하는 엘리트 조선족들이 증가했다. 해외의 다른 지역과는 달리 일본 체류 조선족은 엘리트 중심으로 형성되었다.

재미 조선족

　미국의 인구조사 자료에 근거하면, 1980년대 미국 거주 조선족 수는 800여 명에 불과했다. 하지만 1990년대에 비약적인 증가를 거쳐 현재 약 1만 5,000여 명의 조선족이 미국에 거주하고 있다고 추정된다. 조선족이 미국에 이주한 유형은 전문기술직의 직업이민이나 유학생 신분도 있으나 대부분은 방문비자나 불법입국자들이다. 미국에 귀화한 시민권자는 극소수에 그치고 있으며, 영주권자 중에서도 상당수는 불법으로 미국에 입국한 경우이다. 조선족 이민자의 거주지는 한국 이민자들이 집중 거주하는 도시와 대부분 일치한다. 캘리포니아 주에 약 30%, 뉴욕·뉴저지 지역에 약 30%, 그리고 일리노이, 워싱턴 DC-버지니아-메릴랜드 지역, 워싱턴 주 및 조지아 주 등지에 나머지 30~40%가 거주하고 있다. 이들의 거주지역이 한국 이민자들의 거주지역과 대부분 일치하는 것은 한국 이민자와의 사회연결망의 결과가 아니라, 한인 가게에서 일자리를 찾기 위해 일부러 한인 집중지역을 택한 것으로 해석된다.

조선족의 다양성

조선족은 농민에서 노동자로, 동북 3성의 민족 집거지에서 보다 발전한 지역으로, 심지어는 중국을 떠나 세계 각지로 그들의 삶의 터전을 바꾸었다. 혹자는 더 나은 미래를 위해, 혹자는 학문을 위해, 혹자는 먼저 떠난 가족을 찾아, 그 이주 사유가 매우 다양하다. 이주경로와 이주 후 현지사회에서의 정착 양상 또한 그와 못지않게 다양하다. 밀입국에서 정상적인 이주까지, 불법체류자의 신분에서 영주권의 취득까지, 노동자에서 기업가까지 아주 다양한 신분과 모습으로 새로운 재이주의 삶을 개척하고 있다.

조선족 사회를 이전의 낙후하고 정적인 사회로 보는 것은 오류다. 조선족 동포는 이미 지역과 국가를 떠나 새로운 글로벌 공간을 창출하고 있는 인재집단이다. 세계경제인의 일원으로서 한국과 글로벌 경제를 연결하는 중요한 매개가 될 수 있는 집단으로 성장하고 있다. 조선족 동포와 한국사회의 발전적 연계, 전 세계 한민족의 상생과 발전을 기대한다면, 조선족 사회가 갖는 역동성과 그들이 구축하고 있는 글로벌 네트워크의 무한한 역량에 주목해야 할 것이다.

북한 핵문제와 한중 관계

112

신상진

북한의 핵무기 개발과 북핵 위기

소련과 동유럽 사회주의체제 붕괴와 한중 수교 이후 북한이 핵무기 개발을 본격화하면서, 북한 핵문제는 30년 가까이 한반도 평화와 동북아 안보에 중대한 위협이 되어 왔다.

1993년부터 시작된 1차 북핵 위기는 북한의 핵무기 개발 동결 대가로 에너지 지원과 관계 정상화를 약속한 북미 제네바 합의를 통해 봉합되었다. 2002년 북한이 고농축 우라늄을 이용하여 비밀리에 핵무기 개발을 시도하고 있다는 사실이 미국 정보기관에 의해 확인되면서, 또다시 북핵 위기가 발생했다. 당시 미국은 이라크, 이란과 함께 북한을 '악의 축'으로 규정하고 대량살상무기 확산 저지 차원에서 군사력을 포함한 모든 수단을 동원하여 북핵문제를 해결하고자 했다. 그러나 한국과 중국이 대화를 통한 평화적 해법을 모색해야 한다는 입장을 고수함으로써, 2차 북핵 위기는 중국이 주도한 6자회담을 통해 논의되었다. 북한이 모든 핵무기를 파기하기로 약속한 '9·19 공동성명'이 도출되었지만, 2006년 1차 핵무기 실험 이후 2017년까지 북한은 여섯 차례나 핵실험을 실시했고 ICBM급 미사일 시험까지 성공적으로 마쳤다. 북한의 핵 무장력이 미국 본토까지 위협할 수 있는 수준에 이르게 됨으로써 북핵 위기는 새로운 단계에 진입했다.

2018년 시작과 함께 북한이 핵무력 완성을 선언하고 '경제·핵무력 건설 병진노선'에서 '경제건설 집중노선'으로 전환하면서, 북핵문제는 새로운 국면에 들어서게 되었다. 북한이 노선전환을 선택하게 된 데에는 미국을 비롯한 국제사회의 최대 압박정책도 중요하게 작용했다. 김정은은 3월과 5월 북중 정상회담, 4월 판문점 남북 정상회담, 그리고 6월 싱가포르 북미 정상회담에서 완전한 비핵화와 완전한 체제안전 보장을 교환할 수 있다는 입장을 밝혔다. 트럼프와 김정은 간 신뢰관계가 구축되고, 김정은이 완전한 비핵화 약속을 실천한다면, 3차 북핵 위기도 해결의 길로 들어설 수 있을 것으로 기대된다.

북한 핵문제에 대한 중국의 입장과 정책

한반도와 국경선을 접하고 있으면서 현대화 강국 지위를 추구하고 있는 중국에 있어서도 북핵문제는 매우 심각한 사안으로 인식되고 있다. 북한의 핵무기 개발은 일본의 재무장과 미국의 군사개입 강화에 빌미를 제공하는 등 동북아 안보상황을 위태롭게 하고, 중국 동북 지역 경제발전과 사회안정을 저해하고 핵물질 오염 사고를 유발할 수 있다고 우려되기 때문이다. 따라서 중국지도부는 북핵문제가 제기되었을 때부터 북핵문제를 핵심 안보 현안으로 다뤄왔다.

중국은 북핵문제에 대해 일관된 원칙을 견지하고 있다. 한반도의 비핵화를 주장하지만, 북핵문제는 대화를 통해 평화적으로 관리·해결되어야 하며, 북한으로 하여금 핵을 포기하도록 유인하기 위해서는 북한의 안보위협을 해소해줄 필요가 있다는 것이다. 중국이 북한 비핵화가 아닌 한반도 비핵화를 주장하는 이유는 북한 핵무기 개발과 함께 미국의 핵 전략자산 반입에 대해서도 반대하기 때문이다. 북핵문제를 빌미로 한국과 일본이 핵무장을 하고, 미국이 이 지역에 핵무기를 반입하여 첨단군사무기를 증강 배치하는 데에도 반대하고 있다.

중국은 북핵문제가 대화를 통해 평화적으로 해결되어야 한다는 입장을 고수하고 있다. 북한의 핵무기 개발을 저지하기 위해 북한에 군사무력 수단을 사용할 경우, 북한의 보복을 불러오고 한반도에서 대규모 전란이 발생할 수 있다고 우려한다. 한반도에서 전쟁과 혼란이 발생하면 중국군대와 미국군대가 적대국으로 싸울 수 있고 대규모 난민이 중국 영내로 유입될 수 있기 때문이다. 따라서 중국은 2003년부터 2008년까지 3자회담과 6자회담을 주최하여 북핵문제가 평화적으로 해결되도록 중재 노력을 적극 전개해왔으며, 북한과 미국이 대화와 협상을 보이콧한 뒤에도 6자회담 복원을 위한 외교노력을 경주해왔다.

한편, 후진타오 시기까지 중국은 대북 제재 강화에 부정적 입장을 보였으나, 시진핑 집권 이후 제재 조치를 극대화하여 북한을 핵 포기 협상으로 유도하려는 국제사회의 노력에 적극 동참하는 방향으로 태도를 전환했다. 2017년 중국은 안보리 대북 제재결의 2371호, 2375호 및 2397호가 규정한 북한 석탄, 철광석, 해산물 수입, 북한 노동자 고용, 합작사업 중단 및 정제유와 원유공급 제한 등 강력한 제재조치 이행을 약속했다. 중국이 국제사회의 대북 제재 강화 행보에 적극 동참한 이유는, 북한에는 핵무기 개발을 중단하도록 압박하고, 미국에는 대화에 나서도록 촉구함으로써 북핵 위기가 폭발하지 않도록 관리하기 위해서였다. 이와 관련, 2017년 3월부터 중국은 북핵 해법으로 '쌍중단(북한 핵·미사일 도발과 한미 연합군사훈련 중단)'과 '쌍궤병행(북한 비핵화와 한반도 평화협정 병행)'을 주장해왔다.

2018년 북핵문제가 남북미 3국 간 협상을 통해 주도되는 방향으로 전

북한 핵실험과 중국의 반응

핵실험 일자	대중 통보	중국 반응	안보리 결의	안보리 결의 주요 내용
2006. 10. 9.	사전 통보	단호 반대	1718호	무기금수, 사치품수출 금지 등
2009. 5. 25.	사전 통보	단호 반대	1874호	무기금수, 금융제재, 화물검색 등
2013. 2. 12.	사전 통보	단호 반대	2094호	화물검색 의무화 등
2016. 1. 6.	사전 불통보	단호 반대	2270호	주요 광물 수출금지 · 제한 등
2016. 9. 9.	사전 통보	단호 반대	2321호	석탄수출 제한 등
2017. 9. 3.	사전 불통보	단호 반대, 강력 규탄	2375호	정제유공급 제한, 섬유제품수입 금지 등

자료: 필자 작성

개되면서 '중국 패싱China Passing' 가능성이 제기되자, 중국은 북한 비핵화와 한반도 평화협정 논의 과정에 적극적인 역할을 행사하려는 행보를 보이고 있다. 2018년 3월부터 6월까지 단기간 내에 김정은을 중국으로 세 차례나 불러들여 북한과 전략소통을 강화하고, 러시아와 한반도 평화 구상에 대한 협의를 확대 중이다.

북한 핵문제 대처 과정에서 한중 협력

북한 핵문제는 한국과 중국 모두에게 중대한 안보 현안이다. 따라서 수교 이래 북핵문제가 한중 양국관계에서 줄곧 중요한 안보문제로 상정되었다. 한국은 보수정부와 진보정부를 막론하고 북한이 핵무기 개발을 포기하도록 영향력을 행사해주기를 중국에 요청해왔다. 북핵문제에서 중국의 협력을 유도하는 것이 한국의 대중 정책의 중요한 목표였다. 중국이 북한에 대해 강력한 영향력을 가지고 있고 중국도 북핵 개발을 반대하고 있다고 확신해왔기 때문이다.

북핵문제 대처 과정에서 한중 협력관계가 항상 순탄하게만 유지된 것은 아니다. 북한과 한미 동맹을 바라보는 한국과 중국의 시각이 다르고,

북핵문제에 대한 해법이 상이하기 때문이다. 중국은 북한 핵 개발을 반대하면서도 북한의 안정유지를 동시에 중시하기 때문에 한국이 바라는 정도로 북핵문제에 대해 적극적으로 영향력을 발휘하지 않았다. 중국의 대북 제재 조치 적극 동참으로 북중 관계가 악화되었다는 점도 북핵문제 해결과정에서 중국이 적극적인 역할을 발휘하지 못하는 요인으로 작용했다. 북핵 위기 국면 속에서 한국이 미국과의 동맹을 강화하여 대처해 왔다는 사실도 북핵문제에서 한중 협력을 제약하는 요인이 되었다. 한국 정부는 중국을 뺀 남북미 3자 종전선언을 추진하고 있으며, 이에 중국이 소외될 것을 우려하여 민감한 반응을 보인다는 점을 통해서도 북핵문제 해결과정에서 한중 간 협력이 원활하지 않다는 사실을 알 수 있다.

113

동북공정

윤휘탁

동북공정의 개념

'동북공정'은 2002년부터 5년을 기한으로 중국이 추진한 '동북변강역사여현상계열연구공정東北邊疆歷史與現狀系列研究工程'의 준말이다. 이것은 '동북변강의 역사와 현상을 체계적으로 연구하는 사업'을 의미한다. 다시 말해 동북공정은 동북의 '역사' 문제와 '현상' 문제를 다루는 사업인 셈이다. 여기에서 역사 문제란 '부여·고구려·발해＝한국사', '간도＝한국 땅'이라는 남북한의 역사 논리에 대한 중국의 대응논리를 마련하는 것이다. 또한 현상 문제란 향후 한반도의 정세변화가 중국 동북에 미치는 영향에 대한 예측과 대비책을 마련하는 동시에 탈북자 문제, 조선족 문제 등을 다루는 것이다.

추진 배경과 목적

'동북공정'은 순수하게 학술적인 차원보다는 동북 변강邊疆이 직면한 현상, 즉 국가통일, 민족단결, 변강안정 등의 정치·전략적 필요성 때문에 추진되었다. 구체적으로 말하면 중국에서는 '부여·고구려·발해＝한국사', '간도＝한국 땅' 논리를 내세우면서 동북지구와 조선족 사회에 영향을 미치고 있는 남북한의 역사논리에 대한 우려감과 한반도 정세변화가 동북 지역에 미치는 영향에 대한 불안감 때문에 동북공정을 추진하게 되었다. 따라서 '동북공정'은 '학술문제'인 동시에 중국의 애국주의 전통을 드높이고 중국의 통일과 안전, 영토주권의 완결, 소수민족지구의 안정, 그리고 민족단결을 유지하기 위해 추진되고 있는 '정치·전략문제'이기도 하다.

'동북공정'의 최우선 목적은 한반도의 정세 변화가 중국 동북 지역의 사회안정에 미칠 영향과 충격을 예측·완화하고, 조선족의 동태 파악과 정체성 확립을 위한 각종 예방책을 수립하는 동시에, 한반도 정세변화에 따라 수반될 동북아 국제정세의 변화를 예측하여 그 정세를 중국에 유리한 방향으로 이끌 수 있는 방안들을 마련하는 데 있다. 동북공정의 부차적인 목적은 그 공정에 수반되는 정치적·전략적 문제를 정당화·합리화하기 위해 필요한 역사논리를 개발하고 향후에 불거질지 모르는 영토분쟁에 대하여 대응논리를 마련하는 것이다. 한마디로 동북공정의 목적은 '부여·고구려·발해＝중국사' 논리를 주창해서 동북 지역과 한반도 사이의 역사적 연관성을 부정하고, 이로써 동북 지역에 대한 한반도의 역사적·정치적·문화적 영향을 차단하는 동시에 조선-청淸 간의 국경분쟁 대응논리를 강화하여 동북 지역의 사회안정과 영토주권을 유지하고 민족단결을 실현하려는 데 있다. 그것은 '통일적 다민족 국가론'을 예외 없이 동북 지역에도 적용시킴으로써 중화민족의 국가적·민족적·역사적 정체성을 확립하려는 의도이다.

동북공정의 현황과 새로운 양상

'동북공정'의 핵심사업인 연구과제의 공모·위탁사업은 2007년 상반기에 종료되었다. 그러나 장기적으로 보면 '동북공정' 그 자체가 끝났다고 할 수는 없다. 가령 지린吉林성 사회과학원에서는 2007년 하반기에 '동북변강 역사와 현상 문제 연구센터'를 설립해서 운영하고 있다. 이 센터는 '동북변강의 역사와 현상문제', 즉 '동북공정'을 연구하는 새로운 메카로서 중요한 역할을 하고 있다. 또한 랴오닝遼寧성 사회과학원에서도 2008년 5월 산하 변강연구소 내에 '고구려연구센터'와 '랴오닝성 동북공정영도TF팀사무소'를 설립하여 고구려사와 동북변강에 대한 연구를 강화하고 있다.

'동북공정'의 후속 사업은 새로운 양상을 보인다. 종래에는 중국정부의 위탁을 받은 중국사회과학원 산하 '변강사지연구센터邊疆史地研究中心'가 동북 3성과 함께 동북공정 과제의 입안, 공모, 위탁, 선정, 배분, 통제 과정을 주도했다. 그런데 최근에는 동북 3성이 각개약진식으로 자체 계획하에 각종 '동북공정'의 후속 사업을 추진하고 있다. 또한 동북 3성에서는 '동북공정' 후속 사업의 일환으로 고구려·발해의 역사문화유적과 백두산이 '중국 것'이라는 논리를 강화시키는 동시에, 그것들을 관광자원으로 만들어 국내외 관광객에게 중국의 역사논리를 각인시키고, 경제적 이득을 취하기 위해 다양한 관광산업 정책들을 추진 중이다. 나아가 변강 이론 체계를 구축하여 전통시대 주변국가와의 관계를 확정하고, 동북 변강의 국제법적 지위를 확보하는 쪽으로 방향을 잡아가고 있다.

민귀식

양국 대중의 3단계 상호 인식

수교 이후 지금까지 양국 대중의 상호 인식은 대체적으로 세 번의 변곡점을 거쳤다. 첫 단계는 1992~2005년까지의 밀월시기였다. 이 시기는 40년간의 단절로 상대방을 몰라 서로에 대한 환상이 있었다. 중국인은 88 서울올림픽 이후 높아진 한국의 위상을 선망의 눈빛으로 바라보았다. 아이러니하게 IMF 사태 때 시작된 한국드라마 열기가 중국을 휩쓸면서 우호적인 정서가 더욱 짙어졌다. 또한 중국이 아시아 금융위기 때 자국 환율을 올리지 않음으로써 한국의 경제회복에 간접적으로 도움을 준 것도 중국 이미지 개선에 기여했다. 한국은 김대중 정부 시절에 미국이 요구한 MD 체제 가입을 거부함으로써 중국과의 관계가 두터웠던 시기이다.

두 번째 단계는 2005~2016년까지로 문화적 갈등이 고조되면서도 인적교류가 폭발적으로 증가한 시기였다. 2005년 강릉단오제가 유네스코 인류무형문화유산에 등재되자, 중국에서 반한감정이 거세게 일어났다. 이와 동시에 한국드라마가 중국의 안방을 점령하고 한국 음악이 젊은이의 마음을 사로잡았다. 한국에서도 중국을 배척하는 분위기는 높아졌으나, 경제적으로는 양국이 가장 긴밀한 관계를 구축하던 시절이었다. 중국이 2001년 WTO에 가입한 이후, 한국의 대중국 수출은 매년 20% 이상의 증가를 보일 정도로 호황을 누렸다. 또한 양국으로 유학하는 학생도 폭발적으로 증가했다. 그럼에도 불구하고, 상대를 바라보는 대중들의 시각은 호전되지 않은 역설이 작동한 시기이기도 하다. 사람들의 왕래가 폭발적으로 늘어나는 데도 상대국에 대한 인식은 더욱 부정적으로 변해가던 시기로 빠져들었던 것이다.

세 번째 단계는 2016년 사드 배치가 본격화한 이후이다. 한중 관계는 사드 이전과 이후로 구분된다고 할 정도로 양국에 큰 충격을 가져왔고, 대중들이 상대를 바라보는 시각도 이전과 아주 달라졌다. 어떤 측면에서는 사드 갈등으로 중국의 참모습을 보았다는 주장까지 나온 때이다. 한국은 중국의 패권적인 태도와 경제보복에 속수무책으로 당하면서 중국에 대한 불만을 쌓았다. 한국인들은 이 과정에서 과거 중화질서를 내세운 대륙국가의 횡포가 자연스럽게 연상되었고, 중국의 권위주의체제와는 가까이 할 수 없다는 논리가 광범위하게 받아들여졌다. 여기에 시진핑의 권위주의체제 강화는 중국에 대한 부정적인 인식이 확산되는 계기로 작용하고 있다.

양국 상호 인식의 특징

한중 관계에는 상대를 인식하는 특징이 있다. 먼저, '이념장벽'이 걸림돌이 되지 않았다. 오히려 양국에 이념장벽이 있었는가 할 정도였으며, 중국에서의 불편함도 중국적 특성으로 간주하는 경향이 있다. 둘째, 짧은 기간에 상대방에 대한 인식이 여러 차례의 변화를 겪으면서 아직 정형화된 이미지를 형성되지 못했다. 즉 한국인은 중국을 '기회의 땅'으로 인식했으나 지금은 '중국위협론'과 '중국기회론'이 혼재돼 있다. 중국도 한국을 '경제발전모델'로 인식하다가 '한류'와 '혐한류'가 섞이는 곡절을 겪고 있고, 사드 갈등으로 부정적 인식이 정점에 이르고 있다. 즉 지난 25년은 다방면의 교류에도 불구하고 양국의 역사·문화적 갈등, 정치제도와 이념적 차이, 경제수준과 국력의 차이에서 오는 오해와 무시 등 부정적 인식을 해소하기에는 충분하지 않은 시간이었다.

그런데 이렇게 이성적 인식의 단계로 접어들지 못한 양국 국민은 상대에 대해 다음과 같은 반응을 보이고 있다. 첫째, 상대방 주장에 매우 민감하게 반응하여 작은 일에도 분노와 적개심을 쉽게 드러낸다. 사드 문제를 놓고 양국 모두 필요 이상의 감정을 드러내는 것도 이런 양국민이 가지고 있는 심리적 저항에서 비롯되었다. 둘째, 상대의 장점을 쉽게 인정하려 하지 않는다. 상대의 장점을 배우려는 성숙한 자세보다는 오히려 단점을 공격하면서 쾌감을 느끼는 경우가 여기에 해당한다. 특히 체면을 중시하는 양국의 정서가 겹치면서 작은 문제가 크게 확대되는 일들이 종종 발생한다. 셋째, 상대에게 상당한 열등감과 우월감을 동시에 가지고 있다. 중국인은 역사적 자부심과 대국주의 정서를 바탕으로 한국을 얕잡아보려고 한다. 반면에 한국인은 현재의 경제적 우위와 체제에 대한 자부심 그리고 민족주의적 정서를 바탕으로 중국을 무시하는 경향이 강하다. 그 결과 내면에 잠재하고 있는 열등감을 덮기 위해 자신의 자부심을 과도하게 드러내거나, 상대의 약점을 부풀리고 의도적으로 무시한다.

상호 인식에서 나타나는 이런 과도기 현상은 양국 교류가 증가할수록 오히려 상대방을 비호감으로 인식하는 역설을 만들어내기도 한다. 결국 양국 대중의 상호 인식은 수교 초기 밀월기의 친밀감은 사라졌으나 아직 이성적인 인식단계에도 이르지 못한 과도기 상황에서 부정적 현상이 도드라져 보인다. "옛것은 지나갔으나 아직 새것이 오지 않은 그때가 바로 위기"라는 그람시Antonio Gramsci의 예리한 지적이 한중 관계에서 그대로 적용된다고도 할 수 있겠다.

한중 지방정부 교류

신종호

한중 지방정부 교류는 한국의 광역·기초자치단체와 중국의 각급 지방정부 간 교류협력을 지칭한다. 1992년 수교 이후 한중관계의 급속한 발전은 양국 지방정부 차원의 교류협력에 지대한 영향을 끼쳤고, 동시에 지방정부 간 교류협력은 양국 중앙정부 차원의 관계 발전에도 기여했다.

교류협력 체계 및 현황

한중 양국은 지방정부가 자체적인 국제교류 추진 기구를 갖추고 있을 뿐만 아니라 중앙정부 차원의 지원 체계도 구축하고 있다. 한국은 1994년 7월 15일 한국지방자치단체국제화재단을 설립하여 지방자치단체의 국제교류를 체계적으로 지원할 수 있는 통로를 마련했고, 2000년 1월에는 한국지방자치단체국제화재단 베이징 사무소를 개소했으며, 현재는 대한민국시도지사협의회를 중심으로 지방자치단체의 국제교류 및 대중국 교류협력을 지원하고 있다. 또한 2012년부터 외교부의 지자체 공연단

9부 한중 관계　　565

해외파견 지원 사업이 시행되었고, 2016년 제정된 '공공외교법'에 '지방자치단체의 정책공공외교와의 결합' 규정을 명문화했다. 중국 역시 1954년 설립된 전국인민대외우호협회全國人民對外友好協會를 중심으로 각급 지방정부 차원의 지방정부외교 혹은 도시城市외교를 수행하고 있고, 지방정부에 외사外事(foreign affairs) 업무를 집행하는 기관으로 외사판공실을 두어 중앙정부(국무원 등)의 업무지도를 받고 있다.

1992년 한중 수교 이후 양국 지방정부 간 최초 교류는 전남 목포시와 장쑤성 롄윈강連雲港시 간의 자매결연(1992. 11. 1.)이었으며, 광역자치단체로는 부산광역시와 상하이시 간의 자매결연(1993. 8. 24.)이 처음이었다. 대한민국시도지사협의회 자료에 따르면, 2017년 12월 기준으로 한중 지방정부 간 교류는 총 652건으로, 우리나라 지방정부 전체 국제교류(총 1649건)의 40% 수준이다. 국제교류 건수 기준으로 볼 때, 한국은 경기도(82건), 서울특별시(71건), 전라남도(58건), 경상북도·충청남도(53건), 강원도(51건), 경상남도(50건) 등이 중국 지방정부와 활발하게 교류하고 있고, 중국의 경우에는 산둥성(119건), 랴오닝성(76건), 장쑤성(62건), 지린성(54건) 등이 한국 지방정부와 활발한 교류협력을 유지하고 있다.

평가와 전망

한중 지방정부 교류협력은 매우 다양한 분야에서 이루어지고 있다. 대표적인 국제교류 유형이라고 할 수 있는 자매결연(217건)과 우호협력(435건) 관계는 물론 경제, 행정, 인적, 문화예술, 관광, 청소년 등 다양한 교류협력이 진행되었고 그 성과 역시 매우 크다고 할 수 있다. 하지만 수교 이후 한중 경제통상관계의 급속한 발전에 영향을 받아 중국의 동부 연해지역 지방정부와 한국의 광역지자체 간 교류협력이 지나치게 많았다는 점, 이로 인해 해당 지방정부의 특성에 부합하는 민간(문화)교류 활동이 상대적으로 부족했다는 점, 그리고 양국 중앙정부 간 관계가 경색될 경우 지방정부 간 교류협력도 동반 부진에 봉착했다는 점 등은 한중 지방정부 간 교류의 아쉬움으로 남아 있다.

한중 관계가 지난 25년의 발전 토대 위에서 새로운 25년을 준비하기 위해서는 양국 지방정부 차원의 노력이 갈수록 중요하다. 첫째, 한중 양국 지방정부는 기존의 경제통상 및 행정교류는 유지하되 의료＋관광, 교통, 스마트시티, 교육, 전자상거래, 정보통신, 문화콘텐츠 등으로 교류협력의 영역을 다양화해야 한다. 둘째, 한중 지방정부의 비교우위를 상대국 지방정부의 수요와 결합하는 쌍방향 맞춤형 교류협력이 확대되어야 한다. 예를 들어, 한중 FTA 시대를 맞이하여 해양기술과 첨단산업 등 새로운 비즈니스 분야를 발굴하고 중국의 '육상·해상 실크로드一帶一路'와 한국의 '신북방·신남방 정책'을 연계할 필요가 있다. 셋째, 지방정부 차세대 지도자그룹을 연계한 인적·물적 네트워크를 강화해야 한다. 그런 의미에서 한국 전국시도지사협의회와 중국 인민대외우호협회 주관으로 2016년 6월에 개최된 한중 지사성장회의는 매우 중요한 의미를 가지며, 확대 발전시켜야 한다. 넷째, 민간차원의 교류협력이 좀 더 확대되어야 하고, 특히 미래 주역인 청소년 대상 상호교류 프로그램을 발굴할 필요가 있다. 마지막으로, 한중 양국에 거주하는 교민(기업인, 유학생, 결혼이민자, 이주노동자 등)은 한중 간 '풀뿌리' 공공외교를 수행하는 매우 중요한 자산이라는 점에서 이들을 대상으로 하는 대내적inbound 차원의 공공외교를 적극적으로 수행할 필요가 있다.

서정경

 한중 관계는 1992년 수교 이후 세계사에서 유례를 찾기 힘들 정도의 신속한 관계 진전을 이뤄왔다. 양국 간 활발한 경제무역뿐 아니라 사회 분야 교류의 폭도 확대되면서 점차 정치와 안보영역까지 협력을 도모하는 관계로 발전했다. 하지만 2016~2017년 불거진 사드THAAD 이슈로 인하여 양국관계는 전반적으로 빠르게 악화되었고 양국 간 상호신뢰와 인식도 후퇴했다. 사드 배치에 중국은 제재를 가했고 한중 관계는 지속적인 악화를 겪었다. 이후 2017년 10월 한중 간 전격적인 합의 및 12월 문재인 대통령의 공식 방중을 계기로 일단락되었다. 사드 문제를 둘러싼 한중 갈등은 봉합되고 관계 회복기에 접어들었으나 사드 문제의 본질은 중국의 부상에 따른 미중 경쟁구도라는 점에서 향후 제2, 제3의 사드 사태가 발생할 수 있다는 우려가 존재한다.

사드를 둘러싼 한중 간 쟁점

 사드는 미국의 미사일 요격 무기 체계이다. 적의 탄도미사일이 날아올

때 레이더와 인공위성 등의 정보를 취합하여 공중, 특히 미사일 낙하의 종말 단계에서 그것을 요격함으로써 자국의 피해를 방지하는 방어 무기이다.

그럼에도 불구하고 중국이 한국의 사드 배치를 반대하고, 한중 간 갈등이 고조된 데에는 다음과 같은 주요쟁점이 있었다. 첫째, 사드 배치의 대상에 대한 논란이다. 사드 배치를 결정한 한국 측은 사드를 북한의 핵과 미사일 공격에 대한 대방어무기로 추진한 반면, 중국 측 입장은 사드가 북한을 빌미로 하지만 사실상 미국이 중국을 견준 무기라는 것이다. 둘째, 같은 맥락에서 한국은 사드 배치가 한국형 미사일 방어체계KAMD의 일환이라는 입장이지만, 중국은 미국이 주도하는 한미일 미사일방어시스템TMD에 한국이 편입하는 것이며 이는 한미일 TMD 본격화의 신호탄이라 보았다. 셋째, 한국은 사드 배치는 자국 국민의 생명과 안전을 지키기 위한 국가의 주권적 조치로서 타국은 간섭할 수 없다는 입장인 반면, 중국은 사드 배치로 인해 중국의 정당한 이익이 훼손되기에 좌시할 수 없다는 주장이었다. 이 외에도 한국은 사드 배치 이후 중국사회의 한한령限韓令이나 한국에 대한 경제제재가 중국정부의 인위적인 통제와 간섭이라 여긴 반면, 중국은 민간의 자발적 움직임이라는 입장을 고수했다.

사드 배치와 한중 갈등

사드를 둘러싼 국가 간 갈등과 논쟁은 2014년 6월 3일 주한미군사령관이 사드 배치와 관련해 한국정부와 협의를 시작하겠다고 언급하면서부터 나타났다. 사드에 대한 중국의 우려 표명에 한국은 사드 관련 '3No(요청, 협의, 결정 없음) 입장'을 천명했지만 2016년 2월 북한의 장거리 미사일 발사 직후 한미는 사드 배치의 공식 협의를 결정했다. 또한 7월 8일 한미는 사드 배치를 공식 결정하고 경상북도 성주를 배치 지역으로 정했다. 중국은 한국에 경제 제재를 가하기 시작했고 양국 간 상호 인식은 악화일로로 접어들었다. 6월 5일 북한의 화성-14형 2차 시험발사 이후 국내에 북핵에 대한 위기감이 급격히 조성되었으며, 6월 7일 사드 잔여 발사대 4기의 임시 배치가 완료됐다. 하지만 한중은 사드 이슈로 인하여 관계 전반이 악화되는 상황이 양국 모두에게 좋지 않다는 공감대를 이뤘다. 2017년 10월 30일 양국은 3No 합의(No 사드 추가 배치, No 미국 미사일방어 체계 편입, No 한미일 군사동맹)를 계기로 관계 개선의 돌파구를 마련했다.

중국의 보복으로 인해 한국경제는 일정한 타격을 입었다. 가령 사드 부지를 제공한 롯데그룹의 경우 99개의 롯데마트 중국 점포 중 87곳이 영업정지를 당했다. 또한 중국 국가여유국이 자국 여행사에 한국여행상품 판매 금지를 하달하여 방한 중국 여행객游客이 급감하면서 관광부문이 직격탄을 맞았다. 현대경제연구원의 한 보고서는 사드 보복으로 한국경제가 2017년 한 해 입은 손실액을 약 8조 5,000억 원으로 추정했다. 중국은 수출과 투자 부문보다는 주로 관광과 문화 부문을 중심으로 제한된 보복을 감행했다.

한중 관계의 신창타이

문 대통령의 방중을 계기로 사드 갈등이 봉합되고 한중 관계는 회복세를 보이고 있지만 양국관계는 이제 사드 이전으로 돌아갈 수 없다는 전망이 있다. 사드 문제의 본질은 미중 간 상호 불신과 경쟁구도인데 향후 이것이 더욱 심화될 것으로 보이며 사드와 유사한 사태가 언제든 재발할 수 있기 때문이다. 더욱이 이번 일을 계기로 중국은 자국 이익 손해를 빌미로 타국에 제재를 가하는 나라임이 드러났다는 평가다. 한국사회의 중국 인식과 중국사회의 한국 이미지가 모두 내상을 입었다. 결국 한중 관계를 제약하는 외부의 미중 경쟁 및 동북아 안보구조를 냉철하게 바라볼 때 극복 방안도 모색할 수 있을 것이다.

부록

	출생 연월	당 가입	원적	최종 학력	
딩쉐샹 (丁薛祥)	1962. 9.	1984	장쑤 南通	푸단대학 행정관리학 석사	
왕천 (王晨)	1950. 12.	1969	베이징	중국사회과학원 신문방송학 석사	
류허 (劉鶴)	1952. 1.	1976	허베이 昌黎	인민대 석사 하버드 MPA	
쉬치량 (許其亮)	1950. 3.	1967	산둥 臨朐	공군 제5항공학교	
순춘란 (여, 孫春蘭)	1950. 5.	1973	허베이 饒阳	중앙당교 정치학 석사	
리시 (李希)	1956. 10.	1982	간쑤 兩當	칭화대학 공상관리학 석사	
리창 (李強)	1959. 7.	1983	저장 瑞安	홍콩이공대 공상관리학 석사	
리훙중 (李鴻忠)	1956. 8.	1976	산둥 昌樂	지린대학 역사학	
양제츠 (楊潔篪)	1950. 5.	1971	상하이	난징대학 역사학 박사	
양샤오두 (楊曉渡)	1953. 10.	1973	상하이	중앙당교 법학 석사	
장여우샤 (張又俠)	1950. 7.	1969	산시 渭南	군사학원	
천시 (陳希)	1953. 9.	1978	푸젠 莆田	칭화대학 공학 석사	
천취안궈 (陳全國)	1955. 11.	1976	허난 平輿	우한이공대학 관리학 박사	
천민얼 (陳敏爾)	1960. 9.	1982	저장 諸暨	중앙당교 법학 석사	
후춘화 (胡春華)	1963. 4.	1983	후베이 五峰	베이징대학 중문학	
궈성쿤 (郭聲琨)	1954. 10.	1974	장시 興國	베이징과학기술대학 관리학 박사	
황쿤밍 (黃坤明)	1956. 11.	1976	푸젠 上杭	칭화대학 관리학 박사	
차이치 (蔡奇)	1955. 12.	1975	푸젠 尤溪	푸젠사범대학 경제학 박사	

신임 여부	18대 현직	19대, 13기 직위
신임	중앙판공청 부주임 총서기판공실 주임	중앙판공청 주임
신임	전국인대 부위원장	전국인대 부위원장
신임	중앙재경영도소조판공실 주임 국가발전개혁위원회 부주임	중앙재경영도소조판공실 주임 국무원 부총리
연임	중앙군사위원회 부주석	중앙군사위원회 부주석
연임	중앙통전부 부장	국무원 부총리
신임	랴오닝성 서기	광둥성 서기
신임	장쑤성 서기	상하이시 서기
신임	톈진시 서기	톈진시 서기
신임	국무위원	중앙외사판공실 주임
신임	중앙기율검사위원회 부서기 감찰부 부장	국가감찰위원회 주임
신임	중앙군사위원회 위원	중앙군사위원회 부주석
신임	중앙조직부 상무부부장	중앙조직부 부장
신임	신장웨이우얼자치구 서기	신장웨이우얼자치구 서기
신임	충칭시 서기	충칭시 서기
연임	광둥성 서기	국무원 부총리
신임	국무위원, 공안부 부장	중앙정법위원회 서기
신임	중앙선전부 상무부부장	중앙선전부 부장
신임	베이징시 서기	베이징시 서기

직책		성명	생년	출신
총리		리커창(李克強)	1955	안후이(安徽)
부총리		한정(韓正)	1954	저장(浙江)
		쑨춘란(孫春蘭)	1950	허베이(河北)
		후춘화(胡春華)	1963	후베이(湖北)
		리우허(劉鶴)	1952	허베이(河北)
국무위원		위펑허(魏鳳和)	1954	산둥(山東)
		왕용(王勇)	1955	랴오닝(遼寧)
		왕이(王毅)	1953	베이징(北京)
		샤오제(肖捷)	1957	랴오닝(遼寧)
		자오커즈(趙克志)	1954	산둥(山東)
비서장		샤오제(肖捷)	1957	랴오닝(遼寧)
부장	외교부	왕이(王毅)	1953	베이징(北京)
	국방부	위펑허(魏鳳和)	1954	산둥(山東)
	국가발전 · 개혁위원회	허리펑(何立峰)	1955	광둥(廣東)
	교육부	천바오성(陳寶生)	1956	간쑤(甘肅)
	과학기술부	완강(萬鋼)	1952	상하이(上海)
	공업 · 정보화부	마오웨이(苗圩)	1955	베이징(北京)
	국가민족사무위원회	바터얼(巴特爾)	1955	랴오닝(遼寧)
	공안부	왕샤오훙(王小洪)	1957	푸젠(福建)
	국가안전부	천원칭(陳文清)	1960	쓰촨(四川)
	민정부	황수셴(黃樹賢)	1954	장쑤(江蘇)
	사법부	푸정화(傅政華)	1955	허베이(河北)
	재정부	류쿤(劉昆)	1956	광둥(廣東)
	인력자원 · 사회보장부	장지난(張紀南)	1957	광둥(廣東)
	자연자원부	루하오(陸昊)	1967	상하이(上海)
	생태환경부	리간제(李幹傑)	1964	후난(湖南)
	주택 · 도시농촌건설부	왕멍후이(王蒙徽)	1960	장쑤(江蘇)
	교통운수부	리샤오펑(李小鵬)	1959	쓰촨(四川)
	수리부	어징핑(鄂竟平)	1956	허베이(河北)
	농업농촌부	한창푸(韓長賦)	1954	헤이룽장(黑龍江)
	상무부	중산(鍾山)	1955	저장(浙江)
	문화 · 관광부	뤄수강(雒樹剛)	1955	허베이(河北)
	국가위생건강위원회	마샤오웨이(馬曉偉)	1959	산시(山西)
	중국인민은행	이강(易綱)	1958	베이징(北京)
	심계서	후저쥔(胡澤君)	1955	충칭(重慶)
	퇴역군인사무부	쑨사오청(孫紹騁)	1960	산둥(山東)
	응급관리부	왕위푸(王玉普)	1956	랴오닝(遼寧)

국무원 직속 특별기구	국무원 직속기구	국무원 판사기구	국무원 직속 사업단위	국무원부 위관리국가국
국유자산감독 관리위원회 주임: 샤오야칭(肖亞慶)	해관총서 국장: 위광저우(於廣洲)	홍콩마카오 사무판공실 주임: 장샤오밍(張曉明)	신화통신사 국장: 차이밍자오(蔡名照)	국가신방국 국장: 수샤오친(舒曉琴)
	국가세무총국 국장: 왕쥔(王軍)	국무원연구실 주임: 황쇼훙(黃守宏)	중국과학원 원장: 바이춘리(白春禮)	국가식량과 물자관리국 국장: 장우펑(張務鋒)
	국가시장감독 관리총국 국장: 비징취안(畢井泉)		중국사회과학원 원장: 셰푸잔(謝伏瞻)	국가에너지국 국장: 누얼·바이커리 (努爾·白克力)
	국가라디오TV총국 국장: 녜천시(聶辰席)		중국공정원 원장: 저우지(周濟)	국가국방 과학기술공업국 국장: 장커젠(張克儉)
	국가의료보국 국장: 미내정		국무원발전연구센터 주임: 리웨이(李偉)	국가연초전매국 국장: 링청싱(凌成興)
	국가체육총국 국장: 거우중원(苟仲文)		국가행정학원 원장: 양징(楊晶)	국가철도국 국장: 양위동(楊宇棟)
	국가국제발전협력서 국장: 왕샤오타오(王曉濤)		중공중앙당교 총장: 천시(陳希)	중국민용항공국 국장: 펑정린(馬正霖)
	국가통계국 국장: 닝지저(寧吉喆)		중국기상국 국장: 류야밍(劉雅鳴)	국가우정국 국장: 마쥔성(馬軍勝)
	국무원참사실 국장: 왕중웨이(王仲偉)		중국은행보험 감독관리위원회 주석: 궈슈칭(郭樹淸)	국가문물국 국장: 류위주(劉玉珠)
	국가기관사무관리국 국장: 리바오룽(李寶榮)		중국증권 감독관리위원회 주석: 류스위(劉士餘)	국가중의약관리국 국장: 미내정
				국가외환관리국 국장: 판궁성(潘功勝)

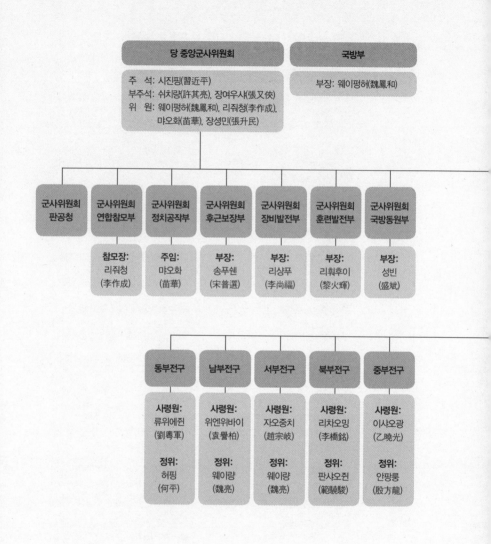

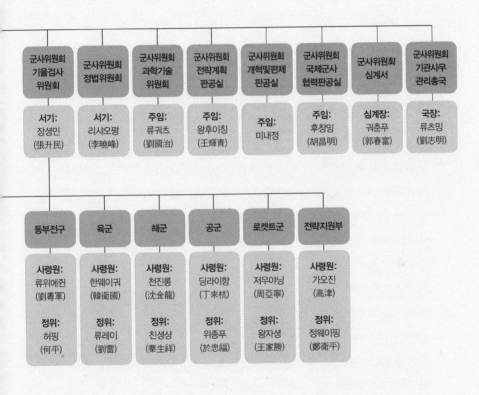

군사위원회 기율검사 위원회	군사위원회 정법위원회	군사위원회 과학기술 위원회	군사위원회 전략계획 판공실	군사위원회 개혁및편제 판공실	군사위원회 국제군사 협력판공실	군사위원회 심계서	군사위원회 기관사무 관리총국
서기: 장성민 (張升民)	서기: 리샤오펑 (李曉峰)	주임: 류궈츠 (劉國治)	주임: 왕후이칭 (王輝青)	주임: 미내정	주임: 후창밍 (胡昌明)	심계장: 궈춘푸 (郭春富)	국장: 류츠밍 (劉志明)

동부전구	육군	해군	공군	로켓트군	전략지원부
사령원: 류위에쥔 (劉粵軍)	사령원: 한웨이궈 (韓衛國)	사령원: 천진룽 (沈金龍)	사령원: 딩라이항 (丁來杭)	사령원: 저우야닝 (周亞寧)	사령원: 가오진 (高津)
정위: 허핑 (何平)	정위: 류레이 (劉雷)	정위: 친셩샹 (秦生祥)	정위: 위종푸 (於忠福)	정위: 왕자셩 (王家勝)	정위: 정웨이핑 (鄭衛平)

행정구역	약칭	정부소재지	행정구역	약칭	정부소재지
베이징시 (北京市)	京	둥청취 (東城區)	장시성 (江西省)	贛	난창 (南昌)
충칭시 (重慶市)	渝	위중취 (渝中區)	지린성 (吉林省)	吉	창춘 (長春)
상하이시 (上海市)	滬	황푸취 (黃浦區)	랴오닝성 (遼寧省)	遼	선양 (瀋陽)
톈진시 (天津市)	津	허핑취 (和平區)	칭하이성 (青海省)	青	시닝 (西寧)
안후이성 (安徽省)	皖	허페이 (合肥)	산시성 (陝西省)	陝/秦	시안 (西安)
푸젠성 (福建省)	閩	푸저우 (福州)	산둥성 (山東省)	魯	지난 (濟南)
간쑤성 (甘肅省)	甘/隴	란저우 (蘭州)	산시성 (山西省)	晉	타이위안 (太原)
광둥성 (廣東省)	粤	광저우 (廣州)	쓰촨성 (四川省)	川/蜀	청두 (成都)
구이저우성 (貴州省)	黔/貴	구이양 (貴陽)	윈난성 (雲南省)	滇/雲	쿤밍 (昆明)
하이난성 (海南省)	瓊	하이커우 (海口)	저장성 (浙江省)	浙	항저우 (杭州)
허베이성 (河北省)	冀	스자좡 (石家莊)	광시장족자치구 (廣西壯族自治區)	桂	난닝 (南寧)
헤이룽장성 (黑龍江省)	黑	하얼빈 (哈爾濱)	네이멍구자치구 (內蒙古自治區)	蒙	후하오터시 (呼和浩特)
허난성 (河南省)	豫	정저우 (鄭州)	닝샤회족자치구 (寧夏回族自治區)	寧	인촨 (銀川)
후베이성 (湖北省)	鄂	우한 (武漢)	신장웨이우얼자치구 (新疆維吾爾自治區)	新	우루무치 (烏魯木齊)
후난성 (湖南省)	湘	창사 (長沙)	시짱자치구 (西藏自治區)	藏	라싸 (拉薩)
장쑤성 (江蘇省)	蘇	난징 (南京)	홍콩특별행정구 (香港特別行政區)	港	홍콩섬 (香港島)
			마카오특별행정구 (澳門特別行政區)	澳	마카오 (澳門)

행정 구역	직책	성명	당 중앙 직위	생년	출신	학력	경력
베 이 징	당서기	차이치 (蔡奇)	중앙정치국 위원	55. 12.	푸젠성	푸젠사범대학 정치경제학	베이징시 당서기
	시장	천지닝 (陳吉寧)	중앙정치국 위원	64. 02.	지린성	칭화대학 토목환경공학	환경보호부 부장
톈 진	당서기	리훙중 (李鴻忠)	중앙정치국 위원	56. 08.	산둥성	지린대학 역사학과	후베이성 당서기
	시장	장궈칭 (張國清)	중앙정치국 위원	64. 08.	허난성	화동공학원 관리공정학	톈진시 당부서기
상 하 이	당서기	리창 (李强)	중앙정치국 위원	59. 07.	저장성	저장농업대학 농기계학	장쑤성 당서기
	시장	잉융 (應勇)	중앙정치국 위원	57. 11.	저장성	중국정법대학 법학	상하이시 부시장
충 칭	당서기	천민얼 (陳敏爾)	중앙정치국 위원	60. 09.	저장성	샤오싱사범전문대 중문학	구이저우성 당서기
	시장	탕량즈 (唐良智)	중앙정치국 위원	60. 06.	후베이성	화중공학원 고체전자학	충칭시 당부서기
허 베 이	당서기	왕둥펑 (王東峰)	중앙정치국 위원	58. 02.	산시성	시안재무학교 회계학	충칭시 시장
	성장	쉬친 (許勤)	중앙정치국 위원	61. 10.	장쑤성	베이징공업학원 공정학	선전시 시장
산 시 (山西)	당서기	뤄후이닝 (駱惠寧)	중앙정치국 위원	54. 10.	저장성	안후이대 정치경제학	칭하이성 당서기
	성장	뤄양성 (樓陽生)	중앙정치국 위원	59.10.	저장성	저장사범대학 수학과	산시성 당부서기
랴 오 닝	당서기	천취파 (陳求發)	중앙정치국 위원	54. 12.	후난성	국방과기대학 전자공정학	랴오닝성 성장
	성장	탕이쥔 (唐一軍)	중앙위원회 후보위원	61. 03.	산둥성	중앙당교 경제관리학	랴오닝성 당부서기
지 린	당서기	바인차오루 (巴音朝魯)	중앙위원회 위원	55. 10.	네이멍구	지린대학 경제관리학과	지린성 성장
	성장	징쥔하이 (景俊海)	중앙위원회 후보위원	60. 12.	산시성	시안전자과기대학 반도체재료학	베이징시 당부서기

지역	직위	성명	중앙위원회	생년월	출신	대학/학과	전직
헤이룽장	당서기	장칭웨이(張慶偉)	중앙위원회 위원	61. 11.	허베이성	시베이공업대학 항공기설계학	허베이성 성장
	성장	왕원타오(王文濤)	중앙위원회 후보위원	64. 05.	장쑤성	푸단대학 철학과	산둥성 당부서기
장쑤	당서기	뤄친젠(婁勤儉)	중앙위원회 후보위원	56. 12.	구이저우성	화중공학원 컴퓨터공학	산시성 성장
	성장	우정룽(吳政隆)	중앙위원회 위원	64. 11.	장쑤성	타이위안대학 기계학	장쑤성 대리성장
저장	당서기	처쥔(車俊)	중앙위원회 위원	55. 07.	안후이성	중앙당교 경제관리학	신장자치구 당부서기
	성장	위엔쟈쥔(袁家軍)	중앙위원회 위원	62. 09.	지린성	베이징항공학원 항공기설계학	저장성 부성장
안후이	당서기	리진빈(李錦斌)	중앙위원회 위원	58. 02.	쓰촨성	창춘사범대학 정치역사학	지린성 부성장
	성장	리궈잉(李國英)	중앙위원회 위원	63. 12.	허난성	화베이수리수전학원 수리수전공정건축과	안후이성 성장
푸젠	당서기	위웨이궈(於偉國)	중앙위원회 위원	55. 10.	산둥성	중국인민대학 중문학	푸젠성 성장
	성장	탕덩제(唐登傑)	중앙위원회 위원	64. 06.	장쑤성	통지대학 기계공정학	공업정보화부 부부장
장시	당서기	리우치(劉奇)	중앙위원회 위원	57. 09.	산둥성	저장대학 화학공학과	장시성 당부서기
	성장	리우치(劉奇)	중앙위원회 위원	57. 09.	산둥성	저장대학 화학공학과	장시성 당부서기
산둥	당서기	리우쟈이(劉家义)	중앙위원회 위원	56. 08.	충칭시	시난재경대학 재정학	심계서 당조서기
	성장	궁정(龔正)	중앙위원회 위원	60. 03.	장쑤성	베이징대외경제무역대 대외무역관리학	저장성 당부서기
허난	당서기	왕궈성(王國生)	중앙위원회 위원	56. 05.	산둥성	산둥대학 정치학	장쑤성 당부서기
	성장	천룬얼(陳潤兒)	중앙위원회 위원	57. 10.	후난성	후난농업학원 농업학	헤이룽장성 당부서기
후베이	당서기	장차오량(蔣超良)	중앙위원회 위원	57. 08.	후난성	후난재경대학 재정학	지린성 성장
	성장	왕샤오둥(王曉東)	중앙위원회 위원	60. 01.	장시성	장시대학 철학	구이저우성 부성장

후난	당서기	두쟈하오 (杜家毫)	중앙위원회 위원	55. 07.	저장성	화동사범대학 중문학	헤이룽장성 당부서기
	성장	쉬다저 (許達哲)	중앙위원회 위원	56. 09.	후난성	하얼빈공업대학 기계제조학	공업정보화 부 부부장
광동	당서기	리시 (李希)	중앙위원회 위원	56. 10.	간쑤성	시베이사범대 중문학	랴오닝성 당서기
	성장	마싱루이 (馬興瑞)	중앙위원회 위원	59. 10.	산둥성	푸신광업학원 기계전자공정학	공업정보화 부 부부장
하이난	당서기	리우츠구이 (劉賜貴)	중앙위원회 위원	55. 09.	푸젠성	중앙당교 경제관리학	국가해양국 국장
	성장	션샤오밍 (沈曉明)	중앙위원회 위원	63. 05.	저장성	원저우의학원 소아학	상하이시 부시장
쓰촨	당서기	펑칭화 (彭淸華)	중앙위원회 위원	57. 04.	후베이성	베이징대 철학과	광시자치구 당서기
	성장	이리 (尹力)	중앙위원회 위원	62. 08.	산둥성	산둥의과대학 의학과	위생부 부부장
구이저우	당서기	쑨즈강 (孫志剛)	중앙위원회 위원	54. 05.	허난성	우한철강학원 제련학	안후이성 부성장
	성장	천이친 (諶貽琴)	중앙위원회 위원	59. 12.	구이저우성	구이저우대학 역사학	구이저우성 대리성장
윈난	당서기	천하오 (陳豪)	중앙위원회 위원	54. 02.	장쑤성	화동사범학교 세계경제학	윈난성 성장
	성장	롼청파 (阮成發)	중앙위원회 위원	57. 10.	후베이성	우한대학 경제관리학	우한시 시장
산시 (陝西)	당서기	후허핑 (胡和平)	중앙위원회 위원	62. 10.	산둥성	칭화대학 수리공정학	산시성 성장
	성장	리우궈중 (劉國中)	중앙위원회 위원	62. 07.	헤이룽장성	화중공정학원 포탄학	지린성 성장
간쑤	당서기	린둬 (林鐸)	중앙위원회 위원	56. 03.	산둥성	해군잠수정학교 해군공정학	하얼빈시 시장
	성장	탕런젠 (唐仁健)	중앙위원회 위원	62. 08.	충칭시	시난재경대학 정치경제학	간쑤성 당부서기
칭하이	당서기	왕젠쥔 (王建軍)	중앙위원회 위원	58. 06.	후베이성	칭하이사범대학 중문학	칭하이성 당부서기
	성장	왕젠쥔 (王建軍)	중앙위원회 위원	58. 06.	후베이성	칭하이사범대학 중문학	칭하이성 부성장

지역	직위	이름	중앙위원회	출생	출신	대학/전공	이전 직위
네이멍구	당서기	리지헝(李紀恒)	중앙위원회 위원	57.01.	광시성	광시대학 중문학	윈난성 당서기
	자치구 주석	부샤오린(布小林)	중앙위원회 위원	58.08.	네이멍구 자치구	베이징대학 법학	네이멍구 당부서기
광시장족	당서기	루신서(鹿心社)	중앙위원회 위원	56.11.	산둥성	우한수리전력학원 농전수리공정학	장시성 당서기
	당서기	천우(陳武)	중앙위원회 위원	54.11.	광시장족 자치구	광시대학 철학	광시자치구 부주석
시짱	당서기	우잉제(吳英傑)	중앙위원회 위원	56.12.	산둥성	시안민족대학 어문학	시짱자치구 당부서기
	자치구 주석	치짜라(齊紮拉)	중앙위원회 위원	58.08.	윈난성	중앙당교 정법학	시짱자치구 당부서기
닝샤회족	당서기	스타이펑(石泰峰)	중앙위원회 위원	56.09.	산시성	베이징대학 법학	장쑤성 성장
	자치구 주석	셴후이(鹹輝)	중앙위원회 위원	58.03.	간쑤성	중앙민족대학 한어문학과	간쑤성 부성장
신장웨이우얼	당서기	천촨궈(陳全國)	중앙위원회 위원	55.11.	허난성	정저우대학 경제학	시짱자치구 당서기
	자치구 주석	쉐커라이티 자커얼(雪克来提·扎克尔)	중앙위원회 위원	53.08.	신장 자치구	후베이강한석유학원 컴퓨터공학	신장자치구 당부서기
홍콩	행정 장관	캐리 람(林郑月娥)	–	57.05.	홍콩	홍콩대학 사회학	홍콩정무사 사장
마카오	행정 장관	페르난도 추이(崔世安)	–	57.01.	마카오	캘리포니아주립대 공공위생학	마카오사회 문화사 사장

- **중국사회과학원**(中國社會科學院, 종합형)

- 설립연도: 1977년
- 주관부처: 국무원
- 홈페이지: http://cass.cssn.cn
- 중국공산당 직속 싱크탱크로, 철학·사회과학 분야의 최고 연구기관이다. 최근에는 학술기관의 역할도 병행하고 있다. 철학연구소, 세계경제연구소, 아태글로벌전략연구소 등 14개 부설 연구소에서 약 2,200여 명이 연구에 종사하고 있으며 중국 개혁개방 및 현대화 건설 과정에서 정책연구의 수준을 제고함으로써 중국 인문과학의 지평을 확대했다는 평가를 받는다. 《중국사회과학中國社會科學》,《역사연구歷史研究》,《경제연구經濟硏究》등 82여 종의 학술간행물을 출판하고 있다.

- **국무원 발전연구센터**(國務院發展硏究中心, 경제)

- 설립연도: 1981년
- 주관부처: 국무원(직속사업단위)
- 홈페이지: http://www.drc.gov.cn/
- 당 중앙, 국무원 직속의 정책 건의 및 자문을 위한 기구로, 국민경제, 사회발전, 개혁개방 등에 관한 장기적이고 선도적인 연구를 진행한다. 발전전략 및 지역경제연구부 등 3개 연구센터, 국제기술경제연구소, 세계발전연구소 등 6개 연구소가 설립되어 있다.

- **중공중앙당교**(中共中央黨校, 정치)

- 설립연도: 1933년
- 주관부처: 중국공산당 중앙위원회
- 홈페이지: http://www.ccps.gov.cn
- 중·고위급 간부 양성과 마르크스주의의 이론적 토대 구축을 위한 중공중앙 직속의 교육기관으로, 마르크스레닌주의, 마오쩌둥 사상, 중국 특색 사회주의 이론체계 등을 학습·연구·선전하며 간부들의 당성을 강화하는 역할을 한다. 미·중·학술포럼, 협력발전포럼 등 고위급 교류 플랫폼을 구축하고 정당 및 국가 거버넌스 경험, 경제사회 발전 경험, 간부 교육 및 육성 경험 등을 교류하고 있다.

- **중공중앙당교(국가행정학원)(中共中央黨校(國家行政學院), 행정)**

  - 설립연도: 1994년
  - 주관부처: 중국공산당 중앙위원회
  - 홈페이지: http://www.world-china.org
  - 1994년 설립되어 고위층 관리인재와 정책연구인재를 양성하는 전문기관이자 당 중앙에 행정 분야의 정책자문을 담당한 싱크탱크이다. 87개 국가 163개 학교의 행정학과 및 국제기구와 대외 교류를 진행하고 있으며, 145개 국가에서 온 공무원들을 양성하는 교육프로그램을 별도로 운영한다. 2018년 국가 조직 개편에 의해 중공중앙당교와 통합되었다.

- **중국현대국제관계연구원(中國現代國際關系研究院, 국제관계)**

  - 설립연도: 1980년
  - 홈페이지: http://www.cicir.ac.cn
  - 1980년 중국현대국제관계연구소中國現代國際關系研究所로 설립된 이후, 2003년 현재의 이름으로 명칭을 변경했다. 세계 각국 및 지역의 정치, 경제, 외교, 군사 및 사회 문제는 물론, 국제전략, 세계경제 등을 연구한다. 150여 명의 연구인원이 재직 중이며 산하에 미국연구소, 정보와 사회발전연구소 등 11개 연구소와 한반도연구실 등 2개 직속연구실, 민족과 종교연구센터, 위기관리연구센터 등 8개 연구센터를 운영하고 있다. 중국 내 대표적인 학술계간지인《현대국제관계現代國際關系》와《 》를 정기적으로 출간하고 있다.

- **중국(선전)종합개발연구원(中國(深圳)綜合開發研究院, 경제)**

  - 설립연도: 1989년
  - 주관부처: 민간
  - 홈페이지: http://www.cdi.com.cn
  - 1989년 선전경제특구에 설립된 국내 최초 종합형·전국형 싱크탱크로, 2015년 국가 "고급 싱크탱크" 건설시범기구 중 하나로 선정되었다. 국가 거시경제전략, 지역경제, 도시화, 산업발전 및 정책, 기업 전략 및 투자 자문 등을 주로 연구하고 있다. 산하에 신경제연구소, 지속가능발전과 해양경제연구소 등 8개 연구소와 혁신과 산업연구센터, 산업발전과 도시계획연구센터 등 10개 연구센터를 운영하고 있다. 설립 이후 프로젝트 자문 성공률이 90% 이상인 것으로 알려져 있다.

- **중국국제문제연구원**(中國國際問題研究院, 국제관계)

- 설립연도: 1956년
- 주관부처: 외교부
- 홈페이지: http://www.ciis.org.cn
- 1956년 중국과학원 국제문제연구소로 설립된 이후, 1958년과 1986년 각각 국제관계연구소와 중국국제문제연구소로 명칭을 변경하였고, 2014년 중국국제문제연구원으로 확대·개편되었다. 국제정치와 세계경제 등 중장기 전략연구를 중점적으로 진행하고 있으며, 아태연구소, 연구소, 개발도상국연구소 등 7개 연구소를 운영하고 있다.

- **중국국제경제교류센터**(中國國際經濟交流中心, 경제)

- 설립연도: 2009년
- 주관부처: 국가발전개혁위원회
- 홈페이지: http://www.cciee.org.cn
- 세계경제발전 추세, 글로벌 금융, 국제무역, 범국가 간 투자 등 분야를 중점적으로 연구하고 있으며, 거시경제, 재정금융, 외자무역, 지역경제, 산업발전 등과 관련된 분야에서 정부 및 기업에 정책 서비스를 제공하고 있다. 산하에 혁신발전연구소(혁시전략연구실, 혁신취업연구실, 혁신경제연구실)를 운영 중이다.

- **중국과 세계화 싱크탱크**(中國與全球化智庫, 종합형)

- 설립연도: 2008년
- 주관부처: 중국인재연구회
- 홈페이지: http://www.ccg.org.cn
- 중국인재연구회, 국제인재전문위원회, 동위세계화인재발전기금회, 남방국제인재연구원, 북방국제인재연구원, 중국과 세계화연구센터, 동관인재발전연구원 등 10개 분원과 해외지사를 갖춘 민간 최대의 싱크탱크民辦非企業單位로, 중국의 글로벌 전략, 글로벌 거버넌스, 인재 및 기업의 국제화 등을 중점적으로 연구한다. 중앙인재공작협조소조 전국인재이론연구기지이며, 중련부 일대일로 싱크탱크연맹의 이사부처理事單位로 중국 내 최대 글로벌 싱크탱크이자 각종 인재개발 연구 관련 중국 최대 싱크탱크이다. 중국사회과학원 선정 10대 핵심 싱크탱크에 포함되었을 뿐만 아니라 10대 중국 관리가치조직상(중국관리과학학회)을 수상했다.

• 국가정보센터(國家信息中心, 경제)

- 설립연도: 1986년
- 주관부처: 국가발전개혁위원회
- 홈페이지: http://www.sic.gov.cn
- 국가통계국, 국가계획위원회(현 국가발전개혁위원회) 산하 계산센터, 예측센터, 정보관리판공실 등의 업무조정을 통해 국가경제정보센터를 설립한 이후, 1988년 국가정보센터로 명칭을 변경했다. 국가연간계획, 중장기계획, 중요 정책 예측 등을 중점적으로 연구하고 있으며, 전자정무, 정보자원 개발, 정보 보안, 전자상 거래 등 계획을 연구 및 설계하고 있다. 국가발전개혁위원회 전자정무공정센터 와 국제정보연구소를 운영하고 있다.

• 상하이국제문제연구원(上海國際問題研究院, 국제관계)

- 설립연도: 1960년
- 주관부처: 상하이시정부
- 홈페이지: http://www.siis.org.cn
- 국제정치, 경제, 외교, 안보 등 분야의 전방위적인 연구를 통해 당과 정부의 정책 결정을 제언하는 연구기관이다. 외교정책연구소, 비교정치와 공공정책연구소 등 7개 연구소와 해양과 극지연구센터, 서아시아-아프리카연구센터 등 6개 연구센터 를 운영하고 있으며,《국제전망國際展望》과《   》을 정기적으로 발간한다.

• 칭화대학 국정연구원(清華大學國情研究院, 종합형)

- 설립연도: 2000년
- 주관부처: 칭화대학 공공관리학원
- 홈페이지: http://www.iccs.tsinghua.edu.cn
- 중국과학원과 칭화대학 공공관리학원이 학술협력을 위해 국정연구센터를 발족 한 이후 2012년 칭화대학 공공관리학원, 교육연구원, 인문사회과학학원 등이 참 여하여 "과학연구의 실체에 연구 네트워크를 더한 연구기관"을 표방하며 국정 연구원으로 명칭을 변경했다. 중국의 발전에 대한 국제 환경 및 국내 정세 변화, 발전전략과 계획 등을 중점적으로 연구하며 정책적 함의를 제공하고 있다. 출범 이후 국가사회과학기금, 국가자연과학기금, 국가발전개혁위원회, 재정부, 교육 부, 과학기술부 등에서 발주한 150여 건의 프로젝트를 시행했다.

- 베이징대학 국가발전연구원(北京大學國家發展研究院, 경제)

- 설립연도: 2008년
- 주관부처: 베이징대학
- 홈페이지: http://nsd.pku.edu.cn
- 경제학을 포괄적으로 연구하는 종합연구기관으로, 1994년 설립된 중국경제연구센터中國經濟研究中心가 2008년 국가발전연구원으로 확대·개편되었다. 정부-시장 관계, 신농촌 건설, 국유기업 개혁, 주식시장 거버넌스, 인구정책 및 경제구조 조정 등을 중점적으로 연구하여 영향력 있는 정책 제언을 하고 있다. 중국 대학 부설 싱크탱크의 선도자 역할을 하고 있으며 2016년에 국가 최고급 싱크탱크로 선정되었다. 미중 경제 대화와 미중 위생 대화 등을 주관한다.

- 베이징대학 국제전략연구원(北京大學國際戰略研究院, 국제관계)

- 설립연도: 2013년
- 주관부처: 베이징대학 국제관계학원
- 홈페이지: http://www.ciss.pku.edu.cn
- 2007년 설립된 국제전략연구센터國際戰略研究中心가 2013년 연구원으로 승격되었다. 세계정치, 국제안보, 국제전략 등의 분야를 중점적으로 연구하고 있으며 생태환경, 공공위생, 자연재해 등 비전통 안보 분야로 연구범위를 확대하고 있다. 《중국국제전략평론中國國際戰略評論》, 《베이징대학 국제전략연구총서北京大學國際戰略研究總書》등을 발간한다.

- 중국인민대학 국가발전과 전략연구원(中國人民大學國家發展與戰略研究院, 종합형)

- 설립연도: 2013년
- 주관부처: 중국인민대학
- 홈페이지: http://nads.ruc.edu.cn
- 2015년 국가 "고급 싱크탱크" 건설시범기구 중 하나로 선정되었을 뿐만 아니라 "2017 중국 100대 대학 싱크탱크"에서 1위를 차지했다. 정치 거버넌스와 법치 건설, 경제 거버넌스와 경제발전, 사회 거버넌스와 사회 혁신 등 국가 거버넌스 현대화를 중점 연구하고 있다. 신형도시화 , 총양금융연구 , 민주이론 등 10개와 국가거버넌스연구센터, 국제전략연구센터, 수도발전과전략연구원, 글로벌공공외교연구센터 등 15개 연구센터를 운영 중이다.

• **중국인민대학 총양금융연구원(人大重陽金融研究院, 경제)**

• 설립연도: 2013년
• 주관부처: 중국인민대학
• 홈페이지: http://www.rdcy.org
• 인민대 출신 치궈건裘國根 총양투자 회장의 기부로 설립된 싱크탱크로, 생태환경
  연구센터, 글로벌 거버넌스연구센터, 미중 인문교류연구센터를 설립하여, 글로
  벌 거버넌스, 일대일로, 대국 관계, 녹색금융, 거시경제, 싱크탱크 구축 등을 중
  점적으로 연구하고 있다.

중국 싱크탱크 순위

2016		2017	
순위	싱크탱크	순위	싱크탱크
1	중국사회과학원	1	중국사회과학원
2	국무원 발전연구센터	2	중국과학원
3	중공중앙당교	3	국무원 발전연구센터
4	중국과학원	4	중공중앙당교
5	중국거시경제연구원	5	중국공정원
6	중국공정원	6	중국현대국제관계연구원
7	베이징대 국가발전연구원	7	중국거시경제연구원
8	중국국제문제연구원	8	중국군사과학원
9	상하이사회과학원	9	국방대학
10	국가행정학원	10	중국국제문제연구원
11	중국현대국제관계연구원	11	중국국제경제교류센터
12	중공중앙문헌연구실	12	베이징대 국가발전연구원
13	중국군사과학원	13	중국사회과학원 국가글로벌전략싱크탱크
14	중국국제경제교류센터	14	국가행정학원
15	칭화대학 국정연구원	15	중국(선전)종합개발연구원
16	중국사회과학원 국가글로벌전략연구원	16	상하이국제문제연구원
17	국방대학	17	국가정보센터
18	중앙편역(編譯)국	18	중국재정과학연구원
19	국가정보센터	19	상무부국제무역경제협력연구원
20	중국인민대학 총양금융연구원	20	중국국제전략학회

자료: 상하이사회과학원 싱크탱크연구센터

중화인민공화국중앙인민정부   http://www.gov.cn

〈국무원 각 부처 · 위원회〉(26개)

외교부	http://www.fmprc.gov.cn
국방부	http://www.mod.gov.cn
국가발전 · 개혁위원회	http://www.ndrc.gov.cn
교육부	http://www.moe.gov.cn
과학기술부	http://www.most.gov.cn
공업 · 정보화부	http://www.miit.gov.cn
국가민족사무위원회	http://www.seac.gov.cn
공안부	http://www.mps.gov.cn
국가안전부	*
민정부	http://www.mca.gov.cn
사법부	http://www.moj.gov.cn
재정부	http://www.mof.gov.cn
인력자원 · 사회보장부	http://www.mohrss.gov.cn
자연자원부	http://www.mlr.gov.cn
생태환경부	http://www.zhb.gov.cn
주택 · 도시농촌건설부	http://www.mohurd.gov.cn
교통운수부	http://www.moc.gov.cn
수리부	http://www.mwr.gov.cn
농업 · 농촌부	http://www.moa.gov.cn
상무부	http://www.mofcom.gov.cn
문화 · 관광부	http://www.mcprc.gov.cn
국가위생건강위원회	① http://www.moh.gov.cn
	② http://www.nhfpc.gov.cn
중국인민은행	http://www.pbc.gov.cn
심계서	http://www.audit.gov.cn
퇴역군인사무부	*
응급관리부	http://www.chinasafety.gov.cn

<국무원직속특설기구>

국유자산감독관리위원회   http://www.sasac.gov.cn

<국무원직속기구>(10개)

해관총국	http://www.customs.gov.cn
국가세무총국	http://www.chinatax.gov.cn
국가시장감독관리총국	http://www.aqsiq.gov.cn
국가라디오TV총국	http://www.sarft.gov.cn
국가의료보국	*
국가체육총국	http://www.sport.gov.cn
국가국제발전협력국	*
국가통계국	http://www.stats.gov.cn
국무원참사실	http://www.counsellor.gov.cn
국가기관사무관리국	http://www.ggj.gov.cn

<국무원판사기구>(2개)

국무원홍콩마카오사무판공실   http://www.hmo.gov.cn

국무원연구실   http://www.gov.cn/gjjg/2005-12/26/content_137261.htm

<국무원 직속 사업단위>(10개)

신화통신사	http://www.xinhuanet.com
중국과학원	http://www.cas.cn
중국사회과학원	http://www.cssn.cn
중국공정원	http://www.cae.cn
국무원발전연구센터	http://www.drc.gov.cn
국가행정학원/중공중앙당교	① http://www.nsa.gov.cn ② http://www.ccps.gov.cn
중국기상국	http://www.cma.gov.cn
중국은행보험감독관리위원회	http://www.cbrc.gov.cn
중국증권감독관리위원회	http://www.csrc.gov.cn
중앙방송총대	http://www.cnr.cn/

〈국무원 부서·위원회가 관리하는 국가 국〉(17개)

국가신방국	http://www.gjxfj.gov.cn
국가식량과 무자관리국	http://www.chinagrain.gov.cn
국가에너지국	http://www.nea.gov.cn
국가국방과학기술공업국	http://www.sastind.gov.cn/
국가연초전매국	http://www.tobacco.gov.cn
국가철도국	http://www.nra.gov.cn/
중국민용항공국	http://www.caac.gov.cn
국가우정국	http://www.spb.gov.cn
국가문물국	http://www.sach.gov.cn
국가중의약관리국	http://www.satcm.gov.cn
국가외환관리국	http://www.safe.gov.cn
국가매광안전감독국	http://www.chinacoal-safety.gov.cn/mkaj
국가임업과초원국	http://www.forestry.gov.cn
국가이민관국	http://www.mps.gov.cn
국가지식산권국	http://www.sipo.gov.cn
국가약품감독관리국	http://www.sda.gov.cn
국가공무원국	http://www.scs.gov.cn/

〈지방인민정부〉(34개)

허베이성河北省	http://www.hebei.gov.cn
산시성山西省	http://www.shanxi.gov.cn
랴오닝성遼寧省	http://www.ln.gov.cn
지린성吉林省	http://www.jl.gov.cn
헤이룽장성黑龍江省	http://www.hlj.gov.cn
장쑤성江蘇省	http://www.jiangsu.gov.cn
저장성浙江省	http://www.zj.gov.cn
안후이성安徽省	http://www.ah.gov.cn
푸젠성福建省	http://www.fujian.gov.cn
장시성江西省	http://www.jiangxi.gov.cn
산둥성山東省	http://www.shandong.gov.cn
허난성河南省	http://www.henan.gov.cn
후베이성湖北省	http://www.hubei.gov.cn
후난성湖南省	http://www.hunan.gov.cn

광둥성廣東省	http://www.gd.gov.cn
하이난성海南省	http://www.hainan.gov.cn
쓰촨성四川省	http://www.sc.gov.cn
구이저우성貴州省	http://www.gzgov.gov.cn
윈난성雲南省	http://www.yn.gov.cn
산시성陝西省	http://www.shaanxi.gov.cn
간쑤성甘肅省	http://www.gansu.gov.cn
칭하이성青海省	http://www.qh.gov.cn
네이멍구자치구內蒙古自治區	http://www.nmg.gov.cn
광시좡족자치구廣西壯族自治區	http://www.gxzf.gov.cn
시짱자치구西藏自治區	http://www.xizang.gov.cn
닝샤후이족자치구寧夏回族自治區	http://www.nx.gov.cn
신장웨이우얼자치구新疆維吾尔自治區	http://www.xinjiang.gov.cn
베이징시北京市	http://www.beijing.gov.cn
톈진시天津市	http://www.tj.gov.cn
상하이시上海市	http://www.shanghai.gov.cn
충칭시重慶市	http://www.cq.gov.cn
홍콩특별행정구香港特別行政區	http://www.gov.hk
마카오특별행정구澳门特別行政區	http://portal.gov.mo
대만台湾	http://www.president.gov.tw

(2018년 7월 기준)

* 표시된 기관은 홈페이지가 공표되어 있지 않거나 2018년 기구개혁으로 인해
  아직 홈페이지가 만들어지지 않은 기관

필진 소개

강광문

도쿄대학교에서 법학 박사학위를 받았으며, 주요 연구영역은 헌법사상, 법개념사, 동아시아 정치사상 등이다. 도쿄대학교 법학정치학연구과 연구원, 하버드대학교 방문학자를 역임했으며, 현재는 서울대학교 법학전문대학원 부교수로 재직 중이다. 주요 논문으로는 〈일본에서 독일 헌법이론의 수용에 관한 연구〉, 〈중국헌법의 계보에 관한 일고찰〉 등이 있으며, 저서로 《중국법강의》가 있다.

고영희

성균관대학교에서 박사학위를 받았으며, 주요 연구영역은 중국의 근현대 문화 및 문화정책이다. 성균관대학교 HK연구교수를 역임했으며, 현재 한국농수산대학 강사로 재직 중이다. 주요 논문으로 〈1930년대 중국영화 검열제도와 담론 연구〉 등이 있다.

곽배성

CEIBS(中歐國際工商學院)에서 MBA학위를 받았으며, 삼성그룹 및 GE China 등에서 근무하며 중국에 진출한 글로벌 기업 대상 컨설팅을 담당했다. 현재 포스코경영연구원 글로벌연구센터의 수석연구원으로 재직 중이며 중국 및 글로벌 전략과 관련된 연구를 수행하고 있다. 주요 논문으로 〈포스코의 글로벌 과정과 사회적책임(CSR) 활동의 역할: 한국과 중국에서의 CSR 활동 비교를 중심으로〉 등이 있다.

김광일

푸단대학교에서 문학 박사학위를 받았으며, 주요 연구영역은 중국고전문헌학, 특히 동아시아 한자문헌의 환류체계이다. 고려대학교 중국학연구소 연구교수를 역임했으며, 현재 서울시립대학교 중국어문화학과 교수로 재직 중이다. 주요 논문으로 〈《隋書》〈經籍志〉는 어떻게 만들어졌는가〉 등이 있다.

김도경

푸단대학교에서 사회학 박사학위를 받았으며, 주요 연구영역은 중국의 사회문화, 특히 체제 전환 중 중국사회에 나타나고 있는 다양한 변화에 초점을 맞추고 있다. 중앙대학교에서 박사 후 연수를 진행했으며, 이후 성균중국연구소 연구교수를 거쳐 현재 한국교원대학교 중국어교육과 조교수로 재직 중이다. 주요 저서로《탈향과 귀향 사이에서》(역서), 《도시로 읽는 현대 중국》(공저) 등이 있다.

김도희

베이징대학교에서 정치학 박사학위를 받았으며, 주요 연구영역은 중국의 국가-사회 관계, 중국의 시민사회 등이다. 서강대학교 동아연구소 전임연구원을 지냈으며, 현재 한신대학교 중국학과 교수로 재직 중이다. 주요 논문으로 〈Formation of Urban Community and Its Significance: The Case Study of South Korea and China〉 등이 있다.

김동하

한국외국어대학교에서 국제경제학 박사학위를 받았으며, 주요 연구영역은 중국의 경제·산업·기업 등이다. 대한중국학회 부회장을 역임했고, 현재 부산외국어대학교 중국학부 교수 및 중앙도서관장이다. 주요 저서로《차이나 머천트》등이 있다.

김수영

위스콘신대학교 매디슨캠퍼스(University of Wisconsin-Madison)에서 역사학 박사학위를 받았으며, 주요 연구영역은 근현대 중국 지식인들의 형성 과정 및 그 사상에 대한 역사적인 연구이다. 현재 국민대학교 국제학부 교수로 재직 중이며, 주요 논문으로 〈중국 근대 지식지형의 형성과 패러다임〉 등이 있다.

김시중

브라운대학교에서 경제학 박사학위를 받았으며, 주요 연구영역은 중국의 체제개혁과 경제발전의 관계이다. 대외경제정책연구원 연구위원과 영남대학교 경제금융학부 교수를 거쳐 현재 서강대학교 국제대학원 교수로 재직 중이다. 주요 논문으로 〈중국의 경제발전 방식 전환의 진전도 평가〉 등이 있다.

김영미

서울대학교 법학전문대학원(로스쿨) 박사과정을 수료했으며, 주요 연구영역은 중국의 사법제도이다. 외교통상부 동북아시아국 3등 서기관과 서울대학교 법학전문대학원 법무지원실장 및 변호사를 역임했으며, 현재 대한변호사협회 사무차장으로 재직 중이다. 주요 저서로《중국법강의》가 있다.

김영진

베를린자유대학교에서 정치학 박사학위를 받았으며, 주요 연구영역은 중국정치, 동아시아 전통 국제관계 등이다. 숭실대 사회과학연구원에서 연구원을 지냈으며, 현재 국민대학교 중국학부 교수와 중국인문사회연구소 소장으로 재직 중이다. 주요 저서로 《중국, 대국의 신화》 등이 있다.

김예경

베이징대학교에서 국제정치학 박사학위를 받았으며, 주요 연구영역은 중국의 정치외교이다. 연세대학교와 경희대학교에서 학술연구교수를 지냈으며, 현재 국회입법조사처 입법조사관으로 재직 중이다. 주요 논문으로 〈The European Union, Regional Integration, and Conflict Transformation in the South China Sea Territorial Disputes〉 등이 있다.

김윤권

서울대학교에서 행정학 박사학위를 받았으며, 주요 연구영역은 제도론, 조직론, 중국의 행정 및 공공정책 등이다. 서울대학교 행정연구소, 행정자치부 조직진단센터를 거쳐 현재 한국행정연구원 선임연구위원으로 재직 중이다. 주요 논문으로 〈중국의 사회조직에 관한 연구〉 등이 있다.

김윤태

국립대만대학교에서 사회학 박사학위를 받았으며, 주요 연구영역은 이민학, 한상, 재중한국인, 조선족, 중국사회 등이다. 현재 동덕여자대학교 중어중국학과 교수이자 한중미래연구소 소장으로 재직 중이며, 외교부 재외동포정책 실무위원으로 활동하고 있다. 주요 논문으로 〈台頭する中国と政治リスク―日韓台 ビジネスマン ビジネスマンの対中認識 比較(仮)〉 등이 있다.

김윤희

푸단대학교에서 기업관리학 박사학위를 받았으며, 주요 연구영역은 중국 기업, 다국적기업, 중국 마케팅, 중국경제 등이다. 현재 KOTRA 베이징무역관 차장으로 재직 중이며, 주요 저서로 《상하이-놀라운 번영을 이끄는 중국의 심장》, 《중국 CEO, 세계를 경영하다》(공저) 등이 있다.

김준영

중국인민대학교에서 법학 박사학위를 받았으며, 주요 연구영역은 헌법학, 입법학 등
이다. 중국인민대학 한국연구센터 연구원을 역임했으며 현재 원광대학교 한중관계연
구원 연구교수로 재직 중이다. 주요 논문으로 〈중국 전국인민대표대회의 입법권 확립
연구〉, 〈중국 국가안전법제의 체계 연구〉 등이 있다.

김지연

캠버웰 아트 칼리지(Camberwell College of Art)에서 시각 예술(Visual Arts)을 공부했으
며, 한국예술종합학교 미술원에서 미술이론 전문사로 석사학위를 받았다. 중국은 물
론 동아시아 현대미술과 시각문화에 대해 연구하고 있으며, 주요 저서로 《중국현대미
술의 얼굴들》 등이 있다.

김태호

오하이오주립대학교에서 정치학 박사학위를 받았으며, 주요 연구영역은 중국의 '3事
(人事, 外事, 軍事)'이다. 한국국방연구원 연구위원과 머션(Mershon)센터 연구원을 역
임했으며, 현재 한림국제대학원 정치외교학과 교수 및 현대중국연구소 소장으로 재
직 중이다. 주요 논문으로 〈China's Growing Maritime/Naval Interests and East
Asian Security〉가 있다.

김흥규

미시간대학교에서 정치학 박사학위를 받았으며, 주요 연구영역은 중국의 외교안보
및 동북아 국제정치이다. 국립외교원 교수를 역임했으며, 현재 아주대학교 정치외교
학과 교수와 중국정책연구소 소장으로 재직 중이다. 주요 저서로 《중국 중앙-지방관
계와 정책결정》 등이 있다.

남수중

중국사회과학원에서 경제학 박사학위를 받았으며, 주요 연구영역은 중국 거시경제정
책, 국제금융시장 등이다. 대외경제정책연구원과 국제금융센터에서 연구원을 지냈으
며, 현재 공주대학교 경제통상학부 교수로 재직 중이다. 주요 논문으로 〈한국과 중국
지방 간 경제협력 방안 연구-도시 간 무역협정의 체결 추진 가능성을 중심으로〉 등이
있다.

노성호

칭화대학교에서 기술경제경영학 박사학위를 받았으며, 주요 연구영역은 중국경제, 혁신, 전환경제 기업 등이다. 현재 세종대학교 중국통상학과 교수로 재직 중이며, 주요 논문으로 〈Roles of Individual-and Country-level Social Capital in Entrepreneurial Activities of Crowdfunding〉 등이 있다.

노수연

푸단대학교에서 경영학 박사학위를 받았으며, 주요 연구영역은 중국경제 및 경영이다. 대외경제정책연구원 동북아경제본부 부연구위원을 지냈으며, 현재 고려대학교 글로벌학부 조교수로 재직 중이다. 주요 논문으로 〈중국 저탄소시범지역의 운영성과 비교-지방정부의 정책역량을 중심으로〉가 있다.

류동춘

국립대만대학교에서 문학 박사학위를 받았으며, 주요 연구영역은 중국문자 및 고대 중국어이다. 한국중국학회 회장을 역임했으며, 현재 서강대학교 중국사회문화전공 교수로 재직 중이다. 주요 저서로 《The Story of Nine Asian Alphabets》 등이 있다.

문흥호

한양대학교에서 정치학 박사학위를 받았으며, 주요 연구영역은 중국과 한반도, 양안관계 등이다. 오리건대학교 정치학과 초빙교수, 현대중국학회 회장 등을 역임했으며, 현재 한양대학교 국제학대학원 중국학과 교수 및 중국문제연구소 소장으로 재직 중이다. 주요 논문과 저서로 《13억 인의 미래-중국은 과연 하나인가?》 등이 있다.

민귀식

중국사회과학원에서 정치학 박사학위를 받았으며, 주요 연구영역은 중국의 공공정책, 정치사상 등이다. 현대중국학회 학술위원장을 맡았으며, 현재 한양대학교 국제학대학원 중국학과 교수로 재직 중이다. 주요 저서로 《한중관계와 문화교류》 등이 있다.

박경철

베이징대학교에서 사회학 박사학위를 받았으며, 주요 연구영역은 중국 농촌사회의 변화, 한국 및 중국의 3농 문제 등이다. 한국농촌경제연구원에서 전문연구원을 지냈으며, 현재 충남연구원 농촌농업연구부 책임연구원 및 중국연구팀장으로 재직 중이다. 주요 저서로 《2011 중국의 재발견》 등이 있다.

박병광

푸단대학교에서 정치학 박사학위를 받았으며, 주요 연구영역은 중국의 대외관계, 군사·안보 분야이다. 중국외교안보연구회 회장을 역임했으며, 현재 국가안보전략연구소 대외전략연구실 책임연구위원으로 재직 중이다. 주요 논문으로 〈시진핑 지도부의 등장과 중국의 대외정책〉 등이 있다.

박인성

중국인민대학교에서 토지관리학 박사학위를 받았으며, 주요 연구영역은 중국과 북한의 토지 및 부동산 제도와 정책이다. 국토연구원 연구위원, 중국 저장대학교 도시관리학과 교수를 역임했으며, 현재 한성대학교 부동산대학원 '한중 부동산 컨설팅 전공' 주임 교수로 재직 중이다. 주요 저서로 《중국의 도시화와 발전축》 등이 있다.

박창희

고려대학교에서 정치학 박사학위를 받았으며, 주요 연구영역은 중국군사 및 군사전략이다. 국방대학교 안보문제연구소 군사문제센터장, 동북아학회 이사 등을 역임했으며, 현재 국방대학교 교수부 교육기획처장으로 재직 중이다. 주요 논문으로 〈북한의 핵 위협에 대응한 한국의 군사전략〉 등이 있다.

박철현

중국인민대학교에서 사회학 박사학위를 받았으며, 주요 연구영역은 중국 사회주의, 기층사회, 도시화 등이다. 현재 국민대학교 중국인문사회연구소 HK 연구교수로 재직 중이다. 주요 저서로 《도시로 읽는 현대중국》 등이 있다.

박한진

푸단대학교에서 기업관리학 박사학위를 받았으며, 주요 연구영역은 다국적기업의 중국현지화 전략, 중국 거시경제 및 정책 분석이다. 존스홉킨스대학교 방문학자, KOTRA 중국사업단장 등을 역임했으며, 현재 KOTRA 중국지역본부장을 맡고 있다. 주요 저서로 《프레너미-영원한 친구도 영원한 적도 없는 국제관계》 등이 있다.

백승욱

서울대학교에서 사회학 박사학위를 받았으며, 주요 연구영역은 중국의 사회변동, 특히 중국 문화대혁명과 중국의 노동체제 변화이다. 한신대학교 중국지역학과 조교수를 지냈으며, 현재는 중앙대학교 사회학과 교수로 재직 중이다. 주요 저서로 《중국 문화대혁명과 정치의 아포리아》 등이 있다.

백우열

UCLA에서 정치학 박사학위를 받았으며, 비교권위주의의 측면에서 중국과 동아시아를 연구하고 있다. 성균중국연구소의 부소장과 성균관대학교 동아시아학술원 조교수를 지냈으며, 현재 연세대학교 정치외교학과 교수로 재직 중이다. 주요 논문으로 〈Economic Development and Mass Political Participation in China : Determinants of Provincial Petition (Xinfang) Activism 1994-2002〉 등이 있다.

서봉교

서울대학교에서 경제학 박사학위를 받았으며, 주요 연구영역은 중국경제와 중국금융이다. 삼성 금융연구소에서 근무했으며, 현재 동덕여대 중어중국학과 교수로 재직 중이다. 주요 저서로《중국경제와 금융의 이해-국유은행과 핀테크 은행의 공존》 등이 있다.

서정경

베이징대학교에서 정치학 박사학위를 받았으며, 주요 연구영역은 미중 관계 및 중국의 대외정책이다. 연세대학교 동서문제연구원에서 연구원으로 근무했으며, 현재 성균관대학교 성균중국연구소에서 연구교수로 재직 중이다. 주요 논문으로 〈시진핑 2기 정부의 외교 전망: 중국공산당 19차 전국대표대회 정치보고를 중심으로〉 등이 있다.

성근제

연세대학교에서 문학 박사학위를 받았으며, 주요 연구영역은 중국의 사회주의 및 문화대혁명이다. 성균관대학교 동아시아학술원 HK연구교수를 지냈으며, 현재 서울시립대학교 중국어문화학과 교수로 재직 중이다. 주요 논문으로 〈사구타파는 반전통주의인가〉 등이 있다.

송승석

연세대학교에서 문학 박사학위를 받았으며, 주요 연구영역은 중국관행과 화교문화이다. 연세대학교, 성공회대학교, 상명대학교 등에서 강사로 재직했으며, 현재 인천대학교 중국학술원 교수로 재직 중이다. 주요 저서로는《동남아화교화인과 트랜스내셔널리즘》(역서) 등이 있다.

신상진

대만국립정치대학교에서 정치학 박사학위를 받았으며, 주요 연구영역은 한중 관계, 미중 관계, 북한 문제 등이다. 통일연구원 선임연구위원을 역임했으며, 현재 광운대학교 국제학부 교수로 재직 중이다. 주요 논문으로 〈중국의 대북한 위기관리정책〉 등이 있다.

신종호

베이징대학교에서 국제정치학 박사학위를 받았으며, 주요 연구영역은 중국정치경제와 미중 관계 등이다. 국회입법조사처 입법조사관과 경기개발연구원 연구위원을 역임한 후 통일연구원 국제협력연구실에서 연구위원으로 재직 중이다. 주요 논문으로 〈시진핑 시기 중국의 대외전략 변화와 한반도 정책에 대한 영향〉 등이 있다.

안치영

서울대학교에서 정치학 박사학위를 받았으며, 주요 연구영역은 중국의 정치권력 변동의 원인과 기제이다. 현재 인천대학교 중어중국학과 교수로 재직 중이며, 주요 저서로 《덩샤오핑 시대의 탄생》 등이 있다.

양갑용

푸단대학교에서 정치학 박사학위를 받았으며, 주요 연구영역은 중국정부와 정치, 특히 중국정부 개혁과 정책 결정 메커니즘 등이다. 국민대학교 중국인문사회연구소와 한국외국어대학교 중국연구소 전임연구원을 지냈으며, 현재 성균관대학교 성균중국연구소 연구교수로 재직 중이다. 주요 논문으로 〈후진타오 시기와 시진핑 시기집체학습 연구: 계승과 변화의 중첩과 이반〉 등이 있다.

양철

중국인민대학교에서 외교학 박사학위를 받았으며, 주요 연구영역은 에너지 협력, 국제정치와 산업정책의 상관성 등이다. 중국인민대학교 국제에너지환경전략연구센터 위촉연구원을 역임했으며, 현재 성균관대학교 성균중국연구소에서 연구교수로 재직 중이다. 주요 논문으로 〈동북아 질서 변화와 한중 협력에 관한 국제정치경제적 분석〉 등이 있다.

양평섭

한국외국어대학교에서 지역학 박사학위를 받았으며, 주요 연구영역은 중국경제,

특히 한중 FTA 추진 전략 및 한중 경제협력, 중국의 통상전략이다. 국제무역연구원 연구위원, 대외경제정책연구원 중국팀장 및 중국권역별·성별연구단 단장을 역임했으며, 현재 대외경제정책연구원 세계지역연구센터장 겸 중국경제실장으로 재직 중이다. 주요 논문으로 〈China, World Economy and Korea-China Economic Cooperation〉 등이 있다.

예동근
고려대학교에서 사회학 박사학위를 받았으며, 주요 연구영역은 민족연구 및 지역연구를 바탕으로 한 초국가주의와 소수민족 등이다. 현재 국립부경대학교 중국학과 교수로 재직 중이다. 주요 논문으로 〈농촌에서 도시로: 재중동포 기업가 형성과정〉 등이 있다.

우완영(于婉瑩)
성균관대학교에서 정치학 박사학위를 받았으며 주요 연구영역은 동북아국제관계 및 한중 관계이다. 현재 성균중국연구소 책임연구원으로 재직 중이다.

원동욱
베이징대학교에서 국제정치학 박사학위를 받았으며, 주요 연구영역은 중국의 환경과 물류이며, 북중 관계에 대한 연구도 병행하고 있다. 한국교통연구원 동북아·북한연구센터 책임연구원을 역임했으며, 현재 동아대학교 국제학부 중국학전공 교수로 재직 중이다. 포럼지식공감 공동대표로 활동 중이다. 주요 논문으로 〈변경의 정치경제: 중국의 동북 지역 개발과 환동해권의 국제협력〉 등이 있다.

유상철
한양대학교에서 중국학 박사학위를 받았으며, 주요 연구영역은 중국정치와 외교, 안보, 국가전략 등이다. 중앙일보 베이징특파원, 중앙일보 중국연구소 소장 등을 역임하고 현재 중앙일보 편집국 중국전문기자 겸 논설위원을 맡고 있다. 주요 저서로 《2035 황제의 길》 등이 있다.

윤휘탁
서강대학교에서 문학 박사학위를 받았으며, 주요 연구영역은 중국의 한반도 통일 인식이다. 동북아역사재단의 연구위원을 지냈으며, 현재 한경대학교 교양학부 교수로 재직 중이다. 주요 저서로 《중일전쟁과 중국혁명》 등이 있다.

이강원

서울대학교에서 지리학 박사학위를 받았으며, 주요 연구영역은 중국 변경지역의 정치생태학과 국경문제이다. 중국과학원 지리연구소와 버클리대학교(UC Berkeley) 지리학과에서 방문학자를 지냈으며, 현재 전북대학교 지리교육과 교수로 재직 중이다. 주요 저서로 《사막중국: 중국의 토지이용 변화와 사막화》 등이 있다.

이건웅

한국외국어대학교에서 문화콘텐츠학 박사학위를 받았으며, 주요 연구영역은 중국 문화산업, 언론·출판학과 문화콘텐츠이다. 현재 《차이나리뷰》 발행인이자 중국 전문출판사 차이나하우스 대표, 한국출판학회 이사, 한국전자출판학회 부회장 등을 맡고 있다. 주요 저서로는 《새로운 문화콘텐츠학》(공저), 《중국 출판산업 연구》 등이 있다.

이남주

베이징대학교에서 정치학 박사학위를 받았으며, 주요 연구영역은 중국 사회주의 이론의 변화와 전망이다. 《창작과 비평》 편집위원을 지냈으며, 현재 성공회대학교 중어중국학과 교수로 재직 중이다. 주요 저서로 《중국 시민사회의 형성과 특징》 등이 있다.

이동률

베이징대학교에서 정치학 박사학위를 받았으며, 주요 연구영역은 중국 대외관계, 중국의 영토 분쟁, 중국의 민족주의 등이다. 미국 컬럼비아대학교 방문교수, 통일부 정책자문위원을 역임했으며, 현재 동덕여자대학교 중국학과 교수로 재직 중이다. 주요 논문으로 〈시진핑 정부 '해양강국' 구상의 지경제학적 접근과 지정학적 딜레마〉가 있다.

이문기

베이징대학교에서 정치학 박사학위를 받았으며, 주요 연구영역은 중국정치와 한중관계 등이다. 〈현대중국연구〉의 편집위원장을 역임했으며, 현재 세종대학교 중국통상학과 교수와 (사)미래전략연구원 원장으로 재직 중이다. 주요 논문으로 〈중국 민족주의의 세 가지 특성: 역사적 제도주의 시각에서〉 등이 있다.

이민자

서강대학교에서 정치학 박사학위를 받았으며, 주요 연구영역은 중국 호구제도, 농민공의 시민화, 온라인 공간에서 중국 민족주의 등이다. 버클리대학교(UC Berkeley)와 중국사회과학원 방문학자를 지냈으며, 현재 서울디지털대학교 중국학과 교수로 재직 중이다. 주요 논문으로 〈Online Activism by Smart Mobs and Political Change in Southern China〉 등이 있다.

이상훈

중국사회과학원에서 경제학 박사학위를 받았으며, 주요 연구영역은 중국경제, 외국 인직접투자와 기술파급효과이다. 대한상공회의소 북경사무소 연구위원을 지냈으며 현재 대외경제정책연구원 중국권역별성별연구팀 팀장으로 재직 중이다. 주요 논문으로 〈중국의 지역별 산업고도화 추진 현황 및 시사점〉 등이 있다.

이영학

베이징대학교에서 국제관계학 박사학위를 받았으며, 주요 연구영역은 중국의 외교안보와 한반도 정책 등이다. 외교통상부 선임연구원과 성균중국연구소 연구교수를 역임했으며, 현재 한국국방연구원 안보전략연구센터 선임연구위원으로 재직 중이다. 주요 논문으로 〈중국 시진핑 지도부의 韓 북핵 정책 동향 및 시사점〉 등이 있다.

이욱연

고려대학교에서 문학 박사학위를 받았으며, 주요 연구영역은 중국의 현대 문학 및 문화, 특히 루쉰과 중국 지식인 담론이다. 현대중국학회 부회장을 역임했으며, 현재 서강대학교 중국문화과 교수로 재직 중이다. 주요 저서로 《포스트 사회주의 시대의 중국문화》 등이 있다.

이정남

베이징대학교에서 정치학 박사학위를 받았으며, 주요 연구영역은 중국의 정치 개혁과 정치 체제 전환, 중국의 동아시아정책과 한중 관계 등이다. 한중전문가 공동연구위원회(제1기) 집행위원(간사) 및 정치 분과 위원을 지냈으며, 현재 고려대학교 아세아문제연구소 교수 및 중국연구센터 센터장을 맡고 있다. 주요 저서로 《민주주의와 중국》(공저) 등이 있다.

이주영

중국인민대학교에서 경제학 박사학위를 받았으며, 주요 연구영역은 중국 지역 경제이다. 성균관대학교 성균중국연구소 수석연구원과 인천대학교 중국학술원 학술연구교수를 지냈으며, 현재 한신대학교 외래교수로 재직 중이다. 주요 논문으로 〈Strategic issues for Korean distribution companies' penetration of the Chinese market〉 등이 있다.

이홍규

중국사회과학원에서 법학 박사학위를 받았으며, 주요 연구영역은 중국의 정치경제, 민주화, 발전모델 등이다. 삼성경제연구소 연구원과 성균관대학교 동아시아지역연구소 책임연구원을 역임했으며, 현재 동서대학교 동아시아학과 교수와 중국연구센터 부소장으로 재직 중이다. 주요 저서로《전리군과의 대화-중국의 사회주의, 자본주의, 민주주의》등이 있다.

이희옥

한국외국어대학교에서 정치학 박사학위를 받았으며, 주요 연구영역은 중국의 정치변동과 중국과 한반도 연구 등이다. 베이징대학교, 워싱턴대학교(Univ. of Washington), 나고야대학교, 중국해양대학교 등에서 연구 및 강의를 했다. 현대중국학회 회장을 지냈으며, 성균관대학교 동아시아지역연구소장을 거쳐 현재 성균관대학교 정치외교학과 교수 겸 성균중국연구소 소장을 맡고 있다. 주요 저서로《중국의 국가대전략연구》등이 있다.

임대근

한국외국어대학교에서 문학 박사학위를 받았으며, 주요 연구영역은 중국영화 및 대중문화를 기반으로 한 문화 및 문화콘텐츠이다. 한국영화학회 국제학술이사직을 역임했으며, 현재 한국외국어대학교 대학원 글로벌문화콘텐츠학과 교수로 재직 중이다. 주요 저서로《중국영화의 이해》등이 있다.

장영석

베이징대학교에서 사회학 박사학위를 받았으며, 주요 연구영역은 산업사회학, 그 중에서도 중국의 산업발전과 노동문제 등이다. 현대중국학회 부회장을 역임했으며, 현재 성공회대학교 중어중국학과 교수로 재직 중이다. 주요 저서로《지구화시대 중국노동관계》등이 있다.

장윤미

베이징대학교에서 정치학 박사학위를 받았으며, 주요 연구영역은 중국정치체제변화, 중국의 노동정치 및 사회운동 등이다. 성균관대학교 동아시아학술원 연구교수로 재직했으며, 현재 연세대학교 강사로 재직 중이다. 주요 저서로《중국의 민주주의는 어떻게 가능한가》(공저) 등이 있다.

전대규

서울대학교 경영학과를 졸업하고 제38회 사법시험에 합격했다. 사법연구원 교수를 역임했고 칭화대학교로 장기해외연수를 다녀왔다. 현재 수원지방법원 파산부 부장판사로 재직 중이며, 사법시험과 변호사시험 출제위원을 맡고 있다. 주요 저서로《중국 민사소송법》,《중국세법》 등이 있다.

전병곤

한국외국어대학교에서 정치학 박사학위를 받았으며, 주요 연구영역은 중국의 동북아국제관계, 통일공공외교 및 한중 협력, 북중 관계 등이다. 하얼빈사범대학교 초빙교수를 지냈으며, 현재 통일연구원 선임연구위원으로 재직 중이다. 주요 논문으로 〈China's Sanctions on North Korea after It's Fourth Nuclear Test〉 등이 있다.

전형진

중국사회과학원에서 농업경제학 박사학위를 받았으며, 주요 연구영역은 중국 농업, 한중 농업 협력 등이다. 국회입법조사처 조사분석지원위원, 한중 FTA 연구지원단 규범분과 연구원을 맡고 있으며, 현재 한국농촌경제연구원 중국사무소장으로 재직 중이다. 주요 저서로《한중 FTA 대비 양국간 농산물 교역구조 변화 전망》 등이 있다.

정영진

고려대학교에서 법학 박사학위를 받았으며, 주요 연구영역은 상법과 중국기업법이다. 한국 및 뉴욕주 변호사이고, 현재 한중법학회 부회장이며, 인하대학교 법학전문대학원 교수로 재직 중이다. 주요 저서로《중국회사법》(편저) 등이 있다.

정이근

중국인민대학교에서 법학 박사학위를 받았으며, 주요 연구영역은 행정법과 중국법이다. 중국 샹탄(湘潭)대학교와 중난(中南)대학교 법학원에서 교수로 재직했으며, 현재 영산대학교 법학과 교수로 재직 중이다. 주요 저서로《중국 행정법 쟁점 연구》,《중국 공법학연구》 등이 있다.

정지현

중국사회과학원에서 경제학 박사학위를 받았으며, 주요 연구영역은 중국지역경제, 중국 경제무역 및 산업 정책, 한중경제무역협력 등이다. 대외경제정책연구원 중국권역별성별연구팀 팀장을 거쳐, 현재 베이징사무소 소장으로 재직 중이다. 주요 저서로 《중국 13차 5개년 규획기간의 지역별 정책방향: 중부 지역》등이 있다.

정해용

베이징대학교에서 정치학 박사학위를 받았으며, 주요 연구영역은 비교행정 및 중국 국내정치 등이다. 신라대학교 국제교류처장을 지냈으며, 현재 신라대학교 중국학과 교수로 재직 중이다. 주요 논문으로 〈중국의 국가공무원제도 개혁〉 등이 있다.

정환우

한국외국어대학교에서 정치학 박사학위를 받았으며, 주요 연구영역은 한중 FTA, 중국 통상, 동아시아 경제통합 등이다. 국제무역연구원 통상연구실 연구위원을 역임했으며, 현재 KOTRA 중국사업단 중국조사담당관으로 재직 중이다. 주요 논문으로 〈한중 무역구조의 특징으로 본 한중 FTA의 협상과제〉 등이 있다.

조경란

성균관대학교에서 철학 박사학위를 받았으며, 주요 연구영역은 동아시아근현대사상, 중국현대철학, 사회진화론이다. 성균관대학교와 연세대학교 국학연구원 HK에서 연구교수를 지냈으며, 현재 연세대학교 인문사회과학대학 연구교수로 재직 중이다. 주요 저서로 《국가, 유학, 지식인》 등이 있다.

조문영

스탠포드대학교에서 인류학 박사학위를 받았으며, 주요 연구영역은 중국의 빈곤, 노동, 청년 등이다. 버클리대학교(UC Berkeley) 중국학센터에서 박사후 연구원을 지냈으며, 현재 연세대학교 문화인류학과 조교수로 재직 중이다. 주요 논문으로 〈Unveiling Neoliberal Dynamics: Government Purchase (goumai) of Social Work Services in Shenzhen's Urban Periphery〉 등이 있다.

조영남

서울대학교에서 정치학 박사학위를 받았으며, 주요 연구영역은 비교정치(중국지역연구), 그중에서도 개혁기 중국정치사이다. 하버드-옌칭연구소 방문학자를 역임했으며,

현재 서울대학교 국제대학원 교수로 재직 중이다. 주요 저서로《덩샤오핑 시대의 중국》등이 있다.

조철
서울시립대학교에서 경제학 박사학위를 받았으며, 주요 연구영역은 주력산업 발전정책, 자동차산업, 한중 산업협력 등이다. NJIT Information System Department 방문학자, 한국자동차산업학회 부회장, 산업연구원 북경지원 수석대표 등을 역임했으며, 현재 산업연구원 중국산업연구부장으로 재직 중이다. 주요 저서로《한중 FTA에 따른 제조업의 주요 업종별 영향분석 및 활용방향 연구》등이 있다.

조형진
서울대학교에서 정치학 박사학위를 받았으며, 주요 연구영역은 중국 농촌 및 재정, 한중 관계 등이다. 주중국대한민국대사관 정무부 선임연구원을 지냈으며, 현재 인천대학교 중국학술원 HK교수로 재직 중이다. 주요 저서로《중국의 사회주의 신농촌 건설과 기층거버넌스》등이 있다.

주영하
중앙민족대학교에서 민족학 박사학위를 받았으며, 주요 연구영역은 인류학 및 민속학, 동아시아 음식의 역사와 문화 등이다. 한국학중앙연구원 연구처장을 역임했으며, 현재 한국학중앙연구원 한국학대학원 문화예술학부 교수로 재직 중이다. 주요 저서로《중국, 중국인, 중국음식》등이 있다.

천천(陳晨)
성균관대학교에서 사회학 박사학위를 받았으며, 주요 연구영역은 가족사회학, 한중 사회 비교연구이다. 현재 성균관대학교 성균중국연구소에서 책임연구원으로 재직 중이다. 주요 논문으로 〈부부 비동거의 거주형태와 성역할관이 부부관계만족도에 미치는 영향: 성별 비교를 중심으로〉 등이 있다.

최필수
청화대학교에서 경제학 박사학위를 받았으며, 주요 연구영역은 중국 거시경제와 기업이다. 대외경제정책연구원에서 중국팀장을 역임했으며, 현재 세종대학교 중국통상학부 교수로 재직 중이다. 주요 논문으로 〈19차 당대회 이후 중국의 경제개혁 방향 전망과 시사점〉 등이 있다.

추장민

베이징대학교에서 환경과학 박사학위를 받았으며, 주요 연구영역은 국제환경정책, 중국 환경 등이다. 미래전략연구원 과학기술센터장을 역임했으며, 현재 한국환경정책평가연구원 부원장 겸 연구위원으로 재직 중이다. 주요 논문으로 〈한중 환경협력 확대를 위한 중국 환경관리 정책 및 체계 분석 연구〉 등이 있다.

하남석

한국외국어대학교에서 중국학 박사학위를 받았으며, 주요 연구영역은 중국의 체제 변동과 대중 저항, 톈안먼 사건 등이다. 성공회대 동아시아연구소 연구원을 거쳐 현재 서울시립대학교 중국어문화학과 교수로 재직 중이다. 주요 저서로 《애도의 정치학: 근현대 동아시아의 죽음과 기억》(공저), 《중국, 자본주의를 바꾸다》(공역) 등이 있다.

한동훈

서울대학교와 베이징대학교에서 경제학 박사학위를 받았으며, 주요 연구영역은 중국의 경제발전 전략이다. 쌍용투자증권에서 근무했으며, 현재 가톨릭대학교 국제학부의 교수로 재직 중이다. 주요 저서로 《중국의 기업 산업 경제》 등이 있다.

한상돈

국립대만대학교에서 법학 박사학위를 받았으며, 주요 연구영역은 법제사 및 중국법이다. 중국 연변과학기술대학교 교수와 동북아기업법률연구원 원장을 지냈다. 현재 아주대학교 법학전문대학원 교수로 재직 중이며, 한중법학회 명예회장, 한국법사학회 회장을 맡고 있다. 주요 저서로 《중국법제의 발전》 등이 있다.

한우덕

화동사범대학교에서 경제학 박사학위를 받았으며, 주요 연구영역은 중국경제이다. 중앙일보 베이징 및 상하이 특파원을 역임했으며, 현재 중앙일보 중국연구소 소장 겸 차이나랩 대표로 재직 중이다. 주요 저서로 《중국의 13억 경제학》 등이 있다.

허재철

중국인민대학교에서 정치학 박사학위를 받았으며, 주요 연구영역은 중국의 현대 외교를 포함한 동북아 국제관계이다. 특히, 미디어와 네트워크 이론을 통한 국제관계 분석에 관심을 가지고 있다. 원광대학교 한중관계연구원에서 연구교수로 재직했으며, 현재는 일본학술진흥회 외국인특별연구원 프로그램으로 일본 리츠메이칸(立命

館)대학교에서 연구를 진행하고 있다. 주요 논문으로 〈Analysis of Modern China's Summit Network〉 등이 있다.

황경진
중국인민대학교에서 경제학 박사학위를 받았으며, 주요 연구영역은 중국 노동관계 및 노동법, 중소기업 일자리 정책 등이다. 한국외국어대학교 중국연구소 토대사업단에서 연구원을 지냈으며, 현재 중소기업연구원 연구위원으로 재직 중이다. 주요 논문으로 〈Labour Dispute Arbitration in China : Perspectives from Labour Dispute Arbitrators〉 등이 있다.

찾아보기